MENSCHEN
DIE DIE WELT BEWEGTEN

MENSCHEN
DIE DIE WELT BEWEGTEN

Verlag Das Beste
Stuttgart · Zürich · Wien

INHALT

UM GOTT UND GOLD

*Columbus
entdeckt eine neue
Welt*

EINE KURZFASSUNG DES BUCHES VON

S. Fischer-Fabian

MIT HISTORISCHEN ABBILDUNGEN

12. Oktober 1492. Zwei Stunden nach Mitternacht zerreißt ein Kanonenschuß die nächtliche Stille über dem Atlantischen Ozean. Der Ausguck im Mastkorb der spanischen Karavelle schreit „Tierra! Tierra!" – Land! Land! Ein Augenblick, der zu den Wendepunkten der Weltgeschichte gehört. Bei dem Versuch, den Osten Asiens vom Westen Europas her zu erreichen, ist der Seefahrer Christoph Columbus auf eine unbekannte Inselgruppe gestoßen. Wer war dieser Mann aus Genua, der es wagte, in das „Meer der Finsternis" vorzustoßen?

S. Fischer-Fabian schildert das wechselvolle Leben des Columbus auf die ihm eigene Art: respektvoll und kritisch, geistreich und voller sinnlicher Anschauung. Der Autor, der mit seinen historischen Sachbüchern weit über die Grenzen Deutschlands bekannt wurde, läßt hier das Leben des Columbus mit seinen Triumphen und Tragödien in eindringlicher und spannender Weise vor dem geistigen Auge des Lesers abrollen.

1. WOLLWEBER, KAUFMANN, SEEFAHRER

IM MAI 1476 verließ ein aus fünf Schiffen bestehender Verband
den Hafen des zu Genua gehörenden Fischerstädtchens Noli
und nahm Kurs auf die Balearen, um schließlich die Meerenge
von Gibraltar zu erreichen, die zu passieren manchen Seeleuten
immer noch ein Wagnis schien, war doch für sie an ihr die Welt
zu Ende.

Die Schiffe waren bestückt mit Bombarden und Falkonetten,
denn irgendein Fürst bekriegte immer einen anderen Fürsten.
Das Meer war so gefährlich, daß jede Fahrt für einen christlichen Seemann zu seiner letzten Fahrt werden konnte.

Als die Schiffe nach vierzehntägiger Reise auf der Höhe des
Kaps São Vicente kreuzten, gab der Ausguck der an der Spitze
laufenden *Bechalla* Alarm. Eine Flottille von etwa dreizehn
Schiffen lief direkt auf sie zu. Der Kapitän der *Bechalla* fuhr
unter der Flagge Burgunds, und mit Burgund hatte Ludwig XI.
gerade Händel.

So gerieten die Genuesen wider Willen urplötzlich in eine
Seeschlacht. Ihre Schiffe wurden von langen Haken herangezogen und geentert, und die Genuesen konnten sich nicht anders
gegen den übermächtigen Gegner wehren als durch das Werfen
von Feuertöpfen. Die Töpfe setzten Masten und Segel der feindlichen Schiffe in Brand, aber die Flammen sprangen auch auf die
eigenen über, so daß den Männern bald nur der Sprung ins Meer
übrigblieb.

Einer unter ihnen war ein hervorragender Schwimmer. Da es
ihm überdies gelang, eine Schiffsplanke vor sich herzuschieben,
erreichte er das fünf Seemeilen entfernte Ufer unweit von Lagos,
wo ihn Fischer in bewußtlosem Zustand fanden und in ihre
Hütte mitnahmen. Colombo hieß der schiffbrüchige Matrose,
Cristoforo Colombo. Als er Admiral des Weltmeeres geworden
war, schrieb er, auf welch wunderbare Weise er einst in Portugal

gelandet sei. Das *mare tenebrosum*, das finstere Meer, habe ihn nicht verschlungen, sondern ans Land getragen, auf daß er die von Gott auferlegte Mission erfülle.

Die Geschichte von der Landung des Christoph Columbus an der Algarve ist glaubwürdig. Der jüngere – uneheliche – Sohn Fernando schildert sie ausführlich in seiner *Vida del Almirante*. Auch wenn die Liebe zu seinem großen Vater seine Feder geführt hat, auch wenn er wegen der Prozesse, bei denen es um die Forderung der Familie gegen die spanische Krone ging, einiges „prozeßgemäß" zubereitet hat, gilt seine Columbus-Biographie inzwischen als eine bedeutsame Quelle für das Leben des Entdeckers von Amerika. Wer ihm trotzdem nicht glaubt, mag sich an die *Historia general de las Indias* des Bischofs de Las Casas halten, eines zeitgenössischen Chronisten. Von diesem großartigen Kirchenmann, der bis heute zu den meistgehaßten Persönlichkeiten der spanischen Historie zählt, weil er in allem seinem Gewissen folgte, wird noch die Rede sein.

Wer war dieser Colombo, dem die Fischer von Lagos ein Hemd und ein Paar Hosen schenkten, dazu eine Wegzehrung, damit er Lissabon erreichen konnte? Er stammte aus Genua und . . .

Hier erfolgte bereits der erste Einspruch. Was man damals noch geglaubt hatte, wollten viele in späteren Jahrhunderten nicht mehr glauben. Siebzehn Orte Italiens beanspruchten Cristoforo Colombo als ihren Ehrenbürger, nachdem aus ihm der weltberühmte Columbus geworden war. Damit nicht genug. Neben den Italienern bewarben sich mindestens zehn weitere Nationen um des Columbus Nationalität. Die Franzosen hätten ihn gern als Monsieur Coullon vereinnahmt. Die Portugiesen machten ihn zu nichts Geringerem als zum Enkel Heinrichs des Seefahrers, womit königlich portugiesisches Blut in seinen Adern geflossen wäre.

Däne war er auch schon, Grieche, Armenier, Mallorquiner, Engländer, Deutscher und immer wieder Kastilier, Galicier, Katalane. Spanischer Nationalstolz wollte es nicht hinnehmen, daß ein Mann, der im Sold spanischer Könige mit spanischen Schiffen aus einem spanischen Hafen zu seiner die Welt erschütternden Fahrt ausgelaufen war, kein Spanier gewesen sein sollte.

Die spanischen Historiker „wiesen nach", daß Columbus sich seiner angeblichen Muttersprache, des Italienischen, weder in

Wort noch in Schrift bedient habe, sondern des Kastilischen; und Kastilisch, die auf der Pyrenäenhalbinsel am weitesten verbreitete und literarisch anerkannte Sprache, habe er so gut beherrscht, wie es kein *extranjero*, kein Fremdling, jemals hätte lernen können. Außerdem habe er sich immer zu Spanien bekannt und als Spanier gefühlt.

Italienisch hat Columbus tatsächlich nicht geschrieben. Einfach deshalb, weil es noch keine italienische Schriftsprache gab zu jener Zeit. Wer sprach, sprach Dialekt; wer schreiben konnte, benutzte ein mehr oder weniger gutes Latein. Eine fremde Sprache wie das Kastilische in so vielen spanischen Jahren gut zu lernen erscheint nicht unmöglich. Und Columbus hat alles vermieden, was ihn als Genuesen ausgewiesen hätte.

Für Genua hätte er sich nicht geniert, für seine Herkunft um so mehr. Sie zu verschleiern war geboten in einer Welt, in der Name, Titel, Abstammung mehr galten als der Mensch. Und er war der Sohn eines armen Wollkremplers, aufgewachsen im Staub der Werkstatt, der Webstühle, der Kämme.

Im Testament ließ Columbus natürlicherweise diese Vorsicht fahren. In seinem Letzten Willen heißt es: „In Genua geboren, kam ich nach Kastilien, um Ihren Hoheiten zu dienen . . . Ich wünsche, daß mein Sohn Diego (oder einer seiner Nachkommen) in der Stadt Genua einen unserer Verwandten, der dort Haus und Frau hat, allezeit mit einer guten Rente unterstützt, die ihn ohne Sorge leben läßt, als eine an unser Blut gebundene Person, auf daß er, Diego, selbst in der genannten Stadt wie ein Einheimischer Fuß und Wurzel hat und im Notfall von genannter Stadt Hilfe und Wohlwollen erwarten darf. Aus ihr nämlich stamme ich her, und in ihr wurde ich geboren."

Dankbar können wir sein, daß Vater Domenico Colombo gelegentlich Schulden gemacht hat. In Genua, der Stadt der Seefahrer, Kaufleute und Notare, wurde so etwas sofort aktenkundig. Aufstieg und Niedergang einer siebenköpfigen Familie, die Sorgen, die die Freuden überwogen, sowie die Niederlagen, die Erfolge, der Wechsel des Wohnortes und der Behausungen, der Kampf mit dem Übermut der Ämter, mit den Konkurrenten – aus trockenen Akten ersteht das ewige Schicksal der kleinen Leute in ihrem Lebenskampf.

Elf Jahre alt war Domenico, als er dem Webermeister Guglielmo de Barbante, einem Deutschen, in Genua als Lehrling versprochen wurde. Fünf Jahre dauerte die Lehrzeit, die mehr einer Fron glich denn einer Ausbildung. Der Meister sorgte für Schlafstelle, Essen, ein Paar Schuhe und ein Wams. Er besaß die Erziehungsgewalt, beschäftigte die Lehrlinge nicht nur am Webstuhl, sondern zum Holzmachen, Waschen, Einkaufen, Putzen und sorgte dafür, daß es an Prügeln nicht fehlte.

1440 finden wir Domenico als Webermeister wieder, in einem Haus an der Porta dell'Olivella innerhalb der Stadtmauern. Wenige Jahre später konnte er endlich heiraten, eine Weberstochter. Sie brachte eine kleine Mitgift ins Haus und schenkte ihrem Mann vier Knaben, Cristoforo, Pellegrino, Bartolomeo, Giacomo, und eine Tochter, Bianchinetta.

In jenem heute verschwundenen Haus am östlichen Tor Genuas erblickte Cristoforo das Licht der Welt. Inzwischen weiß man auch das Jahr. Lange Zeit glaubte man an das Jahr 1436, hatte doch der mit dem Entdecker befreundete Arzt Andrés Bernáldez behauptet, der Freund Colón müsse bei seinem Tod siebzig Jahre alt gewesen sein (wofür sein weißes Haar, der gebeugte Gang und das zerfurchte Gesicht Zeugnis ablegten).

Später kamen die Jahre 1433 und 1434 in die Debatte, schließlich glaubte man, es ganz genau zu wissen: 1457 – weil Columbus 1485 in die Dienste der spanischen Könige getreten sei, und zwar, nach eigenen Angaben, im Alter von achtundzwanzig Jahren. Im Notariatsarchiv von Genua entdeckte man ein Dokument über einen Rechtsstreit vom 25. August 1479, worin geschrieben steht: „Der Zeuge gab an, daß er nach Madeira geschickt worden war, um im Auftrag des Kaufmanns Paolo Di Negro Zucker einzukaufen. Befragt, wie alt er sei, wieviel Vermögen er besitze und welche Forderungen er stelle, antwortete er: ,Ich bin siebenundzwanzig, besitze über 100 Gulden und verlange das mir zustehende Recht.'"

Kombinierte man diese Altersangabe mit der, die sich über Cristoforo Colombo in einem Dokument vom 31. Oktober 1451 findet („. . . über neunzehn Jahre alt"), dann ergab sich, daß er zwischen dem 25. August und dem 31. Oktober 1451 geboren wurde. Ein Datum, das, da nicht mehr anfechtbar, inzwischen

12

auch die meisten Konversationslexika übernommen haben. Sein Geburtsjahr war für Genua eine Zeit düsterer Ahnungen. Mohammed II., eine der eindrucksvollsten und grausamsten Herrschergestalten des Mittelalters, der als Fatih, der Weltenstürmer, die Erde vor den Osmanen erzittern lassen sollte, hatte den Thron der Sultane bestiegen. Er ging sofort daran, das zu erreichen, was sein Vater vergeblich versucht hatte: das gehaßte Konstantinopel im Sturm zu nehmen, das jahrhundertealte Bollwerk des Christentums zu zerschlagen.

Am 29. Mai 1453 drangen Janitscharen durch Breschen in die zuvor beschossene Stadt und eroberten Gasse für Gasse, trieben die griechischen Söldner bis zum Palast, auf dessen Stufen der byzantinische Kaiser Konstantin, umgeben von seinen Adligen, verzweifelt aufschrie: „Gibt es denn keinen Christen, der mir den Kopf abschlägt?" Sein kaiserliches Gewand abwerfend, kämpfte und starb er als gewöhnlicher Soldat. Allein 50 000 Christen fielen unter dem Schwert. Am Tage darauf rief der Muezzin vom höchsten Turm der Hagia Sophia, nun zu einer Moschee geworden, die Muselmanen zum Dankgebet an Allah.

Der Fall Konstantinopels, der Stadt, die viele Jahrhunderte Europa vor Asiens Kriegern geschützt hatte, erschütterte ganz Europa. Man verfluchte den Antichristen Mohammed, zu einer Gegenwehr konnten sich die untereinander zerstrittenen Länder nicht aufraffen. Als bitter empfanden es die Genuesen, daß die Handelswege zum Nahen und zum Fernen Osten nun unterbrochen, die Handelsstützpunkte auf Chios, in Tripolis und Kaffa bedroht, das Schwarze Meer nicht länger „genuesische See" sein würde. Keine Schiffe mehr im Hafen, die ihre Fracht löschten: Seide aus Smyrna, Elfenbein aus dem Sudan, Perlen aus Persien, Farbstoffe vom Berg Ararat, Porzellane aus China, Edelhölzer, Pelze, Damaste und, vom Gold aus Abessinien abgesehen, das Kostbarste vom Kostbaren: die Gewürze.

Von der Beere des *piper nigrum,* des schwarzen Pfeffers, kostete ein halbes Kilogramm so viel, wie ein Landarbeiter in einer Woche verdiente. Ein Pfund Muskat machte den siebenfachen Wert eines Zugochsen aus. Zimt, Ingwer, Safran wurden bei Tisch in silbernen Gefäßen gereicht. Gewürze demonstrierten die Zugehörigkeit zu den oberen Zehntausend. Die aromatisch oder scharf schmeckenden Samen, Blätter, Blüten, Rinden, Wurzeln verteuerten sich auf ihrer langen Reise bis zum Dreiunddreißigfachen ihres Einkaufspreises und hatten den Genuesen fette Gewinne gebracht.

Wovon sollte Genua von nun an leben, wenn die Wege nach Osten, die so lange Wege zum Wohlstand gewesen, auf ewig versperrt waren? Es mußte doch neue Ziele geben, unentdeckte Meere, unerschlossene ferne Länder. In der *Vico di Ponticello* wuchs ein Menschenkind heran, das auf diese Fragen eine Antwort geben würde ...

CRISTOFORO wurde das, was sein Vater war: ein Weber. Ein Beruf, den er mehr aus gutem Willen als aus Neigung erlernte. Am Webstuhl wird er nicht häufig zu finden gewesen sein, eher in dem kleinen Kontor, wo die dicken Kontobücher lagen mit ihren langen Zahlenkolonnen. Lesen, Schreiben und Rechnen hatten ihm die Mönche beigebracht, die Brüder von Santo Stefano und Santa Caterina. Im Kontor war sein Reich, wo er zu träumen begann und dafür sorgte, daß seine Träume Wirklichkeit werden konnten.

„Er lernte genausoviel, wie er brauchte, um die Kosmographen zu verstehen. Er befaßte sich auch mit Astrologie und Geometrie. Er übte sich in der Kunst des Zeichnens, um die Länder darzustellen und kosmographische Körper nachzubilden", lesen wir in der *Vida del Almirante* seines Sohnes Fernando.

Wer in Genua aufwuchs, wachen Geistes war, lernbegierig, ehrgeizig, der verfiel früher oder später der Seefahrt. Der junge Cristoforo trieb sich häufig im Hafenviertel herum. Er sprach mit den von großer Fahrt zurückkehrenden Seeleuten, ließ sich erzählen von den genuesischen Brüdern Vivaldi, die schon 1291 versucht hatten, Afrika zu umsegeln; von Lancelotto Malocello, dem die Insel Lanzarote ihren Namen verdankt; von den gehaßten, übermächtigen Venezianern; und immer wieder von Marco Polo und seinen Reisen zu den Ländern des Großkhans, der die Dächer seiner Paläste mit Ziegeln aus purem Gold deckte. Er erlebte den Jubel, wenn eine schwerbeladene Galeasse nach langer, gefahrvoller Reise einlief; auch das Klagegeschrei und die Gebete verzweifelter, auf den Kais wartender Angehöriger beim Eintreffen böser Botschaften, und allmählich wurde aus dem Webergesellen Colombo der Seefahrer Columbus. Mit kleinen Fahrten die Küste entlang fing er an, auf schmalen, mit Lateinersegeln getakelten Booten, die Käse geladen hatten, Wein, Wolle und Vaters Tuche.

Der Vierzehnjährige wurde unabhängig von zu Hause und verdiente bald sein eigenes Brot. Daß er mit einem Boot gut umzugehen wußte, ein ehrenwerter, zuverlässiger junger Mann war, muß sich allmählich herumgesprochen haben. Bald traten die Reeder an ihn heran und gaben ihm Aufträge, die mit Reisen zu ihren Niederlassungen in Nordafrika, Spanien, Portugal, der Ägäis, der Levante verbunden waren.

Das Leben auf den Dreimastern mit ihren himmelhohen Masten, den brettsteifen Segeln, rissigem Tauwerk, dem Rhythmus der Tag- und Nachtwachen, der kargen Ernährung, dem Schlingern, Stampfen, Rollen, dem die Schiffe bei hoher See ausgesetzt waren, das alles lernte er, obwohl als Seemann *und* Kaufmann kein gewöhnlicher Matrose, in seiner ganzen Härte kennen. Die Provision war klein, doch groß genug, dem Vater zu helfen, der immer wieder in finanzielle Nöte geriet.

1501 schrieb er in einem Brief: „Schon von sehr früher Jugend an bin ich zur See gefahren und habe die Schiffahrt betrieben und dies bis heute fortgesetzt. Wer diese Kunst ausübt, den verleitet sie zu dem Wunsch, hinter die Geheimnisse der Welt zu kommen . . ."

Kehren wir zurück zu jenem Tag des Jahres 1476, da Columbus in Lissabon eintraf, wo ihn die dortige genuesische Kolonie gastfreundlich aufnahm. Lange hielt es ihn nicht in der Stadt. Wenige Monate nach seiner Ankunft finden wir ihn an Bord eines Schiffes, das ihn über Flandern und England bis in den hohen Norden führte.

„Ich segelte im Jahre vierzehnhundert und siebzig und sieben noch hundert Meilen weiter als die Insel Thile liegt", notierte er. *Thile*, sprich Thule, galt den Griechen als das letzte der Länder, als äußerstes Land am Nordrand der Welt, zu erreichen nur über das Meer der Finsternis. Der griechische Seefahrer und Geograph Pytheas von Massilia hat es im vierten Jahrhundert vor Christus entdeckt und beschrieben. Seine Angaben, wonach es sechs Tagesfahrten nördlich von Britannien liege, mitten im zugefrorenen Meer, taghell und nachtlos, läßt auf die

15

Shetlandinseln schließen, auf Nordnorwegen, Island, die Faröer oder Grönland.

Columbus hat mit Thule zweifellos Island gemeint. Von Thule war es nicht weit bis Grönland. Der Wikinger Leif Eriksson war einst mit seinen Drachenbooten auf der Fahrt von Norwegen nach Grönland an die Küste Nordamerikas verschlagen worden und hatte den Küstenstrich, wegen des dort wachsenden wilden Weins, Vinland genannt. Weitere Fahrten und Landungen folgten später von Grönland aus. Fahrten, die nun fast ein halbes Jahrtausend zurücklagen, von denen im Volk aber immer noch gesungen und gesagt wurde.

Ein Mann wie Columbus, wißbegierig, fernwehkrank, sendungsbewußt, wird von diesen Sagen gehört und damit von jenem unbekannten Kontinent erfahren haben. Die Wikinger also waren es, so behaupteten manche, die ihn zu seiner großen Entdeckung angeregt haben.

Die Wikinger, diese großartigen Seefahrer, sind zweifellos vor Columbus in Amerika an Land gegangen. Sie wußten nur nicht, was sie dabei entdeckt hatten. Für sie mag Vinland allenfalls eine große Insel im Ozean gewesen sein. Die Kunde von ihrer Entdeckung verschlang alsbald der Strom der Zeit, und was übrigblieb, war nichts anderes als sagenhaft. In den Ländern Europas wußte man bereits im Mittelalter nichts mehr davon.

Auf der Rückfahrt von jener Islandreise legte das Schiff, auf dem Columbus Dienst tat, im irischen Hafen Galway an. Kaum daß er an Land gegangen, erfuhr er im Gespräch mit Seeleuten etwas, was ihn brennend interessierte. Eines Tages seien hier zwei an Planken gebundene Schiffbrüchige angeschwemmt worden: ein Mann und eine Frau von außergewöhnlicher Erscheinung, schön anzusehen. Nach der Beschreibung müssen es Lappen gewesen sein. Doch nicht für Columbus. Für ihn waren es Leute aus Cathay, wie das nördliche China damals genannt wurde.

Im Frühjahr 1477 war Columbus wieder in Lissabon und kurz darauf in Genua, dann erneut in Lissabon. Das genuesische Handelshaus Centurione hatte ihn zu seinem Agenten ernannt, und so pendelte er zwischen den beiden Städten, bis er sich Ende der siebziger Jahre entschloß, seinen Wohnsitz endgültig am Tejo zu nehmen. Ein Entschluß von großer Tragweite.

PORTUGAL, was für ein Land! So klein, daß die Spanier spotteten, man solle es nicht bei starkem Regen passieren, da es einem sonst an der Stiefelsohle klebenbleiben könnte; so abgelegen, daß man von *finis terrae* sprach, dem Ende der Welt, oder, wer es freundlicher meinte, vom Balkon Europas. Mediterran von Natur, atlantisch durch die Lage, gesegnet vom Klima, bildete es immer wieder das Ziel feindlicher Invasoren wie Kelten, Phönizier, Griechen, Römer, Westgoten, Sarazenen. Sie hinterließen ihre Spuren in der Physiognomie der Portugiesen und in ihrem Charakter, der von Gegensätzen gezeichnet ist: Religiosität und Freiheitsdrang, Ergebung und Wagemut, Heiterkeit und Schwermut. Dieses kleine Volk von eineinviertel Millionen Einwohnern hatte es durch Fleiß, Kühnheit und Unerschrockenheit geschafft, sich innerhalb weniger Jahrzehnte zur meerbeherrschenden Handelsmacht emporzuschwingen.

Dom Henrique hieß der Mann, der die Grundlagen der Seegeltung Portugals legte, dergestalt, daß er am Kap São Vicente sein Hauptquartier aufschlug. Es bestand aus einer Sternwarte, einer Forschungsstation, einer Seewarte, einem Planungsbüro, einem Arsenal und war besetzt von Experten aus ganz Europa. Die Kartographen, Nautiker, Mathematiker, Kapitäne, Schiffsbauer hatten sich einem einzigen Gesetz verpflichtet: mit modernen Schiffen, besser ausgebildeten Matrosen, genaueren Seekarten, präziseren nautischen Geräten unbekannte Gestade zu entdecken und nie befahrene Meere zu erkunden.

Henrique wurde von Historikern Heinrich der Seefahrer genannt, doch zur See gefahren ist er nur als Passagier, wobei er nicht weiterkam als Ceuta im Süden und Lissabon im Norden. Ein Schiff hat er nicht geführt.

Der vierte Sohn von König João (Johann) I. war ein reicher Mann, und er wurde reicher durch seine Einkünfte als Großmeister des Christusordens, Monopolinhaber des Thunfischfangs, der Keramik- und Seifenproduktion. Er investierte den größten Teil seines Reichtums in seine atlantischen Unternehmungen. Die Kapitäne und Piloten des Infanten waren mutige Männer, hatten Madeira wiederentdeckt, auch die Azoren; wenn sie aber von ihren Fahrten zur westafrikanischen Küste zurückkehrten, so pflegten sie wortreich zu erklären, warum sie aus diesem und jenem Grund das berüchtigte Kap Bojador, einen Küstenvorsprung an der Atlantikküste Afrikas, nicht hatten umschiffen können. Zu tief saßen die seit Generationen unter den Seefahrern verbreiteten Schreckensgeschichten, so daß niemand der erste sein wollte, sein Leben an ein solches Unternehmen zu wagen.

Heinrich war hart, ehrgeizig, nicht selten bedenkenlos, aber auch klug und geduldig. Seinen Unmut zeigte er den Männern nicht, lauschte aufmerksam ihren Berichten – und schickte sie wieder hinaus auf die gleiche Route. Fünfzigmal insgesamt, hat man gezählt, und von denen, die nicht zurückkehrten, gibt es keine Kunde. Denn auf nichts kam es weniger an als auf Menschen. Doch eines Tages meldete der Kapitän der Karavelle *Barcha* nach dem Einlaufen in den Hafen von Lagos knapp, daß das Meer südlich des Kaps Bojador nicht koche, keine alles verschlingende Strudel aufweise und auch keine mörderischen Seeungeheuer. Er war fast einhundertfünfzig Meilen über das Kap hinaus gesegelt, hatte hier am Ende der Welt sogar Spuren menschlicher Lebewesen entdeckt.

Damit war die Angst vor den Schrecken des *mare tenebrosum* gebannt, das Tor aufgestoßen zu weiteren Fahrten. Die Schiffe des Prinzen erreichten das Kap Verde und die Mündung des Senegal, den Golf von Guinea, passierten schließlich den Küstenstrich von Dakar und standen unweit der Sierra Leone. 1460 stießen sie auf eine Gruppe von Vulkaninseln, die Kapverdischen Inseln.

Das war das Jahr, in dem Heinrich der Seefahrer seine Augen für immer schloß. Seine Absicht war es wohl gewesen, auf dem Wege einer Umsegelung Afrikas Indien zu erreichen. Die Südspitze des afrikanischen Kontinents wurde jedoch erst achtundzwanzig Jahre später umschifft – von dem Portugiesen Bartolomeu Diaz, der das Kap wegen der verheerenden Stürme *Cabo tormentoso* nannte, was seinem König zu pessimistisch erschien, so daß er es umtaufte in *Cabo da Boa Esperanca* – Kap der Guten Hoffnung.

Columbus hat Heinrich nicht kennengelernt, denn er war bei dessen Tod erst neun Jahre alt. Was der Prinz aber in Gang gesetzt hatte, wurde auch für ihn bestimmend: „Von allen Dingen der Welt reizte ihn die Entdeckung all dessen, was vor anderen Menschen verborgen und geheim war." Ein anderes Motiv aber war zumindest gleichrangig: Ruhm und Reichtum zu erwerben.

Columbus hatte im Lissabonner Hafen genug Gelegenheit, sich davon zu überzeugen, wenn die aus Westafrika kommenden Schiffe ihre Ladung löschten: Malaguetapfeffer von der Pfefferküste, Elefantenstoßzähne von der Elfenbeinküste, Goldstaub von der Goldküste, „schwarzes Gold" von der Sklavenküste. Am gewinnbringendsten war es, Menschen zu rauben. Mit Betrug, List und Gewalt wurden die Eingeborenen, Neger wie Berber, auf die Schiffe verfrachtet. Wer sich bei den Überfällen auf die Dörfer wehrte, wer zu gebrechlich war oder noch zu klein, den erschlugen die Fremden, deren Fahnen das Kreuz Christi trugen.

Die zu Sklavenjägern verkommenen Matrosen verwies man, falls ihnen das Gewissen schlug, auf die päpstliche Bulle *Divino amore communiti*, worin dem portugiesischen König erlaubt wurde, die Länder der Ungläubigen zu erobern, diese zu unterwerfen, zu vertreiben oder zu versklaven. Eingeborene zu fangen war überdies gleichbedeutend mit der Rettung ihrer Seelen, wären sie doch sonst der ewigen Verdammnis anheimgefallen.

Als Prinz Heinrich 1460 starb, hinterließ er eine Schuldenlast von 35 000 Golddublonen, ein immenses Defizit. Verglichen mit dem, was er für sein Land erreicht hatte, war es ein Pappenstiel; denn selten in der Geschichte erwiesen sich Schulden als derart gewinnbringend. Unschätzbar allein waren die Karten, die nach den Berichten der Kapitäne im Laufe der Jahrzehnte gezeichnet und immer wieder ergänzt worden waren.

In der ersten Hälfte der achtziger Jahre des 15. Jahrhunderts segelte Columbus bis zur Goldküste, wo die Portugiesen zum Schutz ihrer Unternehmungen ein Kastell errichtet hatten – São Jorge da Mina, im Gebiet des heutigen Ghana gelegen. Zum erstenmal erlebte er eine wirklich fremde Welt: unbekannte menschliche Wesen, seltsame Tiere, bizarre Pflanzen. Er registrierte mit Befriedigung, daß die Koryphäen des Altertums, deren Erkenntnisse so viel galten wie die Worte der Heiligen Schrift, keineswegs immer alles richtig erkannt hatten. Sein Schiff jedenfalls blieb nicht in unbewegtem Wasser stecken, und die Glut der senkrecht strahlenden Sonne innerhalb der Wendekreise zerstörte nicht jeglichen Pflanzenwuchs, wie Ptolemäus, der Geograph und Astronom aus Alexandria, es im 2. Jahrhundert vor Christus gelehrt hatte, sondern ließ Gräser, Büsche, Bäume von nie gesehener Pracht gedeihen.

Es schien also möglich, fremde Welten aufzusuchen, vorausgesetzt, man verfügte über ein gutes Schiff, einen erfahrenen Piloten, wie die Navigationsoffiziere genannt wurden, und eine Mannschaft, die weder Hölle noch Teufel fürchtete.

ZURÜCK von seinen Fahrten, wurde Columbus rasch heimisch in Lissabon. Hier wehte eine andere Luft als im heimischen Genua, das an einem Teich lag, verglichen mit dem Atlantik.

Auf sieben Hügeln erbaut, durch die Lage am Tejo begünstigt, dessen Wasser sich bei Flut mit den Wogen des Atlantiks mischten, war *alis ubbo* – liebliche Bucht, wie die Phönizier die Stadt nach der Gründung nannten –, der Brennpunkt des Welthandels. Man ging dem Século de ouro entgegen, dem Goldenen Zeitalter, war vom Baufieber gepackt, mußte Platz schaffen für die Bewohner, deren Zahl um die Wende des 15. zum 16. Jahrhundert von 50 000 auf 100 000 gestiegen war.

Noch ein anderes Fieber grassierte, die Sehnsucht nach der unendlichen Ferne, dorthin, wo allabendlich die Sonne im Meer versank, wo es, wenn die Zeichen nicht trogen, andere Länder geben mußte: Märchenreiche von unsagbarem Reichtum. In den Schenken der Seeleute, den Palästen der Reichen, den Kontoren der Handelshäuser, überall dort, wo das Herz dieser dem Ozean verfallenen Stadt schlug, wurden die jeweils neuesten Nachrichten kolportiert, bei denen die Dichtung die Wahrheit überwog.

Jeder kannte die Geschichte der sieben Bischöfe, die nach der Eroberung Portugals durch die Mauren mit zahlreichen Mitgliedern ihrer Gemeinden auf sieben Schiffen über den Ozean nach Westen entflohen, nach vielerlei Gefahren endlich eine Insel erreichten, ihre Schiffe, um niemandem die Rückkehr zu ermöglichen, verbrannten und mitten in der Öde des Weltmeeres sieben wundersame Städte gründeten. Die Inseln der sieben Städte zu entdecken und mit Schätzen beladen zurückzukehren, das war ein Ziel, aufs innigste zu wünschen.

„Für Columbus, der schon ganz besessen war von der Idee, waren alle diese Dinge hoch bedeutsam", schrieb Las Casas. „Er . . . deutete sie als Zeichen, mit denen Gott ihn auf den richtigen Weg lenkte."

Wohl am stärksten beeindruckt hat ihn ein Bericht des Venezianers Marco Polo über seine Reise nach China und seinen Aufenthalt am Hofe des Großkhans Kublai, des Enkels von Dschingis-Khan. *Mirabilia Mundi* – Wunder der Welt – hieß der Titel. Der Bericht war so phantastisch, schien so unglaubwürdig in der Schilderung von Millionenstädten und Millionenschätzen, daß man den Autor bald als *messer milione* verspottete, was den Erfolg des Buches eher förderte. Es erschien in zahlreichen Auflagen und immer neuen Übersetzungen, gehörte zu den wenigen Werken, die die Welt bewegten.

Nicht zuletzt jene Welt, in der Columbus nun lebte, in der Welt der Entdecker und jener, die es werden wollten. Sie mokierten sich nicht über die *Mirabilia*, sie nahmen sie ernst und taten recht damit. Das Buch ist ein einigermaßen sachlicher Reisebericht. Columbus besaß eine lateinische Ausgabe, die er gründlich studiert hatte. Wer den Bericht über die Insel Cipangu, das heutige Japan, liest, ahnt, daß das Buch bei seinen Lesern einen wahren Rausch auslöste.

„Sie haben Gold im größten Überfluß, seine Quellen sind unerschöpflich . . . Diesem Umstand müssen wir den ungeheuren Reichtum in dem Palast des Königs zuschreiben . . . Auf dieser Insel gibt es auch Perlen in großer Menge, die von roter Farbe, rund und sehr groß sind, den weißen Perlen an Wert gleich . . . Auch findet man daselbst viele köstliche Edelsteine."

Wie eine Ameise sammelte Columbus die Fakten, trug sie ein in kleine Hefte. Er mühte sich ab, vom Lateinischen soviel zu lernen, wie er brauchte, um Ptolemäus, Eratosthenes, Plinius, Aristoteles und andere antike Autoren zu verstehen, die als Autoritäten galten wie auch die Heilige Schrift. Immer war er auf der Suche nach dem, „was die Welt im Innersten zusammenhält"; wieviel Wasser die Erde bedeckt, welche Stürme in welchen Regionen toben, welche Teile bewohnbar sind, auf welche Weise man die Erde vermessen kann.

Bei dem Kardinal Pierre d'Ailly fand Columbus einen Satz, den er dick unterstrich: „Man muß annehmen, daß die Erde kugelförmig ist." Er schrieb zusätzlich an den Rand: „Die Erde *ist* rund und kugelförmig!"

Eine eher sonderbare Bemerkung, denn daß die Erde keine Scheibe war, mit dem Himmel als einer Art Käseglocke darüber, sondern eine Kugel, war inzwischen Gemeingut der Gebildeten geworden, selbst für die Kirche, die diese Erkenntnis lange genug bekämpft hatte.

Columbus notierte: „Da alle Meere und Länder der Welt zusammen eine Kugel bilden, liegt der Schluß nahe, daß man den Osten erreicht, wenn man nach Westen fährt." Das waren Worte, die seine ganze Idee enthielten.

Nächtelang diskutierte er über diese These mit einem Mann, der Helfer, Freund und Gesinnungsgenosse für die nächsten Jahrzehnte werden sollte: seinem jüngeren Bruder Bartolomeo. Er hatte ihn von Genua nachgeholt und mit ihm eine gemeinsame Werkstatt aufgemacht zur Herstellung der neuartigen Portolankarten (Seekarten mit einem Netz von Strahlen, sogenannten Rumbenlinien, die den Kurs zu den verschiedenen Häfen wiesen). Bartolomeo wird als ein Mann geschildert von außerordentlicher Intelligenz, geringer Bücherweisheit, aber großem Geschick im Zeichnen von Weltkarten. Auch Columbus war ein begabter Zeichner. Da der Bedarf an Seekarten in Lissabon groß war, ernährte die kleine Werkstatt rasch ihren Mann.

Bartolomeo hatte entscheidenden Anteil an der Idee. Vielleicht war er es, der seinen großen Bruder – so nannte er ihn, denn er hat ihn sein Leben lang verehrt – auf die Passage im Werk des Pierre d'Ailly hinwies, in der es hieß: „. . . nach den Philosophen und nach Plinius hat der Ozean, der sich zwischen der äußersten Spitze des verlängerten Spanien, d. i. Marokko, und dem Ostrand von Indien erstreckt, keine große Breite. Denn es ist erwiesen, daß dieses Meer überschiffbar ist in wenigen Tagen, wenn der Wind günstig ist. Woraus sich ergibt, daß das Meer nicht so breit ist, um drei Viertel der Erde bedecken zu können, wie manche Menschen ausgerechnet haben."

Die „Überschiffbarkeit" dieses Meeres war *nicht* erwiesen, und was die Meeresbreite betraf, so irrte der gelehrte Kirchenmann.

Doch der Weg zum Erfolg kann auch über Irrtümer führen.

Cristoforo Colombo, besser Cristóvão Colom, wie er in seiner

22

neuen Heimat nun hieß, verfolgte sein Ziel mit einer an Fanatis-
mus grenzenden Beharrlichkeit, sein Leben war beseelt von dem
einzigen Gedanken, von der Idee eben. Alles, was er tat und
plante, bedeutete ihm lediglich Mittel zum Zweck. So nimmt es
nicht wunder, daß er auch sein Privatleben diesem Zweck unterwarf.

Er war christlich streng erzogen worden. Der Besuch der
Messe gehörte zu seinem Tagesablauf wie das morgendliche
Erwachen. Warum er zu seinen Gebeten eine ganz bestimmte,
etwas entfernter gelegene Kapelle wählte, wußte außer ihm nur
der, zu dem er betete. Columbus hielt oft Zwiesprache mit IHM.
Die Kapelle gehörte dem Convento dos Santos, einem zum einflußreichen Santiago-Orden gehörenden Kloster, das den unver-
heirateten Töchtern des portugiesischen Adels Zuflucht bot. Sie
hatten gelobt, keusch, arm und gehorsam zu sein, doch wenn
jemand kam, mit dem sich zumindest das erste Gelübde nicht
einhalten ließ, durften sie, da ungeweiht, in Frieden davonzie-
hen. Die jungen Männer wußten das. Sie riskierten während des
Gebets auch einen Blick auf die vornehmen Fräulein.

Columbus' Auge ruhte von Mal zu Mal wohlgefälliger auf
einer jungen Dame, die, das hatte er bald herausgefunden, den
schönen Namen Felipa Perestrello y Moniz trug. Sie war Sproß
einer vornehmen Familie, mütterlicherseits mit der Krone verbunden; von Adel auch die Seite des Vaters, den der Infant
Heinrich zum Gouverneur der vor Madeira gelegenen kleinen
Insel Porto Santo gemacht hatte, weil er an der Wiederent-
deckung und Kolonialisierung Madeiras beteiligt gewesen war.
In eine solche Familie hineinzuheiraten, das hieß, mit den Einflußreichen des Landes in Zukunft auf du und du zu stehen.

Doch welche Chancen hatte der Sohn eines Wollkremplers,
ein Ausländer noch dazu, der statt eines Vermögens lediglich
eine Idee mit in die Ehe bringen würde, die jedem ziemlich
phantastisch erscheinen mußte?

Donna Isabel, die Mutter der Angebeteten, nahm die Werbung
überraschenderweise gnädig auf. Dieser junge Mann brachte
zwar nichts, aber er verlangte auch keine Mitgift. Sie wäre
kaum imstande gewesen, einen Schwiegersohn damit auszustat-
ten, da sie Witwe war und kein Vermögen besaß. Felipa war

fünfundzwanzig Jahre alt, womit sie in einem Land, in dem die Töchter mit sechzehn Jahren unter die Haube gebracht wurden, als ein reichlich spätes Mädchen galt. Überdies gefiel ihr der Neunundzwanzigjährige durch sein Wesen und sein Auftreten.

Womit es an der Zeit wäre, sich ein Bild zu machen von Columbus' Gestalt und Gesicht. Als man 1892 den vierhundertsten Jahrestag der Entdeckung Amerikas beging, wurde in Chicago eine Ausstellung mit Columbus-Porträts eröffnet. Die Besucher konnten sich an einundsiebzig Gemälden, Zeichnungen, Stichen, Radierungen erfreuen, doch kaum eine der Darstellungen ähnelte der anderen. Es waren im Grunde einundsiebzig verschiedene Menschen: der Entdecker als Weltmann, Mönch, Kaufmann, Gelehrter, Mann des Volkes, Admiral; mal starres Auge, mal träumerischen Blickes, mal mit gekrümmter Nase, mal mit breitem, mal mit schmalem Mund, mal mit vollen Lippen, mal mit fliehendem Kinn, mal mit Doppelkinn, mal mit eingefallenen Wangen, mal mit Pausbacken, mal mit Vollbart, mal mit Schnauzer und so fort.

Keines dieser Bildnisse ist nach dem Leben geschaffen. Selbst die frühesten datieren erst aus den dreißiger Jahren des 16. Jahrhunderts – und Columbus starb 1506. Die bildnerische Gestaltung des Menschen mit seinen individuellen Zügen, in den Niederlanden, Frankreich, Italien durch Renaissance und Humanismus zum künstlerischen Prinzip erhoben, hatte in Spanien noch keine Protagonisten gefunden; zu sehr lebte man hier noch in der Welt des Mittelalters. Selbst von den Katholischen Majestäten Ferdinand von Aragonien und Isabella von Kastilien gibt es keine Porträts nach der Natur.

Nun ist in jüngster Zeit eine Bronzemedaille in den Mittelpunkt wissenschaftlicher Untersuchungen gerückt. Sie zeigt das Profil eines Mannes und trägt die Umschrift *Christophoro Colombo*. Von dieser Münze entdeckte der Numismatiker Richard Gaettens eines Tages ein gut erhaltenes Exemplar. Der Beweis, den er schließlich führte, beruht allerdings auf Indizien.

Es handelt sich um eine Gußmedaille von ovaler Form mit grob befeiltem Rand, eine Behandlung, die nur bis zum Beginn des 16. Jahrhunderts üblich war. Die Beschriftung stellt die italienische Version des Namens dar. Das Modell bestand aus Ton, das nach dem Brennen eine grobkörnige Oberfläche bekam, charakteristische Merkmale für den Stil eines Paduaner Künstlerkreises, der zwischen 1480 und 1510 tätig war, mit dem Ziel, Gesicht und Gestalt des Menschen möglichst lebensgetreu wiederzugeben. Einer unter ihnen, Guido Mazzoni mit Namen, hat als einziger viele Jahre im Ausland gelebt.

Nun war 1504 Isabella von Kastilien gestorben und an die Künstler ein Aufruf ergangen, Entwürfe für die Gestaltung des Grabdenkmals einzureichen. Mazzoni wird deshalb am spanischen Hof zu diesem Behuf vorstellig geworden sein. Da Columbus zu dieser Zeit dem Hof nachgereist ist, wegen seines Kampfes um Rechte an den Entdeckungen, hat Mazzoni ihn dort kennengelernt und die Gelegenheit genutzt, von dem Entdecker eine Studie anzufertigen. Vermutet Richard Gaettens.

Wem solche Vermutungen zu kühn erscheinen, mag sich an das Gemälde halten, das im 19. Jahrhundert nach der Beschreibung entstanden ist, die Zeitgenossen von Columbus hinterlassen haben: Las Casas, der Ritter Oviedo, sein Sohn Fernando.

Danach war der Genuese ein hochgewachsener, stattlicher Mann mit kräftigen Gliedmaßen; das Gesicht länglich mit gewölbten Backenknochen, beherrscht von einer Adlernase und lebhaften hellblauen Augen; die Haut sommersprossig, die Haare in der Jugend ein ins Rötliche übergehendes Blond, das, kaum daß er die Dreißig überschritten hatte, eisgrau wurde. Er strahlte eine natürliche Würde aus, hielt sich im allgemeinen bescheiden zurück, war liebenswürdig im Umgang mit seinesgleichen, in kritischen Situationen reizbar und jähzornig.

Alles in allem also ein gutaussehender Mann, so daß es nicht wundert, wenn Felipa sich in ihn verliebte und ihre Mutter ihm zugeneigt war. Das junge Paar übersiedelte nach der Hochzeit auf die Insel Porto Santo und bezog das kleine Landgut, das aus der Zeit des Gouverneurs Perestrello herrührte. Columbus war „seinem" Atlantik nun noch näher. Es fehlt nicht an phantasievollen Schilderungen, wie er in der Dämmerung von Pico do Facho, einer kahlen Anhöhe, nach Westen starrte, in der Hoffnung, jene geheimnisumwitterte ferne Küste zu Gesicht zu bekommen, die, glaubt man den Zeugen, zu bestimmter Stunde am Horizont auftauchte.

Donna Felipa gebar ihm einen Sohn, Diego genannt, dem in der Wiege nicht gesungen wurde, daß er einst den Titel des Vaters, Admiral des Weltmeeres, erben sollte und mit dieser Bürde einen jahrzehntelang währenden Rechtsstreit. Mehr ist über Columbus' Frau nicht bekannt. Man weiß nicht einmal, wann sie starb: ob im Wochenbett, 1480, oder wenige Jahre später.

COLUMBUS fuhr fort, alles zu sammeln, zu katalogisieren, zu registrieren, was seine Idee unterstützen konnte. Auf die von Felipas verstorbenem Vater hinterlassenen Seekarten, Segelhandbücher und Aufzeichnungen über seine Reisen längs der afrikanischen Küsten, der Azoren, der Kapverdischen Inseln stürzte er sich sofort. Er fuhr immer wieder nach Madeira hinüber, neben Lissabon die Börse, auf der die Nachrichten gehandelt wurden, die die Seeleute von ihren Reisen mitbrachten. Er erfuhr von jenem Schriftstück, das unter dem Namen Toscanelli-Briefe zum Begriff in der Columbusforschung wurde.

Vor Jahren hatte ein Florentiner Arzt an den Beichtvater des Königs von Portugal einen Brief geschrieben, in dem er das wiederholte, was er dem Pater bereits im persönlichen Gespräch mitgeteilt hatte: daß es nämlich einen kürzeren Weg über See geben müsse zum Land der Gewürze als jenen, den die Portugiesen um Afrika herum vermuteten. Eine Karte, die diese Behauptung unterstützte, legte er bei. Alfons V. ließ Darlegung und Karte von seinen Wissenschaftlern prüfen und bekam nach geraumer Zeit die Mitteilung, daß das, was der Brief an Gutem enthalte, nicht neu sei, das Neue aber nicht gut. Der Brief wurde archiviert und vergessen, doch als João II. auf dem Thron folgte, der von dem Wunsch beseelt war, neue Länder zu gewinnen, muß die Existenz des nunmehr sieben Jahre alten Briefs ruchbar geworden sein.

Columbus hörte davon und schrieb dem Dottore Paolo Toscanelli. Die Antwort kam rascher, als er es in seiner Ungeduld für möglich gehalten hätte.

„. . . übersende ich Dir als Antwort auf Dein Schreiben die Abschrift jenes Briefes, den ich vor geraumer Zeit einem meiner Freunde gesandt, der ein Diener des Königs von Portugal gewesen. Auch schicke ich Dir eine gleiche Seekarte, wie ich sie ihm zugeleitet hatte."

Da Columbus' Wissensdurst noch nicht gelöscht war, schrieb er dem Medico einen zweiten Brief, der auch diesmal beantwortet wurde.

„Ich habe ja Kenntnis genommen von Deinem großartigen Plan, auf dem Wege nach Westen, den Dir die gesandte Karte anzeigt, zu den Ländern des Ostens zu segeln. Besser hätte er sich mit einer runden Kugel klarmachen lassen. Es freut mich, daß Du mich richtig verstanden hast. Der genannte Weg ist nicht nur möglich, sondern wahr und sicher. Ohne Zweifel ist die Fahrt ehrenvoll, und sie vermag unberechenbaren Gewinn und höchsten Ruhm in der ganzen Christenheit zu bringen. Du kannst dies nicht so deutlich wissen wie ich, da Du nicht so häufig Gelegenheit gehabt hast, zuverlässige Nachrichten von bedeutenden gelehrten Männern zu sammeln, die aus jenen Ländern hierher an den römischen Hof gekommen sind, wie auch von hochangesehenen Kaufleuten, die lange in jenen Ländern Handel betrieben."

Es gibt wenige historische Figuren, über die so viel geschrieben worden ist wie über den Genuesen, und kaum welche, die so oft der Lüge, des Betrugs und der Fälschung verdächtigt worden sind wie er. Die Verdächtigungen gingen so weit, daß selbst die Schiffstagebücher als unecht zurückgewiesen wurden. Die Briefe Toscanellis an Columbus seien ebenfalls Fälschungen; von des Entdeckers eigener Hand ausgeführt, nach dem Text des heimlich kopierten Briefes an den Beichtvater.

Aus den Toscanelli-Briefen und der beigefügten Karte ging in scheinbar schlüssiger Beweisführung hervor, daß erstens die Entfernung von Portugal bis China auf dem Landwege 230 Längengrade betrug, der Weg zur See in Richtung der untergehenden Sonne dagegen nur 130 Grad; was in der Luftlinie gemessen, eine Entfernung von 5000 Seemeilen ergeben hätte. Ein Rechenfehler, entstanden unter anderem durch die Zugrundelegung einer falschen Gradzahl; 130 Grad statt 230 Grad.

Columbus war entzückt von Brief und Seekarte, schrumpfte doch die mit dem Schiff zu bewältigende Strecke auf ein erträgliches Maß. Und dennoch schien sie immer noch lang. Der große Gelehrte muß sich verschätzt haben, sagte er sich, und in der Werkstatt des Bruders ging er daran, über Karten, Tabellen, Berechnungen gebeugt, die Entfernung noch etwas erträglicher zu machen.

62,5 Seemeilen hatte Toscanelli als Distanz zwischen zwei Längengraden am Äquator zugrunde gelegt? Es gab einen arabischen Gelehrten namens Al Fargani, auch unter dem Namen Alfraganus bekannt, der war lediglich auf 56 $^2/_3$ Meilen gekommen, womit er zwar das arabische Maß von 1973,5 Metern gemeint hatte, aber es schien nur logisch, die römische Meile von 1477,5 Metern zugrunde zu legen, und das ergab eine Distanz von 45 Seemeilen (womit der Gesamtumfang des Erdballs schon mal auf ein Drittel des tatsächlichen Umfangs einlief).

Und dann Asien! Wer sagte denn, daß sein östlicher Rand wirklich nur so weit reichte, wie die Karten es zeigten? Hatte nicht Marinos von Tyrus im Jahre 114 vor Christus geschätzt, daß die Landmasse zwischen Portugals Küste und der Ostküste Chinas 225 Grad des 360 Grad betragenden Erdumfangs ausmache? Marco Polo hatte Regionen entdeckt, die noch einmal mit 28 Grad zu Buche schlugen. Weitere 30 Grad mußten addiert werden durch die vermutliche Entfernung zwischen dem östlichen China und Japan, zwischen Cathay und Cipangu.

Das ergab eine Summe von 283 Grad, und da er die Reise nach „Indien" – unter diesem Begriff firmierte ja sein Asien – westlich der Kanareninsel Hierro starten wollte, waren wieder 9 Grad fällig. 360 Grad minus 292, das bedeutete in praxi, daß nur noch 68 Grad zu schaffen waren, um nach Japan zu gelangen. Dem Genuesen schien dieser Ozean immer noch zu breit. Ziehen wir also getrost von den 68 Grad noch einmal 8 ab.

Diese 60 Grad galt es zu multiplizieren mit der Entfernung zwischen den Längengraden. Columbus schätzte sie am Äquator auf 45 Seemeilen. Auf *der* Breite, der er auf seiner Ozeanüberquerung folgen wollte, würde die Entfernung nur 40 Seemeilen betragen. 60 mal 40 ergab eine Strecke von 2400 Seemeilen zwischen den Kanaren und Japan. So einfach war das . . .

Wenn man bedenkt, daß die wirkliche Entfernung 10 600 Seemeilen beträgt, der Irrtum des Toscanelli also durch einen noch größeren Irrtum übertroffen wurde, so fragt man sich unwillkürlich: Hat Columbus sich tatsächlich so verrechnet, oder verführte ihn sein fanatischer Wille, den Osten vom Westen her zu erreichen, zum Selbstbetrug?

Der Schriftsteller Jakob Wassermann, später auch der Spanier

Salvador de Madariaga haben den Genuesen einen „Don Quijote des Ozeans" genannt.

Aller Augenschein ist Trug, nur die Phantasie bringt Realität. „Das soll ein Gasthof sein? Aber das ist doch eine Burg!" sagt Don Quijote.

„Das soll Haiti sein? Aber das ist doch Cipangu!" sagt Columbus.

Kamen ihm bisweilen dennoch Zweifel an dem, was er für real hielt, dann wandte er sich der Bibel zu und hielt Zwiesprache mit seinen Heiligen. „Die Inseln harren auf mich im Meer von längst her, daß sie deine Kinder von ferne herbringen, samt ihrem Silber und Gold, dem Namen des Herren, deines Gottes", tönte es aus dem Mund Jesajas.

Daß er das „mich" auf seine eigene Person bezog, beweist ein anderes Bibelwort, das den Herrgott sagen läßt, er werde einen neuen Himmel und auch eine neue Erde machen, daß man der vorigen nicht mehr gedenken wird. „Gott machte mich zum Gesandten eines neuen Himmels und einer neuen Erde", heißt das bei Columbus. Von seinem göttlichen Auftrag ist er so tief durchdrungen, daß er Jahre später behauptet, Vernunftschlüsse, Mathematik und Weltkarten hätten ihm zu nichts verholfen, sondern es sei einfach in Erfüllung gegangen, was der Prophet Jesaja vorhersagte. Phantastischer Hochmut ist ein weiterer Wesenszug, der ihn mit Don Quijote verbindet.

Der Tag nahte, da Columbus sich entschloß, seine Idee zu verwirklichen. Zeit wurde es. Nach der damaligen Lebenserwartung hatte er mit zweiunddreißig Jahren die Lebensmitte längst überschritten. Da er selbst, verglichen mit den immensen Kosten, die auf ihn zukamen, kaum einen roten Heller besaß, galt es, einen Finanzier zu finden. Nahegelegen hätte es, in seine Heimatstadt Genua zu reisen und sich dort an einen seiner einstigen hochvermögenden Gönner zu wenden. Statt dessen finden wir ihn Ende 1482 in den Vorzimmern des Palastes am Terreiro de Paço, auf eine Audienz beim König wartend. Daß er überhaupt so weit gekommen war, wird er der Familie Perestrello y Moniz zu verdanken gehabt haben.

João II. war der Renaissancefürst schlechthin, glänzend im Auftreten, zu Jähzorn neigend; skrupellos, wenn es galt, ein Ziel zu erreichen; grausam in der Verfolgung seiner dem Hochadel

29

angehörenden Gegner (den Bruder der Königin hatte er mit eigener Hand umgebracht); dabei hochbegabt, von scharfem Verstand und von der Sehnsucht nach großen, ungewöhnlichen Unternehmungen erfüllt.

Diesem Mann, vor dem seine Feinde zitterten, stand Columbus nun gegenüber, ihm erklärte er seinen Plan, den Osten über den Westen zu erreichen, ein Projekt, so gigantisch, wie es die Welt bis dahin nicht gekannt hatte. Er ließ sich nicht unterbrechen, wagte Widerspruch, argumentierte mit Leidenschaft, verlangte kühl drei Karavellen mit Proviant für ein Jahr und einer Ladung Tauschwaren. Er forderte ferner die Erhebung zum *Don*, den Rang eines Großadmirals, die Ernennung zum Vizekönig der entdeckten Länder, den zehnten Teil aller Einkünfte, die sich durch die Erschließung der neuen Länder ergäben, und das Recht, den achten Teil allen Schiffsraums mit eigener Fracht zu belegen.

Der Hofchronist, mühsam seine Contenance bewahrend, registrierte: „Der hohe Fürst erkannte, dieser Cristóvão Colom war ein Großmaul . . . Außerdem erschien er ihm als ein Phantast, versehen mit mehr Einbildung als mit Wissen von dieser Insel Cipangu. So glaubte er seinen Worten nur wenig und schenkte ihm kein Vertrauen."

Andererseits war der König Menschenkenner genug, um sich zu sagen, daß selbst in den phantastischsten Erzählungen bisweilen ein wahrer Kern verborgen ist; angenommen, der Mensch hätte doch recht und würde nun im Dienste eines anderen Fürsten Cathay und Cipangu finden und welche Länder noch, mit all ihrem Gold und Edelgestein, dann würde er, der zweite João aus der edlen Dynastie der Avis – nein, der Gedanke war unerträglich! Er gebot der *Junta dos Matematicos*, einer Kommission zur Auswertung der Entdeckungsfahrten, die Hypothesen des Cristóvão Colom auf ihren Wirklichkeitsgehalt zu prüfen.

Ihre renommiertesten Mitglieder waren José Vizinho und Meister Rodrigo, zwei jüdische Gelehrte, die sich in der Nautik ihre Meriten erworben hatten. Zu ihnen gesellte sich Dom Diego Ortiz, Geistlicher und Experte der Kosmographie. Nach einem ausführlichen Gespräch mit Colom und der Prüfung seiner Seekarten berichteten sie dem König, daß der Bittsteller ein wenig zuviel in Marco Polos, eines notorischen Aufschneiders, Reiseberichten gelesen haben müsse; jedenfalls seien seine Argumente seicht, seine Pläne Phantastereien; charakteristisch hierfür die auf falschen Grundlagen beruhenden Berechnungen über die Breite des Weltmeeres zwischen Portugal und China. Legte man die richtigen zugrunde, so ergäbe sich eine Ausdehnung, die für jedes Schiff zu einer Reise ohne Wiederkehr werden dürfte. Irrtümer also über Irrtümer . . .

„Niemals hat ein großartiger Irrtum eine großartigere Entdeckung hervorgebracht", schrieb Leopold von Ranke vierhundert Jahre später.

Columbus bekam seine Unterlagen zurück, darunter Toscanellis Karte. Sie ist verlorengegangen. Es existiert lediglich eine Skizze von der Hand des Genuesen (oder seines Bruders). Die Toscanelli-Karte hat offensichtlich den Nürnberger Martin Behaim beeinflußt bei der Gestaltung seines „Erdapfels", des ältesten Globus der Welt. War er es, der den Portugiesen den Gebrauch des Jakobsstabs beibrachte, eines Instruments, mit dem sich durch Messung von Gestirnshöhen der Standort eines Schiffs bestimmen ließ? War er ein Schüler des berühmten Nürnberger Mathematikers und Astronomen Johannes Müller, besser bekannt unter dem Namen Regiomontanus, und hat er den Portugiesen dessen *Ephemeriden* vermittelt, ein Tabellenwerk, in dem Zeiten und Orte von Himmelskörpern vorausberechnet waren? (Für Columbus waren sie auf seinen Fahrten eine wertvolle Hilfe.) Vieles spricht dafür.

Die Übereinstimmung von Behaims Erdapfel mit der Toscanelli-Karte erstreckt sich bis auf den Maßstab, die zu weite östliche Ausdehnung Asiens, das viel zu kleine Meer. Man hat deshalb angenommen, die beiden Männer hätten zusammengearbeitet. Man darf annehmen, daß sie sich in Lissabon irgendwann einmal begegnet sind; zwei Männer, die beide von neuen Ufern träumten.

2. SPANIEN, GOTTES EIGENES LAND

„DER BETTLER, der an der Pforte des Franziskanerklosters La Rábida, einen Knaben an der Hand, erschöpft um Brot und Wasser fleht, sieht sich am Ende seiner Hoffnungen. Er ist kein junger Mann mehr, Ende der Vierzig vermutlich, seine Haare sind grau, seine Züge gefurcht; er hat so viel Erniedrigungen und Bitternis kennengelernt, so viel vergebliche Arbeit getan, so viel Abweisung erfahren, daß es ihn genug dünkt, um sich hinzulegen und zu sterben. Man fragt ihn, wer er sei. Er antwortet: ,Ich nenne mich Cristóbal Colón, bin ein Seefahrer aus Genua und muß betteln, weil die Könige die Reiche, die ich ihnen anbiete, nicht annehmen wollen.'"

Richtig an dieser Schilderung ist nur, daß Vater und Sohn Columbus 1486 das unweit des andalusischen Städtchens Huelva liegende Kloster aufgesucht haben. Wir wissen, daß unter besagten „Königen" João II. zu verstehen ist. Was wir bis heute nicht wissen: warum der Genuese Lissabon in Richtung Spanien verlassen hat.

Die Gründe für seine Flucht – und es war eine Flucht – kennen wir nicht. Gewiß ist, daß es für Columbus einen schwerwiegenden Grund gegeben haben muß, die Wahlheimat Portugal so plötzlich zu verlassen. Das geht aus einem Brief hervor, den ihm João II. Jahre später nach Spanien schrieb, in der schrecklichen Ungewißheit, ob er mit seinem Nein nicht vielleicht doch einen Fehler gemacht hatte.

Daß Columbus sich ausgerechnet nach Huelva gewandt hat, mag verwundern, ließe sich doch kaum ein größerer Gegensatz denken zwischen dem in trostloser Marschlandschaft liegenden Städtchen und der weltoffenen Großstadt Lissabon. Doch hatte er gute Gründe, dorthin zu gehen. Seit einem Jahr war er nun Witwer. Donna Felipa war plötzlich verstorben. In Huelva wohnte eine verheiratete Schwester der Verstorbenen. Columbus hoffte, den fünfjährigen Diego bei ihr unterbringen zu können. Er liebte seinen Sohn, jedoch wichtiger als die väterliche Liebe waren ihm seine Pläne, neue Freunde zu finden, Gönner, Förderer, dabei mußte ihm Diego hinderlich sein. Die Schwägerin, Señora Iseu Correa, mit Kindern selbst reichlich gesegnet, wird ihm eine Absage gegeben haben, vielleicht auch einen Rat, es bei den Franziskanern zu versuchen, die ein Knabeninternat unterhielten. Das Schicksal wollte es, daß in La Rábida zwei Klosterbrüder lebten, in denen er Brüder im Geiste traf.

Fray Antonio de Marchena war ein Kosmograph und angesehener Sternenseher, wie man damals die Astrologen nannte, und zeigte sich fasziniert von Columbus' Plänen. Dem Prior, Fray Juan Pérez, schienen sie ziemlich überspannt, stärker jedoch als seine Skepsis war die atemberaubende Vorstellung, daß man jene unentdeckten Länder, wenn es sie wirklich gab, für das Christentum gewinnen könnte. Und für seine Königin, deren Beichtvater er einst gewesen war.

Als erstes entwarfen sie ein Empfehlungsschreiben an einen spanischen Granden, von dem die Rede ging, daß er so reich sei wie König Krösus und die benötigte kleine Flotte von drei Schiffen direkt aus seinem Gürtel finanzieren könne, wenn er wolle. Seine Herrlichkeit Don Enrique de Guzmán, Herzog von Medina Sidonia, der sein Geld nicht zuletzt durch den Handelsverkehr mit den Küsten Genuas verdient hatte, wollte. Doch dann riefen ihn Staatsgeschäfte zum Hof, und die Verhandlungen konnten nicht wiederaufgenommen werden.

Es gab einen weiteren Reichen, der gern noch reicher geworden wäre: Don Luís de la Cerda, fünfter Graf und erster Herzog von Medinaceli. Der verfügte sogar über einen eigenen Seestützpunkt in Santa María, einem Hafen unweit von Cádiz. Die Patres rieten ihrem Schützling, seine Pläne diesmal dem Herzog persönlich vorzulegen. Das tat er, und der Herzog versprach ihm, drei, vier Karavellen auf Kiel zu legen, die Besatzung zusammenzustellen, die Ausrüstung zu besorgen. Indessen möge er sein Gast sein.

Das Versprechen der Gastfreundschaft hielt er einigermaßen ein, die anderen Versprechen konnte er nicht halten. Aus demselben Grund, der auch Don Enrique hatte kapitulieren lassen. „. . . und als ich sah, wie wichtig eine solche Unternehmung und wie die Entscheidung darüber nur unserer Herrin anheimgestellt werden könne, da schrieb ich Ihrer Hoheit darüber einen Bericht, und die Königin beschied mir, jenen Mann zu ihr zu schicken. Und ich schickte ihn zu ihr . . .", so heißt es in einem Brief des Herzogs von Medinaceli.

Mitte Januar 1486 bat Columbus die Franziskaner um ihren Segen und ermahnte seinen Sohn Diego, im Internat des Klosters ein fleißiger Schüler zu sein. Die Zeit werde kommen, so tröstete er ihn, da er ihn wieder zu sich nehmen würde.

Mit den Empfehlungsbriefen der Patres Pérez und Marchena in der Satteltasche ritt er von Sevilla im strömenden Regen die Ufer des Guadalquivir entlang nach Córdoba. Im dortigen Alcázar pflegte der Hof Residenz aufzuschlagen. In Córdoba hoffte Columbus, jener Frau vorgestellt zu werden, die so gefürchtet war, daß zwei der reichsten Herzöge des Landes es für besser gehalten hatten, die Verbindung zu ihm abzubrechen, weil sie das ihr zustehende Privileg großer Unternehmungen zur See nicht verletzen wollten. Und das war Isabella von Kastilien.

DIE ALTE Hauptstadt der Kalifen ist eine Stadt, die ihren orientalischen Zauber bis heute bewahrt hat: mit ihren blühenden Gärten, schattigen Patios, engwinkeligen Gassen, verschwiegenen Plätzen und der Mezquita-Moschee, einem Wunderwerk arabischer Baukunst, in der jetzt die Christen zu ihrem Gott beten, nachdem sie jahrhundertelang der Verehrung Allahs gedient hatte. Córdoba hatte nach der Wiedereroberung durch die Spanier bereits einiges an Glanz eingebüßt. Die Stadt diente jetzt als eine Art militärischer Karawanserei, von der aus man den Sturm auf die letzten Bastionen des maurischen Spaniens vorbereitete.

An solchen Orten, wo Truppen ausgerüstet werden mit Waffen, Kleidung, Lebensmitteln, wo ein Hof residiert, findet sich die Internationale der Händler und Kaufleute rasch ein. Columbus traf unter den italienischen Landsleuten auch Genuesen, mit denen er sein Lieblingsthema diskutieren konnte: die Seefahrt zu fernen Ländern.

Eines Tages nahm ihn ein junger Mann namens Diego de Harana mit nach Hause, stellte ihn seiner Frau vor – und seiner Kusine, der jungen Beatriz, die die Haranas aufgenommen hatten, nachdem sie Waise geworden war.

Beatriz wurde seine Geliebte, die Mutter seines Sohnes Fernando, seine Frau aber wurde sie nicht. Nach seinem Glauben, und er war sehr religiös, lebte er mit ihr in Sünde. Doch Beatriz zu heiraten wäre einem Mann wie Columbus nicht in den Sinn gekommen. Sie war weder wohlhabend noch von Stand, nicht hoffähig jedenfalls, und deshalb ungeeignet, ihn auf seinem Weg zum Ruhm auch nur einen Schritt voranzubringen. Das klingt nach Egoismus, und daß es das war, wußte er wohl. In seinem 1502 verfaßten Testament vermachte er Beatriz eine stattliche Summe, „damit sie sorglos und respektabel zu leben vermöchte . . ., um mein Gewissen von einer Last zu befreien, die mich seit jenen Tagen niederdrückte".

Vielleicht war es auch eine Folge seines schlechten Gewissens, wie er an der Familie seiner Geliebten handelte: Beatrizens Bruder Pedro kommandierte eine Karavelle auf der dritten Reise, Vetter Diego fungierte als Profos auf der ersten; ein weiterer Verwandter arbeitete als Wundarzt auf der *Santa María*.

In Córdoba nahm der lange, mühselige Marsch durch die Instanzen seinen Anfang. Er führte durch die Vorzimmer der Kleinen in die der Größeren, von den Mächtigen zu den Mächtigsten. Nach den acht Jahren vergeblichen Hoffens und Harrens in Portugal sollten weitere sechs Jahre in Spanien folgen. Zu den Gaben, die für ein Genie eigentümlich sind, der Schöpfungskraft, der Intelligenz, dem Fleiß, gehört, und das wird oft vergessen, immer die Beharrlichkeit. Columbus besaß diese Gabe. Er war zäh, geduldig und beharrlich.

Ende April kehrte die Königin zusammen mit ihrem Gemahl, König Ferdinand von Aragonien, endlich nach Córdoba zurück. Siebzehn Jahre zuvor hatten Ferdinand von Aragonien und Isabella von Kastilien geheiratet; eine Hochzeitsfeier, zu der sie sich Geld hatten borgen müssen, so arm waren sie. Die Hochzeit auf Pump führte zur Vereinigung der beiden Reiche Kastilien und Aragonien und damit zur Begründung des spanischen Nationalstaats, der Europa das Fürchten lehren sollte.

Die beiden so unterschiedlichen Herrscher hatten mit eiserner Hand Ordnung geschaffen: den Übermut des Adels gebändigt, die Straßen sicher, die Gesetze wirksam, das Geld wertvoll gemacht. Selbst die hohe Geistlichkeit wurde unter den *Reyes Católicos*, wie sie später genannt wurden, den Katholischen Königen, in ihren Rechten beschnitten.

Kurz nach ihrer Ankunft wurde Columbus bereits zur Audienz in den Alcázar befohlen. Es hatte sich anscheinend gelohnt, den Kardinal von Spanien, Don Pedro González de Mendoza, zum Fürsprecher gewonnen zu haben in der Zeit des Antichambrierens. Der Verwalter der Krongüter, Alfonso de Quintanilla, ließ

Rechts: Genua 1481. Die Hafenstadt mit dem Beinamen „la Superba" beanspruchte für sich die Reputation, die Geburtsstadt von Columbus zu sein.

Papst Alexander VI. teilte die Welt nach seinem Gutdünken auf. Bestechlichkeit und Grausamkeit zeichneten ihn aus.

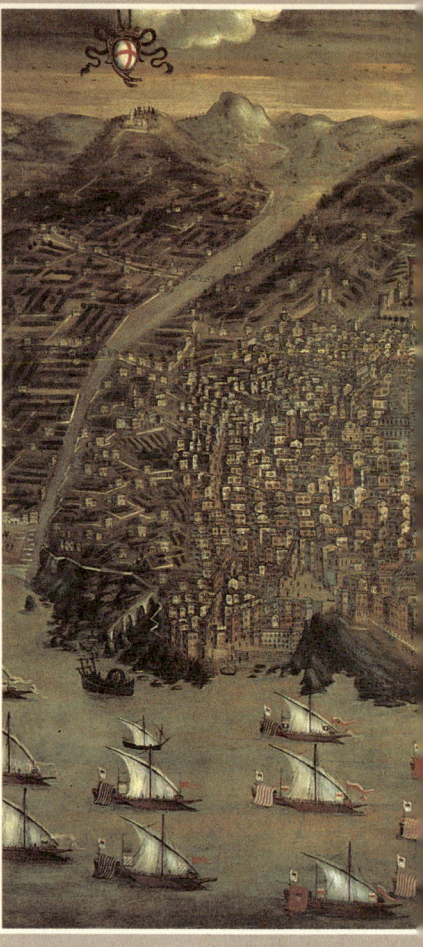

Links: Im Kloster Rábida boten die Franziskaner Columbus und seinem Sohn Herberge und unterstützten seine Pläne.

Rechts: „Brenne, Ketzer, brenne!" Tausende unschuldiger Menschen starben auf dem Scheiterhaufen der Inquisition.

Oben: Doña Beatriz de Bobadilla, Sproß einer vornehmen Familie, wurde die Gattin von Columbus und die Mutter Diegos.

ihn neu einkleiden, damit er einigermaßen hoffähig war. Die Königin, vor der er sich tief verbeugte, wird von zeitgenössischen Höflingen als eine blendendschöne Frau geschildert.

Zieht man von dieser Schilderung den üblichen Prozentsatz von Schmeichelei ab, so darf man annehmen, daß sie eine ansehnliche Frau war: mittelgroß, die Gesichtszüge ebenmäßig, die Augen blau, blonde, ins Kastanienbraune gehende Haare; in ihrem Wesen von einer natürlichen Noblesse, sanft und energisch zugleich, begabt mit moralischem Mut und einem hellen, wachen Verstand, der den Männern ihrer Umgebung nicht angenehm war. Ihre hervorstechende Tugend war ihre Frömmigkeit, nach deren Maßstab sie lebte: mildtätig, barmherzig, sittenstreng; sie blieb einem Mann treu, der ständige Affären mit Frauen hatte. Isabellas Religiosität ließ sie intolerant, hart und grausam werden, wenn sie auf Andersgläubige traf und auf jene, die man der Ketzerei verdächtigte. Die erste Begegnung der Königin mit Columbus wird unter dem Begriff „welthistorisch" registriert.

„Er kam zu den beiden Königen", notierte Andrés Bernáldez in seiner *Geschichte der Katholischen Könige*, „und erzählte ihnen, was er sich ausgedacht hatte . . . Er zeigte ihnen auch eine Weltkarte. Schließlich hatte er in ihnen den Wunsch erweckt, mehr von diesen Ländern zu erfahren."

Die Königin und Columbus spürten Sympathie, Zuneigung, und Columbus erklärte zu vorgerückter Stunde, daß man mit dem Gold, das er finden würde, das Heilige Land zurückerobern werde.

Die Situation war für die Pläne des Columbus höchst ungünstig. Granada sollte erstürmt werden, der einzige den Ungläubigen noch verbliebene Stützpunkt auf dem geheiligten Boden Spaniens. Mit dieser Tat würde die Wiedereroberung der Iberischen Halbinsel, Reconquista genannt, vollendet und ewiger Ruhm gesichert sein.

Das Herrscherpaar hatte deshalb kein rechtes Ohr für die Erzählungen des Italieners. Geld sollte ihre Realisierung auch noch kosten, viel Geld. Das Geld aber, das man besaß (oder sich ständig borgen mußte), wurde für die Vorbereitungen ebenjener Erstürmung ausgegeben.

Und dennoch schien Columbus die Königin beeindruckt zu haben. Die feine Menschenkennerin spürte, daß hier nicht nur ein Phantast sprach. „Unser Herrgott hatte dem Columbus eine besondere Gabe verliehen, die die anderen veranlaßte, ihn wohlwollend zu betrachten", bescheinigte ihm Las Casas. War es der berühmte Funke, der sich zwischen zwei gleichgerichteten Menschen zu entzünden pflegt? Oder war es nur die geheime Furcht, in dem Fremden das zu verkennen, was er vielleicht war, ein Bote des Schicksals? Jedenfalls schien es gut, hier einige Vorschüsse zu zahlen, womit eine Art Vorkaufsrecht gesichert wäre.

Seine Pläne sollte eine Kommission gelehrter Männer überprüfen. Eine Entscheidung, die der viel skeptischere, Columbus nicht sonderlich wohlgesinnte König Ferdinand herbeigeführt hatte. Das Herrscherpaar begab sich daraufhin wieder auf Reisen, um die Mauren zum letzten Kampf zu zwingen.

Toledo war gefallen, Córdoba zurückerobert, Valencia, schließlich Sevilla und Cádiz. Nur auf den Türmen Granadas wehten noch immer Fahnen mit dem Halbmond. An ihre Stelle die Königsstandarten Kastiliens und Aragóns zu setzen erwies sich als schwieriger denn gedacht. Das Herrscherpaar zog ruhelos im Lande umher, um neue Truppen aufzustellen, den alten Mut zu machen, den hohen Adel um Spenden zu bitten, den niederen bei seiner Ehre zu packen, bewährte Ritter Christi auszuzeichnen.

Columbus sah sich gezwungen, mit ihnen zu ziehen, weil die Herren der Kommission sich meist im Dunstkreis des Hofes aufhielten, und ihnen mußte er immer wieder Rede und Antwort stehen. Zu ihrem Leiter war Pater Fernando de Talavera, Prior des Pradoklosters, ernannt worden. Eine unglückselige Entscheidung, denn die beiden Männer paßten zueinander wie Feuer zum Wasser. Kein Wunder deshalb, wenn der Prior vier Jahre brauchte, den Colón zu befragen, mit den Mitgliedern des Ausschusses zu diskutieren, sich eine Meinung zu bilden über den Wert des Plans. In Salamanca war es zu Weihnachten 1486, als Columbus vor dem Talavera-Ausschuß, so hieß er von nun an, zu einer ausführlichen Befragung erscheinen mußte.

Die Stadt beherbergte eine der berühmtesten Universitäten Europas, in einem Atemzug zu nennen mit Paris, Bologna und Oxford. Die Männer, die hier lehrten, gehörten zu den Leuchten der Wissenschaft. Die Mediziner durften menschliche Leichen sezieren, was andernorts als ein streng zu ahnendes Delikt angesehen wurde. Selbstverständlich wußte man hier von der Gestalt der Erde als einer Kugel. Eine gelehrte Junta setzte sich zusammen aus durchaus sachverständigen Wissenschaftlern – und einigen Theologen; die allerdings ersetzten Sachverstand durch Religion. Letzteren ist es zuzuschreiben, wenn der Nachwelt das Bild einer bigotten, blindgläubigen Gelehrtenclique im Kampf mit einem um die Zukunft wissenden Genie überliefert wurde.

Ein unbekannter Seemann, dürftig gekleidet, vermögenslos, ohne akademischen Grad, von obskurer Herkunft, *extranjero* – Ausländer – noch dazu, tritt nun vor ein erlauchtes Konsortium. Die meisten der Herren sind erst einmal dagegen. Einige von ihnen halten den Mann für einen Träumer, andere für einen Glücksritter, wieder andere für einen Ketzer.

Wie er seine Sache vertrat, der hochgewachsene Fremde mit dem inzwischen eisgrauen Haar und den blauen Augen, den leidenschaftlichen Gesten und der beschwörenden Stimme, machte anfangs Eindruck auf die Herren. Er entrollte eine Karte, auf der der Ozean zwischen Spanien und jenen fernen Inseln von so geringer Breite erschien, daß er in wenigen Wochen durch ein gutes Schiff zu bezwingen wäre.

Das aber war der Punkt, der auch die Gutwilligen nachdenklich machte. Das könne unmöglich wahr sein, hielten sie ihm entgegen, hier gäbe es doch einigermaßen zuverlässige Berechnungen über die wirkliche Ausdehnung dieses Meeres. Einmal mißtrauisch geworden, gewannen nun die potentiellen Feinde die Oberhand und begannen, ihn in die Enge zu treiben.

Selbst die Gelehrten, die eine Kugelgestalt der Erde für gegeben ansahen, und die waren in der Mehrzahl, fragten Columbus: „Ein Schiff, das so glücklich wäre, Indien auf diesem Wege zu erreichen, wie wäre es imstande zurückzukehren? War es bei der Hinfahrt bergab gegangen, würde die Rückfahrt, der Kugelgestalt der Erde entsprechend, bergauf gehen. Kein Wind würde so viel Kraft haben, das Schiff den Berg hinaufzutreiben."

Auf dem Boden wissenschaftlicher Disputation fühlte Columbus sich unsicher. Er verstand einfach nicht, was sie von ihm wollten. „Zu den wichtigsten wissenschaftlichen Argumenten mußte er schweigen", schreibt Las Casas.

Columbus hatte gute Gründe dafür. Die Heilige Inquisition

hörte in Spanien überall mit. Ein Wort zuviel, ein Schritt zu weit, und ein anderes Konsortium würde ihn vor die Schranken fordern. In den Städten begannen die ersten Feuer zu brennen bei den Ketzerhinrichtungen, denen man den Namen *autodafé*, Glaubensakt, gegeben hatte. Religion und Wissenschaft waren, wie überall in Europa, in Spanien noch eng verschwistert. Die Heilige Schrift konnte nicht irren, weil ihre Aussagen, auch was die Wissenschaften betraf, von absoluter Wahrhaftigkeit waren.

Zwei Kosmographen fragten, ob ihm bekannt sei, daß es unmöglich sei, die Äquinoktiallinie zu passieren, denn die Glut des Firmaments und die Hitze des Meeres würden jedes Schiff in Flammen aufgehen lassen. Hier nun war Columbus in seinem Fahrwasser: Er habe diese Grenze des öfteren passiert, das Meer koche keineswegs, und der Himmel lasse trotz seiner Glut Menschen, Tiere und Früchte aller Art gedeihen. Wieder brachte er die Geschichten von dem seltsamen Strandgut, das von jenen fernen Inseln stammen müsse; von den Seefahrern, die an unbekannten Küsten gestrandet seien. Er brachte Toscanellis Erkenntnisse, schließlich zitierte auch er seine Propheten, deutete sie nicht weniger gewaltsam für seine Beweisführung. War Esra nicht eine von den Kirchenheiligen anerkannte Autorität? Mußte man ihm nicht Glauben schenken, wenn er sagte, daß nur ein Siebentel der Erdkugel von Wasser bedeckt sei?

Die Disputationen in den Räumen des Dominikanerklosters St. Esteban zu Salamanca zogen sich endlos hin, ohne daß es zu einer Entscheidung gekommen wäre. „Selbst diejenigen, welche den Plan mit Beifall anhörten, betrachteten ihn nur wie einen schönen Traum, der zwar voller Wahrscheinlichkeit und schöner Aussichten schien, aber niemals erfüllt werden könne."(Irving)

Zu den wenigen, die den Plan mit Beifall anhörten, gehörte ausgerechnet ein Mann der Kirche, Diego Deza, Prior von St. Esteban und Professor an der Universität Salamanca. Ihm erging es wie der Königin. Er spürte, daß Cristóbal Colón kein Falschmünzer war und seine Pläne mehr als bloße Luftgespinste waren. Er tröstete ihn, machte ihm Mut und gab ihm seinen Segen. Segensreich blieb er auch die späteren Jahre für seinen Schützling. So ergebnislos der Aufenthalt in Salamanca gewesen sein mag, einen einflußreichen Freund fürs Leben gefunden zu haben war einigermaßen tröstlich.

ÜBER die nächsten Jahre des Genuesen wüßten wir wenig, wenn es nicht um Geld gegangen wäre.

So erfahren wir aus den Rechnungsbüchern des Schatzmeisters von Kastilien, daß „Cristóbal Colón, extranjero" am 5. Mai 1487 3000 Maravedi ausgezahlt bekam, am 3. Juli noch einmal den gleichen Betrag und am 27. August 400, „zu dem Behufe, sich ins königliche Feldlager nach Málaga zu begeben". Die zum maurischen Königreich Granada gehörende Stadt war eine Woche zuvor nach blutigen Kämpfen gefallen.

Veranschlagt man die Kaufkraft des damaligen deutschen Geldes auf das Siebenfache, wäre ein Maravedi heute rund 0,045 DM wert. Unbeantwortet bleibt allerdings die Hauptfrage: Was konnte man sich für einen Maravedi kaufen?

Samuel Eliot Morison stellt fest, daß 12 000 Maravedi der Heuer eines Vollmatrosen entsprächen. Was Columbus an Zahlungen bekam, sei nicht fürstlich gewesen, doch genug, um bei bescheidenen Ansprüchen Leib und Seele zusammenzuhalten.

Das ewige Warten aber begann seine Widerstandskraft langsam zu zermürben. Eines Tages blieben auch die Anweisungen aus. Er mußte seinen Lebensunterhalt wieder mit Kartenzeichnen und dem Verkauf von Büchern bestreiten. Da er dem Hof überallhin folgte, wurde er bald vielen Würdenträgern lästig. Sie gewährten ihm keine Audienzen mehr.

In der sich anbahnenden Verzweiflung trat Bartolomeo auf den Plan, der getreue jüngere Bruder, den wir in seinem Zeichenbüro in Lissabon zurückgelassen haben. Er war es, der König João II. einen Brief von Columbus übermittelte, des Inhalts, ob man sich nicht noch einmal zusammensetzen wolle. Als Antwort kam ein wohlwollendes Schreiben des Königs mit dem Angebot freien Geleits und dem Vorschlag, die seinerzeit abgebrochenen Verhandlungen wiederaufzunehmen.

Ob Columbus einem Königswort getraut hat und der Einladung folgte, steht dahin. Die Reise wäre auf jeden Fall ergebnislos geblieben. Der Portugiese Bartolomeu Diaz hatte inzwischen das Kap der Guten Hoffnung umschifft und damit den Seeweg nach Indien gefunden: auf der Ostroute. Der Weg über die Westroute interessierte João II. nicht mehr so sehr.

Bruder Bartolomeo begab sich nach Paris an den Hof Karls VIII., eines Monarchen, dem im Buch der Geschichte Frankreichs keine Seite gebührt, so schwach und beschränkt war er. Von Seefahrt wollte er schon gar nichts wissen, wurde ihm doch bereits beim Anblick eines Schiffes übel. Die ältere Schwester dagegen, Regentin während seiner Minderjährigkeit, fand Gefallen an dem Genuesen und trat derart couragiert als seine Fürsprecherin auf, daß Bartolomeo dem Bruder schrieb, Paris sei zumindest eine Reise wert.

Ob der Brief Spanien je erreicht hat, ist nicht bekannt, Christoph Columbus jedenfalls wurde in Frankreich nicht gesehen. Er mag zu dieser Zeit wieder in Córdoba gewesen sein, bei Beatriz, der geliebten Frau und Mutter seines gerade zwei Jahre alt gewordenen Sohns Fernando, der später sein Leben beschreiben würde. Ihr Vermögen war inzwischen zur Neige gegangen. Auch der elfjährige Diego, Schüler noch im Kloster von La Rábida, konnte nicht allein von der Gnade der Franziskaner leben. Columbus geriet immer tiefer in Schulden.

In dieser Zeit der Hoffnungslosigkeit erschien eines Tages, um die Jahreswende von 1490 auf 1491, ein königlicher Bote mit einem versiegelten Brief. „Jeder Mensch von einigermaßen Bildung, auch wenn er kein Fachmann auf dem Gebiet der Geographie und Kosmographie ist", las Columbus, „wird erkennen, daß Eure Pläne verschwommen und die Durchführung nicht möglich ist. Der Würde der Hoheiten steht es nicht an, eine Unternehmung zu fördern, die auf schwachen Füßen ruhe; es sei denn, sie begäben sich in die Gefahr, an Ansehen Einbußen zu erleiden und an Geld Verluste."

Das Urteil des Talavera-Ausschusses, gefällt nach vierjähriger Beratung, war vernichtend. Es bedeutete das Ende allen Planens, Hoffens und Träumens.

3. DER VERTRAG

IM SOMMER des Jahres 1491 glaubte weder die Königin noch sonst jemand dem Genuesen – bis auf die beiden Patres Juan Pérez und Antonio de Marchena. Columbus hatte sich in das Kloster La Rábida zurückgezogen, wo ihm die beiden Mönche –

sechs Jahre war das nun schon her – einst Zuflucht geboten, seinen Sohn Diego aufgenommen und erzogen hatten.

Sie zögerten auch diesmal nicht, ihm Herberge zu bieten. Ihre Motive waren nicht frei von Eigeninteresse. Der Gedanke nämlich, daß es Franziskaner sein würden und nicht irgendwelche anderen Ordensbrüder, die eines Tages zur Bekehrung in die neuen Welten aufbrächen, war berauschend.

Als kluge Psychologen, die sie waren, brachten sie ihren Schützling hinunter zum Hafen von Palos, zu den Matrosen und Steuerleuten, die zu den Küsten des Mittelmeers in See stachen oder von großer Fahrt aus Westafrika zurückkehrten. Hier war seine Welt. Sie machten ihn bekannt mit Martín Alonso Pinzón, einem Mann, der ihm zum Freund und bösen Feind werden sollte.

Pinzón, damals hoch in den Vierzigern, kannte das Mittelmeer wie seine Westentasche, hatte die Küsten Guineas erkundet und die Kanarischen Inseln. Er war hoch angesehen bei seinen andalusischen Landsleuten, die ihn als ihren verwegensten Kapitän schätzten und als ihren wohlhabendsten (denn er besaß die Karavelle *Pinta* und einige kleinere Schiffe), ihn aber auch fürchteten wegen seiner Arroganz und Selbstsucht. Ein schwieriger Charakter, doch als die beiden Männer sich kennenlernten, überwog die gemeinsame Sehnsucht, zu jenen unentdeckten Landen aufzubrechen.

Daß es sie gab, daran zweifelte Pinzón nicht mehr. Er hatte unlängst eine Kreuzfahrt an die italienische Küste dazu benutzt, einen Freund in Rom aufzusuchen, der als Kosmograph am Vatikan tätig war. Wundersame Dinge hatte er dort erfahren, von der Königin von Saba, die mit ihren Schiffen fern vom Ende Spaniens ein Land erreicht hatte, das größer und reicher war als Europa und Afrika zusammen. Immer wieder holte er eine Karte hervor, die er nach den Angaben des Freundes gezeichnet hatte.

Columbus faßte wieder Mut und schmiedete neue Pläne. Doch was für einen Sinn hatte es, erneut an die Königin heranzutreten? War nicht alles gesagt, was er zu sagen hatte? Wäre es nicht gescheiter, dem Ruf des Bruders zu folgen und sein Glück am französischen Hof zu versuchen? Oder in Portugal?

Dieser Gedanke mag bei Pater Pérez nahezu eine Panik ausgelöst haben. Er verfaßte einen Brief an Königin Isabella, bat für

44

seinen Schützling um eine erneute Audienz und schickte das Schreiben mit einem Boten in das Hoflager nach Santa Fé. Diese befestigte Siedlung war eigens vor Granada errichtet worden, um die Stadt sturmreif zu machen.

Nach kaum vierzehn Tagen traf die Antwort Isabellas ein: Der Pater wurde an den Hof befohlen, doch solle er den Cristóbal Colón ermutigen und ihm mitteilen, auch er möge sich zu einer Reise bereithalten. Wenig später kamen 20 000 Maravedi, „auf daß Colón sich ein wohlgezäumtes Reittier kaufe, seidene Kleider und einen Diener miete zur ehrsamen Präsentation vor Ihren Majestäten". Anscheinend hatte man nicht vergessen, wie armselig sein Gewand damals gewesen war bei der Audienz in Córdoba.

Woher kam dieser Sinneswandel? Über den Inhalt des Briefes von Juan Pérez ist nichts bekannt. Am wahrscheinlichsten noch klingt die Version, wonach der listige Pater, wohl wissend um den Glaubenseifer seines einstmaligen Beichtkindes Isabella, ihr ausgemalt hatte, welch ewiges Verdienst vor Gott sie sich erwerben könne durch die Taufe Hunderttausender von Heiden. Und hatte die Königin den erleuchteten Gedanken des Columbus nicht mehr im Sinn, wonach man mit dem zu erwartenden Gold das Heilige Land den Ungläubigen wieder entreißen könne?

Neben den Verdiensten wird er auch vom Verdienen gesprochen haben. Ihre Majestäten könnten nicht wollen, und hier war der stets geldgierige Ferdinand angesprochen, daß all die Schätze dem Erbfeind Frankreich oder gar dem auf den Meeren konkurrierenden Portugal anheimfielen. Vielleicht spielte bei den Königen noch die Überlegung eine Rolle, daß Spanien nach dem endgültigen Sieg über die Mauren eine neue Herausforderung brauchte, sollte es unter den Großmächten eine führende Rolle spielen.

Dieser Sieg stand nun unmittelbar bevor. Als Columbus im Spätherbst 1491 nach tagelangem Ritt in Santa Fé eintraf, war die Einschließung Granadas vollendet. Die Belagerungsarmee traf letzte Vorbereitungen für die Erstürmung. Auf dem Exerzierplatz der aus dem Boden gestampften Siedlung übten die Truppen, stapelte sich Kriegsgerät. Für den Genuesen, der irgendwo sein Maultier unterstellte, schien niemand Zeit zu haben.

Schließlich teilte man ihm mit, daß seine Angelegenheit

erneut einem Ausschuß überwiesen worden sei zwecks Prüfung der technischen Machbarkeit des Unternehmens. Der Ausschuß erstellte ein Gutachten und überstellte es dem Königlichen Rat. Unter der Hand erfuhr Columbus, daß das Votum diesmal positiver ausgefallen sei. Er durfte also hoffen. Und warten . . .

Die Soldaten aber waren schneller als der hohe Rat. Am 2. Januar 1492 marschierten sie über die Vega, die vor den Toren Granadas gelegene Ebene, in der jeder Baum gefällt war, jeder Bauernhof verbrannt, jeder Weinberg umgepflügt, jeder Brunnen zerstört. Die einst so fruchtbare Landschaft glich nach der acht Monate dauernden Belagerung einer Wüste. Die stolze Stadt wurde auch nicht mit den Waffen besiegt, sondern vom Hunger und vom Kleinmut eines Maurenkönigs, der mit seinen ruhmreichen Vorfahren nichts gemein hatte. Boabdil, genannt der Kleine, näherte sich mit seinem Gefolge dem heranrückenden Heer der Christen, küßte König Ferdinand demütig die Ärmel seines Gewands und übergab ihm die Schlüssel der tausendtürmigen Metropole.

Die Bedingungen der Kapitulation waren ehrenvoll. Den Einwohnern wurde zugesichert, daß sie ihre Sprache weiterhin sprechen, ihre Religion ausüben, ihren Besitz behalten durften. Wer dennoch nicht unter den neuen Herren leben wollte, konnte die Tore ungehindert passieren und nach Nordafrika auswandern. Die Bürger Granadas wurden jedoch getäuscht. Schon nach wenigen Jahren waren alle Zugeständnisse zurückgenommen, und eine erbarmungslose Verfolgung begann.

Columbus, der den Zug der Könige begleiten durfte, sah, wie auf den roten Türmen der Alhambra, dieses Juwels arabischer Baukunst auf europäischem Boden, die Fahnen Kastiliens und Aragóns emporstiegen und das silberne Kreuz errichtet wurde. Er hörte, wie die Herolde riefen: „Granada! Granada dem König Ferdinand – Granada der Königin Isabella!" Er kniete mit ihnen nieder und stimmte das *Te Deum laudamus* an, tief ergriffen von einem Ereignis, dessen Bedeutung wir nicht mehr nachempfinden können. 1453 war Konstantinopel, das jahrhundertealte Bollwerk des Christentums im Osten, in die Hände der Muslims gefallen. Lähmendes Entsetzen hatte die Menschen in Europa erfüllt – und die Angst, daß die Ungläubigen auch im Westen zum erneuten Stoß über die Pyrenäen ansetzen könnten. Diese Gefahr schien nun gebannt. Das Volk strömte in die Kirchen, dankte dem Herrgott.

Die Reconquista, die 722 mit der Schlacht von Covadonga in Asturien ihren Anfang genommen hatte, war beendet, Spanien von einer schweren Bürde befreit. Jene „günstigere Zeit", auf die Isabella den verhinderten Entdecker vertröstet hatte, war nun gekommen. Die Verhandlungen mit der Krone, vertreten durch den Königlichen Rat, konnten beginnen. Man war bereit, nicht zuletzt beflügelt durch die überall herrschende Siegesstimmung, das Projekt im noch zu klärenden Ausmaß zu verwirklichen. Ein großer Tag für Columbus, sieben bittere Jahre hindurch erhofft. Er nutzte ihn auf eine atemberaubende Weise.

Dieser Mensch, aus Portugal geflüchtet wegen dunkler Dinge, von den Granden Spaniens gastfreundlich aufgenommen, von der Krone immer wieder unterstützt, ja am Leben erhalten, ein Hungerleider, den man zur Audienz erst einmal hatte einkleiden müssen – keinen Tropfen spanischen Blutes in den Adern –, er stellt Bedingungen, die die Königin befremden, den König erzürnen, die Hofgesellschaft an seinem Verstand zweifeln lassen. Mit den ihm zugesicherten drei Karavellen samt Besatzung, Ausrüstung und Proviant sei er nur dann bereit, auf die große Reise zu gehen, wenn ihm vertraglich folgendes garantiert werde:

Die Erhebung in den Rang eines Großadmirals der Ozeane; die Verleihung des erblichen Adels, mit dem Recht, sich *Don* zu nennen und goldene Sporen zu tragen; die Vollmachten eines Vizekönigs und Statthalters aller Länder, die er entdecken würde; die dort auszurufende Gerichtshoheit; ein Zehntel vom Wert des Goldes, des Silbers, der Edelsteine, der Perlen, der Gewürze, der Früchte und sonstigen Produkte, die aus den seiner Verwaltung unterstellten Gebieten exportiert würden; das Recht, ein Achtel zu den Betriebskosten aller Schiffe, die diesen Handel treiben, beizusteuern und deshalb auch ein Achtel der daraus erzielten Gewinne einzunehmen.

Die Königin, die Columbus auf eine schwer erklärbare Weise zugetan war (im Gegensatz zum König, der den Fremden nie recht gemocht hatte), versucht, ihn umzustimmen. Die Räte beschwören ihn, seine Forderungen zu mäßigen. Der Mann aus

Genua weigert sich, auch nur ein Jota nachzugeben. Lange genug hat er unter dem maßlosen Hochmut dieser Kastilier gelitten und alle Demütigungen in sich hineingefressen. Er hatte sie gebraucht, und jetzt brauchten sie ihn.

Die Königin winkt ihn noch einmal heran, spricht eindringlich zu ihm, entläßt ihn dann, nun selbst etwas ungnädig.

Columbus zäumt sein Reittier, steckt seine Karten und Bücher in die Satteltaschen und verläßt Santa Fé durch das nordwestliche Tor in Richtung Córdoba.

Mehr denn je mag er in diesem Moment, als er im kalten Nebel des Januar auf seinem Maultier die Landstraße entlangritt, einem Don Quijote geglichen haben, verbohrt, blind für die Realitäten, sogenannter Vernunft abhold, fanatisch sich seiner Mission bewußt, ein weltfremder Idealist. „Er wußte, daß er entdecken würde, was er dann entdeckte", schrieb Las Casas, „und finden würde, was er schließlich fand."

Als er bei dem Dorf Pinos Puente, vier Meilen hinter Santa Fé, über eine Brücke ritt, hörte er seinen Namen rufen. Er sah, wie sich in jagendem Ritt ein Reiter näherte, der die Uniform eines *alguacil* trug, eines königlichen Amtsdieners. Der Mann sprang aus dem Sattel, wies ihm ein Dokument vor und sprach, keuchend vor Atemnot: „Doña Isabel, von Gottes Gnaden Königin von Kastilien, befiehlt hiermit dem Cristóbal Colón, unverzüglich umzukehren und vor Ihrer Majestät zu erscheinen . . ."

In Santo Domingo, der Hauptstadt der Dominikanischen Republik, steht ein Denkmal, das die Königin Isabel zeigt, wie sie einer Schatulle blitzendes Geschmeide entnimmt. Mit dem Erlös dieses Schmuckes finanzierte sie die Reise des Columbus und ermöglichte damit die Entdeckung Amerikas. Will das Denkmal sagen.

Aber keine Königin hat das Rad der Weltgeschichte bewegt, als Columbus im letzten Moment zurückgerufen wurde, sondern ein getaufter Jude namens Luís de Santángel, seines Amtes Schatzmeister des aragonischen Königshauses. Er hatte sich zusammengetan mit dem Kämmerer Juan Cabrera, mit dem Vizekanzler in Aragón, Alfonso de la Caballería, und mit Gabriel Sánchez, einem Ratgeber am Hof. Nach eindringlicher Beratung war Santángel bei der Königin vorstellig geworden und, so der

Chronist, „mit Worten, die ihm der Wille, sie zu überzeugen, eingab, drückte er ihr sein Erstaunen darüber aus, daß Ihre Hoheit, die in Dingen von großer Bedeutung und Wirkung doch immer entschlossen gehandelt habe, nicht die Fähigkeit besitze, ein Unternehmen von so geringem Risiko zu wagen, das andererseits der Ausbreitung Seiner Kirche von großem Nutzen sei, nicht zu sprechen von der damit herbeigeführten Zunahme der königlichen Macht und des Ruhmes der Krone; ein Unternehmen schließlich, das, wenn es von einem anderen Fürsten ausgeführt werden sollte, dem es Columbus so wie ihr anbieten würde, ihrer Krone sicher ernsten Schaden verursachen und ihr selbst schwere Vorwürfe einbringen werde".

Diese Argumente beeindruckten Isabella nicht sonderlich, hatte sie doch Pater Pérez bereits vorgebracht. Was sie mehr interessierte, war die Beantwortung der Frage, wer das alles bezahlen solle. Die Kassen Kastiliens und Aragoniens jedenfalls seien leer. Santángel bat, diese Sorge ihm und dem Konsortium überlassen zu wollen. Und der Bote machte sich auf den Weg, Columbus zurückzuholen . . .

Nicht nur Santángel, auch Caballería, Cabrera und Sánchez waren getaufte Juden, *Conversos*. Männer, die trotz ihrer hohen gesellschaftlichen Stellung gefährdet waren. Unter ihren Verwandten hatte die Inquisition bereits ihre Opfer gefunden. Warum setzten sie sich dennoch für eine Unternehmung ein, die, wenn sie scheiterte, ihre Existenz, ja ihr Leben bedroht hätte?

Sie taten es, weil sie der Krone, um die sie sich oft genug verdient gemacht hatten, einen erneuten Dienst erweisen wollten. Und weil sie mit der Vermehrung des eigenen Kapitals rechnen konnten, falls die Expedition von Erfolg gekrönt wäre.

Simon Wiesenthal, Leiter des Dokumentationszentrums jüdischer Verfolgter in Wien, kommt zu einer anderen Antwort. Im 7. Jahrhundert vor der Zeitrechnung sind nachweislich Zehntausende von Juden von den Assyrern in die entferntesten Gebiete des assyrischen Reichs verschleppt worden. Über ihrem weiteren Schicksal liegt das Dunkel der Jahrtausende. Manchmal kam auch Kunde von Kauffahrern, die aus Asien zurückkehrten und von Ländern berichteten, in denen Juden frei lebten, zur führenden Gesellschaftsschicht gehörten und diese Länder gar regierten. Wer ständig bedroht ist, unbehaust und friedlos, wird alles glauben, was ihm Hoffnung gibt. So glaubten auch die Juden Spaniens daran, daß es im fernen Asien jüdische Fürstentümer, ja Königreiche geben müsse. Wenn nun Columbus eines solcher Länder entdeckte, dann würden sich vor den Verfolgten neue Tore zu Ländern öffnen, in denen die Juden nicht mehr zu den Unterdrückten gehörten, sondern zu den Herren.

Den Juden Spaniens eine neue Heimat zu geben oder zumindest mächtige Schutzherren für sie zu finden, das sei das eigentliche Anliegen Santángels gewesen, für Columbus einzutreten. Eine interessante Hypothese, die Wiesenthal in seiner Schrift *Segel der Hoffnung* vertritt.

Santángel fungierte, zusammen mit dem Genuesen Francisco Pinello, als Vermögensverwalter der Santa Hermandad, einer politisch-militärischen Organisation zur Aufrechterhaltung der öffentlichen Sicherheit. Aus ihrem Vermögen entlieh er sich 1 400 000 Maravedi; mit der Verpflichtung, diese Summe aus den Geldern zurückzuzahlen, die durch einen päpstlichen Sündenablaß in die Kassen fließen würden. (Dieser Zwischenkredit wurde jedoch später von der Krone, sprich von Steuergeldern, abgelöst.) 350 000 Maravedi schoß er aus seinem eigenen Vermögen hinzu. Er war ein reicher Mann.

Columbus verschaffte sich das Achtel, zu dem er sich verpflichtet hatte, von genuesischen Landsleuten. Da die Gesamtkosten der Expedition von 1492 etwa 4 000 000 Maravedi betrugen, hatte er 500 000 aufzubringen. Nach unserer Währung wären das, legt man die Goldparität zugrunde, ungefähr 20 000 DM (ergäbe 160 000 DM für die Gesamtkosten), eine Summe, die uns eine ungefähre Vorstellung der Kosten vermittelt, auch wenn die Kaufkraft des Maravedi schwer zu bestimmen ist. Ulrich Küntzel, von dem die Berechnung stammt, führt zur Veranschaulichung den damaligen Preis von einem Kilogramm Weizen an: 2,9 Maravedi.

Auf unsere Zeit hochgerechnet würden sich die Ausgaben der ersten Columbusreise auf das Zehn- bis Zwölffache belaufen, auf 1,6 bis 1,92 Millionen DM also. Robert H. Fuson hat ausgerechnet, daß Spanien für jeden Maravedi, der in die Reisen investiert worden war, 1 733 000 Maravedi zurückerhielt.

Columbus hatte Quartier in Santa Fé bezogen und ging jeden

Tag in den *palacio*, wo die Verhandlungen über den Vertrag stattfanden. Auf einmal hatte er viele neue Freunde, zu denen auch seine alten Feinde gehörten. Er wurde von Pater Juan Pérez vertreten, das Herrscherpaar von Juan de Coloma, dem Sekretär des Königs. Auch Santángel und andere Gönner standen in dessen Diensten. Man hat daraus mit Recht gefolgert, daß Ferdinand, bei aller Reserviertheit gegenüber Columbus, keineswegs gegen sein Projekt eingestellt gewesen sei.

Die Vertragspartner waren sich im Grunde einig, dennoch dauerte es ganze drei Monate, bis die Verträge ausgearbeitet waren. Die Kalligraphen brauchten ihre Zeit, um die einzelnen Urkunden in sorgfältiger Schönschrift zu vervielfältigen. Was nun auf dem Tisch zur Unterschrift vorlag, waren sieben Papiere, von denen das wichtigste unter dem Namen *capitulación de 1492* zu den großen historischen Dokumenten gehört – aber auch zu den merkwürdigsten. Beurkundet wurde hier etwas, das seriöse Kaufleute als ein „Luftschloß" bezeichnen würden, das heißt, man zog einen Wechsel auf die Zukunft, von dem die Partner nicht wußten, ob er jemals eingelöst werden könne.

Capitulación heißt auf spanisch Vertrag, aber auch Kapitulation. Spötter meinten, daß die zweite Bedeutung des Wortes zutreffend sei, denn die Könige hätten vor Columbus auf der ganzen Linie kapituliert. Alle jene Forderungen, die den Majestäten und dem Hof noch wenige Wochen zuvor als Ausgeburten eines vom Größenwahn Verblendeten erschienen waren, wurden bewilligt. Der aus fünf Artikeln bestehende Vertrag schließt jeweils mit der Formel „All so es Ihren Hoheiten gefällt" – eine Formel, die ihren bitteren Beigeschmack bekam, als es Ihren Hoheiten und denen, die ihnen folgten, nicht mehr gefiel. Über Generationen sollten sich die Prozesse der Erben des Columbus hinziehen.

Freude und Genugtuung erfüllten Columbus, als ihm am 30. April der *título* überreicht wurde, die feierliche Beglaubigung seiner Ehren und Ämter durch die Majestäten.

Am 12. Mai verließ Columbus den königlichen Hof. Sein Ziel war das Kloster La Rábida, das inzwischen beinahe seine zweite Heimat geworden war, und das benachbarte Palos. Von diesem kleinen Hafen aus wollte er in See stechen; hier hatte er

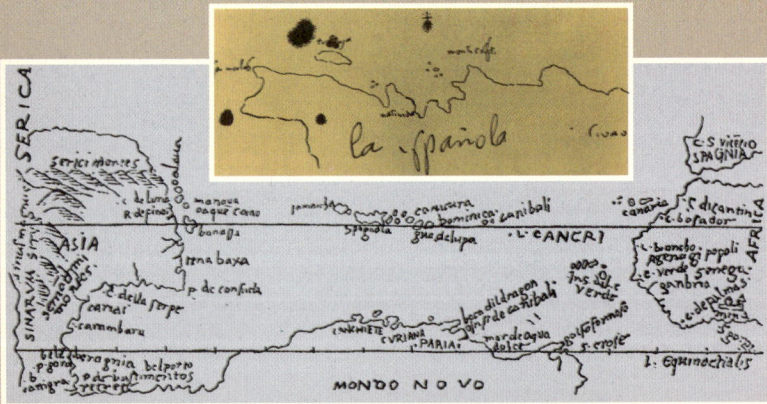

Ganz oben: In Salamanca mußte sich Columbus vor der königlichen Kommission rechtfertigen.

Oben: Karten aus dem 15. Jh.: erstes Blatt der Karte des Bartolomeo (gr. Bild) und eigenhändige Skizze des Columbus, die einen Küstenabschnitt der Insel Hispaniola (Haiti) zeigt.

Rechts: Kolorierter Stich aus dem 16. Jahrhundert mit einem Zwickelbild der Landkarte Nord- und Südamerikas.

Ferdinand II. von Aragonien. Die Vermählung mit Isabella von Kastilien führte zur Vereinigung der beiden Reiche.

Isabella von Kastilien bezeichneten Zeitgenossen als Schönheit.

Endlich war es soweit: Am Hofe Ferdinands unterschrieb Columbus am 17. April 1492 den Vertrag.

Das Königspaar verabschiedete Columbus, als dieser 1492 zu seiner ersten Fahrt aufbrach.

Freunde, hier konnte er auf die Unterstützung des einflußreichen Schiffseigners Pinzón hoffen.

Knapp drei Wochen, bevor die Majestäten die *capitulación* unterschrieben, hatten sie ihr Signum unter ein anderes Dokument gesetzt. Bedeutete das erste einen Aufbruch zu neuen Ufern, so war das zweite ein barbarischer Rückfall in die Finsternis. Etwa hunderttausend Menschen wurden aus ihrer Heimat vertrieben, weil sie die „Reinheit des spanischen Blutes" gefährdeten und die Christen zu ihrem verdammenswerten Glauben zu verführen suchten.

Das Generaledikt über die Vertreibung der Juden bedeutete gleichzeitig ihre Enteignung. Die seit Jahrhunderten im Land lebenden Juden hatten sich durch Fleiß, Wissensdurst, Intelligenz und Gewitztheit ihren kastilischen und aragonischen Mitbürgern in allen Bereichen überlegen gezeigt. Sie besetzten hohe Ämter, besaßen Einfluß, hatten Vermögen erworben. Es lohnte sich, sie zu enteignen.

Nun hieß es im Generaledikt, daß die Juden innerhalb einer Frist von vier Monaten ihr bewegliches wie unbewegliches Gut nach Belieben veräußern oder tauschen, ja ihren Besitz sogar mitnehmen dürften. Wie das in der Praxis aussah, schildert der Chronist Bernáldez: „Die Christen waren gern bereit, das Eigentum zu übernehmen, und die Juden baten, daß man ihnen die Häuser und Grundstücke abkaufe, wirkliche Käufer aber fanden sie nicht für ihren schönen Besitz. Ein prächtiges Haus ging weg für einen Esel, ein Weinberg für einen Ballen Stoff, denn sie durften weder Gold noch Silber, noch gemünztes Geld mitführen."

Wer sich taufen ließ, durfte bleiben und seinen Besitz behalten. Die Mehrzahl blieb ihrem Glauben treu, wohl wissend, daß die Taufe nur einen Aufschub bedeutete – bis zu jenem Tag, da die Denunzianten herausgefunden hatten, daß es nach koscherem Essen roch, am Freitagabend Kerzen brannten, am Sabbat kein Rauch aus den Kaminen stieg. Für jeden, der einmal denunziert und vor das Gericht der Inquisition gebracht worden war, hätte es kein Entrinnen mehr gegeben.

Tausende starben Hungers am Straßenrand, wurden von Wegelagerern erschlagen, von den Kapitänen der Auswandererschiffe ausgeplündert, als Sklaven verkauft. Die Überlebenden landeten in Portugal, von wo sie auf spanischen Druck hin bald erneut vertrieben wurden, in Italien, wo ihnen die Stadtstaaten eine neue Heimat boten, und in der Türkei, dessen Sultan sie mit den Worten willkommen hieß: „Wer nennt Ferdinand noch einen klugen König, ihn, der sein Land arm gemacht hat und unser Land bereichert!"

Damit sprach er etwas aus, was viele Historiker später erkannten. Denn nicht nur die Juden jagte man aus dem Land, zehn Jahre später wurden durch ein neues Edikt auch alle Mauren vertrieben, die nicht bereit waren, zum Christentum zu konvertieren. Hatte man ihnen nach dem Ende der Reconquista nicht Glaubensfreiheit versprochen? Das schon, aber, so Kardinal Ximénez de Cisneros, ein den Ungläubigen gegebenes Wort brauche man nicht zu halten.

„Mit dem Exodus der jüdischen und islamischen Handelsherren, Handwerker, Wissenschaftler und Ärzte verlor Spanien unschätzbare Werte", schreibt der berühmte amerikanische Historiker Will Durant in seiner *Story of Civilisation,* „während die Länder, die den Vertriebenen Zuflucht gewährten, geistig und wirtschaftlich Nutzen zogen. Das spanische Volk, das von nun an nur eine Religion kannte, wurde dadurch unfähig, außerhalb der Grenzen des überlieferten Glaubens zu denken. Auf Gedeih oder Verderb entschloß sich Spanien, mittelalterlich zu bleiben, das übrige Europa jedoch trat, dank der Reformation, der Buchdruckkunst, der geistigen und wirtschaftlichen Revolution überhaupt, in ein neues Zeitalter ein."

4. DER AUFBRUCH

NICHTS mehr in Palos de la Frontera erinnert heute an einstige Glorie; nicht mehr daran, daß von seiner Reede die Schiffe ausgelaufen waren zu ihrer gefahrvollen Reise an die Westküste Afrikas, von wo sie mit ihrer Ladung aus Gold, Elfenbein und Sklaven zurückkehrten; und nicht mehr daran, daß von hier aus Columbus das Tor zu einem neuen Zeitalter aufstieß.

Auf der Suche nach der verlorenen Zeit trifft man dann doch noch auf einen Zeugen: eine kleine Kirche. Sie ist dem heiligen

Georg, spanisch San Jorge, geweiht. Von der aus las der Notar Francisco Fernández in Gegenwart des Bürgermeisters der Stadt, seiner Räte, zahlreicher Seeleute und des Cristóbal Colón eine Verfügung vor, mit der die königlichen Hoheiten zu wissen kundtaten:

> ... daß ihr für gewisse Uns schadenbringende Verstöße verurteilt und verpflichtet seid. Uns für ein Jahr zwei ausgerüstete Schiffe zu stellen und die Kosten dafür zu tragen. Dieweil Wir nun Cristóbal Colón als Unserem Admiral befohlen haben, sich mit den drei *carabelas de armada* aufzumachen nach jenen Gebieten des Ozeans, wo er bestimmte Aufgaben für Uns erledigen soll, und da Wir wünschen, daß er das mit den beiden erwähnten Karavellen tut, gebieten Wir euch hiermit, innerhalb von einer Dekade nach Erhalt dieses Schreibens selbige fertig und bereitzuhalten. Und haben Wir ihm geboten, euch einen Vorschuß auf vier Monate für die Mannschaft zu zahlen, die an Bord besagter Karavellen gehen soll ...
>
> So gegeben in Unserer Stadt Granada, den letzten Apriltag im Jahre des Herrn MCCCCLXXXXII
>
> Ich, der König   Ich, die Königin

Wofür die braven Einwohner von Palos durch das Stellen der Schiffe büßen sollten, geht aus den Dokumenten nicht hervor. Doch während man in Deutschland einen Befehl des Königs unverzüglich auszuführen gewohnt war – die Spanier hielten es anders. Die Leute von Palos sagten, was die Verfügung betraf, höflichst *mañana* – und gingen ihrem Tagwerk nach. In den Schenken lästerten sie über Señor Colón und nannten ihn *Don fantástico*.

Vergeblich versuchte Columbus diese passive Resistenz zu brechen. Fast bereute er, der Wahl von Palos zugestimmt zu haben. Doch in den Häfen von Cádiz, Sanlúcar de Barrameda, Puerto de Santa María drängten Tausende von Juden in panischer Angst zu den Schiffen. Seine Nervosität wuchs, machte ihn ungerecht und immer diktatorischer. Jeder Tag brachte ihn der kalten Jahreszeit näher, zu der an ein Auslaufen nicht mehr zu denken war.

Schließlich erwirkte er von den Herrschern die Entsendung eines Untersuchungsbeamten. Der erschien und beschlagnahmte kurzerhand zwei Karavellen, die *Pinta* und die *Niña*. Sie gehörten zu einem Schiffstyp, der sich bei den Fahrten zur westafrikanischen Küste hervorragend bewährt hatte. Das dritte Schiff war ein Kauffahrteischiff, ein Nao. Die *Gallega* wartete gerade im Hafen auf Ladung für die Rückreise. Columbus überzeugte den Eigner, Juan de la Cosa, daß es ruhmreicher sei, mit ihm auf große Fahrt zu gehen, und charterte das Schiff. Als glühender Verehrer der Mutter Gottes gab er ihm den Namen *Santa María*. Unter diesem Namen kennen wir es als das berühmteste Schiff der Seefahrtsgeschichte.

Die Schiffe hatte er nun, aber als er die Mannschaften dafür anheuern wollte, waren Kneipen und Kais mit einem Schlag wie ausgestorben. Die Seeleute von Palos, die sonst nichts fürchteten als den Leibhaftigen, hatten Angst, unter dem Kommando eines Mannes auszulaufen, von dessen seemännischen Qualitäten nichts bekannt war. Königliche Erlasse genügten nach ihrer Meinung nicht, ein Schiff durch fremde Ozeane zu führen.

Aber einer davon reichte zumindest, um seine Schiffe zu bemannen – wenn auch nicht mit Seeleuten. „. . . sollen alle in Freiheit gesetzt werden, die mit besagtem Colón gehen, und wenn ein Zivil- oder Strafverfahren anhängig ist, so soll das Verfahren niedergeschlagen werden", hieß es in der Verfügung. Columbus holte sich einen jungen Burschen aus dem Kerker, der einen anderen im Streit erschlagen hatte, und nahm gleich die drei anderen mit, die versucht hatten, den Freund zu befreien, und nun auch auf ihre Hinrichtung warteten. Bis in die neuere Zeit wurde deshalb kolportiert, Columbus habe Amerika mit einer Bande von Galgenvögeln und Halsabschneidern entdeckt. Die vier aber waren die einzigen ehemaligen Sträflinge unter der Besatzung. Sie bewährten sich als Armbrustschütze, Vollmatrose, ja als Steuermann und wurden nach der ersten Reise prompt begnadigt.

Irgendwann muß Columbus eingesehen haben, daß er sich mit Martín Alonso Pinzón zusammensetzen mußte, diesem wenig umgänglichen, aber unumgänglichen Mann, erfahrener Kapitän und populäre Lokalgröße in einem. Martín Alonso ging es um ein gewinnbringendes Abenteuer. Von dem Moment an, da sie sich darauf geeinigt hatten, daß der eine der Kopf sein würde, der andere der Arm, liefen die Vorbereitungen reibungslos, und die Seeleute erschienen wie von Zauberhand wieder auf der Bildfläche. Wenn der alte Seebär Pinzón mit von der Partie war, würden sie allen Stürmen des Meeres und seinen Ungeheuern trotzen.

Den penibel geführten Lohnlisten verdanken wir es, daß uns von den neunzig Besatzungsmitgliedern der Kernmannschaft siebenundachtzig ziemlich genau bekannt sind. Dreiundachtzig von ihnen waren Spanier, gut ausgebildete junge Seeleute, die vornehmlich der andalusischen Küstenbevölkerung entstammten; zehn kamen aus dem Norden, aus Galicien und dem Baskenland, einer aus der Stadt Murcia. Lediglich vier Ausländer waren an Bord: ein Venezianer, ein Kalabrese, ein Portugiese und ein Genuese.

Trotz des Zweckbündnisses zwischen Columbus und Pinzón vergingen der Juni und der Juli, ehe die drei Schiffe zum Auslaufen bereit waren, Monate, die in erster Linie damit verbracht wurden, die Ausrüstung und den Proviant für ein Jahr zu beschaffen. Auf diese Dauer richtete man sich einschließlich der Rückreise ein. Die Liste der Ausrüstungsgegenstände und des Proviants, die ein Schiff für solch einen Zeitraum brauchte, ist endlos. Um sie Punkt für Punkt abzuhaken, bedurfte es Wachsamkeit und Mißtrauen. Obwohl die Lieferanten strenge Anweisung vom Hof erhalten hatten, Don Cristóbal redlich und gewissenhaft zu bedienen, versuchten sie nach ihrer Gewohnheit immer wieder, den Wein mit Wasser zu vermischen – und nicht nur den Wein. Vorräte an Bord zu bringen, um sie mit Hilfe eines bestochenen Aufsehers heimlich gegen minderwertige auszutauschen, war üblich.

Verstaut wurden Fässer mit gepökeltem Schweinefleisch, gedörrtem Seefisch, Säcke mit Mehl, Bohnen, Kichererbsen, Schnüre mit Zwiebeln und Knoblauch, in Sackleinwand gewickelter Quittenkäse, in Schläuche aus Ziegenleder gefüllter Wein, Fässer mit destilliertem Süßwasser, Kisten mit Mandeln und Rosinen, Fäßchen mit Sardellen, Gefäße mit Salz, Kapern, Honig, Öl und Kerzen für die Laternen; Wachs und Werg für die Abdichtung der Fugen, Pech und Talg für den Schiffsboden, Walfischöl und Fichtenharz für den Schutzanstrich, Kupferkessel, kupferne Backöfen,

Blasebälge, Wetzsteine, Vorlegemesser, Holzschüsseln, Mörser mit Stößel, eiserne Löffel, Trichter, komplettes Werkzeug, Vorhängeschlösser, Harpunen, Netze, Fußketten und Handschellen für Gefangene oder Meuterer, Ersatztaue, Ersatzsegel, Ersatzmasten, Ersatzanker, nautisches Gerät in doppelter und dreifacher Ausführung, wie Kompaß, Kompaßnadel, Stundengläser, Astrolabien, Quadranten, Armbrüste, Musketen, kleine Kanonen und größere, auf Lafetten montierte Geschütze.

Die dafür benötigten Kugeln und Steine dienten gleichzeitig als Ballast. Doch war die ganze Armierung nur zur Verteidigung gedacht und nicht zum Angriff (wie bei den späteren Fahrten von Cortés und Pizarro). Die bessere Munition erhoffte man sich von den bunten Glasperlen, Spiegeln, Glöckchen, roten Kappen, türkischen Hosen, karierten Schnupftüchern, Kämmen, Messingringen. An den Küsten Westafrikas, soviel wußte man von den Portugiesen, hatten sich diese Tauschartikel bewährt. Gold für Plunder hatten die Eingeborenen dort gegeben. Im Hochmut der weißen Rasse nahm man an, daß Chinesen, Japaner, Inder mit dem gleichen freudigen Schreck in die Spiegel starren und die Glöckchen klingeln lassen würden.

AM MORGEN des 3. August 1492 tritt Columbus auf den achteren Deckaufbau der *Santa María*. Es ist noch dunkel. Nur im Osten zeigt der Himmel einen hellen Schein. In der Luft liegt der dumpfe Geruch des Brackwassers. Die Segel hängen schlaff herab, kein Windhauch regt sich. Zusammen mit den Männern ist er hinaufgegangen zur Kirche San Jorge, hat gebeichtet und die heilige Kommunion empfangen.

Um 4.45 Uhr, eine halbe Stunde vor Sonnenaufgang, gibt er den Befehl: „Anker auf!" Träge lösen sich die drei Schiffe von den Hafenmauern. Das ablaufende Wasser dreht sie allmählich in die Flußmitte. Mit Hilfe der Ruderhölzer, die die Matrosen im gleichbleibenden Rhythmus einsetzen, gewinnen sie etwas Fahrt. Unermüdlich winken die Frauen, rufen die Kinder, von denen viele ihre Männer und Väter nicht wiedersehen werden.

An Backbord tauchen die Umrisse des Klosters La Rábida aus dem Dunst. Über das Wasser hallt feierlich der Gesang der Mönche zur Prim, der Stunde des Morgengebets. Columbus horcht

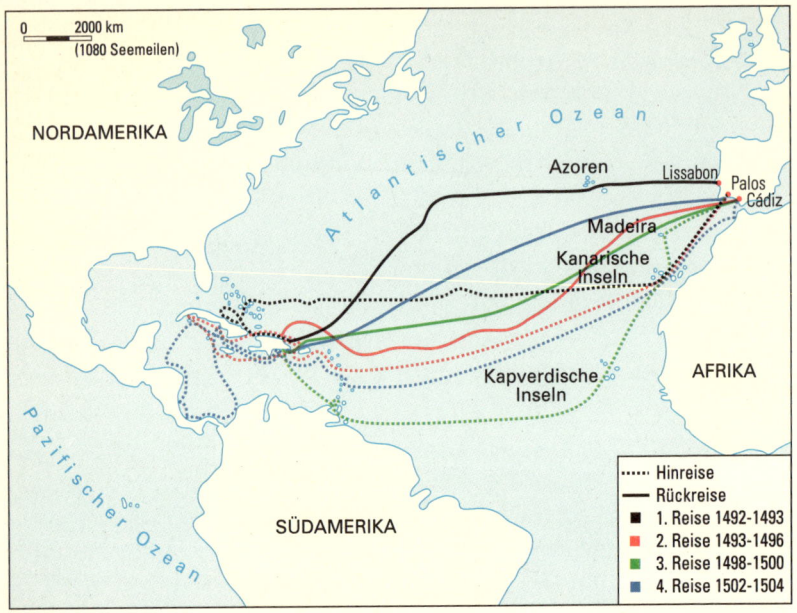

hinüber. Dort hat es angefangen, als er aus Portugal bei Nacht und Nebel herüberkam. Was hinter ihm liegt, dünkt ihn wie ein schwerer Traum. Was vor ihm liegt, schreckt ihn nicht. Voll tiefer Dankbarkeit kniet er nieder und stimmt in den Gesang ein. Die um ihn sind, tun es ihm nach. Sein Sohn Diego, dort oben zur Schule gegangen, ist jetzt Page beim Prinzen Juan, dem ältesten Sohn der Könige. Von der Admiralsflagge des Großmasts leuchten die Initialen Ferdinands und Isabellas im Licht der aufgehenden Sonne.

Nachdem sie La Rábida passiert haben, biegen sie backbords in den Rio Saltés. Hart steuerbord geht es nun über die Barre, die Untiefe der trichterförmigen Flußmündung, mit Kurs auf Lagos. Vor sechzehn Jahren war er dort den Flammen des brennenden Schiffs entkommen und hatte sich an den Strand gerettet.

Noch in Küstennähe kommt endlich Wind auf, und die Segel beginnen sich zu blähen. Der Admiral beobachtet besorgt, wie die achtern laufende *Niña* gegen die schräg von vorn kommende See kämpfen muß. Sie trägt noch die dreieckigen Segel, eine Takelung, die sie beim Kreuzen überlegen macht, bei der Fahrt

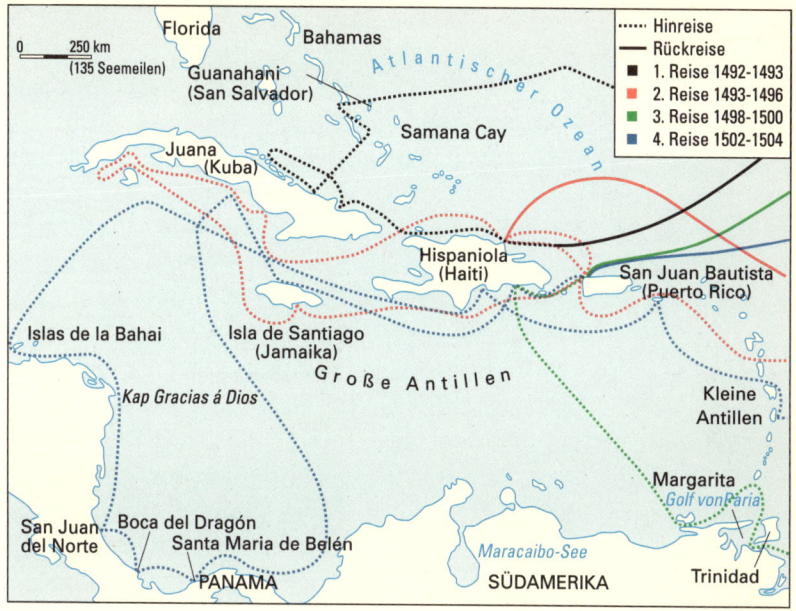

vor dem Wind aber gieren läßt; dann pendelt sie ständig um die Hochachse und kommt dadurch immer wieder vom Kurs ab. Ihr Eigentümer ist Juan Niño, der beste Freund des Admirals; wie überhaupt die Seefahrerfamilie der Niños Columbus treu zur Seite steht. Ganz im Gegensatz zu den Pinzónes.

Der älteste Pinzón, Martín Alonso, war der Kapitän der *Pinta*. Sie lief an der Spitze der kleinen Flotte, und sie wird während der ganzen Reise bemüht sein, vorn zu bleiben. Schließlich war eine hohe Belohnung zu verdienen für den, der als erster Land sichtete.

Columbus begann bereits zu bereuen, daß er ausgerechnet ein Nao gechartert hatte. Es bereitete ihm Mühe, der *Pinta* zu folgen. Was er unter den Füßen hatte, war ein plumpes, schwerfälliges Boot mit einem zu großen Tiefgang. Das sollte sich als besonders nachteilig erweisen, als es darum ging, die fremden Küsten zu erkunden. Columbus hat deshalb die *Santa María* nie so recht gemocht. Wenn er sie trotzdem zur *capitana*, zum Flaggschiff, gemacht hatte, dann aus dem Grund, weil sie am größten war.

Doch wie groß war sie? Und wie groß waren die beiden anderen Schiffe? Originalpläne oder Baudaten sind nicht erhalten, zeitgenössische Beschreibungen sind ungenau. Niemand weiß genau, wie die drei Schiffe wirklich ausgesehen haben. Über Länge, Breite und Tiefgang, über die Form der Back und des Achterkastells, über die Höhe der Masten und ihre Zahl, die Form der Segel, über Decksplan und Takelage und so fort stritten die Archäologen.

1979 jedoch zerriß ein Lichtstrahl den Nebel der Vergangenheit. Eugene Lyon, ein amerikanischer Historiker, entdeckte im *Archivo General de las Indias* in Sevilla ein vergilbtes Konvolut. Bei der mühseligen Lektüre des in einer altertümlichen Handschrift abgefaßten 400-Seiten-Bands stieß er auf den Namen *Niña*. Als er festgestellt hatte, daß es sich um die *Niña* des Columbus handelte, machte sein Herz ein paar Schläge mehr. Er erfuhr, wem das Schiff gehört hatte, wie stark die Besatzung war, wie viele Tonnen es laden konnte, mit welchen Geschützen es armiert war, wie es getakelt war und so weiter.

Lyons Studie ermöglichte die bisher zuverlässigste Rekonstruktion der Karavelle. Danach war sie 20,10 Meter lang, 6,30 Meter breit, hatte einen Tiefgang von 2,10 Metern und konnte etwa 60 Tonnen Last aufnehmen. Die Segel waren nicht an drei Masten angeschlagen, wie bisher angenommen, sondern an vier. Großmast und Fockmast wurden von sechs beziehungsweise vier Wanten gehalten und trugen Rahsegel, die beiden hinteren Masten dagegen die alten dreieckigen Lateiner.

Da die *Pinta* von den Zeitgenossen als „etwas größer" geschildert wird, kann man die für die *Niña* angegebenen Werte als Grundlage für eine Rekonstruktion nehmen. Anders dagegen verhält es sich mit der *Santa María*, die, wie erwähnt, keine Karavelle war, sondern ein Nao, ein Frachtsegler. Ein solches Schiff war länger und breiter als eine Karavelle, hatte einen größeren Tiefgang und eine höhere Tragfähigkeit. Vorsichtige Schätzungen ergeben eine Länge von 24 Metern, eine Breite von 7,50, einen Tiefgang von 2,30 Metern und eine Tragfähigkeit von etwa 90 Tonnen. Ihr Hauptmast war höher, als das Schiff in der Länge maß, und trug wie der Fockmast und der Besanmast die erwähnten – rechteckigen – Rahsegel. Mit dieser Takelage liefen die Schiffe besser vor dem Wind und erleichterten sich das schwierige Manöver des Halsens. Mit achterlichen Winden konnte Columbus rechnen. Wer die im Hafen von Barcelona liegende *Santa María* besichtigt, einen Nachbau, wird sich ein einigermaßen zuverlässiges Bild vom Original machen können. Und er wird im Angesicht der einlaufenden Ocean-Liner ermessen, was es bedeutete, mit einer derartigen Nußschale in fremde Meere vorzustoßen.

Die Rahtakelung war den alten dreieckigen Lateinersegeln derart überlegen, daß die *Niña* später umgerüstet wurde. An Großmast und Fockmast wurden Rahsegel angeschlagen, nur die achteren beiden Masten behielten das Dreiecksegel. Sie war ohnehin kürzer und schmäler, hatte einen geringeren Tiefgang als das Flaggschiff und verfügte nun über hervorragende Segeleigenschaften. Auf diese Weise wurde die *Niña* zum Lieblingsschiff des Admirals. Sie trug ihn auf der ersten Reise zurück in die Heimat, machte die zweite Reise mit, wurde zum Admiralsschiff auf der Erkundungsfahrt nach Kuba gewählt, geleitete den Generalkapitän 1496 mit mehr als hundert Passagieren sicher nach Hause und war auch auf der dritten Reise wieder dabei. Das kleine Schiff, dessen Planken lediglich von Holznägeln zusammengehalten wurden, hielt jedes Wetter aus und trotzte als einziger Segler dem Wirbelsturm von 1495 in den karibischen Gewässern.

In der Höhe von Sagres drehten die drei Schiffe nach Südsüdwest. Columbus wollte die Kanarischen Inseln erreichen. Von seinen Fahrten an die westafrikanische Küste wußte er, daß ihn dort die von Osten wehenden Passatwinde erwarteten. Und da Cipangu laut der Karte des Toscanelli auf derselben Höhe lag wie die Kanaren, brauchte man dann nur noch einen konsequenten Westkurs einzuhalten. Die See zwischen der Algarve und den Inseln wäre zudem eine Art Teststrecke, nach deren Überwindung man mehr wissen würde über die Seetüchtigkeit der Schiffe und die Qualitäten der Besatzung. Auf der *Pinta* waren das sechsundzwanzig Mann, auf der *Niña* vierundzwanzig und auf der *Santa María* vierzig.

Columbus ließ sich an diesem Abend von Maestre Juan Sánchez, dem Schiffsarzt, behandeln. Der Admiral litt immer noch unter der alten Verletzung, die er sich bei dem Seegefecht am Kap São Vicente zugezogen hatte. Ein anderer Sánchez war ein Beamter, von den Königen an Bord befohlen, damit er den ihnen zustehenden Anteil an der zu erwartenden Beute peinlich überwache. Unterstützt in seinem Amt als *veedor real* wurde er von einem zweiten Beamten unbekannten Namens. Señor Escobedo, seines Zeichens Flottenschreiber, protokollierte das, was die beiden anderen kontrolliert hatten. Dann gab es noch den aus „besseren Kreisen" stammenden Don Pedro Gutiérrez, über den das Gerücht nicht verstummen wollte, wonach er nicht als Privatreisender an Bord gegangen war, sondern als Spitzel des Hofs.

Die Nacht vom 5. zum 6. August war sternenklar. Im Schein des Monds leuchteten die auf die Segel gemalten großen Kreuze, Symbole des Friedens und des Heils – doch sie sollten weder das eine noch das andere bringen.

Der Genuese zog sich in seine achtern gelegene Kajüte zurück, die ein heutiger Kapitän kaum betreten, geschweige denn monatelang bewohnen würde. Nicht von ungefähr hieß sie bei den Seeleuten *toldilla* – die Hütte. Sie war möbliert mit einem Bett nebst Baldachin, einem Tisch, zwei Bänken, einer Truhe und einem tresorartigen Schrank für Logbuch, Karten, Dokumente. Drei schmale Fensteröffnungen ließen die See mehr erahnen denn sehen.

Der unter der Kajüte liegende Verschlag für Schiffsführer und Pilot war so eng, daß sie in ihre Kojen kriechen mußten. Die Matrosen packten sich dorthin, wo sie zu Beginn ihrer Freiwache gerade standen, und wer dabei den Platz an der Ladeluke mittschiffs erwischte, konnte sich glücklich schätzen, denn nur hier war das gewölbte Deck eben.

Irgendwo an Bord muß es auch noch Kojen für die königlichen Beamten gegeben haben. Und für den Dolmetscher. Luís de Torres war ein konvertierter Jude, sprach Chaldäisch, Hebräisch und Arabisch. Das Arabische war die am weitesten verbreitete Sprache in der bekannten Welt, galt als Mutter aller Sprachen und würde deshalb, so vermutet man, wohl auch in der noch unbekannten Welt verstanden werden. Vom Großkhan von China zum Beispiel. Den gab es allerdings seit dem Sturz der Tartarendynastie, 1368, nicht mehr.

Columbus las in seiner *toldilla* beim Schein der Wachsleuchte den von den Königen verfaßten Brief an den Großen Khan wieder und wieder. Der Gedanke, daß er den Kaiser der Kaiser bald kennenlernen würde – und das war für ihn eine Gewißheit –, ließ ihn erschauern.

Im Morgengrauen des 6. August wurde der Admiral vom Schiffsführer geweckt: Die *Pinta* habe mittels des achtern hängenden Kohlebeckens Rauchsignale gegeben und treibe dahin, als gehorche sie dem Steuermann nicht mehr. Bald war die *Santa María* nahe genug, um die Vermutung bestätigt zu bekommen. Die rauhe See im *Golfo de las Yeguas*, in dem schon oft Segler schiffbrüchig geworden waren, hatte das schwere eichene Ruder aus den Lagern gehoben.

Columbus ging an Bord des Havaristen und mußte sich vom älteren Pinzón eine lange Geschichte anhören, die darauf hinauslief, daß Quintero, Quertreiber von Beginn an, da er nicht Kapitän auf seinem eigenen Schiff hatte sein dürfen, aus Angst, auf der Fahrt ohne Wiederkehr die *Pinta* zu verlieren, die Halterung heimlich gelockert und so die Havarie verursacht habe, hoffend, dann in Höhe der Kanaren umkehren zu können.

Beweise? Pinzón zuckte mit den Schultern. Er wisse es einfach. Columbus glaubte ihm um so mehr, als auch er vor der Abreise gemerkt haben wollte, daß Quintero gewisse Betrügereien und Machenschaften anzuzetteln sich bemüht hatte.

Pinzón gelang es, das Ruder mit Tauen zu befestigen. Als es anderntags erneut heraussprang und achtern zusätzlich ein Leck entstand, ließ der Admiral statt der Insel Lanzarote den Hafen von La Canaria ansteuern. Die *Pinta* sollte auf der dortigen Werft repariert werden. Doch die Karavellen gerieten in eine Wetterlage, die die Seeleute mehr fürchteten als jeden Sturm: die völlige Flaute. Den nach drei endlosen Tagen etwas auffrischenden Wind benutzten die *Santa María* und die *Niña* dazu, sich nach La Gomera abzusetzen – wo Columbus ein neues Schiff zu chartern hoffte –, während die *Pinta* ihr Glück in Las Palmas versuchen sollte.

La Canaria, Teneriffa, Lanzarote, Fuerteventura, Palma, Gomera, Hierro galten in der Antike als die „Glückseligen Inseln". Von der Sonne verwöhnt, die im Sommer nicht zu heiß brennt, den Winter aber milde macht, vor Austrocknung geschützt durch die Passatwolken, konnten sie eine vielfältige Flora entwickeln, die in den einzelnen Vegetationszonen von tropischen Pflanzen bis zu alpinen Gewächsen reicht; bewohnt von einem friedlichen, von den Berbern Nordafrikas abstammenden Hirtenvolk, den Guanchen, glichen sie tatsächlich einem Garten Eden.

1344 vermachte Papst Clemens VI. die Inseln dem spanischen Edelmann Luís de Cerda und krönte ihn zum König der Kanarischen Inseln. Sie gehörten ihm zwar nicht, wurden aber von Heiden bewohnt, und heidnisch war nach dem Verständnis des späten Mittelalters gleich herrenlos. Cerda nahm sein Königreich jedoch nie in Besitz. Robert von Bracamonte, der die Inseln wiederum von Heinrich III. von Kastilien geschenkt bekam, dessen Eigentum sie auch nicht waren, machte ebenfalls keinen Gebrauch von dem Geschenk. Er trat seine Rechte dem Vetter Jean de Béthencourt ab, und der eroberte innerhalb kurzer Zeit Lanzarote, Fuerteventura, Hierro und Gomera.

Schließlich beanspruchten die Katholischen Könige die Inseln, kauften die des Monsieur Béthencourt und gaben Diego Herrera den Befehl, La Canaria zu erobern. Die Einwohner, bewaffnet mit Holzschild, Keule und Wurfspeer, verteidigten ihre Heimat in einem erbitterten, sich über fünf Jahre hinziehenden Guerillakrieg. Sie unterlagen den Feuerwaffen, dem Verrat und dem Betrug.

Als Columbus die Inseln erreichte, war La Canaria notdürftig „befriedet", auf La Palma wurde noch gekämpft; die Guanchen von Teneriffa bereiteten mit ihrer selbstmörderischen Tapferkeit den Spaniern die Hölle auf Erden und unterlagen erst vier Jahre später, durch eingeschleppte Seuchen geschwächt, der Übermacht.

Der als kurzer Zwischenstopp gedachte Aufenthalt auf den Kanaren zog sich quälend lange hin. Columbus hatte im Hafen von Gomera Holz, Wasser, Schafskäse aufgenommen und wartete nun mit brennender Ungeduld auf eine Nachricht von Pinzón. Nachdem der Bote, den er auf einem Küstensegler nach La Canaria geschickt hatte, neun Tage überfällig geworden war, beschloß er, sich persönlich von der Sachlage zu überzeugen. Im Hafen von Las Palmas war jedoch keine *Pinta* zu sehen. Sein Mißtrauen gegenüber Pinzón war sofort wach und ließ ihn an Sabotage denken.

Am nächsten Tag endlich lief die *Pinta* schwer angeschlagen ein. Wieder sei, so der Schiffsführer, das Ruder aus der Halterung gerissen worden und habe sie zum Spielball von Wellen und Strömungen gemacht, was ihm Columbus nicht so recht glauben wollte. Nachdem man sie in der Schmiedewerkstatt repariert – denn ein anderes Schiff war auch hier nicht aufzutreiben – und die Takelage der *Niña* von Lateiner- auf Rahsegel umgestellt hatte, konnte die Flotte endlich auslaufen. Doch noch immer nicht zu großer Fahrt, sondern wieder zurück nach Gomera.

Der Gast, der heute im *Parador Nacional* von San Sebastián, dem Hauptort der Insel, absteigt, trifft in einem der Räume auf ein Gemälde, aus dem ihn ein wunderschönes Frauenzimmer anschaut: Doña Beatriz de Bobadilla. Schwarzhaarig, mit grün-blauen Augen, dreißig Jahre alt und Witwe dazu, war sie gewiß imstande, auch einen künftigen Weltentdecker für ein paar Tage aufzuhalten.

Als Columbus diesmal an der Reede von San Sebastián fest-machte, war er vier Tage und Nächte ihr Gast in der alten Burg, im Volksmund Columbusturm genannt. Gouverneurin von La Gomera, Statthalterin der Krone, das hörte sich bedeutend an, für Beatriz aber war es ein Verbannungsort. Ihre Gedanken flogen sehnsuchtsvoll über das Meer an den Hof Isabellas und Ferdinands.

Ihre Schönheit war ihr dort zum Verhängnis geworden, da sie, die bevorzugte Ehrendame der Königin, von Ferdinand auf Schritt und Tritt verfolgt wurde; Nachstellungen, die Isabella, obwohl von ihrem Gemahl so manches gewohnt, sich nicht ge-fallen lassen konnte, noch dazu, wenn sie sich derart schamlos in der Öffentlichkeit abspielten. Als eines Tages der Gouverneur von Gomera, Graf Hernán Peraza, der sich eines Verbrechens wegen zu verantworten hatte, am Hof erschien, hatte Isabella einen sehr weiblichen Einfall: Wolle der Herr Graf der ihn erwartenden schweren Strafe entgehen, so brauche er nur Bea-triz sein Jawort zu geben und sie anschließend mit auf seine Insel zu nehmen (die schön weit weg war). Eine Strafe, die Peraza gern auf sich nahm, doch eine lange Lebenszeit war ihm nicht mehr beschieden: Er kam bei einem Aufstand um.

Am 6. September endlich ließ Columbus die Anker lichten – nach schmerzlichem Abschied von Beatriz. Als die Schiffe bei mäßigem Wind zwischen Gomera und Teneriffa kreuzten, war die Luft plötzlich erfüllt von dumpfem Grollen. Der Pico de Teide, ein 3700 Meter hoher Vulkan (der heute lediglich schläft), ängstigte die Matrosen, denn sie sahen in den Eruptionen eine letzte Warnung des Himmels, mit einer solchen Reise nicht das Schicksal herauszufordern. Als mit der Küste Hierros, der kleinsten Insel des Archipels, das letzte Land außer Sicht geraten war für lange Zeit, begannen sie zu schluchzen. Zwar hielten sie die Erde nicht mehr für eine Scheibe, an deren Rand angelangt, das Schiff in den Weltraum stürzen würde, tief jedoch saß die Angst vor drachenflügligen Meeresungeheuern, dreibeinigen Menschenfressern, vor Wasser wie flüssiges Blei.

Ihren Admiral plagten erst einmal andere Sorgen. „Eine uns begegnende Karavelle, die von der Insel Ferro (Hierro) kam, verständigte mich davon, daß in jenen Gewässern drei portugiesische Karavellen kreuzten, in der Absicht, mich abzufangen. Dieses Vorhaben stehe im Zusammenhang mit dem Unwillen des Königs von Portugal, der darüber verärgert war, weil ich mich nach Kastilien begeben hatte, um dem König dieses Landes meine Dienste anzubieten."

Vielleicht hätten Columbus und seine Männer die Schiffe gesichtet, wenn nicht wieder eine Flaute eingetreten wäre. Fast drei Tage und drei Nächte dümpelten sie träge dahin, bis endlich die Segel sich blähten. Jener aus Nordost wehende Wind hatte sich erhoben, der sie von nun an wie auf Engelsflügeln ihrem Ziel entgegentreiben würde: der Passat.

„Ich habe mir vorgenommen", schrieb Columbus zu Beginn in das Logbuch, „Tag um Tag auf das gewissenhafteste alles, was ich auf dieser Reise tun oder sehen werde, und jeden Vorfall niederzuschreiben ... Überdies habe ich mir vorgenommen, eine neue Seekarte zu zeichnen, auf der ich die geographische Lage des ganzen Ozeans und der Länder dieses Ozeans angeben werde. Außerdem werde ich ein Buch zusammenstellen, worin ich alles nach äquinoktialer Breite und westlicher Länge bildhaft darstellen will."

In einer ganzen Reihe von Columbus-Büchern finden sich Kapitelüberschriften wie: „Der Streit um die Nationalität des Columbus", „Der Streit um die Vaterstadt des Columbus", „Der

Streit um die Echtheit der Toscanelli-Karten". So nimmt es nicht wunder, daß auch das Schiffstagebuch umstritten ist.

Nun bieten diverse Eintragungen in ihrer Ungenauigkeit tatsächlich Anlaß zum Streit – falsche Ortsbestimmungen, verwechselte Himmelsrichtungen, verkehrte Kursangaben. Nach dem damaligen Stand der Schiffahrtskunde mußte es zu Navigationsfehlern kommen. Aber Columbus hat auch ganz bewußt falsche Angaben gemacht: Sein Indien, einmal entdeckt, sollte so leicht ein anderer nicht wiederfinden. Für etliche andere Fehler sind jene verantwortlich, die das Tagebuch kopierten und Auszüge daraus machten.

Die Urschrift des Schiffstagebuchs existiert nämlich nicht mehr. Nach der Rückkehr von der ersten Reise hatte Columbus es seinen Königen in Barcelona feierlich überreicht. Der Hof war ständig unterwegs, das gesamte Aktenmaterial wurde bei der Verlegung der Residenz auf Karren verladen, und so ging das Logbuch irgendwann verloren. Auch die von den Schreibern hergestellten Kopien verschwanden. Zwei davon gelangten vorher noch in die richtigen Hände: in die des Bischofs Las Casas, den wir als den Beschützer der Indios kennenlernen werden; und in die von Fernando Colón, der sie für seine *Geschichte des Lebens und der Taten des Christoph Columbus*, seines Vaters, benutzte.

Las Casas hat vieles weggelassen, was ihn nicht interessierte oder was er nicht verstand. Navigation zum Beispiel war ihm Hekuba. Fernando hat einiges verschönt zum Ruhm des geliebten, verehrten Vaters. Der Vorwurf jedoch, die beiden hätten das Dokument frisiert, damit es für ihre Zwecke passe, ist von der modernen Columbusforschung widerlegt worden.

„Wir kamen um sechzig Seemeilen weiter", notiert Columbus am 9. September. „Ich beschloß, weniger einzutragen, als wir tatsächlich zurückgelegt hatten, damit meine Leute nicht den Mut verloren, falls die Reise zu lange dauern sollte."

Mit dieser doppelten Buchführung betrog er seine Leute, aber sie erschien ihm als ein frommer Betrug, bei dem der Zweck das Mittel heiligte. Indien mußte erreicht werden, und er würde es nicht erreichen, wenn die Besatzung eines Tages fragte, warum denn noch immer kein Land in Sicht sei nach so unendlich vielen Tagen, und ihn zur Umkehr aufforderte. Dann konnte er anhand seiner Eintragungen beweisen, daß die zurückgelegte Strecke viel geringer sei, als sie annahmen.

Doch vorläufig bestand kein Grund zur Unruhe. Der Passat blies sanft und beständig, begleitet von den ihm eigentümlichen wolligen Wölkchen, das Meer in seinem blaugrünen Glanz blieb friedlich, Vögel folgten dem Kielwasser, Delphine umspielten die Schiffe, und über allem lag der Schein einer milden Sonne.

UNTER den Columbus-Biographen nimmt Samuel S. Morison eine besondere Stellung ein. Er ist ein wirklicher Admiral und hat Ende der dreißiger Jahre unseres Jahrhunderts versucht, dem Kurs des Columbus zu folgen. Mit einem Schiff, das in Takelung und Tonnage der *Santa María* ähnlich war, begab er sich auf die Reise. Was er dabei erlebte, machte ihn zu einem Bewunderer des Genuesen, der, wie er respektvoll schreibt, die Mängel seiner navigatorischen Kenntnisse immer wieder wettgemacht habe durch Instinkt und Intuition, einem sechsten Sinn, der ihn auf der ersten Reise kein falsches Manöver habe machen lassen. Morison versetzt sich hinein in die unendliche Reise und läßt einen Tag an Bord wieder erstehen.

Streng ging es zu an Bord und fromm zugleich. Seeleute waren den Elementen besonders ausgeliefert, und es schien zweckmäßig, sich mit dem Allmächtigen gut zu stellen. Das begann bereits am frühen Morgen bei Sonnenaufgang, den der jüngste Schiffsjunge mit dem Gebet begrüßte: „Gesegnet sei der Seele Grund, bewahrt vom Herrn zu jeder Stund, gesegnet sei der neue Tag und Gott, der dieses Werk vermag."

Nach dem Vaterunser und dem Ave-Maria ertönte noch einmal die Stimme des Moses (wie der Schiffsjunge auf den Segelschiffen später genannt wurde): „Gott gebe uns gute Tage, gute Reise, gute Fahrt dem Schiff, dem Herrn Kapitän und den guten Fahrtgenossen. O laßt uns eine gute Reise machen, ihr Herren vom Achterschiff und auch ihr Herren vom Vorschiff."

Vor ihrer Ablösung begann die Frühwache mit den aus Weißdorn gebundenen Besen und Eimern voll Salzwasser das Deck zu schrubben. Um 6.30 Uhr drehte Moses die Sanduhr zum siebten und letzten Mal um. Von diesen in Venedig geblasenen

70

Gläsern führte, ihrer Zerbrechlichkeit wegen, jedes Schiff mehrere Exemplare mit. Um von oben nach unten zu rinnen, brauchte der Sand dreißig Minuten. War das Halbstundenglas achtmal umgedreht worden, wurde die nächste Wache geweckt. (Daher heute noch das Wort „Glasen" beim Wachwechsel auf Seeschiffen.) Mit dem lauten Singsang: „Auf, an Deck, an Deck, ihr Herren Seeleute von der richtigen Partie! Es ist schon Zeit, flink auf die Beine . . ."

Die Matrosen hackten sich ein Stück Hartkäse ab, packten eine Sardine drauf und belegten ein Stück Schiffszwieback mit Knoblauch, dessen Geruch bestimmt niemanden gestört haben wird. Seeleute waren Schlimmeres gewöhnt. Das in der Bilge über dem Schiffskiel sich sammelnde Regen- und Meerwasser bildete mit dem Rost des eisernen Ballasts, faulendem Holz, den Ausdünstungen der Pechdichtungen, dem Kot der Ratten, dem Urin der Menschen eine schwärzliche Lache von infernalischem Gestank. Wir würden heute schlicht in Ohnmacht fallen. Die Menschen damals aber besaßen ein anderes Geruchsgefühl. Wenn die Matrosen das Schiff in seichtem Wasser krängten, die Bilge säuberten, ausräucherten, mit Essig besprengten, den Ballast auswechselten, dann geschah das weniger wegen des Gestanks, sondern wegen der Kakerlaken und des anderen stechenden, beißenden, saugenden Ungeziefers, das im Pumpensumpf einen idealen Nährboden gefunden hatte.

Es gab auch Aborte an Bord. Die beiden Sitzgestelle hängte man bei Bedarf je nach der Windrichtung vorschiffs oder achtern über die Reling. Die Funktion des Toilettenpapiers übernahm ein aufgeflochtenes, leicht geteertes Tauende.

Auch bei ruhiger See war die Besatzung vollauf beschäftigt damit, des Deck klar zu halten, die Segel zu setzen und instand zu halten, Schoten und Brassen zu trimmen, das Geschirr zu überholen, die Taljen und ihre Blöcke nachzuspannen, Segel zu flicken.

Gegen elf Uhr gab es die einzige warme Mahlzeit, zubereitet auf einem primitiven Feuerkasten mit Windschirm. Was auch hier gebrutzelt und warm serviert wurde an Salzfleisch, Hammelknochen, gekochtem Fisch, Kichererbsensuppe – ein Gourmet wäre nicht auf seine Kosten gekommen. In den Schiffslisten findet sich bezeichnenderweise kein Koch. Seufzend erinnerten sich die

Matrosen an die saftigen Schinken Córdobas, die Weintrauben von Guadalajara, die in Öl gebratenen Hühner Aragoniens.

Seeleute müssen, so wie Soldaten, beschäftigt werden, denn gerade an Bord ist Müßiggang aller Laster Anfang. War das Meer auch am Nachmittag ruhig und das Tagewerk getan, wurde Garn gesponnen, Werg aus altem Tauwerk gezupft, die Ladung überprüft, Wäsche gewaschen in den mit Salzwasser gefüllten Holzbottichen, die Angelleinen ausgeworfen zur Aufbesserung des Speisezettels. Vor der ersten Nachtwache versammelte sich die Besatzung und sang das Salve-regina, den aus dem 11. Jahrhundert stammenden Lobgesang auf die Himmelskönigin.

Meile für Meile pflügten sich die Schiffe durch die Nacht, begleitet von jener Melodie, die nur Segelschiffen zu eigen ist: vom Rauschen der Bugwelle, dem Brausen des Windes in der Takelage, dem Rascheln und Knattern der Segel, dem Ächzen der Rahen, Spanten, Masten und dem wie ein Jammern klingenden Laut, wenn Taue sich spannen.

Mitte September beobachtete Columbus große Mengen frischen Grases, das sich immer stärker verdichtete, bis es einen einzigen grünlichgelben Teppich bildete. Die Männer standen an der Reling und diskutierten aufgeregt. Wenn dieser Teppich noch dicker und dichter würde, das Kraut sich um das Ruderblatt legte, dann wären sie gefangen in der zähen Masse, und sie beruhigten sich auch nicht, als sie sahen, wie die Schiffe das Gras zerteilten und weiter Fahrt machten.

Columbus glaubte, daß diese Bündel grünen Krauts sich vom Land losgerissen hatten, durch Stürme oder durch Strömungen, und nun über den Ozean trieben – ein Irrtum, der sich bis in die neuere Zeit gehalten hat. Es handelte sich nämlich um Beerentang, eine in wärmeren Meeren vorkommende Braunalgengattung, die sich mit kleinen luftgefüllten Schwimmblasen an der Oberfläche hält. Die Schiffahrt ist von dieser Tangart noch nie behindert worden, denn die Schicht wird kaum dicker als andertalb Zentimeter. Sargassum nennt man sie auch, weil sie sich in der Sargassosee am stärksten ausbreitet, einem Gebiet, das sich zwischen den Azoren, den Bermudas und den Westindischen Inseln erstreckt.

Die Stimmung an Bord schien immer noch gut. Dennoch war

da eine innere Unruhe. Bei der Rückreise, so sagten sich die Matrosen, würden sie diesen aus der ewig gleichen Richtung wehenden Wind nicht mehr von achtern haben, sondern von vorn. Wie aber sollten sie dann wieder nach Hause kommen? Monatelang gegen einen solchen Wind anzukreuzen, und das mit der Rahtakelung, wäre schier unmöglich.

Columbus versuchte dieser Unruhe mit allen Mitteln entgegenzutreten. Hatte er schon das „grüne Kraut" als ein Zeichen gedeutet, daß irgendwo Land in der Nähe sein müsse, so diente ihm nun jedes lebende Wesen zum Zeugen. Da war der Reiher, der sich auf den Rahen der *Niña* niedergelassen hatte. „. . . ein Vogel, der sich nie mehr als etwa 100 Seemeilen vom Land entfernt." Der lebende Krebs, den man aus dem Algensumpf fischte, galt ihm als ein sicheres Anzeichen, daß Land in der Nähe sein müsse, „da man Krebse nie über eine Entfernung von 120 Seemeilen vom Ufer antrifft". Eines Morgens erblickten sie einen weißen Vogel mit langen Schwanzfedern, den die Spanier *rabo de junco*, Binsenschwanz, nannten. Columbus: „Dieser Vogel pflegt niemals auf See zu schlafen." Auch von den beiden Pelikanen wußte er, daß sie noch bei Tageslicht zu Hause sein wollten, in ihren Nestern an der Küste. Als seine Leute mit den Händen eine Möwe fingen, sagte er ihnen: „Diese Art kommt nur auf Flüssen vor, nie auf offener See."

Eine Zeitlang gelang es ihm, die Männer mit all diesen „sicheren Zeichen" nahen Landes zu vertrösten. Als einige trotzdem zu murren begannen, malte er ihnen aus, welch rosiger Zukunft sie doch entgegenfuhren und wie sehr man sie verlachen würde, kehrten sie als arme Leute in ihre Heimatorte zurück.

„Die Fahrt ging in westlicher Richtung weiter", heißt es an einer Stelle des Tagebuchs. „In 24 Stunden legten wir 58 Seemeilen zurück." Es fragt sich, woher Columbus überhaupt wußte, wie viele Meilen er innerhalb einer bestimmten Frist zurücklegte. Ein Instrument, das ihn hierüber informiert hätte, besaß er noch nicht. Er hatte aber ein Scheit Holz und eine Sanduhr. Das Holz warf er am Bug ins Wasser und beobachtete, wieviel Sand verronnen war, wenn das Scheit das Heck erreicht hatte. Mit dieser sagenhaft primitiven Methode kam er zu ziemlich genauen Ergebnissen über Geschwindigkeit und Fahrtstrecke.

Und wie stellte er fest, wo sich sein Schiff überhaupt befand? Die Portugiesen kannten, wie wir wissen, das Astrolabium, ein Winkelmeßgerät zur Bestimmung der Gestirnshöhen, und den Jakobsstab, mit dem sich ebenfalls Sonnen- und Sternenhöhe messen ließen. Columbus hat diese Instrumente, wenn er sie überhaupt mit sich führte, kaum benutzt. Mit gutem Grund, denn das ständige Schwanken des Schiffes, selbst bei ruhiger See, ergab nur ungenaue Werte. Columbus hätte sie wohl auch gar nicht fachmännisch bedienen können. Navigation durch Beobachtung und Messung der Himmelskörper war nicht Sache der Kapitäne und Steuerleute, sondern der Mathematiker und Astronomen. Diese wurden den Schiffsführern später beigeordnet, wie zum Beispiel dem Weltumsegler Magellan. Columbus hatte ausdrücklich auf einen solchen Fachmann verzichtet. Er vertraute auf sein Gespür und auf Pinzóns Erfahrung.

Für die Navigation blieb ihm nur der Quadrant, ein aus Holz gefertigter Viertelkreis mit zwei Löchern entlang einem Schenkel, durch die man den betreffenden Stern ins Auge fassen konnte. Ein von der Spitze des Instruments herabhängendes Lot zeigte beim Anvisieren auf einer 90-Grad-Skala die Höhe des Gestirns an.

Als zuverlässiger Wegweiser durch die Wasserwüste blieb der Kompaß. Dieses geniale Instrument besteht aus einer auf einem Stift frei schwingenden Magnetnadel, die stets nach Norden weist, dazu gezwungen von dem die Erde umgebenden Magnetfeld, dessen Feldlinien ungefähr in Nord-Süd-Richtung ausgerichtet sind. Zeigte sich die Nadel gelegentlich unwillig, den Norden zu suchen, half ihr der Kapitän nach, indem er sie mit Hilfe eines Magneten frisch magnetisierte. Die zum Kompaß gehörende Rose wurde, an ihrem Nordpol beginnend, in 32 Teile eingeteilt, die den Himmelsrichtungen entsprechende Namen besitzen. Ein auf dem Kompaß markiertes Zeichen zeigte den Kurs an, den das Schiff fuhr.

Der Kompaß wurde gehütet wie ein Augapfel, hing doch von ihm Wohl und Wehe aller ab. Er bekam ein eigenes Haus mit Dach auf dem Achterdeck und wurde nachts von einer Öllampe beleuchtet. Riesige Aufregung griff um sich, als bei den Leuten bekannt wurde, die Kompaßnadel sei um einen guten Strich von der Nordrichtung abgewichen. Wenn die Kompaßanzeige nicht mehr stimmte, stimmte auch der Kurs nicht mehr, und wenn der Kurs nicht mehr stimmte, konnte man geradenwegs in die Hölle fahren. Dafür hatte auch ihr Admiral nicht sogleich eine Erklärung bereit, aber er war geistesgegenwärtig genug, eine zu finden. Nicht die Nadel sei abgewichen, sondern der Polarstern habe seine Position verändert. Er ordnete an, am nächsten Morgen noch einmal die Nordrichtung zu überprüfen, diesmal wies die Kompaßnadel wieder nach Norden.

Vielleicht hat Columbus selbst daran geglaubt, daß der Polarstern schuld sei. Was er nicht wußte: daß Magnetisch-Nord an den verschiedensten Punkten der Erde von Geographisch-Nord mehr oder weniger abweicht. Das erdmagnetische Feld ist zeitlichen und räumlichen Schwankungen unterworfen, was mit den Änderungen des Stromsystems im Erdinnern zu tun hat. Die Kompaßnadel ist deshalb keineswegs immer unfehlbar.

Wer den Weg über den Ozean nicht mittels astronomischer Navigation bestimmen kann, muß die Koppelrechnung anwenden. Und genau das tat Columbus. Er ermittelte mit Hilfe der Geschwindigkeit des Schiffes, der Richtung und Stärke des Windes, der geschätzten Abdrift und des Kompasses den Kurs sowie die zurückgelegte Strecke und trug beides unter Verwendung von Zirkel und Lineal in die Karte ein. Im gegißten Besteck war er ein Meister, und selbst einige seiner Feinde haben zugegeben, daß er der beste Seemann seiner Zeit war.

Zu Beginn der dritten Dekade des September ließ sie der Passat im Stich. Der Wind wurde nun so veränderlich, daß er zu ständigen Kursänderungen zwang. Columbus verstand es, auch aus dieser Not eine Tugend zu machen. Nun hätten sie doch endlich den Beweis, daß in diesen Gegenden auch Winde aus anderen Himmelsrichtungen wehten, Winde, die sie wieder nach Spanien zurückbringen würden.

Dann schlief der Wind ganz ein. Sie hatten das Gebiet der Kalmen erreicht, Gebiete mit niedrigem Luftdruck zwischen den beiden Hemisphären. Die schwüle Luft lag wie ein feuchtes Tuch auf den Schiffen. Dunkle Wolken zogen auf. Die Hitze ließ alles Leben an Bord erlahmen. Urplötzlich kam schwere See auf, mit langen rollenden Wellen, die sich berghoch auftürmten, tiefe Täler

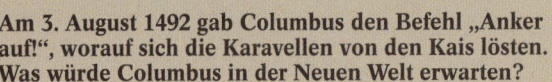

Am 3. August 1492 gab Columbus den Befehl „Anker auf!", worauf sich die Karavellen von den Kais lösten. Was würde Columbus in der Neuen Welt erwarten?

Nautische Geräte wie dieser Kompaß wiesen den Weg.

Die drei Schiffsführer auf der ersten Reise (von links nach rechts): Juan de la Cosa *(Santa María)*, Martín Alonso Pinzón *(Pinta)* und Vicente Yáñez Pinzón *(Niña)*

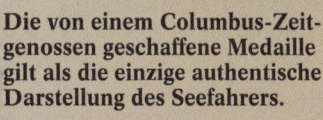

Mit diesen drei Karavellen entdeckte
Columbus Amerika. Die Aquarellzeich-
nung der prächtigen Schiffe stammt aus
dem 19. Jahrhundert.

Die von einem Columbus-Zeit-
genossen geschaffene Medaille
gilt als die einzige authentische
Darstellung des Seefahrers.

Aus dem 16. Jahrhundert stammt
dieser niederländische Holzschnitt.

bildeten, eine gewaltige, fast lautlose Dünung ohne Schaumkronen, gespenstisch anmutend, denn es wehte kein Wind. Die stillen Wogen waren Ausläufer eines Orkans, der im Südwesten getobt haben mußte.

Träge und glatt zeigte sich die See während der nächsten drei Tage. In fünfmal vierundzwanzig Stunden legten sie gerade 234 Seemeilen zurück. Am 25. September signalisierte Columbus der *Pinta*, sie möge sich bis in Rufweite nähern. Es war so still, daß sich die Kapitäne und Piloten von Bord zu Bord unterhalten konnten, ohne die sonst dabei üblichen Sprechtrichter benutzen zu müssen.

„Ich hatte mit Martín Pinzón eine längere Beratung, deren Gegenstand eine Karte bildete, die ich ihm drei Tage zuvor an Bord geschickt hatte und auf welcher gewisse Inseln jener Gewässer verzeichnet erschienen, die sich nach dem Dafürhalten Martín Alonsos in dieser Gegend befinden mußten. Ich sagte, dies ebenfalls zu glauben. Die Tatsache aber, daß wir noch nicht auf jene Inseln gestoßen sind, muß dem Umstande zugeschrieben werden, daß die Meeresströmungen die Schiffe unausgesetzt in nordöstlicher Richtung abtrieben und sie daher nicht so weit vorwärts gekommen waren, als die Kapitäne es wahrhaben wollten. Während wir uns darüber unterhielten, ersuchte ich Martín Alonso, mir die genannte Karte herüberzusenden. Als Pinzón sie mir dann an einer Leine zugeworfen hatte, machte ich mich sofort daran, gemeinsam mit dem Kapitän und den Matrosen die Karte zu studieren.“

Ob es sich dabei um die berühmte Toscanelli-Karte gehandelt hat, wisssen wir nicht. Doch welche Karte es auch war, die „gewissen Inseln“ wären mit ihrer Hilfe nicht zu finden gewesen, waren das doch, wie wir wissen, Eilande, von denen man lediglich annahm, daß es sie gäbe. Während sie noch auf dem Achterdeck über der Karte saßen, ertönte plötzlich ein Schrei.

„Land in Sicht! Achtet auf meinen Fingerzeig!“ Es war Kapitän Pinzón, der diese Nachricht unter Aufbietung seiner ganzen Stimmkraft hinüberrief, trotz der Aufregung aber nicht hinzuzufügen vergaß: „Die Belohnung gehört mir, mir allein.“ Eine jährliche Rente von 10 000 Maravedi auf Lebenszeit hatte die Königin dem versprochen, der als erster Land sichten würde. Auf der

Niña, die inzwischen ebenfalls herangekommen war, kletterten einige Matrosen blitzgeschwind die Wanten empor auf den Hauptmast, winkten wie die Tollhäusler und schrien: „Ja, es ist ein Berg, ein hoher Berg wie der von Teneriffa!" Auch der anfangs skeptische Admiral glaubte schließlich, daß das Gebilde dort am Horizont Land sein müsse.

Sie fuhren die ganze Nacht hindurch, alle in fieberhafter Aufregung. Es gab niemanden, der sich zum Schlafen niedergelegt hätte. Am Mittag des folgenden Tages hatten sie sich dem aus dem Wasser ragenden Berg so weit genähert, daß sie ihn genau in Augenschein nehmen konnten. Es war eine Wolkenbank. Wolkengebilde können in der Tat derart echt Land vortäuschen, daß erfahrenste Seeleute darauf hereinfallen. Dem Himmelhoch-Jauchzen folgte das Zu-Tode-betrübt-Sein. Zur Enttäuschung kam der Haß. Daß die Wolken kein Land waren, daran war nur dieser Ausländer schuld, dem es gleichgültig war, ob man verreckte.

Alles, was bisher unter der Oberfläche geschwärt hatte, fand mit einemmal ein Ventil. Die Nerven lagen ohnehin bloß, wie immer, wenn Menschen auf engstem Raum zusammenleben müssen, wenn jeder jeden bis in seine letzten Lebensäußerungen kennt und weiß, was er im nächsten Moment sagen wird, welche – ewig gleichen – Geschichten er erzählt, wie er lacht, riecht, rülpst. Mißtrauen kommt auf, Antipathien entwickeln sich; es kommt zur Bildung von Cliquen, die sich gegenseitig belauern. Der Kastilier haßt den Galicier, der Katalane den Andalusier und der den Basken.

Obwohl Columbus blind und taub war gegen alles, was seine Mission hätte stören können, die Unruhe unter seinen Leuten spürte er dennoch. In seiner Kajüte sagte er den Offizieren, er wisse wohl, wie leicht man ihn töten könne, sei er doch mit den wenigen ihm treuen Leuten zu schwach zur Gegenwehr; er wisse aber auch, daß etliche Männer, käme man ohne ihn nach Hause, an den Rahen baumeln würden.

Seine Haltung, gemischt aus Würde, Furchtlosigkeit und Zuversicht, tat noch einmal ihre Wirkung. Die Leute gingen wieder an ihre Arbeit. Der Passat blies plötzlich mit derartiger Kraft, daß die Schiffe förmlich über die Wellen flogen. Die *Santa María*, die *Pinta* und die *Niña* lieferten sich dabei ein regelrechtes Rennen mit einer Stundengeschwindigkeit von 12 Seemeilen – eine phantastische Leistung, wenn man bedenkt, daß ein 10 000-Tonnen-Frachter von der Cap-San-Klasse mit seinen 11 650 PS auf etwa 20 Knoten, d. h. Seemeilen pro Stunde, kommt. Schließlich ging es um 10 000 Maravedi und ein seidenes Wams, das der Admiral zusätzlich ausgelobt hatte. Mit dem Ruf „Land, Land!" war man trotzdem vorsichtiger geworden. Jedem war Strafe angedroht worden, der hier fahrlässig verfuhr. Die Enttäuschung nach einem Fehlalarm würde die Moral der Mannschaften nur noch weiter untergraben.

Als die Sonne des 6. Oktober blutrot im Osten aus den Wassern stieg, schien Columbus zum erstenmal unsicher zu werden. Nach 750 Leguas (1 Legua gleich 5573 Meter) mußte nach seinen Berechnungen die Küste der Insel Cipangu am Horizont auftauchen. Und diese Entfernung war bereits erheblich überschritten. Waren sie etwa an der Insel vorbeigesegelt? Pinzón jedenfalls schien davon überzeugt zu sein. Mit Hilfe des Sprechtrichters schrie er von der *Pinta* herüber, man müsse jetzt unbedingt einen Südwestkurs steuern, wolle man Cipangu doch noch erreichen. Sein Admiral aber meinte, daß es ratsamer sei, zunächst das Festland anzusteuern, China also, und dann erst die vorgelagerten Inseln anzulaufen. Vierundzwanzig Stunden später änderte er seine Meinung und befahl, Westsüdwest zu steuern, einen Kompaßstrich westlicher als von Pinzón vorgeschlagen. Was war der Grund für seinen Meinungsumschwung? Eine wichtige Frage, denn die Kursänderung sollte in zweifacher Hinsicht Konsequenzen haben.

„Bei Sonnenaufgang sah ich, wie auf der *Niña* eine Flagge am Großmast gehißt wurde, und vernahm das Krachen einer Bombarde als Signal, daß Land in Sicht gekommen sei."

Land aber sichtet er wieder nicht, dafür aber nimmt er etwas anderes wahr, was einen gespenstischen Eindruck hinterläßt. Dunkle Schatten bedecken den Nachthimmel, schweres Flügelrauschen erfüllt die Luft, kleine klagende Schreie ertönen. Die großen Vögel haben die um diese Jahreszeit bereits unwirtlich werdenden Gebiete Nordamerikas verlassen und ziehen in riesigen Schwärmen den warmen Gefilden des Karibischen Meeres entgegen. Sie fliegen nach Südwesten, also muß das Land in die-

ser Richtung liegen, und da Columbus sich erinnert, daß die Portugiesen die Entdeckung vieler Inseln – der Kapverden, der Azoren, Madeiras – der Beobachtung des Vogelflugs verdanken, erklärt er sich einverstanden, Kurs auf Westsüdwest zu nehmen.

„Der Entschluß von Columbus, den gefiederten Lotsen lieber
zu folgen als seinen von Menschenhand gefertigten Karten",
meint der Admiralskollege Morison, „wurde entscheidend für
die Zukunft ganz Spaniens. Hätte er den genauen Westkurs weiter eingehalten, so wäre er mindestens einen Tag länger unterwegs gewesen, um dann auf Eleuthera Island zu stoßen oder auf
Great Abaco . . . Die Flotte wäre durch den Providence Channel
direkt in den Golfstrom gelangt, und die Karavellen hätten, einmal in diese mächtige Strömung hineingezogen, nie mehr nach
Süden abdrehen können. Irgendwo zwischen dem Jupiter Inlet
und dem Cape Canaveral wären sie an der Küste von Florida
gestrandet, oder, falls sie diesem Schiffsgrab doch entgangen
wären, hätte sie der Wind die Küsten von Georgia und Carolina
entlanggefegt . . ."

Am 9. Oktober wurden von der *Niña* und der *Pinta* die
schweren Beiboote gefiert, und die Kapitäne Martín Alonso Pinzón und Vincente Yáñez Pinzón wurden zum Flaggschiff gepullt.
Der Generalkapitän führte sie in die *toldilla*, wo sie sich über
die aus großen Schafshäuten bestehenden Karten beugten und
den mittels Lineal und Zirkel abgesteckten Kurs mit ihrem eigenen Kurs verglichen. Die an Deck beschäftigten Matrosen hörten, wie die Stimmen immer lauter wurden, was auf eine erregte
Auseinandersetzung schließen ließ.

Im Schiffstagebuch wird die Konferenz nicht erwähnt, von
Las Casas und Fernando Colón erfahren wir kaum etwas. Um so
mehr geht aus den Prozessen hervor, die die Columbus-Erben
um die einst vertraglich garantierten Privilegien führen mußten.
Sie begannen zu einem Zeitpunkt, da die meisten der als Zeugen
in Frage kommenden Seeleute bereits im Ruhestand lebten. Ihre
Erinnerung war getrübt, oder sie sagten aus, was sie nur vom
Hörensagen wußten. Im allgemeinen hatten sie immer das erfahren oder beobachtet, was die jeweilige Partei, die sie benannt
hatte, von ihnen hören wollte.

In den *pleitos*, den Prozessen, steht Aussage gegen Aussage.

Der Leser mag der Meinung sein, daß es für den Tatbestand der Entdeckung Amerikas keine Rolle spiele, wer nun wen an der vorzeitigen Rückkehr gehindert oder wer wen zum Weiterfahren ermuntert habe. Für die Columbus-Forscher aber ist es naturgemäß kein Streit um des Kaisers Bart. Fernández de Oviedo, den die Krone 1532 zum Historiographen Amerikas ernannt hatte, kann, trotz Abhängigkeit von seinen Auftraggebern, seine Sympathie für Columbus' Darstellung nicht verbergen. Die moderne Forschung gibt ihm recht. Zu Columbus' Charakter hätte es schlecht gepaßt, eine Reise abzubrechen, um die er fast siebzehn Jahre lang gekämpft hatte. Von ihm wäre anzunehmen, daß er sich eher in Stücke hätte reißen lassen, als nach einer Fahrt von vierunddreißig Tagen und Nächten kleinmütig beizugeben. Die Pinzónes dagegen waren vermutlich zu diesem Zeitpunkt nicht mehr bereit gewesen, ihr Leben für eine Unternehmung einzusetzen, deren Ruhm ohnehin nur dem Generalkapitän zukommen würde.

Es nahte der 10. Oktober und mit ihm der Aufruhr der Matrosen. Die Meuterei auf der *Santa María* wurde später so berühmt wie die Meuterei auf der *Bounty*. Der entscheidende Unterschied: Es hat sie gar nicht gegeben. Sie existiert lediglich in der Phantasie der Maler und Illustratoren, der Stückeschreiber und Filmproduzenten: ausgezehrte, verzweifelte Seeleute, die mit Enterhaken und Messern auf Columbus eindrängen, um ihn zur Umkehr zu zwingen.

Was sich an jenem Tag abspielte, war mehr als der Ausbruch allgemeiner Verzweiflung wie nach dem falschen Alarm. Eine gemeinschaftliche Zusammenrottung von Schiffsleuten zwecks Bedrohung, Nötigung oder tätlichen Angriffs gegen einen Vorgesetzten unter Verweigerung des Gehorsams, wie das Gesetz es formuliert, war es nicht. Wäre es Meuterei gewesen, hätte Columbus in seinem Logbuch gewiß andere Worte gefunden als: „Zu diesem Zeitpunkt beklagten sich meine Leute über die lange Reisedauer (tatsächlich waren sie bereits doppelt so lange unterwegs wie jemals ein Schiff zuvor), die ihnen unerträglich zu sein schien. Ich wußte sie jedoch aufzumuntern, so gut ich eben konnte, und stellte ihnen den Verdienst, den sie sich auf diese Weise verschaffen konnten, in nahe Aussicht. Dem fügte ich hinzu, daß es zwecklos wäre, darüber in Streit zu geraten, da ich nun einmal entschlossen sei, nach Indien zu gelangen und die Reise so lange fortzusetzen, bis ich mit Gottes Hilfe dahin gelangt sein werde."

5. EINE NEUE WELT

AM DONNERSTAG, dem 11. Oktober, beginnen auch die größten Zweifler daran zu glauben, daß irgendwo in der Nähe Land sein müsse. Ein Schilfrohr treibt an Backbord vorbei, dann ein grünlicher Fisch von der Art, wie man sie nur an Riffen findet. Der Bootsmann der *Pinta* fischt einen Stock heraus, von Menschenhand kunstvoll mit Kerben verziert, und ein Büschel Gras, das nur auf Land wächst.

Nach dem abendlichen Gesang des Salve-regina versammelt Columbus seine Männer auf dem Achterschiff und mahnt sie, nicht zu vergessen, wie gnädig der Herr mit ihnen verfahren sei, indem er ihnen günstigen Wind gesandt und sie den richtigen Kurs habe einhalten lassen. Mögen sie von nun an besonders wachsam sein, denn obwohl er angeordnet habe, nicht mehr im Dunkeln zu segeln, wenn sie mehr als 700 Leguas ab Gomera zurückgelegt hätten, wolle er doch heute, das stürmische Wetter nutzend, mit vollen Segeln fahren, denn er wisse nur zu gut, wie sehr sich alle nach Land sehnten.

Gegen zehn Uhr sieht Columbus von seinem Posten auf dem Achterkastell ein Licht, das zweimal aufscheint und so aussieht, als würde man eine kleine Wachskerze auf und nieder bewegen. Er ruft Pedro Gutiérrez und fragt ihn, ob auch er das Licht sehe. „Ich sehe es, *Almirante*", sagte der Truchseß des Königs, nachdem er minutenlang in das Dunkel gestarrt hat, ruft aber zur Sicherheit Rodrigo Sánchez de Segovia herbei, den von den Königen der Flotte beigeordneten Aufpasser. Rodrigo sieht nichts.

Kam das Licht von einem Haus oder von einer Fackel auf einem Fischerboot? Den bei Landfall vorgesehenen Kanonenschuß läßt Columbus nicht abfeuern. Wie sich später herausstellte, waren Columbus und Gutiérrez einer Halluzination erlegen, hervorgerufen durch Übermüdung, Hoffnung und den Zwang, etwas sehen zu wollen. Zum Land waren es noch 35 Seemeilen, zu weit, um ein Licht wahrnehmen zu können.

Zwei Stunden nach Mitternacht zerreißt ein Schuß die nächtliche Stille, abgefeuert von einer Bombarde auf der *Pinta*. Der Ausguck im Mastkorb der an der Spitze segelnden Karavelle schreit ununterbrochen „*Tierra! Tierra!* Land! Land!", und diesmal ist es kein Trugbild: In etwa sechs Seemeilen Entfernung zeigt sich ein vom Mondlicht beschienener heller Strand. Der Matrose Rodrigo de Triana hat Amerika entdeckt, genauer, er hat als erster Europäer eine Insel gesichtet, ohne zu wissen, daß sie einem neuen Kontinent vorgelagert war. Auch wenn ihm das bewußt gewesen wäre, es hätte ihn weniger interessiert als die Tatsache, daß er von nun an Jahr für Jahr eine stattliche Rente in Höhe von 10 000 Maravedi beziehen würde. An den Wanten gleitet er blitzschnell zum Deck hinab, wälzt sich trunken vor Freude auf den Planken, ist wie von Sinnen. Rodrigo hat sich zu früh gefreut.

Das Geld kassierte Columbus. Mit der Begründung, er habe vier Stunden zuvor jenes Licht erspäht, das eindeutig Licht von einer nahen Küste gewesen sei. Er überschrieb die Rente der Mutter seines unehelichen Sohnes, Beatriz Enríquez de Harana, die er, schlechten Gewissens, mit dem Kind in Córdoba zurückgelassen hatte. Selbst wohlwollende Biographen haben es dem Mann aus Genua nicht verziehen, daß er einen einfachen Seemann um die ihm zustehende Belohnung prellte. Die Wahrheit ist: Columbus konnte es nicht ertragen, daß sein Indien von anderen Augen als von seinen zuerst erblickt wurde.

Von Rodrigo de Triana erzählt man sich, daß er aus Enttäuschung über den Verrat zum Islam übergetreten und im Kampf für die Mauren gefallen sei. In den Seefahrerkreisen an den Küsten Spaniens dagegen wußte man, er habe sich nach der Rückkehr, nachdem er in ohnmächtigem Zorn vergeblich versucht habe, zu seinem Recht zu kommen, am Großmast einer Karavelle aufgehängt. Jedenfalls gehört er zu den vielen Kleinen, die am Weg des Ruhms, den die Großen gingen, verkamen.

Columbus ließ die Schiffe beidrehen; die Gefahr, in unbekanntem Küstengewässer zu stranden, war zu groß. Mit langsamster Fahrt trieben sie, alle Segel bis auf das Großsegel gerefft, seitwärts, „joggelten" hin und her. Drei Stunden dauerte es noch bis zum Aufgang der Sonne. Das da vorn konnte Cipangu sein. Vielleicht war es aber auch schon Cathay.

Mit drei Seglern beizudrehen, sie in sicherem Abstand voneinander und von den Riffen zu halten, mit der Lotleine immer wieder zu messen, wieviel Wasser noch unter dem Kiel war, dazu brauchten die Kapitäne und Steuerleute ihre ganze Konzentration. Gerade jetzt, da das Land zum Greifen nahe vor ihnen lag, lastete die Verantwortung schwer auf ihren Schultern.

Die Männer der *Santa María,* der *Pinta* und *Niña* ahnen nicht, daß sie bereits beobachtet werden. Hinter den hohen tropischen Bäumen, die den Strand begrenzen, stehen Menschen. Sie haben eine bronzefarbene Haut, sind wohlgebaut, muskulös, über die breite Stirn fällt das dunkle, kräftige Haar, aus den hübschen Gesichtern leuchten große dunkle Augen, und wenn sie sich bewegen, so geschieht es mit einer natürlichen Grazie; einige tragen einen schmalen Lendenschurz, andere gehen so, wie ihre Mütter sie geboren haben.

Alle starren sie auf die „drei Häuser im Meer", nicht ängstlich, sondern in maßlosem Staunen. Keiner von ihnen trägt eine Waffe. Sie sind gutmütig, heiter wie Kinder, kriegerische Tugenden gelten ihnen nicht viel; und so unterliegen sie meist, wenn sie von dem kannibalischen Stamm der Kariben, die auf anderen Inseln wohnen, heimgesucht werden.

Die Bewohner Guanahanís waren Tainos. Sie gehörten einer der größten Völkerfamilien Südamerikas an, den Aruaks, und von dorther waren sie auch einst gekommen. Guanahaní (von *iguana* = Leguan), ein von Korallenriffen geschütztes Eiland, 56 Quadratkilometer groß, durchsetzt von vielen lagunenartigen Gewässern und einem See in der Mitte, war damals mit hohen Bäumen bestanden. Der Boden brachte Mais hervor, Jams, eine eßbare Wurzelknolle, Baumwolle und Yucca, eine Palmlilie, aus deren Fasern sie Seile, Taschen und Matten flochten. Im übrigen ernährten sie sich vom Meer, das sie mit ihren großen, bis zu vierzig Personen fassenden Kanus befuhren.

Als sie sahen, wie von den „Häusern" drei Boote zu Wasser gelassen wurden, traten sie hinter den Bäumen hervor und kamen neugierig näher.

85

Columbus betrat als erster das Land, stieß die Lanze mit der königlichen Fahne in den Boden und nahm im Auftrag Ihrer Katholischen Majestäten Ferdinand und Isabella die Insel in Besitz. Rodrigo Escobedo, der Notar der Armada, fertigte eine den Besitzwechsel bestätigende Urkunde an, die von den drei Kapitänen unterschrieben wurde. *San Salvador* hieß das Eiland jetzt – Heiliger Erlöser. Alle knieten sie nieder, küßten die Erde mit Tränen der Freude und riefen Don Cristóbal zu ihrem Admiral und Vizekönig aus. Sie schworen ihm als dem Statthalter Ihrer Hoheiten Gehorsam und baten um Nachsicht, sollten sie ihn während der Reise durch ihren Kleinmut beleidigt haben. Die Eingeborenen, nicht ahnend, daß ihnen ihre Insel inzwischen nicht mehr gehörte, betrachteten die Fremden, als kämen sie von den Sternen. Waren das die Götter, die gemäß einer alten Weissagung eines Tages aus dem Land des Sonnenaufgangs zu ihnen kommen würden? Wenn ja, dann sahen sie nicht sonderlich göttlich aus: mit ihrer weißen kränklichen Hautfarbe; den häßlichen Haaren, die sogar aus der unteren Gesichtshälfte sprossen; den eigenartigen Stoffen, mit denen sie ihren Körper verhüllten, einige trugen regelrechte Panzer und sahen aus wie zweibeinige Schildkröten. Aber freigebig schienen sie, verschenkten glitzernde Perlen, rote Mützen, etwas Silbriges, das klingende Töne von sich gab, etwas Blitzendes, in dem man sein Gesicht sehen konnte.

„Sie wurden so gute Freunde", notierte Columbus, „daß es eine helle Freude war. Sie gaben und nahmen alles von Herzen gern – allein mir schien es, als litten sie Mangel an allen Dingen . . . Alles, was sie besitzen, geben sie freudig für jeden noch so törichten Gegenstand, ich selber sah, wie sie 16 Knäuel Baumwolle für drei portugiesische Ceuti hergaben, die einer *blanca* kastilischer Währung entsprechen." Das waren etwa 30 Pfund Baumwolle für wenige Pfennige.

Wo aber blieb das Gold? Es kam anscheinend nur in Form von Schmuckringen vor, die einige Frauen an der Nase oder den Ohren trugen. Die Eingeborenen, die erstaunt waren über das brennende Interesse der „Götter" an den kleinen Ringen, teilten ihnen durch Zeichensprache mit, daß es dort im Süden – und sie zeigten über das Meer – einen König gebe, der viele Dinge besitze, die aus diesem Material gefertigt seien.

Die *indios* betrachteten die Fremden, als kämen sie von den Sternen.

Der Holzschnitt von 1493 zeigt die gerade erst entdeckten Inseln.

Ein Dank an Gott nach der glücklichen Überfahrt

Nachdem die Spanier den Nordosten und den Osten der Insel mit ihren Beibooten erkundet hatten, steuerten sie Kurs Südwest. San Salvador versank im Dunst, eine Insel, die später in Watling Island umbenannt wurde, was einige spanische Historiker mit Recht erboste. Sie regten an, der Insel den Namen des verruchten Piraten zu nehmen und sie wieder San Salvador zu nennen, ein Vorschlag, dem die damals dort regierenden Engländer 1926 nachkamen.

Cipangu (Japan) jedenfalls war dieses Guanahaní nicht und Cathay (China) schon gar nicht. Aber es mußte zu den Inseln gehören, die wie Kränze vor den Küsten Asiens lagen. Das ging aus den Weltkarten hervor. Columbus wunderte sich deshalb nicht, als immer neue Eilande am Horizont auftauchten. Die Bahamas mit ihren 723 Inseln und 2414 Felsklippen waren so recht dazu angetan, seinen Irrglauben zu untermauern. Die Inseln, die er in den nächsten Tagen anlief, unterschieden sich kaum von San Salvador. Überall die gleichen „Indianer" (spanisch *indios*), denn er war in „Indien", die gleichen Pfahlbauten mit den Palmwedeldächern, die gleichen Früchte. Die Landgänge wurden immer kürzer, doch vergaß er nie, die Insel jeweils „rechtskräftig" in Besitz zu nehmen, sie zu taufen und ein Kreuz zu errichten. Auf seinen Kartenskizzen trug er ein *Santa María de la Concepción* (heute Rum Cay) sowie zu Ehren des spanischen Herrscherpaares *Fernandia* (heute Long Island) und *Isabella* (heute Crooked Island).

Bei der Durchsuchung der Hütten entdeckten sie etwas, das einem hängenden Bett glich. Es bestand aus einem der Länge nach geknüpften, lockeren Netz, dessen Schlingen am Kopf- und Fußende zusammenliefen. Befestigte man die Enden an den Hüttenpfosten, so daß sie frei über dem Boden schwebten, konnte man, sanft schaukelnd und vor Ungeziefer geschützt, herrlich darin schlafen. Sie hatten die Hängematte entdeckt, *hamaca* genannt.

Ende 1986 veröffentlichte das renommierte amerikanische Magazin *National Geographic* das Ergebnis einer Untersuchung, die sich über fünf Jahre erstreckt hatte, durchgeführt von einem Brain-Trust aus Marinearchäologen, Mathematikern, Kartographen, Übersetzern, Seefahrern, Fotografen, Kameraleuten, Computerspezialisten und eingeborenen Bewohnern der Bahamas. Die

Wissenschaftler hatten den Computer mit allen Daten gefüttert, die eine Analyse der Strömungen, der Abdrift, der Windrichtungen, der Seekarten, des (neu übersetzten) Logbuchs, der Beschreibung der sogenannten Erstinsel, des Kurses von dieser Insel nach Kuba ergeben hatten. Sie glaubten erkannt zu haben, daß die Legua, die Columbus seinen Entfernungsangaben zugrunde gelegt hatte, nicht 3,18 Seemeilen betrug, sondern lediglich 2,18 Seemeilen.

Die Daten wanderten in einen Großcomputer, und der spuckte das Ergebnis aus: erste Landung des Columbus, 1492, Position: Breite 23°09′13″N, Länge 73°29′29″ W. Genau dort befindet sich die Insel Samana Cay, und die liegt 150 Kilometer südöstlich von San Salvador.

Samana ist ein winziges, von Palmen gesäumtes Eiland, weltverloren, von niemandem beansprucht und seit den Tagen seiner Entdeckung von niemandem mehr bewohnt. Archäologen der *National Geographic Society* suchten dort nach Spuren des Columbus. Sie fanden Tonscherben von Gefäßen aus der Zeit der spanischen Eroberung, die Reste einiger Siedlungen aus ebenjenen Tagen und stellten fest, daß die Insel genau der Beschreibung entsprach, die Columbus in seinem Journal gegeben hatte.

„Wir glauben, daß wir eines der größten geographischen Geheimnisse entschleiert haben", verkündeten die Leute von der *National Geographic Society*. „Wenn 1992 die Nachbauten der *Santa María*, der *Pinta* und der *Niña* von den Kanarischen Inseln in See stechen, sich nur vom Kompaß und den Angaben im Logbuch des Columbus leiten lassen, dann werden sie auf eine Insel stoßen und dort das Banner der Katholischen Könige entfalten, auf einem Boden, der das wahre San Salvador ist: Samana Cay."

COLUMBUS' Suche nach Gold zeigt bisweilen groteske Züge. Einmal läßt er Mengen von schimmernden Steinen einsacken, deren Goldgehalt, wie sich daheim herausstellte, nichts als gewöhnlicher Glimmerschiefer war. Dann treffen sie auf einen Häuptling, der einen besonders großen goldenen Nasenpflock trägt, sich aber um keinen Preis von ihm trennen will – auch nicht um den eines größeren Postens an Klingelglöckchen. Den Pflock mit Gewalt zu nehmen, wozu die Gefährten raten, lehnt Columbus ab. Er ist immer darauf bedacht, bei den Indios einen guten Leumund zu haben. Süßwasser, das die Eingeborenen ihm aus ihren Regenbehältern oder Brunnen abgeben, bezahlt er peinlich genau.

Sein Gewissen scheint ihn aber in anderer Hinsicht zu drükken. Da er noch nicht entdeckt hat, wovon er Ferdinand und Isabella vorgeschwärmt hat, versucht er sie zu vertrösten. „Meines Dafürhaltens gibt es hier viele Kräuter und Pflanzen, die man in Spanien sehr zu schätzen wissen wird, um daraus Tinkturen zu gewinnen, die man zu Heilzwecken oder als Gewürze verwenden kann, allein sie sind mir unbekannt, was mir viel Kummer macht."

Warum bloß hat er keinen Botaniker mitgenommen statt des Dolmetschers? Dieser Torres konnte mit seinen perfekten Kenntnissen des Arabischen, Hebräischen und Chaldäischen nichts anfangen. Am Schluß jedes langen, von wilden Gesten begleiteten Gesprächs mit den Indios gestand er kleinlaut: „*No entiendo nada, Don Cristóbal.*"

Auf einer Insel glaubte Columbus das dunkelbraune wohlriechende Holz der Aloe zu entdecken, das in der Heilkunst verwendet wurde und als besonders kostbar galt. Was seine Leute dann in großen Mengen schnitten und an Bord brachten, bestand vornehmlich aus wertlosen Agaven. Manchmal fanden sie Zimt, der kein Zimt war; wohlriechende Harze und Kräuter, die sie nicht kannten; Früchte, die sie nicht zu essen wagten. Ein betäubender, süßer Duft wehte von den Inseln her. Schwärme bunter Vögel stiegen auf und verdunkelten die Sonne. Fische umspielten die Boote, Fische, die leuchtend bunt waren, feuerrot, himmelblau, safrangelb, in Farbtönen, die man für nicht von dieser Welt hielt.

Ja, dieses Land war paradiesisch. Gesegnet mit Fruchtbarkeit und mit Bodenschätzen, die nach ihrer Erschließung Spanien zum reichsten und mächtigsten Staat des Erdkreises machen würden. Columbus war seiner Zeit weit voraus, wenn er darüber nachsann, wie der Verkehr zwischen Europa und Indien organisiert werden könnte. Columbus als Kolonisator. Doch wo blieb Columbus, der Missionar? War er nicht auch ausgezogen, der Christenheit Millionen vor der Verdammnis geretteter Seelen zuzuführen? Auf keinem der Schiffe befand sich ein Priester. „Gott und Gold" hatte die Losung gelautet, die man über das Unternehmen gestellt hatte, jetzt hieß sie erst einmal „Gold und Gott".

Sechs Eingeborene hatte er von Guanahaní mit sanfter Gewalt an Bord geholt, als Lotsen und als Vermittler bei den fremden Häuptlingen. Wenn er sie beobachtete, wie rasch sie gelernt hatten, das Kreuz zu schlagen, die Hände zum Gebet zu falten, das Salve-regina zu singen, fuhr ihm so einiges durch den Sinn. Das waren Leute, die man besser durch Liebe als durch das Schwert zum heiligen Glauben bekehren könnte. Eine Religion schienen sie nicht zu haben. Auch würden sie bestimmt einmal gute und treue Diener abgeben. Aber aus dem Wort Diener wurde Sklave.

Die Meldung schreckte ihn auf, wonach auf einer wenige Tagereisen entfernten riesigen Insel, *Colba* genannt, sehr große Schiffe und viele Seeleute anzutreffen seien. „*Colba*" wiederholten die an Bord gekletterten Indianer immer wieder, „*Colba*". Einer von ihnen sagte „*Cuba nacan, Cuba nacan*" und wies mit der Hand nach Süden. Es durchfuhr Columbus siedend heiß, als er dieses Wort hörte: *Cuba nacan* konnte nichts anderes heißen als El Gran Can, der Großkhan von Cathay. Er gab den Befehl, Kurs Südwestsüd zu steuern.

Wie Columbus den Weg durch das Labyrinth der Inseln, Klippen, Riffe, Sandbänke, Untiefen fand, wie er die richtigen Ankerplätze in den Korallengürteln ausmachte und weder zu nah noch zu weit vor den Küsten beidrehte – das alles in einem unbekannten Meer –, gilt als eine seemännische Leistung ersten Ranges. Besonders bei jenen, die mit Segelschiffen dieser Route gefolgt sind und wissen, wovon sie reden. An den Riffen der Bahamas, Inseln der Träume, nicht selten eher der Alpträume, sollte noch so manches spanische, mit Schätzen beladene Schiff zerschellen.

Am 28. Oktober 1492 erreichte Columbus die Küste des geheimnisvollen Landes. Columbus' Einbildungskraft war, wie immer, so stark, daß er die Wirklichkeit der Phantasie untertan machte. Als er in die breite Mündung eines Flusses einlief, wo heute Bariay liegt, hatte er Kuba entdeckt, denn *Colba* war nichts anderes als Kuba. Er taufte das Land auf den Namen Juans, des Infanten von Spanien.

Den mächtigen Schiffen des Großkhans, die an Marmorkais ihre Ladung löschten, vor der gewaltigen Kulisse einer steinernen Stadt, begegnete er nicht. Statt Kauffahrteischiffen sah er nur

Kanus, statt Palästen nur Hütten, statt Rindern und Rössern nur Hunde, die nicht bellen konnten. Die Enttäuschung überwand er schnell, segelte die Küste Kubas entlang in Richtung der Südostspitze und warf Anker vor einer Bucht, in die ein großer Fluß mündete. Wieder hörte er von den Eingeborenen die magischen Wörter *Cuba nakan*, wobei sie mit den Händen flußaufwärts zeigten.

Dort also mußte die Residenz des Khans liegen, und am besten wäre es, ihm eine Gesandtschaft zu schicken. Luís de Torres, dieser Sprachenkundige, der keine der hier gesprochenen Sprachen verstand, könnte sich endlich einmal nützlich machen. Man versah ihn mit dem vom Hof in Córdoba ausgestellten Geleitbrief, dem in Lateinisch abgefaßten Empfehlungsschreiben der Könige, einem Gastgeschenk und einem Gefährten namens Rodrigo de Jerez, der bereits einen Negerkönig in Guinea aufgesucht hatte und aufgrund dieser Erfahrung am besten geeignet schien.

Begleitet von zwei Männern aus Guanahaní, denen man als Belohnung die Heimkehr versprochen hatte, zogen sie flußaufwärts und kamen nach sechs Tagen wieder zurück. *Cuba nakan*, so berichteten sie, hatte sich, nach einem strapaziösen 100-Kilometer-Marsch, als Bezeichnung für Mittelkuba herausgestellt. Dort seien sie auf eine Siedlung von etwa fünfzig Hütten gestoßen, festlich empfangen worden, 500 Männer wollten sie auf dem Rückweg begleiten (hofften sie doch zu sehen, auf welche Art die Fremden wieder in den Himmel zurückstiegen). Der Häuptling besaß zwar einen prächtig verzierten Stuhl, erinnerte sonst aber in nichts an den erwarteten Großen Khan. *Nuzay?* Nein, auf *nuzay*, wie die Eingeborenen das Gold nannten, seien sie nicht gestoßen, nur auf die Verwunderung der Indianer, wie man auf diesen Stoff derart versessen sein konnte. Am unglücklichsten war Luís de Torres, weil er, zu einer Rede an die Dorfbewohner ansetzend, das Wort an den Dolmetscher aus Guanahaní habe abgeben müssen, denn es sei ihm bald klargeworden, daß die freundlichen Wilden nur so taten, als verstünden sie ihn.

„Ferner erzählten die beiden", notierte Columbus unter dem 6. November, „unterwegs ganzen Eingeborenenhaufen begegnet zu sein, die zu ihren Siedlungen zurückkehrten und einen Feuerbrand und bestimmte Kräuter in Händen hielten, um sich ihren Gebräuchen gemäß zu beräuchern."

Las Casas hat auf seinen Reisen etwas genauer beobachtet, was die Eingeborenen mit dem Kraut machten. „Sie zünden es auf der einen Seite an und saugen oder schlürfen am anderen Ende, indem sie den Rauch beim Atmen innerlich einziehen, was eine Art Trunkenheit hervorruft. Sie behaupten, daß sie dann keine Müdigkeit mehr empfänden. Diese *tabacos*, wie sie sie selbst nennen, sind auch schon bei den Spaniern in Brauch. Als man sie wegen solch häßlicher Gewohnheiten tadelte, antworteten sie, daß es ihnen nunmehr unmöglich sei, diese wieder abzulegen."

Rodrigo de Jerez gehörte zu jenen, die es nicht mehr lassen konnten, womit der erste Raucher der Welt geschichtsnotorisch wäre.

Als sehr wertvoll erwies sich ein anderer Import, von Columbus mit den Worten vorgestellt: „Die Erde bringt eine Menge *mames* hervor, eine Art Rüben, die nach Kastanien schmecken." Die Kartoffel war entdeckt, wenn auch nicht in Gestalt der uns bekannten Art, der die Botaniker den Namen *solanum tuberosum* gegeben haben, sondern als Süßkartoffel, *ipomoea batatas*.

Die Knolle der weiß oder rot blühenden Winde treibt aus den Seitenwurzeln bis zu drei Kilogramm wiegende, fleischige Knollen, die stärkereich und zuckerhaltig sind. Die Spanier schauten den Indios rasch ab, wie man sie zubereitete. Gekocht, gebraten oder geröstet schmeckten sie gleich gut; und wenn man sie zu Mehl zerrieb, ließ sich daraus ein bekömmliches Brot backen. Die Batate sollte bald in allen wärmeren Gebieten der Erde heimisch werden.

Solanum tuberosum, die „eigentliche" Kartoffel, wurde ein gutes Menschenalter später in Sorocota, einem Dorf in den Hochanden, entdeckt, vermutlich von dem Konquistador Jiménez de Quesada. Als sie nach Europa kam, verkannte man sie gründlich. Anfangs aß man das Obere, den Samen, statt des Unteren, der Knolle; später machte man sie in den botanischen Gärten zur Kuriosität und erhob sie zur Delikatesse, die sich nur die ganz Reichen leisten konnten. Die ganz Armen lernten sie erst kennen, als der Dreißigjährige Krieg die großen Hungersnöte brachte. Sie rettete viele Menschen vor dem Verhungern.

Die Süßkartoffel wurde in die Musterkollektion aufgenommen, die man den Hoheiten vorlegen wollte, um ihnen das nie geschaute Land sinnlich wahrnehmbar zu machen. Verschiedene Harze gehörten dazu wie Mastix und Gumbolimbo, Gummi, Baumwolle, Aloe, Maiskolben, eine Bohnensorte, Tabakblätter, eine Pfeffersorte, verschiedene Kräuter, Masken, Perlengürtel, ein geschnitzter, mit Muscheln ausgelegter Stuhl. An Haustieren herrschte großer Mangel. Es gab kein Pferd, keine Kuh, keine Ziege, kein Schwein, kein Schaf, kein Huhn, keine Ente. Es blieb lediglich der stumme Hund (gemeint war wohl der Tapir), den man sich zu großen Festen leistete und der gut geschmeckt haben muß, denn auch die Spanier erhoben ihn später zum Festbraten. Schlangen, Leguane, große Mäuse, Rebhühner, wilde Gänse, Baumenten, Baumratten, Papageien waren das einzige jagdbare Wild.

Noch etwas nahm Don Cristóbal in seine Kollektion auf: Menschen. Er spricht darüber in einer Weise, die ahnen läßt, welches Schicksal den Insulanern bevorstand. „Gestern legte ein Kanu bei mir an, in dem sich sechs junge Burschen befanden, von denen fünf an Bord des Schiffes kamen; ich ließ sie festhalten, um sie mit mir nach Spanien zu nehmen. Später schickte ich einige Leute zu einer Behausung, die auf der westlichen Seite des Flusses lag. Sie kehrten in Gesellschaft von sieben teils jungen, teils älteren Frauen und drei Knaben zurück, die ich ebenfalls mit nach Spanien mitnehmen möchte.“

Die Frauen hatte man mitgenommen, damit die Männer bereitwillig alles taten, was ihnen befohlen wurde; vor allem sollten sie nicht fliehen, wie dies bei in Guinea eingefangenen Männern immer wieder geschehen war.

In derselben Nacht erschien der Ehemann einer der Frauen und Vater der drei Knaben an Bord und bat, seine Familie begleiten zu dürfen.

Die Wilden hielten treu zu ihren Familien, teilten ihre Habe, kannten weder Arglist noch Habgier; waren nicht imstande, jemanden zu töten; sie liebten ihren Nächsten. Das alles waren eindeutig christliche Tugenden. Und Columbus bat seine erlauchtesten Fürsten, baldig fromme Männer zu schicken, um aus „diesen Leuten gute Christen zu machen . . .“.

AM 22. NOVEMBER verlor Columbus sein erstes Schiff. Bei einer Fahrt mit häufigem Kreuzen änderte die wegen ihrer besseren Segeleigenschaften an der Spitze laufende *Pinta* ihren Kurs immer mehr in Richtung Osten, blieb noch eine Zeitlang in Sichtweite, bis sie mit dem Einbruch der Dunkelheit am östlichen Horizont verschwand. Sie hatte weder auf Flaggensignale noch auf das am Heck der *Santa María* entzündete Feuer reagiert.

Die kleine Flotte war unterwegs nach einer Insel namens *Babeque*, wo man nach Meinung der eingeborenen Führer das Gold nur aus dem Sand heraussieben müßte. Immer dann, wenn die Spanier enttäuscht worden waren, kam irgendein Kazike, wies mit dem Arm in eine bestimmte Richtung und sprach dabei das Wort *nuzay* aus, und sofort segelten sie los.

Einige Stämme wollten die Fremden auf diese Art loswerden, andere dagegen ihnen nur einen Gefallen tun. Die auf der *Pinta* postierten indianischen Lotsen werden dem Kapitän Pinzón so oft von dem Babequegold erzählt haben, bis er, des ewigen Segelreffens und Wartens auf die lahme *Santa María* müde, sich entschloß, auf eigene Faust zu handeln. Denn so viel wußte er: Wer mit viel Gold zurückkam, dem würde der Hof alles verzeihen, selbst eine Befehlsverweigerung.

„Also fuhr er davon", notierte Columbus, „ohne auf mich zu warten und ohne daß er durch das schlechte Wetter dazu gezwungen gewesen wäre." Columbus machte sich keine Illusionen. Er war zornig, aber er beherrschte sich. Doch der Gegensatz zwischen dem alten Fahrensmann und dem Admiral der Flotte, während der Ozeanüberquerung zwangsläufig niedergehalten, war in aller Schärfe wieder aufgebrochen.

Am 24. Dezember 1492 umsegelten die *Santa María* und die *Niña* das Kap der Insel, die heute Haiti heißt und Columbus so paradiesisch schön und fruchtbar erschien, daß er ihr, von Heimweh erfüllt, den Namen *Hispaniola* – Klein-Spanien – gab. Er hockte in der dumpfen Enge der *toldilla*, damit beschäftigt, die Ernte des Tages einzubringen, was ihn diesmal an den Rand der Erschöpfung trieb – nach besonders harten Tagen auf See und Nächten vor Anker, die ohne Schlaf geblieben waren, weil immer neue Kanus anlegten, immer neue Scharen von Eingeborenen an

Bord kamen. Die Karte zeigte einen Teil der nordöstlichen Küste von Hispaniola mit der vorgelagerten Schildkröteninsel. Sie sollte zu den wenigen von seiner Hand erhaltenen Dokumenten gehören, wie auch vom Logbuch nur ein einziges Blatt in seiner Handschrift die Zeiten überdauert hat. Columbus maß die Tiefe der Flüsse an ihren Mündungen, suchte nach geeigneten Hafenplätzen, verzeichnete Strömungen, den Wind, ermittelte Süßwasserquellen; er registrierte, katalogisierte, sammelte, schrieb.

Auf dieser neuen Insel gab es größere, von Straßen durchzogene Siedlungen, eine höhere Entwicklung, Menschen mit hellerer Hautfarbe – so hell, daß man einige für Spanier hätte halten können –, mächtigere Kaziken, darunter einen „König" namens Guacanagari, der stets von 200 Männern begleitet wurde, und – das war das wichtigste! – größere Goldkörner. Die Indianer hatten Columbus auch sofort erzählt, woher es stammte: aus Cibao, einem Gebiet im Innern des Landes. Der dortige Kazike besitze so viel davon, daß er die Fahnen seiner Stämme nicht aus Baumwolle fertigen lasse, sondern aus purem Gold.

Cibao, das war Cipangu! Endlich hatten sie das Land erreicht, das Marco Polo in so goldenen Farben geschildert hatte.

Auf der Back standen Indianer, und ihre Stimmen erhoben sich zu angstvollem Diskant, wenn die *Santa María* sich der Küste beim Kreuzen um einen Schlag näherte. „*Caniba!*" schrien sie dann. „*Caniba!*" Sie glaubten zu wissen, daß sich hinter Hispaniola ein Festland erstreckte, das die gefürchteten Menschenfresser beherbergte. Womit sie der Sprache der Alten Welt ein neues Wort schenkten: Kannibale.

„. . . wiederhole ich noch einmal", hatte Columbus vor einigen Tagen notiert, „daß Caniba nichts anderes sein kann als jener Volksstamm des Großkhans, dessen Herrschaftsbereich fast bis hierher reichen muß. Er muß Schiffe haben, die bis hierher gelangen, um diese Inselbewohner einzufangen. Da die Gefangenen nicht mehr zurückkehren, bildete sich der Glaube, daß sie aufgefressen worden seien." Es wirkt wie eine Ironie, wenn er diese falsche Schlußfolgerung mit dem Satz bekräftigt: „Von Tag zu Tag verstehen wir und die Indianer uns besser . . ."

Gegen elf Uhr abends wird Columbus derart von Müdigkeit überwältigt, daß er sich, nach zwei Nächten ohne Schlaf, in die

96

Kajüte zurückzieht, wo er, wie an jedem Abend, zum Gebet niederkniet und das Ave-Maria spricht.

Auch der neue Wachhabende ist in den letzten Tagen wenig zur Ruhe gekommen. Juan de la Cosa, der Schiffseigner, den diesmal die Mitternachtswache getroffen hat, fragt sich nach einer Weile, was hier eigentlich zu bewachen ist. Der Wind ist völlig eingeschlafen, und vor ihm läuft die *Niña*. Cosa wechselt ein paar Worte mit dem Mann am Ruder über den zu steuernden Kurs und verschwindet gähnend unter Deck.

Doch auch der Rudermann sieht nicht ein, was es auf einer See zu steuern gibt, die still daliegt wie in einer Suppenschüssel. „He du!" ruft er und meint den Jungmatrosen, der die Sanduhr umzudrehen hat. „Nimm das da!" Während der Ältere die Jacke über den Kopf zieht und sich in eine Ecke rollt, übernimmt der Junge das Ruder. Er ist nun der einzige an Bord, der wach ist. Das Rauschen der Brandung, das langsam, aber stetig anschwillt, hätte ihn weiterhin wach halten sollen, denn wo Brandung ist, ist Gefahr, aber das Geräusch schläfert ihn ein.

Und das berühmteste Schiff der Seefahrtsgeschichte, die *Santa María*, erleidet in der Weihnacht des Jahres 1492 auf einem Korallenriff in der Caracolbucht einen nicht minder berühmt gewordenen Schiffbruch.

„Da begann der Schiffsjunge", notierte Columbus, „der das Aufstoßen des Ruders auf Grund spürte und das Krachen vernahm, ein lautes Geschrei zu erheben. Ich hörte sein Rufen und war sofort zur Stelle." Vielleicht wäre das Schiff noch zu retten gewesen, denn der Genuese ergriff sofort die richtigen Maßnahmen, indem er Juan de la Cosa befahl, einen Anker auszubringen, um mit Hilfe des Ankertaus und der Winde das Schiff langsam vom Riff herunterzuziehen.

Der Mann jedoch, der die Strandung zu verantworten hatte, weil er als wachhabender Offizier nicht auf seinem Posten geblieben war, ließ, kaum daß er im Beiboot saß, den Anker Anker sein und nahm Kurs auf die *Niña*. Ein Schiffseigner, der seinen kostbarsten Besitz aufgibt, obwohl keine unmittelbare Lebensgefahr besteht, ist eine sonderbare Erscheinung. War es Panik, Feigheit oder, wie der Admiral ihm vorwarf, Verrat, was ihn derart kopflos handeln ließ? Jedenfalls hatte er einen Befehl verweigert und in Seenot geratene Matrosen im Stich gelassen. Der jüngere Pinzón verweigerte ihm nicht ohne Grund die Erlaubnis, zu ihm an Bord zu kommen. Er schickte das Boot zur *Santa María* zurück und kam zusätzlich mit dem eigenen Boot dem Havaristen zu Hilfe.

Obwohl der Großmast gekappt und ein Teil der Ladung über Bord geworfen worden war, hatte die Karavelle sich auf die Seite gelegt. Bei jeder Welle schnitten die Korallen tiefer in den hölzernen Rumpf, die Planken barsten, und das Wasser schoß in den Laderaum. Das Schiff mußte aufgegeben werden. Mit den Schaluppen wurde die Besatzung zur *Niña* hinübergerudert.

Wenn es eine der Eigenschaften großer Männer ist, mit sicherem Instinkt die sowohl getreuesten als auch geeignetsten Männer an sich zu binden – für Columbus trifft diese Erfahrung nicht zu. Seine Menschenkenntnis war so gering entwickelt, daß er stets die falschen Leute erwählte und immer wieder bitter enttäuscht wurde. Der Fall de la Cosa gehört dazu.

Ihn nach dem Seerecht zu bestrafen, wagte Columbus wieder nicht. Cosa war Baske und der Kopf der baskischen Clique, die mit der der Kastilier ohnehin in ständigem Streit lag. Er hätte also in ein Wespennest gestochen. In seinem Logbuch beklagte er sich über die Gier seiner Fahrtgenossen, über ihre Versuche, die Eingeborenen zu betrügen und zu berauben. Für ihre Aufgabe taugten diese Männer nichts mehr, und das Gebot lautete, so rasch wie möglich Kurs in Richtung Heimat zu nehmen.

Doch wie war das zu bewerkstelligen mit nur noch einem Schiff und zusätzlich vierzig Mann? Columbus schickte ein Boot zu dem am Fluß gelegenen Dorf des Kaziken Guacanagari, mit dem sich ein besonders gutes Verhältnis angebahnt hatte, und bat um Hilfe.

„Als der *cacique* die traurige Botschaft vernahm . . ., entsandte er augenblicklich alle Einwohner seines Dorfes mit vielen großen Kanus zu unserem Schiff. Dort machten wir uns alle zusammen sogleich ans Werk, die Ladung zu löschen. In kurzer Zeit hatten wir vom Oberdeck alles ans Land geschafft, so wertvoll war die Mithilfe . . . Später gewährte uns der *cacique* persönlich samt seinen Brüdern jede Unterstützung, sowohl auf dem Schiffe wie zu Lande, damit alles wohl vonstatten gehe.

Von Zeit zu Zeit schickte er einige Verwandte zu mir, die mich weinend baten, es nicht allzu tragisch zu nehmen, er würde mir gerne alles, was er besäße, überlassen. Ich kann Euren Hoheiten hoch und heilig versichern, daß unser Besitz in ganz Kastilien nicht besser hätte versorgt werden können, von dem nicht eine einzige Nadel verlorenging. Denn er ließ all unser Hab und Gut in der Nähe seiner Behausung aufstapeln, wo es bleiben sollte, bis die Hütten freigemacht würden, wo alles untergebracht werden konnte."

Die Männer des Kaziken halfen den Spaniern nicht nur bei der Bergung der Ladung, sie waren auch zur Stelle, als es darum ging, das Wrack in seine Bestandteile zu zerlegen und an Land zu bringen. Aus den Planken, Stengen, Rahen, Masten bauten sie gemeinsam mit den Matrosen ein Blockhaus mit Turm, Palisaden und Graben, für jene Spanier zum Heim bestimmt, die man hierlassen mußte. Daß die Indianer hier ihre eigene Zwingburg errichteten, konnten sie nicht erahnen. Sie vertrauten den „Menschen vom Himmel".

Der Admiral begann langsam Gefallen zu finden an seinem Schiffbruch. Das Flaggschiff war so sanft aufgelaufen, daß man die Ladung hatte retten und ihr Holz wiederverwenden können; die Bucht besaß ein gutes Klima, die Indianer waren hilfsbereit, der Kazike treu ergeben, und Cipangu, wo das Gold wuchs, würde nicht schwer zu erreichen sein. Um die *Santa María*, diesen schwerfälligen, für Entdeckungsreisen wenig geeigneten Kasten, war es letztlich nicht schade.

Columbus wählte neununddreißig Mann aus, die in *La Navidad* – Weihnachten, so hieß das Fort bereits – zurückbleiben sollten. Überraschenderweise meldeten sich viele freiwillig; wer blieb, so kalkulierten die Matrosen, würde als erster an das Gold gelangen, bevor sich halb Kastilien auf die Insel Hispaniola stürzte. Zwar blieb Harana auch da, der gestrenge Profos, und Pedro Gutiérrez, der Kämmerer, und Escobedo, der Flottenschreiber, aber mit den Herren würde man sich schon arrangieren; von dem Dolmetscher Torres, dem Arzt und dem Notar nicht zu reden.

Der Kazike Guacanagari, ein schöner junger Mann mit guten Manieren, lud die Spanier zu einem Abschiedsessen ein, zu dem riesige Schüsseln mit Hummern, Krebsen, Fischen, Muscheln, Schnecken, Baumenten, mehrere Sorten Süßkartoffeln, Kassavebrot und Yamswurzeln aufgetragen wurden. Als Gastgeschenk bekam der Admiral eine Maske, deren Augen und Ohren mit Gold ausgelegt waren. Er revanchierte sich mit einer Halskette aus – diesmal echten – Achaten, legte sein weites scharlachrotes Prunkgewand ab und kleidete den König damit, opferte auch noch einen silbernen Fingerring, den der Kazike am Tag zuvor an der Hand des Steuermanns bewundert hatte.

Der Admiral bat die Festgesellschaft an den Strand, wo seine Leute eine von der *Santa María* gerettete Bombarde auf ihrem Lafettenwagen in Stellung gebracht hatten. Er gab das Kommando „Feuer!". Mit Donnergetöse flog die zehn Pfund schwere Steinkugel aus dem Geschütz und schlug krachend in das Schiffsgerippe ein. Da die Zuschauer den Einschlag nicht sahen, weil sie sich vor Schreck platt auf den Boden geworfen hatten, ließ er die Vorführung noch einmal wiederholen.

Guacanagari war klug genug, um zu begreifen, was diese Demonstration der Stärke beweisen wollte. Solche Leute zu Feinden zu haben war bestimmt nicht gut, besser geeignet schienen sie als Verbündete – gegen die Kariben zum Beispiel, die von den Kleinen Antillen herüberkommenden gefürchteten Menschenräuber.

„Daraufhin gab ich dem Indianerhäuptling zu verstehen", schrieb Columbus abends in sein Journal, „daß die Herrscher Kastiliens die Ausrottung der Kariben anordnen würden."

Am 4. Januar 1493 nahte die Abschiedsstunde. Der Admiral vertraute dem Kaziken *La Navidad* an, die erste Siedlung der Spanier auf dem Boden der Neuen Welt, und umarmte ihn bewegt. Der Boden brannte ihm unter den Füßen. Immer wieder hatte er in den letzten Tagen an Martín Alonso Pinzón denken müssen. Wo mochte er jetzt sein? Hatte er auf Babeque sein Schiff bis zu den Luken mit Gold gefüllt? War er bereits unterwegs nach Spanien, um dem Hof von der Reise als erster zu berichten und Columbus damit um die Früchte seines Erfolgs zu bringen? Fragen, die Columbus immer wieder quälten und ruhelos das Deck auf und ab wandern ließen.

Da ertönt plötzlich die vor Erregung immer heiserer werdende

Stimme des Mannes am Ausguck: „*La Pinta, La Pinta!* Backbord voraus *La Pinta!*" Sie war es tatsächlich. Vom Ostwind getrieben, rauschte sie heran. In einer geschützten Bucht erwartete Columbus ihren Kapitän an Bord der *Niña*, des neuen Flaggschiffs. Er war erleichtert, denn der Gedanke, die weite Heimreise allein bewältigen zu müssen, hatte ihm nicht behagt. Und er war wütend über den Mann, der seine Freunde verlassen und sie alle damit in Lebensgefahr gebracht hatte. Er, Martín Alonso, so berichtete der Kapitän, habe seinerzeit durch aufkommenden Nebel den Anschluß verloren, sei einige Tage auf der Suche nach den beiden anderen Schiffen umhergeirrt, um schließlich in einer Bucht vor Anker zu gehen, von wo aus er Eingeborene als Boten ausgesandt habe; und als er durch sie von der Strandung der *Santa María* erfahren habe, sei er sofort aufgebrochen, dem Admiral zu Hilfe zu kommen.

Columbus glaubte ihm kein Wort. Jähzornig, wie er war, fuhr er ihn an: „Ihr wißt, daß ich Euch auf der Stelle aufhängen kann!"

„Das wäre dann", gab Martín Alonso zurück, „der Dank dafür, daß ich Euch zu jenem Ruhm verholfen habe, den Ihr nun erwarten könnt."

Der Zorn des Admirals war berechtigt, denn was er geahnt hatte, sollte sich als zutreffend herausstellen. Der Mann aus Palos war flugs nach Babeque gesegelt (dem heutigen Great Inagua), der verheißenen Goldinsel, war dann wieder, mit leeren Händen, vor der Küste Hispaniolas, unweit des jetzigen Puerto Blanco, vor Anker gegangen, wo er von den Indios viele Goldstücke im Tauschweg einhandelte, um schließlich in das Landesinnere vorzudringen bis in das Gebiet des mächtigen Kaziken Caonabó, so daß er die später so berühmten Goldwäschen von Cibao berührt haben mußte. Pinzón bot seinem Admiral zwei Beutel mit Goldkörnern an, sozusagen als Schweigegeld, was dieser empört zurückwies. Genauso empört bestritt die Pinzón-Partei bei den *pleitos*, den Prozessen, diesen Sachverhalt.

Tatsache war, daß Martín Alonso sich der Desertion schuldig gemacht hatte und damit ein Fall gewesen wäre für Diego de Harana, den Profos der Flotte. Ihm oblag die Aufgabe, jeden Verstoß gegen das Seerecht zu ahnden.

Columbus machte keinen Gebrauch von seinem unbeschränkten Recht über Leben und Tod der ihm untergebenen Seeleute. Er handelte nicht, wie Fernando Magellan handeln wird, als er auf seiner Weltumsegelung einen meuternden Kapitän kurzerhand köpfen läßt. Man hat dem Genuesen Feigheit vorgeworfen, aber in Wahrheit verhielt er sich klug. Er hatte wohl bemerkt, mit welcher Begeisterung der „verlorene Sohn" Martín Alonso begrüßt worden war, wie ihn Bruder Martín Francisco hochleben ließ, wie Bruder Vincente Yáñez, der bisher so loyale Kapitän, sich plötzlich illoyal gebärdete. Die Situation war nicht zum Strafen geeignet. Also gab er sich als der großmütige Verzeihende.

Columbus ließ die Schiffe in einer geeigneten Bucht an Land ziehen und auf die Seite legen. In tagelanger Arbeit kratzten die Männer die dicke Schicht aus Algen und Muscheln ab, die sich am Rumpf gebildet hatte. Alle Fugen und Risse wurden neu verpicht und oberhalb der Wasserlinie ein Schutzanstrich aus Walfischöl und Fichtenharz aufgetragen.

In ihre Arbeit vertieft, schraken sie plötzlich auf. Aus dem Saum des Urwalds waren lautlos Eingeborene hervorgekommen: dunkle, unheimliche Gestalten, die Gesichter mit Holzasche geschwärzt, die langen Haare mit Papageienfedern zusammengebunden, in den Händen Pfeil und Bogen. Sie hatten nichts gemein mit den freundlichen Wilden, die man bisher gewohnt war, den Tainos. Auch in ihrer Sprache unterschieden sie sich. Luís de Torres, der sich mühte, mit ihnen ins Gespräch zu kommen, stellte fest, daß sie andere Worte benutzten als die anderen. Mit einem Wort: Er verstand wieder einmal nichts. Mittels der Zeichensprache boten die Spanier ihnen den üblichen Tand an. Doch der bewährte Kunstgriff, einen potentiellen Gegner durch den Ankauf seiner Waffen wehrlos zu machen, verfing diesmal nicht.

Die Eingeborenen – sie gehörten zum Stamm der *Ciguayos* – blieben feindselig, legten plötzlich ihre Pfeile ein, die Spanier griffen zu ihren Schwertern, und im Nu war ein Handgemenge im Gange, bei dem zwei Eingeborene verletzt wurden. Ihr Blut färbte den hellen Sand der Bucht, das erste Blut, mit dem die Europäer den Boden der Neuen Welt befleckten.

6. DIE HEIMKEHR

DREI Stunden vor dem Sonnenaufgang des 16. Januar 1493 verließ Columbus die *Bucht der Pfeile*, so hatte er sie getauft, mit Kurs auf die Insel *Carib* (wohl Puerto Rico), wo, nach Meinung der indianischen Führer, die gefürchteten Menschenfresser hausten. Von dort galt es, noch einen Abstecher zu machen zu einem anderen geheimnisumwitterten Eiland, *Martinino* genannt. Dort sollte es nur männerfeindliche Frauen geben. Die beiden Inseln hätte er gar zu gern noch angelaufen, um zwei Kannibalen und drei dieser Amazonen einzufangen. Da man bislang weder auf ein Wesen mit drei Augen oder einem langen Schwanz oder einem Hundekopf gestoßen war, wären sie zur Vorführung am Hofe gut geeignet gewesen.

Er mußte jedoch erfahren, daß seine Leute immer trübseliger wurden, als sie merkten, wie sehr die Schiffe von der heimatlichen Fahrtrichtung abwichen. „Da ferner die beiden Karavellen immer mehr Wasser machten und keine andere Hilfe als Gottes Beistand uns zu Gebote stand, hielt ich Kurs auf Spanien . . .“

Das war leichter gesagt als getan. Der Nordostpassat, der sie auf der Hinfahrt gleichsam über das Meer geschoben hatte als ein wahrer Freund, war jetzt zum Feind geworden. Ihm galt es zu entgehen, indem man so lange segelte, bis eine Zone westlicher Winde erreicht war. Daß es diese Zone gab, wußte er von seinen früheren Fahrten nach England und Island. Ständig kreuzend arbeiteten sie sich voran und wünschten sich manches Mal die alten dreieckigen Lateinersegel herbei, die jetzt geeigneter gewesen wären. Columbus ließ Nordost zu Ost steuern, den, wie er glaubte, geraden Kurs auf Spanien. Das war zwar ein Irrtum, der Irrtum erwies sich auch diesmal als kein Irrweg. Wind und Strömung ließen die Schiffe so weit abdriften, daß sie die Breite der Bermudainseln erreichten. Und der Tag kam, da plötzlich der Westwind zu wehen begann. Mit nachtwandlerischer Sicherheit war der Admiral an jenen Punkt gelangt, von dem aus er schnurstracks nach Europa segeln konnte, auf einer Route, die später alle Segelschiffe nahmen und heute noch die Jachten.

Kalt war es geworden, aber niemand trauerte dem milden Klima „Indiens" nach, denn der Wind hatte derart aufgefrischt, daß sie über die aufgewühlte See geradezu dahinschossen. 198 Seemeilen in 24 Stunden, zurückgelegt mit einer Geschwindigkeit von teilweise 12 Knoten – damit hätten sie manch moderne Rennjacht unserer Tage hinter sich gelassen.

Das Wetter begann umzuschlagen. Der Wind wurde zum Sturm, der mit zunehmender Gewalt aus Südwest blies und bald Stärke acht, nach heutiger Einteilung, erreicht hatte. Die Schiffe stampften und schlingerten. Alle Segel wurden, außer dem kleineren Sturmsegel, gerefft, die Rahe des Großmasts herabgefiert. Einige schwere Brecher hatten gleich zu Beginn alles von Deck gefegt, was nicht niet- und nagelfest war.

Das Inferno begann, als eine lange, schwere Dünung, hervorgerufen durch ein weiter östlich gelegenes Sturmzentrum, auf die vom Südwest hochgepeitschten Wellen traf, Wellen, die in diesem Teil des Atlantiks Höhen von zwanzig Metern erreichen können. Kreuzseen sind die Folge, die pyramidenförmig emporsteigen und auf ein Schiff mit der Gewalt eines Dampfhammers niederbrechen. Gleichzeitig baute sich eine Gewitterfront auf, die die Karavellen immer wieder in das zuckende Licht ihrer Blitze hüllte. Den Kapitänen blieb nichts anderes mehr übrig, als ihre Schiffe mit nackten Masten vor dem Wind herlaufen zu lassen. Die Männer standen an den Pumpen und kämpften bis zur totalen Erschöpfung gegen das überkommende Wasser.

Inzwischen hatte sich die *Pinta* zum zweitenmal entfernt. Unfreiwillig diesmal. Lange Zeit hatte man ihre Lichtsignale beantwortet, die sie mit dem Feuerbecken vom Heck aus gab; mit dem Anbruch des Tages verloren sie sich gegenseitig aus den Augen, und einer glaubte vom andern, daß er untergegangen sei.

Die Männer der *Niña* gaben ihr Leben in Gottes Hand. Doch das Gebet allein nutzte nichts, es galt, die Mutter Gottes zu einem Vertrag nach dem alten Grundsatz zu bewegen: *do ut des* – ich gebe, damit du gibst. Wäre Maria bereit, sie zu retten, würden sie zu einer ihr geweihten Kirche wallfahren und eine fünf Pfund schwere Kerze darbringen. Das Los sollte den Wallfahrer bestimmen. Columbus schüttete neununddreißig Kichererbsen – so viele Männer waren an Bord – in eine Mütze, ritzte in eine ein

Kreuz und ließ jeden Mann eine Erbse herausnehmen. Der Admiral griff als erster hinein, zog die mit dem Kreuz und war damit zu der Pilgerfahrt nach Santa María de Guadalupe in den Bergen von Estremadura verpflichtet.

Der Sturm aber tobte weiter, ja, er schien seine Wut noch zu steigern. Wieder wurden die Erbsen in die Mütze geschüttet. Diesmal bestimmte das Los den Seemann Pedro de Villa aus Cádiz, der, als er das Wallfahrtsziel erfuhr, ziemlich verschreckt gewesen sein muß, denn sein Admiral erklärte sich sofort zur Übernahme der Kosten bereit. Eine Reise vom äußersten Ende Spaniens zum norditalienischen Loreto hätte das bißchen Gold in seinem Beutel zusammenschmelzen lassen.

Auch dieses Gelübde schien Mutter Maria zu keiner Rettungsaktion bewegen zu können. Immer gefährlicher wurde die Lage des Schiffes, das in einen wahren Hexenkessel geraten war. Her mit den Erbsen zum drittenmal! Die Indianer waren inzwischen aus ihren Verstecken gekrochen, um die befremdliche Zeremonie zu beobachten. Wieder zog der Admiral die Kreuzerbse. Er mußte sich diesmal verpflichten, in der Kirche von Moguer, unweit der Stadt Palos, eine Messe lesen zu lassen.

Was aber, wenn kein Gelübde, kein Gebet half? Wenn der Allmächtige beschlossen hatte, das Schiff mit Mann und Maus zu verderben? Dann wären Columbus' Mühen vergebens gewesen. Doch warum hatte Gott ihn dann auserwählt, ihm geholfen, die Pläne zu verwirklichen, die Gefahren zu überstehen?

Columbus begann, mit seinem Herrgott zu rechten. Immer stärker beunruhigte ihn der Gedanke, daß, ginge das Schiff unter, niemand auf der Welt je erfahren würde, was Don Cristóbal Colón gedacht, geleistet, gelitten hatte.

Am Freitag, dem 15. Februar 1493, wurden die Gebete des Genuesen und seiner Männer endlich erhört. Der Sturm begann nachzulassen, der Himmel hellte sich auf, und der Matrose Ruy García vom Ausguck schrie: *„Tierra, tierra!"* Doch was für ein Land war das? Die Meinung ihres Admirals, man befinde sich vermutlich erst in den Gewässern der Azoren, hielten die Matrosen für Schwarzmalerei. Das Land verschwand wieder am Horizont, tauchte erneut auf, der noch immer starke Wind ließ das Schiff nicht näher herankommen. Columbus lag auf seiner

Pritsche, von starken Schmerzen in den Beinen immer wieder aus todesähnlichem Schlaf gerissen.

Erst nach zweiundsiebzigstündigem Kreuzen konnten sie in einer Bucht Anker werfen und das Beiboot an Land schicken. Es kam mit einer Nachricht zurück, die dem Admiral, wieder einmal, recht gab: Sie lagen vor Santa María. Die Azoreninsel, damals wie heute portugiesisch, ist in manchem noch so urtümlich, als sei die Zeit stehengeblieben. Die Ochsenkarren mit den Scheibenrädern haben sich seit dem Ausgang des 15. Jahrhunderts so wenig verändert wie die kleine Kapelle bei Lujar dos Anjos, vor der die Matrosen der *Niña* an ihrer Rettung verzweifeln sollten.

Gelübde nämlich müssen eingehalten werden. Wer es nicht tut, betrügt die Heiligen. Columbus schickte deshalb etwa zwanzig seiner Männer, kaum daß sie sich erholt hatten, zu jenem der Mutter Gottes geweihten Kirchlein. Nach ihrer Rückkehr wollte er mit der anderen Hälfte der Besatzung denselben Weg antreten. Der Tag verging, ebenso die Nacht, und Columbus atmete auf, als sich am Vormittag endlich ein Boot näherte. Es trug aber nicht seine Wallfahrer, sondern ein Dutzend bis an die Zähne bewaffnete Inselbewohner, deren Anführer, nachdem er längsseits gekommen war, den Genuesen aufforderte, sofort zu ihm an Bord zu kommen. João de Castanheira war lediglich Stellvertreter des Inselgouverneurs, trat aber auf, als sei er der Gouverneur in persona. Nachdem Columbus es abgelehnt hatte, seiner Einladung zu folgen, und der Portugiese seinerseits der Aufforderung des Columbus nicht nachkam (denn jeder mußte damit rechnen, vom anderen als Geisel festgehalten zu werden), begannen die Herren zu verhandeln. Die Verhandlung ist von Las Casas, von Fernando Colón und vom Admiral selbst in ziemlicher Übereinstimmung wiedergegeben worden, und so läßt sich der Dialog zuverlässig rekonstruieren. Er zeigt das Rencontre zweier südländischer Heißsporne mit all ihrem Imponiergehabe.

„Der König von Portugal hat mich ermächtigt, Euch in Haft zu nehmen, da Ihr sein Hoheitsgebiet verletztet!" schrie der Portugiese hinüber.

„Zuvörderst: Was geschah mit meinen Männern?" schrie Columbus zurück. „Habt Ihr ihnen Gewalt angetan, die nichts anderes wollten, als Unserer Lieben Frau zu danken, so verstießet Ihr gegen die Gesetze der Ritterlichkeit und beleidigt Euren eigenen Souverän, dessen Untertanen sich in Spanien so sicher fühlen dürfen wie in ihrem eigenen Land! Nehmt zur Kenntnis, daß Euch der Admiral des Weltmeeres und Vizekönig Indiens gegenübersteht, eines unermeßlich reichen Landes, das er gerade für seine Hoheiten in Besitz genommen."

„Und das habt Ihr mit dem Waschtrog da gemacht, den Ihr Schiff nennt? Ich befehle Euch noch einmal, von Bord zu gehen."

Columbus, jähzornig von Natur, schrie mit sich überschlagender Stimme zu dem Boot des Portugiesen hinüber: „Bei San Fernando, ich verpfände mein Wort, daß ich meine Karavelle nur verlassen würde, um Eure Insel mit Feuer und Schwert heimzusuchen und zweihundert Portugiesen als Gefangene nach Kastilien zu bringen."

„Portugal wird Euch zeigen, was eine Seemacht ist und . . ."

„. . . auf die Galeere bringen wird man Euch, denn Ihr seid schuld, wenn zwischen Spanien und Portugal nun ein Krieg ausbricht, der . . ."

In diesem Moment kappten die Portugiesen die Ankertaue der Karavelle. Sie trieb auf das Meer hinaus und geriet durch den plötzlich aufkommenden starken Wind in eine gefährliche Situation. Unter der halbierten Besatzung befanden sich nur drei erfahrene Matrosen und zwei Schiffsjungen, der große Rest bestand aus Landratten und Indianern. Immerhin gelang es, die leeren Weinfässer mit Seewasser zu füllen und dem Schiff mit diesem Ballast eine stabilere Lage zu geben. Am Tage darauf lagen sie wieder vor der Insel. Columbus war fest entschlossen, sich seine Männer wiederzuholen, und sei es mit Gewalt. Sein Flaggschiff, die *Santa María,* war verlorengegangen, die *Pinta* verschollen, übrig geblieben war die *Niña* mit knapp zwanzig Mann. So wollte er nicht nach Spanien zurückkehren.

Im Morgengrauen des anderen Tages kletterten die Vermißten erschöpft, aber erleichtert das Fallreep hinauf. Castanheira hatte sie, so ihr Bericht, allesamt gefangengesetzt, als sie barfuß, im Hemd und mit der Fünfpfundkerze zu der kleinen Kapelle pilgerten. Mit an Bord gekommen waren zwei Priester und ein

Notar, die sorgfältig die Beglaubigungsschreiben prüften. Sie verschwanden unter Beteuerung ihrer Hochachtung, nicht ohne durchblicken zu lassen, daß der König von Portugal in der Tat alle seine Untertanen aufgefordert habe, den Cristóvão Colom festsetzen zu lassen. Da das aber nur mit Blutvergießen zu bewerkstelligen gewesen wäre, hatte Castanheira schließlich der Mut verlassen.

Weiter ging die Reise und weiter der Kampf mit den Elementen. Es gab Männer, die ihre Hände nicht mehr falteten, sondern zu Fäusten ballten. Sturmböen brachen über die *Niña* herein und zerfetzten die Segel, als seien sie aus Papier, Rahen splitterten, die Kochhütte ging über Bord.

Um die Stunde der ersten Nachtwache, gegen sieben Uhr, als der volle Mond durchkam, hob sich am Horizont ein langer dunkler Schatten ab: Land! Doch niemand wünschte es sich in diesem Moment, denn der Sturm trieb das Schiff wie rasend auf die Küste zu. Sie setzten den letzten Fetzen, in der Hoffnung, auf Backbordbug das Schiff von den vorgelagerten Riffen fernzuhalten. Die *Niña*, das brave Schifflein, ging nicht unter. Wenn nicht der Himmelsmutter, dann verdankte sie das ihrem Kapitän, der sie einfühlsam zu führen wußte, und den andalusischen Schiffsbaumeistern, die sie so stark und fest gefügt hatten, daß sie selbst einem Orkan zu trotzen vermochte.

Der dunkle Schatten erwies sich im frühen Licht des anderen Morgens als die Serra de Sintra, eine bewaldete Bergkette, bei deren Anblick der Seemann weiß, daß der schützende Hafen von Lissabon nicht mehr weit ist. Sie passierten an Backbord Cascaes – ein Fischerdorf – und liefen in die gewaltige Mündung des Rio Tejo ein, „. . . da mir keine andere Wahl blieb", wie Columbus vielsagend schrieb.

Am 5. März sprengte ein Reiter in den Hof des am Fuße des Vale do Paraíso gelegenen Klosters und übergab dem Kammerherrn ein an den König adressiertes Schreiben. João II. hatte hier, um der in Lissabon wütenden Pest zu entgehen, seine Residenz aufgeschlagen. Er las mit immer stärker werdendem Interesse den Bericht eines seiner Beamten, wonach am Kai von Restelo eine Karavelle festgemacht habe, der es, obwohl schwer gezeichnet von der See, anscheinend gelungen war, die seit

Wochen tobenden Stürme, die Dutzenden von Schiffen zum Verhängnis geworden waren, abzuwettern und den rettenden Hafen zu erreichen. Ihr Kapitän habe sich den Offizieren des die Bucht bewachenden königlichen Kriegsschiffes als „Admiral des Weltmeeres" vorgestellt und sich geweigert, sein Schiff, der üblichen Kontrolle wegen, zu verlassen und sich auszuweisen. Sein Name laute Cristóbal Colón oder Christóvão Colom, auch Cristoforo Colombo, und er gebe an, von den Indischen Landen zurückgekehrt zu sein, die er für seine angeblichen Auftraggeber, die Katholischen Könige von Spanien, entdeckt habe.

Der kurz darauf eintreffende zweite Brief stammte von besagtem Admiral selbst, der mitteilte, daß er von den Herrschern Kastiliens die Weisung erhalten habe, die Häfen des Königs von Portugal anzulaufen, um sich dort gegen Bezahlung alles Nötige zu beschaffen. Zu diesem Behufe bitte er um die Erlaubnis, direkt bis vor Lissabon fahren zu dürfen, damit kein Übeltäter in Anbetracht der an Bord befindlichen Goldmengen auf den Gedanken verfallen könnte, einen Schurkenstreich zu unternehmen.

Christóvão Colom! Ihm hatte der König – vor sieben, acht Jahren war es wohl – eine Audienz gewährt. João II. entsann sich, wie unverschämt seine Forderungen gewesen waren, wie abstrus seine Pläne. Sollte dieser Phantast tatsächlich den *oceano tenebroso*, das Meer der Finsternis, bezwungen haben? Oder hatte er etwa wider alle Absprache mit den spanischen Vettern in seinem, Joãos, westafrikanischen Revier gewildert, dort also seine angeblichen Entdeckungen gemacht? Er entsandte einen hohen Adligen, der den Colom mit „allen Ehren, größter Achtung und hoher Gunst" in die Residenz einzuladen hatte, und gab gleichzeitig den Befehl, die *Niña* mit allem zu versorgen, was sie benötigte. Ungeduldig wartete er nun auf den Gast.

Columbus ritt durch die Straßen Lissabons, vorbei an den Stätten, die mit so vielen wehmütigen Erinnerungen verbunden waren. Was würden seine Hoheiten dazu sagen, daß er einem fremden Potentaten zuerst Nachricht gab von seiner wundersamen Reise?

Nun steht er vor dem König, zusammen mit dem lebenden Beweis seines Erfolgs: den Indianern aus den Indischen Landen, die keine Ähnlichkeit haben mit den Negern von den Küsten Westafrikas. Er läßt sich eine Schüssel mit Bohnen bringen und fordert die Männer auf, ihre Heimat mit Hilfe der Hülsenfrüchte geographisch zu veranschaulichen, wobei jede Bohne zu einer Insel werden solle. Unter gespannter Aufmerksamkeit der an den Tisch herantretenden Hofgesellschaft entstehen im Nu Kuba, Haiti, die Bahamas, die Kleinen Antillen. Columbus läßt das Spiel wiederholen, bis ihn der König ärgerlich unterbricht: „Mich dünkt, daß nach den Bestimmungen des Vertrages von Alcacovas, der zwischen Portugal und Kastilien geschlossen wurde, diese Entdeckungen und Eroberungen Mir zufallen müßten."

„Euer Hoheit erlauben mir die Versicherung, jenen Vertrag nicht zu kennen, weiß ich doch lediglich von dem Verbot meiner Hoheiten, nicht nach Guinea zu reisen, woran ich mich auf das strikteste gehalten."

König João versuchte, seinen Verdruß in der Brust zu verschließen. Doch bald übermannte es ihn angesichts der „Bohnenkarte", weil er zu begreifen begann, was er seinen größten Konkurrenten überlassen hatte. In leidenschaftlicher Erregung raufte er sich das Haar und rief: „O Mensch von elendem Verstande, was brachte dich dazu, ein Weltreich zu verschenken?!"

Die Höflinge fanden, daß man ihren König gedemütigt hatte. So etwas konnte nur mit Blut abgewaschen werden. Außerdem wäre in diesem Fall ein toter Entdecker der beste Entdecker, würde doch mit ihm, so argumentierten sie, wenn nicht seine Entdeckung, so doch die Kenntnis seiner weiteren Pläne verschwinden und das Interesse der kastilisch-leónischen Krone erlahmen.

„Doch der König war ein gottesfürchtiger Mann", schreibt de la Piña, „er verbat sich derartige Vorschläge und fuhr fort, seinem Gast mit Güte zu begegnen."

So skrupelvoll war Dom João nicht, schließlich hatte er seinerzeit den Schwager mit eigener Hand umgebracht. Im Gegensatz zu seinen *bravos* wußte er jedoch, daß Portugals Krone aus der Ermordung des in spanischen Diensten stehenden Genuesen eher Nachteile erwachsen würden. Sie verabschiedeten sich in scheinbar gutem Einvernehmen: der König ressentimentgeladen, sein Gast erleichtert. In welcher Gefahr er geschwebt hatte, schwante ihm, als ihm auf der Rückreise ein Schildknappe nachjagte und ihn im Namen des Königs fragte, ob er nicht lieber über Land nach Spanien reisen wolle. Columbus witterte eine Falle und lehnte ab. Er hatte beobachtet, wie der Knappe einem Mann seiner Begleitung einen Beutel mit Gold zusteckte.

Am Morgen des 13. März legte die *Niña* vom Kai in Restelo ab und gewann langsam die hohe See. Die Karavelle, ausgestattet mit neuen Segeln, neuem Takelwerk, jagte vor dem Wind dahin und stand bereits nach 24 Stunden vor Kap São Vicente, dem heiligen Vorgebirge. Columbus ließ eine Salve aus den Bombarden abfeuern. Sie segelten an Faro vorbei, erreichten im Morgengrauen des 15. März 1493 die Höhe von Sagres und liefen um zwölf Uhr mittags mit der Flut in den Hafen von Palos ein, von dem aus sie vor fast zweiunddreißig Wochen die Reise angetreten hatten.

Bevor das Schiff festmachte, schloß Columbus das Logbuch ab. Der letzte Absatz lautet: „Der glückliche Ausgang meiner Seefahrt ist der wunderbarste göttliche Beweis dessen, was ich behauptet hatte. Überdies beweisen das auch die zahlreichen Wunder, die ER während meiner ganzen Fahrt bewirkt und die ich hier verzeichnet habe." Der Herr im Himmel wurde auch bemüht, als es darum ging, es den alten Widersachern heimzuzahlen. „Vor allem erhellt die Gnade Gottes aus der Tatsache, daß ich mich trotz der Gegnerschaft so vieler bedeutender Persönlichkeiten, die sich mir am Hofe meiner Gebieter alle entgegengestellt und meinen Plan als ein schwindelhaftes und undurchführbares Unternehmen angesehen hatten, so lange am Hofe Eurer Hoheiten habe behaupten und durchsetzen können. Ich will zu Gott hoffen, daß die von mir vollbrachte Tat zur höchsten Ehre der Christenheit gereichen werde und keine ihresgleichen finden möge. DEO GRATIAS."

Die Männer gehen von Bord, werfen sich auf die Knie, küssen die Erde der Heimat. Neben ihnen knien ihre Frauen, Kinder, Brüder, Schwestern, Eltern, die Hände zum Dank an den Herrn gefaltet; sie, die so oft gebetet haben in den vergangenen zweihundertzweiundzwanzig Tagen und Nächten um eine glückliche Heimkehr derer, die sie lieben. Viele aber stehen abseits, und ihre Tränen sind keine Tränen der Freude. Wo sind die anderen?

Diese Männer seien, bedeutet man ihnen, drüben geblieben,

wohnten in einer neugegründeten Stadt, beschäftigt mit dem Sammeln von Gold; gesund und wohlauf habe man sie verlassen, verwöhnt von einem paradiesischen Klima, behütet von freundlichen Eingeborenen, bald würde man sie zurückholen, als reiche, wohlhabende Bürger. Die *Santa María,* ja, die sei leider verlorengegangen; man wird ein neues Schiff bauen, auf den Werften von Moguer oder Palos.

Die Beschwichtigungsreden der Offiziere unterbricht der Schrei: „Was geschah mit der *Pinta?* Ging auch sie verloren?"

Was niemand in diesem Moment wußte: Martín Alonso hatte, nachdem er den Sichtkontakt zur *Niña* verloren hatte, nordöstlichen Kurs gesteuert in der Annahme, er sei auf der Höhe von Madeira, wodurch er so weit von seinem angepeilten Ziel, Palos, abkam, daß er sich plötzlich vor einem ihm unbekannten Fischerdorf wiederfand, das sich nach Befragen der Bewohner als Bayona herausstellte. Bayona lag knapp nördlich der portugiesischen Grenze und damit gut 450 Seemeilen von Palos entfernt. Pinzón hatte es eilig, in den heimatlichen Hafen zu gelangen, aber nicht so eilig, um nicht vorher eine Reiterstafette in Richtung Barcelona, dem derzeitigen Sitz des Hofes, abgehen zu lassen. Er bat die Hoheiten, vor ihnen persönlich von seinen Entdeckungen berichten zu dürfen. Er wollte also seinem Admiral „die Schau stehlen". Die Hoheiten antworteten so rasch wie eindeutig: Gern würden sie ihren verdienten Kapitän zur Berichterstattung empfangen, doch nur im Gefolge des Mannes, den sie höchstselbst auf die Reise geschickt und der ihr ganzes Vertrauen genieße.

Pinzón, tief gekränkt, versuchte nun, wenigstens eher in Palos zu sein als Columbus. Vom Wind begünstigt, jagte er in einem wahren Parforceritt über das Meer, doch als er in den Río Tinto einlief und sich Palos zu nähern begann, schrie der Mann am Mast: *„La Niña!"* Noch bevor sein Schiff festmachte, ließ er sich mit dem Beiboot ans Ufer rudern, ging in sein Haus, legte sich ins Bett, und wenige Tage später trug man ihn mit den Füßen voran hinaus. Kränkungen hatten ihn krank gemacht; zusammen mit der Enttäuschung und der Verbitterung war es eine Krankheit zum Tode geworden.

Von seinem Schiff aus war Amerika zum erstenmal gesichtet worden, er hatte als erster Haiti entdeckt, als erster wieder

Europa erreicht. Dreimal war Martín Alonso Pinzón Sieger geblieben und doch am Ende der Verlierer. Obwohl sein Temperament und sein Haß ihn nicht selten hatten schuldig werden lassen, gilt ihm unsere Anteilnahme. Seine Mitbürger, die heute noch der Meinung sind, daß ohne Martín Alonso Columbus Amerika nie entdeckt hätte, haben ihm auf der Hauptstraße von Palos ein Denkmal errichtet, und auf sein Grab in der Klosterkapelle von La Rábida schrieben sie: *Codescubridor de América* – Mitentdecker Amerikas.

Im April des Jahres 1493 bewegte sich ein Zug durch das südliche Spanien, wie ihn das Land bis dahin nicht erlebt hatte. An der Spitze marschierten mit Musketen bewaffnete Schiffsoffiziere, dahinter folgte auf einem weißen Roß ein scharlachrot gekleideter, silberhaariger Grande in wehendem, sternenbesticktem Mantel; ihm folgten sechs nur mit einem Lendenschurz bekleidete, athletische Männer von goldfarbener Haut, deren Köpfe bunte Vogelfedern schmückten, deren Gürtel, Ohrringe, Armbänder und Halsketten aus purem Gold waren; einige von ihnen trugen mit sonderbaren Schnitzereien bedeckte Speere und Ruder, andere große Körbe mit seltsamen Früchten, ausgestopften Tieren, Muscheln, leuchtenden Steinen, Gewürzen; auf den Schultern anderer saßen Papageien, die knallbunt waren und gellend kreischten. Was sich in den Truhen befand, die die vierzehn Maultiere schleppten, darüber rätselten die Menschen, die sich zu Tausenden an den Landstraßen eingefunden hatten. Das also war jener Don Cristóbal, der, wie man sich erzählte, das Paradies entdeckt hatte.

Näherte sich der Zug einer Stadt, ritten ihm die Vornehmsten entgegen und geleiteten ihn durch die Tore zu festlichem Empfang. So auch in Córdoba – inzwischen zur Heimat von Columbus geworden –, wo er ein leidenschaftliches Wiedersehen feierte mit Beatriz Enríquez de Harana, der Geliebten. Ihr gemeinsamer, jetzt vier Jahre alter Sohn Fernando, der spätere Biograph des Cristóbal Colón, umarmte den Vater. Auch Diego, Sohn aus erster Ehe, hatte sich eingefunden; die Franziskaner hatten ihm in La Rábida, dem Kloster in Palos, eine sorgfältige Erziehung angedeihen lassen. Sogleich nach seiner Ankunft hatte Columbus die Patres Pérez und Marchena aufgesucht.

113

Hatte die Reise über das Land einem einzigen Fest geglichen, vor den Mauern Barcelonas wurde sie zum Triumph. Columbus wurde auf eine nie dagewesene Art geehrt; die Könige erhoben sich von ihren Thronen im Alcázar, verbaten sich huldvoll den Kniefall und forderten ihn auf, neben ihnen Platz zu nehmen und zu berichten.

Und Columbus berichtete. Er veranschaulichte jeden Satz, indem er zum gegebenen Zeitpunkt seine Indianer auftreten und die in seinem Bericht erwähnten Dinge vorweisen ließ: das Mastixharz, die Batatas, die Kokosnuß, die Jamswurzel, die Aloe, den Maniok, den Flaschenkürbis, den Pisang, die Baumwolle, das indianische Korn, die Wolfsbohne, das Palmöl; dann den Leguan, den stummen Hund, die großen, bei den Indios als Leckerbissen geltenden Mäuse, die Kaninchen, schließlich flatterten die Papageien herein, von denen einige bereits „Gelobt sei Jesus Christus" sprechen konnten und „Salve, regina, mater"; aber auch spanische Flüche beherrschten sie, die manches Edelfräulein einer Ohnmacht nahe brachten. Der Höhepunkt der Inszenierung bestand aus der Präsentation der Goldkörner, des Goldstaubs, des golddurchzogenen Gesteins, des Goldschmucks. Die Indianer kamen so oft damit herein, daß die Versammlung den Eindruck einer unermeßlichen Fülle gewann.

Da saßen sie alle, die Granden, die ihn verachtet, die Kirchenherren, die ihn verleumdet, die Gelehrten, die den *idiota*, der auf keiner Universität gewesen war, abgelehnt hatten. Jetzt umringten sie ihn, versicherten, daß sie nie an seinem Erfolg gezweifelt hätten, wiesen ihm ihre Söhne vor als zukünftige Begleiter, boten ihm Geld zu günstigem Zins. Diese Stunde ließ Columbus um Jahre jünger werden. Denn nichts schmeckt süßer als die Rache. Er war nicht klug genug, dieses Gefühl zu unterdrücken; zu hochfahrend, um es sie nicht spüren zu lassen, wie kleingläubig sie gewesen waren. So barg der Höhepunkt seines Lebens den Keim zu seinem Sturz.

Mitte Juni 1493 hielt der Gesandte Spaniens am Vatikan, Bernardino de Carvajal, eine Predigt, die weniger für die Gläubigen in St. Peter als für ihr Oberhaupt bestimmt war. Immer wieder flocht er einen Passus ein mit der Mahnung, niemand, und

Im Triumph zog
Columbus 1493 in
Barcelona ein.

Huldvoll empfingen
die beiden Majestäten
Columbus am Hofe.

schon gar nicht der Papst, möge vergessen, was die Katholischen Könige Ferdinand und Isabella alles für die Kirche getan hätten: die Verfolgung der Ketzer, die Eroberung Granadas, die Vertreibung der Mauren und die Entdeckung bisher unbekannter Inseln, welche die kostbarsten Länder der ganzen Welt seien, bewohnt von Menschen, die nichts sehnlicher wünschten, als zum christlichen Glauben bekehrt zu werden.

Diese Predigt ließ er drucken – Gutenbergs Erfindung machte es möglich –, je ein Exemplar an alle einflußreichen Männer Roms schicken und an den Papst gleich drei. Es war das Rom Alexanders VI. (Borgia), jenes Papstes, den die Geschichtsschreibung den Nero des christlichen Roms nennt. Durch Bestechung auf den Apostolischen Stuhl gekommen, blieb er während seines ganzen Pontifikats korrupt. Er war lasterhaft, grausam, bis ins Mark verdorben. Gegen Schmiergelder ernannte er Kardinäle, um sie anschließend zu vergiften und zu beerben, rottete ganze Adelsfamilien aus und rühmte sich bisweilen, daß er keine Religion habe.

In den Borgiagemächern des Apostolischen Palasts schaut er uns aus einem Gemälde von Pinturicchio an: die Wangen dicklich, das Kinn wulstig, die Nase groß und fleischig, die Augen stechend. So mag er auch dem Sonderbotschafter der spanischen Könige erschienen sein, der ihn im Vatikan aufsuchte, um ihn des Gehorsams seiner Herren zu versichern und – das war sein eigentlicher Auftrag – der spanischen Krone den Besitz der neu entdeckten Länder bestätigen zu lassen. Ein ungeheuerliches Ansinnen, so scheint es auf den ersten Blick. Konnte er als das Oberhaupt der Kirche einem weltlichen Staat etwas zu ewigem Besitz übergeben, was ihm gar nicht gehörte? Konnte er vom Heiligen Stuhl aus die halbe Welt verschenken? Nach damaligem, zur Gewohnheit gewordenem abendländischem Rechtsbrauch konnte er das durchaus, vorausgesetzt, die neu entdeckten Länder waren von Heidenvölkern bewohnt und hatten vorher nicht zum Besitz eines christlichen Fürsten gehört. Auf diese Weise war den Portugiesen 1481 die westafrikanische Küste zugeteilt worden.

Der Wunsch der Spanier mußte Alexander VI. Befehl sein, verdankte er doch ihren Königen nicht zuletzt die Tiara, ganz abgesehen von den Erzbischofssitzen in Pamplona und Valencia für Sohn Cesare und dem Herzogtum Gandía für Sohn Pedro-Louis. Er erließ eine Bulle, die zu den wichtigen Dokumenten der Weltgeschichte zählt.

„. . . habt den geliebten Sohn Christoph Columbus, einen ehrenhaften, besonders vertrauenswürdigen und einer so großen Aufgabe gewachsenen Mann, mit Schiffen und besonders dazu geschulten Männern nicht ohne größte Mühe, Gefahren und Kosten dazu bestimmt, unbekannte Länder eifrig zu suchen. Diese befuhren schließlich mit göttlicher Hilfe die Meere . . . und fanden gewisse sehr entfernt liegende Inseln und auch Festländer, die durch andere bis jetzt noch nicht gefunden worden waren . . . Nachdem Ihr alles sorgfältig geprüft hattet, so wie es Katholischen Königen geziemt, habt Ihr daher vorgeschlagen, die genannten Festländer und Inseln und deren Bewohner mit Gottes Gnade Euch zu unterwerfen und zum katholischen Glauben zu bekehren . . . Damit Ihr eine so große Aufgabe frei und kühn auf Euch nehmt, schenken und überantworten Wir auf ewig Euch und Euren Erben, den Königen von Kastilien und León, durch die Uns im heiligen Petrus zugestandene Würde des allmächtigen Gottes und durch die Statthalterschaft Christi, die Wir auf Erden ausüben, mit gegenwärtigem Schreiben alle entdeckten und noch zu entdeckenden Inseln und Festländer . . . westlich einer Linie vom Nordpol zum Südpol. Diese Linie soll von den Azoren und dem Kap Verde in einer Entfernung von 100 spanischen Meilen (etwa 550 Kilometer) nach Norden und Süden verlaufen, so daß alles Entdeckte und noch zu Entdeckende jenseits der genannten Linie dazugehören – soweit sie nicht durch einen anderen König bereits in Besitz genommen worden sind."

Alexander hatte mit der *raya*, wie der kühne Federstrich von Nord nach Süd genannt wurde, den Erdball wie einen Apfel geteilt und die eine Hälfte den Spaniern, die andere den Portugiesen gereicht. Kühn war die *raya* schon deshalb, weil aus den noch viel zu ungenauen Karten nicht ersichtlich war, wie weit die Meridiane wirklich voneinander entfernt lagen. Immerhin gab es jemanden, den man hätte um Rat fragen können, weil er als einziger jene Breiten erfahren hatte: Columbus. Beim Passieren einer etwa

100 Meilen westlich der Azoren gelegenen Linie war ihm aufgefallen, wie stark sich der Himmel, das Meer, die Sterne, die Temperatur veränderten.

Die Bulle war kaum veröffentlicht, als der erste Protest in Rom eintraf. João II. fühlte sich übervorteilt, und er fühlte sich getroffen, als eine neue Bulle den Spaniern weitere Konzessionen gewährte. Offensichtlich sei es noch wichtiger, den Papst zum Landsmann zu haben, so äußerte er, als zum Vetter. Mit diesem Spanier auf dem Heiligen Stuhl zu streiten schien ihm wenig sinnvoll. Statt nach Rom wandte er sich nun nach Barcelona, und Ferdinand und Isabella waren bald zu Verhandlungen bereit. Vor João hatten sie Respekt: Er war verschlagen, kühn, gewalttätig, und vor allem besaß er eine größere, besser ausgerüstete Kriegsflotte, die den gerade gefundenen Weg nach Indien zu sperren in der Lage war.

So trafen sich die beiderseitigen Unterhändler 1494 in Tordesillas, einem am Fluß Duero gelegenen Städtchen. Die Portugiesen forderten, die vom Papst gezogenen Demarkationslinien weiter nach Westen zu verlegen, und zwar um genau 270 Meilen. Eine närrisch anmutende Forderung, denn 100 Meilen westlich der Azoren war Wasser, und 370 Meilen westlich, am 46. Längengrad, war immer noch Wasser. Was wollten die Portugiesen mit so viel Meerwasser? Oder glaubten sie, daß sich diesseits dieser Linie noch Inseln oder gar Festländer befanden? König João glaubte es nicht nur, er wußte es. Einer seiner Kapitäne, Duarte Pacheco mit Namen, war kurz zuvor auf die Küste Südamerikas gestoßen, eine Entdeckung, die so lange als Staatsgeheimnis behandelt wurde, bis der Vertrag von Tordesillas unterschrieben war. Diese Darlegung gilt zwar bisher nur als Hypothese, aber sie hat, im Lichte der *raya*, einiges für sich. Jedenfalls kam Lissabon auf diese Weise zu Brasilien und Brasilien zur portugiesischen Sprache.

Die Kunde von den Entdeckungen des Columbus verbreitete sich mit der damals üblichen Langsamkeit in Europa. Am spätesten erreichte sie die Länder nördlich der Alpen. Die mit ihren Handelshäusern korrespondierenden Kaufleute sowie Diplomaten, Gelehrte, Prälaten waren die ersten, die die Nachricht in ihren Briefen weitergaben. Nicht selten wurde dabei lediglich der König von Spanien als der Auftraggeber erwähnt, und wenn der Name Columbus fiel, schrieb man ihn falsch.

Die Briefe des Signor Pietro Martire, des späteren von den Majestäten beauftragten Chronisten der Neuen Welt, gehören zu den interessantesten Zeugnissen über die Reise des Columbus. Pietro saß schließlich an der Quelle, in Barcelona. Er lernte Columbus kennen, traf sich mit ihm und erhielt so aus erster Hand seine Informationen.

Trotzdem ließ er sich kein X für ein U vormachen, besonders, was die Erzählung über die Lage des irdischen Paradieses, die Weiberinsel und die geschwänzten Menschen betraf; auch war er der erste, der zu zweifeln begann, ob Columbus tatsächlich die indischen Lande erreicht hatte. Den Namen Indien benutzte er dennoch und nannte, wie Columbus, die Bewohner *indios*, Indianer. Trotz seiner Zweifel war er sich über die Bedeutung der Unternehmung klar und teilte die Ansicht des spanischen zeitgenössischen Chronisten López de Gómara, der die Entdeckung Amerikas als das größte Ereignis seit Erschaffung der Welt, „ausgenommen die Fleischwerdung und den Opfertod unseres Erlösers", bezeichnete. Pietro Martire war auch der erste, der von den neu entdeckten Ländern als von einer Neuen Welt sprach, ein Begriff, der sich bis in unser Jahrhundert erhalten hat.

Zu den Gaben, die die Neue Welt der Alten Welt darbrachte, gehörten nicht nur der Tabak, der Mais, die Kartoffel, die Ananas, sondern etwas, das man als ein Geschenk der alle Untaten rächenden Göttin Nemesis bezeichnen kann. Wann die Europäer es zum erstenmal wahrnahmen, ist strittig. *Morbus gallicus* wurde die Krankheit aus der Neuen Welt bald darauf genannt. Weil es französische Soldaten waren, die zum erstenmal in größerem Ausmaß davon angesteckt wurden. In einem der zahlreichen Feldzüge, die so sinnlos waren wie ein Kropf, waren sie 1494 vor Neapel gezogen, um die Stadt für ihren König, den achten Karl, zu erobern. Unter ihnen waren auch spanische Söldner, die zu Schiff von Barcelona gekommen waren. Die von der französischen Krankheit befallenen Krieger wurden von ihr schwer gezeichnet.

Ein Augenzeuge des neapolitanischen Feldzugs berichtet über die sich rasch ausbreitende Krankheit: „Die einen waren vom

119

Scheitel bis zu den Knien mit einer zusammenhängenden, fürchterlichen schwarzen Art von Krätze überzogen und dadurch so abschreckend, daß sie, von allen Kameraden verlassen, sich in der Einsamkeit den Tod wünschten; die anderen hatten diese Krätze an einzelnen Stellen, aber härter als Baumrinde, am Vorder- und Hinterkopf, an der Stirne, am Halse, der Brust, dem Gesäß und zerrissen sie sich vor heftigen Schmerzen mit den Nägeln. Die übrigen starrten an allen Körperstellen von einer solchen Menge von Blasen und Pusteln, daß deren Zahl nicht zu bestimmen war; sehr vielen aber wuchsen an Gesicht, an den Ohren und an der Nase dicke und warzige Geschwülste wie Zapfen oder kleine Hörner in die Höhe, die mit pestilenzialischem Gestank aufbrachen . . ."

Die Krankheit, nun auch Lustseuche genannt – denn rasch wurde offenbar, wie man sie sich holte, nämlich durch den Beischlaf und am raschesten in den Bordellen –, begann relativ harmlos. Auf den äußeren Genitalien zeigte sich ein Geschwür, das nicht schmerzte und nach einigen Wochen unter Hinterlassung einer Narbe wieder abheilte. Bald aber bildeten sich Ausschlag, wunde Stellen im Mund, Pusteln, Knötchen, eiternde, sich tief einfressende Geschwüre an den Beinen und an anderen Körperteilen. In der dritten Phase wuchsen die Knötchen zu hühnereigroßen Beulen heran, weichten Schleimhäute, Bindegewebe, Knorpel und Knochen auf, brachen Löcher durch die Schädeldecke und begannen ihr Zerstörungswerk an Lunge, Leber, Herz, Nervensystem.

Der Rückzug der Soldaten Karls VIII. nach Norden, bei dem sich das Heer in einzelne marodierende Haufen auflöste, verbreitete die Seuche in Italien, in der Schweiz, in Deutschland und Frankreich. Sie verschonte weder Mann noch Frau, weder Knaben noch Mädchen. Es kam zu bösen Verdächtigungen Unschuldiger, denn noch wußte niemand, daß dem Erreger die kleinste Verletzung von Schleimhaut oder Haut genügte; daß er sich in den Betten einnistete, im Abort, in Trinkgefäßen, in der Tabakspfeife, in den Schröpfköpfen der Bader; daß ein Kuß auf den Mund genügen konnte, um ihn zu übertragen.

Die unheimliche, schleichende Krankheit rief Erinnerungen wach an die Pest, und wie bei der Pest erging man sich in abenteuerlichen Vermutungen, woher die neue Heimsuchung gekommen sein konnte. Für die Pfarrer gab es nichts zu zweifeln an der Ursache der Geschlechtspest. Der Herr hatte sie den Menschen gesandt, auf daß sie gestraft und gezüchtigt würden für ihr sündhaftes Leben. Im August 1495 sah sich Kaiser Maximilian genötigt, ein Edikt zu erlassen, in dem er seine Untertanen aufforderte, ein gottgefälliges Leben zu führen, was das beste Gegenmittel sei gegen eine Krankheit, „die man gemeinhin das Franzosenübel nennt".

Der Name „Franzosenübel" ärgerte die Menschen in Frankreich, *„mal de Naples"* erschien ihnen treffender, noch besser klang *„spanische Krankheit"*. Als sie die Grenzen Polens überschritt, wurde sie zur *„teutschen Malesse"*, bei den Orientalen wurde sie kurzerhand zum *„portugiesischen Übel"*.

Von dem Veroneser Arzt Girolamo Fracastoro bekam die Krankheit ihren eigenen Namen. Der Arzt berichtete in einem 1530 erschienenen Lehrgedicht *(Syphilides, sive morbi gallici libri tres)* von dem Hirten Syphilus, der einer schrecklichen Dürre wegen sich gegen den Sonnengott empörte. Der Gott, erbost über die Anmaßung des Erdenwurms, strafte ihn mit einer Krankheit, die durch des Hirten lockeren Lebenswandel sich seuchenartig über das ganze Land verbreitete. Der Teufel der Lustseuche wurde nun „Syphilis" genannt. Es sollte über vier Jahrhunderte dauern, bis ein Heilmittel in die Apotheken kam, das Millionen von Menschen in der ganzen Welt vor einem bis zur Gehirnerweichung führenden Siechtum rettete: Salvarsan. Die nahezu endgültige Befreiung mit einer Vielzahl von Frühheilungen erfolgte dann später durch Penicillin.

Daß die Spur über Spanien zu den westindischen Inseln führte, darüber waren sich führende Mediziner im Zeitalter der Entdeckungen einig. Es gab allerdings auch Ärzte, die sich fragten, ob die Seuche nicht bereits in Europa vorhanden gewesen sei, und zwar in Form der Frambösie, einer Krankheit, die der Syphilis ähnlich ist. Klinisch war diese Ansicht jedoch nicht haltbar. Heute glaubt die Mehrzahl der Medizinhistoriker, daß sie mit den Matrosen des Columbus nach Europa eingeschleppt worden ist. Knochenfunde haben eindeutig bewiesen, daß sie in Mittelamerika bereits vor 1492 endemisch war.

Wenn besagte Matrosen in Westindien nichts von jenen grausigen Malen gemerkt haben, mit denen die Seuche die Kranken zeichnete, dann lag das daran, daß die Eingeborenen im Lauf der Jahrhunderte genug Abwehrstoffe entwickelt hatten, um sie in Schach halten zu können. So trat sie nur in ihrer leichtesten Form auf. In den Körpern der Europäer dagegen traf der Erreger auf keinerlei Widerstand und konnte sich in seiner ganzen Fürchterlichkeit auswirken. Umgekehrt waren die Indianer physisch nicht vorbereitet, als sie mit den Erregern von Masern, Mumps, Grippe in Kontakt kamen und zu Hunderttausenden hinweggerafft wurden.

7. DIE ZWEITE REISE

ANFANG Juni 1493 zog Columbus mit einem kleinen Gefolge über das wilde Vorland der Sierra de Estremadura. Auf den bequemen Weg zu Schiff von Barcelona nach Cádiz verzichtend, wo die neue Flotte auf ihn wartete, hatte er den Weg über Saragossa und Madrid gewählt, quer durch das gewaltige Land, auf Straßen, die keine waren, auf Wegen, die nur das Maultier bezwang, unter sengender Sonne. Der Tag kam endlich, da sich aus dem Frühnebel der Hochebene zinnengekrönte Türme erhoben, eine mächtige Kirche: Guadalupe, das Kloster am Wolfsfluß, war erreicht. Dorthin zu wallfahren, um Maria zu danken für die Errettung aus Seenot, hatte Columbus gelobt. Das Gelübde einzuhalten geboten ihm sein Glaube und seine Vernunft, denn der Zorn der Heiligen konnte furchtbar sein. Von allen Marienwallfahrtsstätten war Guadalupe die bedeutendste. Hier beteten die Kapitäne, auf daß der Ozean sie nicht verschlinge; die Ritter, daß sie beim Töten der Heiden nicht getötet würden; die Fürsten, daß man ihnen die bösen Taten verzeihe und die guten für den Jüngsten Tag anrechne. Um ihren Gebeten Nachdruck zu verleihen, spendeten sie dem Kloster Silbernes und Goldenes und hefteten Juwelen an das Gewand der Madonna. Die Hieronymitenbrüder, die das Heiligtum hüteten, waren dadurch reich geworden.

Vor der schwärzlichbraunen Marienstatue kniete Columbus in

Stunden währendem Gebet; auf den Stufen hinter ihm murmelten, von den Mönchen staunend begafft, die Indianer ihre neu gelernten Gebete. Sie waren in Barcelona zum Christentum bekehrt worden und hießen nun Fernando de Aragón, Juan de Castilla, Diego Colón. Einer von ihnen war als Page am Hof geblieben.

Abends in der *hospedería*, der Herberge der Pilger, zog Columbus den Brief aus der Satteltasche, den er nun schon so oft gelesen hatte. „Es sei Euch verstattet", hieß es da, „ein Wappen zu führen. Es soll eine goldene Burg im grünen Feld zeigen und einen aufrechten purpurnen Löwen mit grüner Zunge im weißen Feld, darunter im rechten Feld einige goldene Inseln in gewellter See und Eure eigenen Figuren, die Ihr zu führen gewohnt seid." Er war unendlich stolz auf diese Verstattung, denn er wußte, welche Ehre es bedeutete, den Löwen von León und die Burg Kastiliens im Wappenschild zu führen. Viel später würde dem Schild ein Spruchband zugefügt werden: „Für Kastilien und León: eine Neue Welt fand Colón."

Auch den zweiten Brief seiner Könige las er noch einmal Wort für Wort. „. . . ist es Unser Wille, daß Ihr das Werk, das Ihr mit Gottes Hilfe begonnen, fortführt und ausbaut. Da Ihr seht, daß der Sommer schon begonnen hat, darf Eure Rückkehr nach drüben nicht verzögert werden." Unkönigliche Hast, so mochte es ihm scheinen, erklärbar nur durch die Furcht, Fremde könnten ernten, was die Spanier gesät. Immer wieder waren Gerüchte aufgekommen, die Portugiesen hätten sich aufgemacht, die Inseln zu besetzen. Columbus beunruhigten solche Nachrichten am allerwenigsten. Seine Inseln würde so leicht niemand finden, dafür glaubte er gesorgt zu haben.

Der einsame Ritt hinab in das Flußtal des Guadiana, durch die Sierra de Almadén nach Córdoba, wo er noch einmal Beatriz de Harana sah – es waren heitere, stille Wochen.

In Cádiz erwartete ihn ein Chaos, verursacht durch den Hochmut der Noblen, die Trägheit der Bürokratie, den Müßiggang der Handwerker und Arbeiter. Das den Spaniern angeborene *mañana* (morgen ist schließlich auch noch ein Tag) ließ den Genuesen verzweifeln. Es fehlte an seemännischem Personal, ein großer Teil des Proviants war noch nicht geliefert,

Tauwerk und Segelzeug auf den vorgesehenen Schiffen in verrottetem Zustand. Daß die Schiffslieferanten zu betrügen pflegten, wußten die Kapitäne. Diesmal jedoch überschritten sie das Maß dessen, was man hinzunehmen gewohnt war.

Columbus verhandelte, stritt, drohte, beschwerte sich – und stieß immer wieder auf einen Mann namens Juan Rodríguez de Fonseca, Archidiakon von Sevilla und Geheimer Rat der Könige. Ferdinand hatte ihn eingesetzt, den Admiral bei der Organisation des Unternehmens *Las Indias* zu unterstützen – und ihn damit ihm vorgesetzt. Die Auseinandersetzungen zwischen den beiden, wer für was verantwortlich war, wuchsen sich aus. Fonseca wurde allmählich, ohne daß die Herrscher es so gewollt hätten, zu einer Art Kolonialminister und wußte alles besser. Er intervenierte zusammen mit Francisco Pinelo, seinem Oberrechnungsführer, und Juan de Soria, seinem Buchhalter, bei Hofe. Dort aber lag bereits eine Intervention von Columbus vor.

Die Könige wußten, daß man Beamte ersetzen konnte, einen Entdecker aber nicht; jedenfalls vorläufig. Fonseca befahlen sie deshalb, Sorge zu tragen, daß Colón in jeder Weise zufriedenzustellen sei. Columbus wurde gebeten, die Belege aller Ausgaben gegenzuzeichnen.

Zugute halten muß man dem Archidiakon, daß die ihm übertragene Aufgabe jeden anderen überfordert hätte. Es galt, eine koloniale Expedition bisher nicht gekannter Größenordnung zu organisieren. Da waren nicht drei, sondern siebzehn Schiffe auszurüsten: zwölf Karavellen, drei Naos – große, dickbauchige Kauffahrteischiffe – und zwei kantabrische Barken, deren Leichtgängigkeit und geringer Tiefgang sie für die Erforschung von Küstengewässern und Flußmündungen geeignet machten. Bemannt wurden sie von altgedienten Fahrensleuten und jungen Matrosen, einer Mischung, die sich bewähren sollte. Selbst den Alten verschlug es die Sprache angesichts dessen, was sie diesmal alles an Bord nehmen mußten: Ziegen, Schafe, Hühner, Pferde, Rinder, ein weibliches und ein männliches Tier von jeder Art wie auf einer richtigen Arche Noah; dazu Saatgetreide, Weinstöcke, getrocknete Kerne von Orangen, Zitronen, Melonen, Zuckerrohr (eine Pflanze, die zum Segen und Fluch der Inseln werden sollte). Bergleute, Handwerker, Ackerbauern betraten mißtrauischen Gesichts die unsicheren Planken; Soldaten, ausgerüstet mit Harnischen, Armbrüsten, Musketen, kletterten die am Schanzkleid befestigten Stege empor, während auf dem Kai zwei Dutzend schwere Lanzenreiter aus Granada ihre Pferde zügelten.

Die Mönche unter Führung des Benediktiners Bernardo Buyl waren damit beschäftigt, die komplette Austattung einer Kirche zu verladen. Gott sollte nach dem Willen der Herrscher diesmal vor Gold gehen. Die Mönche waren ermahnt worden, die Heidenkinder liebevoll zu behandeln und jeden Spanier zur Bestrafung zu melden, der sie zu mißhandeln wagte. Als Bruder Bernardo sich an jenem Tag über die Reling beugte, sah er die Männer mit den Hunden kommen. Bluthunde waren es, darauf abgerichtet, Menschen zu jagen, und so scharf, daß niemand außer ihrem Herrn sich ihnen zu nähern wagte.

Am 25. September 1493 verließ die Flotte den Hafen von Cádiz. Bis zur letzten Stunde hatten immer wieder Spanier versucht, heimlich an Bord zu klettern. Nun standen sie auf den Bollwerken, stießen Verwünschungen aus und jammerten, daß man sie nicht mitnehme in das Land, wo das Gold wächst. Doch 1200 Männer waren genug. Um die Heuer der Seeleute bezahlen zu können, hatten die Könige beim Herzog von Medina Sidonia eine Anleihe von fünf Millionen Maravedi aufnehmen müssen. Den Rest steuerten sie aus den eigenen Kassen bei.

Das Schiff von Columbus war wieder ein Nao, und wieder hieß es *Santa María*, Mariagalante genannt, weil es besser, eleganter segelte als die Vorgängerin; und größer war es auch. In der *toldilla* ließ es sich jetzt leben, so geräumig, ja beinah komfortabel war sie eingerichtet. Wie der Admiral dort auf dem Achterkastell stand und zusah, wie seine Schiffe über das Wasser glitten, die Königsstandarte am Großmast, an den Rahen die Fahnen, begleitet von vielen kleinen buntbewimpelten Booten, da ging ihm das Herz auf.

Er konnte nicht ahnen, daß dieser Septembertag einer der letzten wirklich glücklichen Tage in seinem Leben sein sollte ...

Nach sechs Tagen hatte die Flotte La Canaria erreicht, wo eines der Schiffe einen Schaden ausbessern mußte. Ein schwacher Wind war schuld daran, daß sie bis Gomera weitere fünf

Tage brauchten. Sie nahmen Holz auf, Wasser, das bekannt gute Frischfleisch der Insel, zwei Eselstuten und jene berühmt gewordenen acht trächtigen Sauen, die drüben so fruchtbar waren, daß sie zu den Urahnen aller in Amerika lebenden Borstentiere wurden. Der wahre Grund jedoch, warum Columbus Gomera angelaufen hatte, so spöttelte man unter der Besatzung, sei die Bobadilla gewesen, nunmehr verwitwete Doña Beatriz de Peraza. Sie empfing ihn mit dem Donner der Kanonen und einem Brillantfeuerwerk. Columbus war nun ein Admiral, ein Vizekönig und damit ihr mehr als ebenbürtig.

Der Ruf „*Tierra! Tierra!*" ertönte diesmal bereits nach zwanzig Tagen. Das gesichtete Land war eine Insel, die Columbus, da es gerade Sonntag war, *Dominica* taufte, und so heißt sie heute noch. Eine Flotte von siebzehn Schiffen in knapp drei Wochen heil über den Ozean geführt zu haben war eine große seemännische Leistung. Mangels einer geeigneten Bucht verzichtete Columbus auf einen Landgang – und tat gut daran. Sehr sonntäglich ging es auf der Insel nicht zu.

Hier wohnten nicht die gutmütigen Tainos, wie sie die Spanier bei der ersten Begegnung kennengelernt hatten, hier herrschten die Kariben, jener Stamm, der so kriegerisch war, daß er jeden Versuch der „Befriedung" durch die weiße Rasse mit Waffengewalt verhinderte. Ihre Wehrhaftigkeit beruhte, so glaubten sie, auf dem Genuß von Menschenfleisch, gingen doch Kraft und Mut des Verzehrten in den Esser über.

Als die Spanier Anfang November eine wasserreiche, von einem hohen Vulkan überragte Insel durchforschten, stießen sie auf verlassene Dörfer, deren Hütten von außen so schön aussahen, wie ihr Inneres grausig war. Von der Decke hingen sorgfältig tranchierte menschliche Arme und Beine; in einer Ecke waren Schienbeinknochen gestapelt; in einem irdenen Kessel köchelte ein Hals. Verschiedene auf Borden stehende Schädel wurden anscheinend als Gefäße verwendet.

Mit welcher Todesverachtung sich die Kariben zu wehren wußten, erfuhren die Spanier auf schmerzhafte Weise, als sie sich eines mit vier Männern und zwei Frauen besetzten Kanus bemächtigen wollten. Die sechs griffen trotz des übermächtigen Gegners zu ihren Bogen, töteten einen Spanier und verwundeten einen ande-

126

ren. Schließlich doch überwältigt, auf das Schiff gebracht und in Ketten gelegt, versuchten sie sich über Bord zu wälzen. Einem gelang der Sprung ins Meer. Wieder eingefangen, entkam er erneut, bis er, von Musketenschüssen getroffen, im Wasser versank.

Die Kariben sind die einzigen Indios, die den von den Europäern begangenen Völkermord überlebt haben. Von den einst nach Zehntausend zählenden Quellow Caribs leben heute noch etwa 800 bis 900 auf Dominica, beherrscht von den Nachkommen der Neger, die man damals an der westafrikanischen Küste gefangen und verschifft hatte. Sie leben hier mehr schlecht als recht im Reservat von ihren Bananenpflanzungen, vom Fischfang und vom Körbeflechten.

Bevor Columbus Dominica verließ, gab er Befehl, alle Kanus zu zerschlagen, um die Kariben daran zu hindern, die Tainos heimzusuchen; *seine* Tainos, in deren Obhut er die neununddreißig Gefährten gegeben hatte. Wie mochte es ihnen ergangen sein? In Gedanken an sie wurde er so ruhelos, daß er auf neu entdeckten Inseln, von Guadalupe abgesehen, nur kurz oder gar nicht landete.

Am 22. November erreichte die Flotte die Ostpitze von Hispaniola (Haiti), steuerte Nordwest und lief am anderen Tag in die Samanabucht ein, die die Alten von der ersten Reise her noch gut kannten. Einer der in Barcelona getauften Indios, ein Ciguayo, wurde an der Stelle wieder ausgesetzt, wo man ihn Mitte Januar bei dem ersten blutigen Scharmützel gefangengenommen hatte. Mit Geschenken beladen, watete er ans Ufer, damit er seinen Stammesbrüdern demonstriere, was für gute Freunde die Christen seien. Zwei andere unter den zum Christentum bekehrten Indios sprangen nachts über Bord und wurden nicht mehr gesehen.

Am 25. November wird in der Bai von Monte Cristo eine Schaluppe von Bord gefiert, um den Vorrat von Frischwasser zu ergänzen. Die Männer treffen auf Eingeborene, die sie fröhlich winkend begrüßen. Sie kommen näher, zeigen auf die Jacken der Seeleute, sagen *„jubón"*, greifen mit den Fingern nach den Hemden und rufen stolz *„camisa, camisa"*. Nein, sie haben kein Wort von der Sprache vergessen, die man ihnen beigebracht hat. Bevor man sie nach den Gefährten von Navidad fragen kann, sind sie wieder im Busch verschwunden.

127

Als die Bootsleute die frisch gefüllten Fässer zum Strand zurückrollen, machen sie eine grausige Entdeckung. Unter einem Baum liegen die nackten Leichen zweier Männer, beide mit einem aus Gras geflochtenen Strick um den Hals und so stark verwest, daß sie nicht zu identifizieren sind. Am Ufer eines kleinen Flusses stoßen sie auf zwei weitere Leichen. Sie tragen Fesseln und sind anscheinend ertränkt worden. Reste von Barthaaren sind zu erkennen. Die Bootsleute starren sich entsetzt an. Sie wissen, daß Indios bartlos sind.

Am 27. November liegt das Flaggschiff querab vor dem damals errichteten Fort, wagt aber der hereinbrechenden Dämmerung wegen nicht die Einfahrt durch die schmale Passage. Ein Signalfeuer wird abgebrannt, und gespannt starren alle in die Richtung, wo La Navidad liegen muß. Kein Licht zeigt sich. Zwei Kanonenschüsse werden gelöst. Keine Antwort. Während Columbus sich mit seinen Offizieren berät, nähert sich ein Kanu.

„Almirante! Almirante!" – die Tainos wollen den Admiral sprechen. *„Luz!"* rufen sie, „Licht!" Er soll mit einer Fackel beleuchtet werden, damit sie sehen, daß er auch wirklich auf diesem Schiff ist. Endlich kommen sie an Bord und überreichen dem Admiral zwei aus Goldplättchen gefertigte Masken. Ein schöner junger Mensch tritt vor und sagt: „Von Guacanagari." Sie lassen sich auf die Decksplanken nieder und beginnen schweigend zu rauchen. Columbus läßt Wein bringen. Nach einer Weile eröffnet er das Gespräch.

„Wie geht es dem Kaziken?"

„Krank", sagt der schöne junge Mensch, der sich als Vetter Guacanagaris vorstellt. „Krankes Bein."

„Und unsere Männer, die wir unter seinen Schutz gestellt haben?"

„Einige tot. Krankheit und Streit."

„Und die anderen?"

„Viele auch tot. Leute vom Kaziken Caonabó sind gekommen, haben eure Leute getötet und unsere Leute getötet, Guacanagari verletzt."

Sie stehen auf, warten stumm auf das Gegengeschenk und springen in ihr Kanu.

Noch im Morgengrauen des anderen Tages fuhren die Spanier

durch die Caracolpassage und gingen an Land. Sie fanden das Fort: Die Palisaden waren niedergelegt, das Blockhaus zerstört; zwischen den verkohlten Balken lagen halbskelettierte Leichen. In einem verlassenen Dorf entdeckte der Erkundungstrupp Seemannsjacken, Hüte, Schals, Schuhe. War es denkbar, daß die friedfertigen Tainos zu entfesselten Bestien geworden waren? Columbus beschloß, den Kaziken in seinem Dorf aufzusuchen. Sie fanden ihn vor seinem Haus, in eine Hängematte gebettet, den rechten Oberschenkel mit einem Verband aus Palmfasern umwickelt. Sieben Frauen mühten sich um seine Pflege.

Ob der Arzt ihm helfen dürfe mit seiner Kunst?

Nein, er brauche keine Hilfe. Der Almirante möge sich lieber das Geschenk anschauen, das er für ihn bereithalte: eine aus rotem Gold gearbeitete Königskrone.

Columbus mußte sich die Krone aufsetzen, bestand aber bei aller Rührung darauf, daß der Arzt sich den verwundeten Oberschenkel ansehe. Doktor Chanca wickelte den mehrere Meter langen Streifen ab, wobei sein Patient vor Schmerzen leise wimmerte. Eine Wunde fand er nicht.

Ein Lügner, dieser „König", ein Verräter, vielleicht sogar ein Mörder. Was war hier zu tun? Bruder Bernardo schlug vor, unterstützt von einigen Hidalgos, ein Exempel zu statuieren und die größte Palme mit dem Kaziken zu schmücken. Doch war seine Schuld, Täter oder zumindest Mittäter gewesen zu sein, eindeutig erwiesen? Der Admiral zögerte. Er hat später häufig gezögert und Entscheidungen hinausgeschoben. Zu seinem und seiner Gefährten Leidwesen. Diesmal war sein Zaudern wohlgetan. In den nächsten Tagen begann sich durch die Befragung von Zeugen, das Verhör Verdächtiger, die Besichtigung der Schauplätze langsam die Wahrheit zu enthüllen.

In der Ungewißheit, ob man sie jemals wieder abholen würde, einem fiebrig-feuchten Klima ausgeliefert, von Krankheiten und Heimweh geplagt, waren die neununddreißig Männer rasch verkommen. Rodrigo Escobedo, der Schreiber, verbündete sich mit Pedro Gutiérrez, dem Haushofmeister, gegen Diego de Harana und ermordete einen von Haranas Anhängern. Mehrere Banden bildeten sich, die plündernd und mordend über die Insel zogen. Sie stritten sich um die geraubten Frauen, neideten einander das gestohlene Gold, begannen sich zu befehden. Die Escobedo-Gutiérrez-Banden brachen immer wieder zu Raubzügen auf, die sie bis in das Reich des Kaziken Caonabó führten. Der war aus anderem Holz als der gutmütige Guacanagari. Er rieb eine Bande nach der anderen auf, zog schließlich vor das Fort, hinter dessen Palisaden Diego de Harana sich mit neun seiner Leute gerettet hatte. Caonabó schoß Feuerpfeile auf die Dächer, trieb die Spanier aus den brennenden Blockhäusern, tötete drei von ihnen und trieb die anderen ins Meer. Guacanagari behauptete, er habe versucht, seine Schutzbefohlenen zu retten. Zum Beweis führte er dem Schiffsarzt einige seiner Krieger vor.

„An ihren Wunden war zu erkennen, daß sie nicht von den Ansiedlern stammten, sondern von Speeren und Pfeilen mit Spitzen aus Fischknochen, wie sie bei den Indios gebräuchlich waren."

Die erste Siedlung der Europäer in der Neuen Welt war in Blut und Asche versunken. Es gab viele, die ein Menetekel darin sahen. Anfang Dezember gründete Columbus in der Bucht von Monte Cristo eine neue Ansiedlung, die er, zu Ehren seiner Königin, Isabella nannte. Diesmal sollte es eine richtige Stadt werden mit Kirche, Regierungsgebäude, Kloster, Hospital, Arsenal, Wohnhäusern. Steine als Baumaterial ließ er heranschaffen, und diesen Steinen verdanken es die Nachfahren, daß die Lage von Isabella bekannt ist. Lange hat die Siedlung nicht existiert. Es war eine Gründung am falschen Ort, wo die Nordweststürme hineinbliesen, Trinkwasser herantransportiert werden mußte, der nahe Fluß nicht schiffbar war. Entscheidend für den Entschluß, sich dennoch hier niederzulassen, waren einige Worte der Indianer: *„Cibao*. Dort. Gold, nicht weit", sagten sie und zeigten nach Süden.

Gold. Das magische Wort war für die zweite Reise zum Gebot geworden. Die Herrscher hatten Millionen investiert und würden sich diesmal schwerlich mit der Kunde begnügen, daß die Gegend paradiesisch sei, die Luft lind, der Himmel ewig blau. Statt Gewürzen, Hölzern, Goldstaub erwarteten sie Schiffsladungen von solchen Kostbarkeiten. Außerdem würden sie bestimmt gerne wissen, ob die entdeckten Länder Indien waren oder nicht. Eine Expedition über die Berge nach Cibao schien deshalb die Forderung der Stunde. Im Januar 1494 brach Alonso de Hojeda mit fünfzehn Mann zu diesem Unternehmen auf.

Hojeda gehörte zu jenem Typ von Konquistadoren, der später für Spanien ein Weltreich eroberte. Fromm und grausam, hart und sentimental, ohne Furcht und ohne Skrupel, Unserer Lieben Frau so ergeben wie der Gier nach Reichtum ausgeliefert, war er der erste, wenn es galt, Blut zu vergießen, sei es beim Duell oder im Kampf. Über die Cordillera Setentrional stieß er in eine dichtbewohnte grüne Ebene vor, in deren zahlreichen Flüssen er goldhaltigen Sand entdeckte. Die Eingeborenen schenkten ihm Gold in Form von Körnern, kleinen und größeren Klumpen. Die ganz großen Stücke, so bedeuteten sie den Spaniern, finde man jenseits der Berge in Hülle und Fülle.

Lag das Gold während der ersten Reise immer auf der „nächsten Insel", so jetzt immer „hinter den Bergen". Hojeda zog zurück nach Isabella, wo er Columbus voller Stolz Bericht erstattete. Der Genuese schrieb daraufhin seinem König, er werde unverzüglich in das Eldorado aufbrechen. Zu dem Aufbruch aber kam es vorerst nicht.

In den Hütten lagen die Leute zu Hunderten krank danieder, geschüttelt vom Fieber und Frost einer Krankheit, deren Erreger erst Jahrhunderte später entdeckt werden würde – der Malaria –, gepeinigt von Magenkatarrhen, die die ungewohnte Kost verursacht hatte. Schinken, Pökelfleisch, Weizenbrot, Zwieback, Sirup und, vor allem, der geliebte Wein waren längst aufgebraucht. Die Gesunden wollten nicht marschieren. Als besonders widerspenstig erwiesen sich die Hidalgos, Sprößlinge niederer Adliger.

Columbus befahl ihnen, anstelle der Kranken mit Hand anzulegen bei der Errichtung neuer Häuser, der Bestellung der Felder, dem Bau eines Kanals. Aber sie weigerten sich: Körperliche Arbeit mache sie ehrlos; es sei bereits schändlich genug, daß sie die Ställe ihrer Pferde selbst ausmisten mußten, da keiner dieser hirnlosen Kannibalen sich in die Nähe eines solchen Ungeheuers traue. Der Genuese entzog ihnen die Lebensmittel und drohte, sie aufzuknüpfen, egal, wie adlig sie auch seien. Der „Genuese", ein Ausländer, ein Hergelaufener – ihm zu gehorchen konnte nicht Gottes Wille sein.

Bernal de Pisa, von der Krone mit dem geheimen Auftrag versehen, alles zu überwachen und alles zu berichten, war ihr Mann, als er einen Plan niederschrieb, wie man sich der Schiffe bemächtigen und ohne den Señor Colón nach Spanien zurücksegeln könne, um dort Anklage zu erheben gegen Unrecht und Unfähigkeit. Das Schriftstück wurde, in einer Ankerboje versteckt, gefunden, Pisa mit seinen Mitverschworenen in Ketten gelegt. Die rebellische Gesinnung aber blieb, der Haß begann zu wachsen. Der Admiral entschloß sich zu einer Radikalkur.

Er bemannte zwölf seiner Schiffe mit den Unzufriedenen und den Kranken und schickte sie unter der Führung von Antonio de Torres auf die Heimreise. An Bord gebracht wurden außerdem sechsundzwanzig Indianer, die sich von Kopf bis Fuß purpurfarben angemalt hatten. In einer Denkschrift an die Könige, die Torres mitgegeben wurde, betonte Columbus wieder, wie reich das Land sei, Reichtümer jedoch, die nicht zu erschließen seien, ohne die dafür notwendigen Hilfsmittel wie Maulesel, Zugpferde, Pflüge, ohne noch mehr Waffen zur Befriedung der immer aufsässiger werdenden Indios und, vor allem, ohne jene Lebensmittel, die die Menschen von Spanien her gewohnt seien, denn davon hänge ihre Gesundheit ab.

Die Liste dessen, was er forderte, war lang, und man staunt, wie wohlwollend die Monarchen in ihrem Antwortbrief darauf eingingen, denn das, was Torres mitbrachte, hätte eher das Gegenteil bewirken müssen: Die als Heilmittel begehrte Aloe war wiederum keine Aloe; der Zimt ähnelte schlechtem Ingwer, der Pfeffer hielt keinen Vergleich aus mit dem echten *piper nigrum*; das Sandelholz hatte mit dem kostbaren *santalum album* aus Ostindien nichts zu tun. Zwar wurde diesmal mehr Gold die Laufplanken hinuntergetragen als nach der ersten Reise, aber es war nicht genug.

Eine Passage der Denkschrift fand allerdings nicht das Wohlwollen der Königin. „Die Kosten, die all das verursacht, was ich wünsche und brauche, sind gewiß nicht niedrig. Sie ließen sich aber decken durch die Rückfahrt von Sklaven, wozu die wilden Kariben sich, einmal gezähmt, wegen ihrer Leibesstärke, Gewandtheit und Verständigkeit gut eignen würden. Da die menschenfressenden Kariben die Todfeinde der Tainos sind, der neuen Untertanen Ihrer Majestäten, wäre ein Handel dieser Art dem Gesetz nach verantwortbar."

Ferdinand sah ein, daß eine Kosten-Nutzen-Rechnung den Posten „Humanität" nicht berücksichtigen durfte. Isabella dagegen hegte Skrupel: War es nicht so, daß man auch ausgezogen war, die Seelen der Heiden zu retten? Sie schrieb an den Rand der Denkschrift: „Mag vorläufig ausgesetzt bleiben, bis ein anderer Vorschlag gemacht ist."

Columbus war inzwischen zu seinem Marsch in den Urwald aufgebrochen. An der Spitze gingen die den Weg bahnenden Arbeiter, es folgten die Lanzenreiter, die Armbrustschützen, die Arkebusiere, die Schwertträger, die Trompeter, die Fahnenschwinger – eine für das unwegsame Gelände unsinnige Formation, doch mit dem Ziel eingehalten, den Eingeborenen Macht zu demonstrieren. Die Indios jedoch näherten sich in der Mehrzahl voller Neugier und Zutraulichkeit, wollte doch jeder den *Guamiquina*, den Großen Gebieter der weißen Männer, erleben, von dem sie soviel Wunderbares gehört hatten. Sie brachten Geschenke, baten die Fremden in ihre Hütten und hatten nichts dagegen, wenn die Gäste sich nahmen, was ihnen gefiel, waren aber bitter enttäuscht, als man ihnen gleiches Recht verwehrte.

Hispaniola (Haiti) ist eine von hohen Kordilleren durchzogene Insel mit dem über 3000 Meter hohen Pico Duarte als höchstem Berg. Cibao hieß bei den Indios das ostwärts der Cordillera Central liegende Territorium. *Ciba* bedeutete in ihrer Sprache Stein, und *cibao* hieß Stadt aus Stein, womit Columbus seine Vorstellung, Cibao sei Cipangu (Japan), hätte begraben müssen. Gold aber führten die Flüsse, und von reichen Goldminen sprachen die Eingeborenen. Um die Bergleute zu schützen, erbauten die Spanier nach den Plänen ihres Admirals ein festungsartiges Blockhaus mit Gräben und Palisaden. Er nannte es Santo Tomás. Fünfzig Mann Besatzung unter dem Kommando von Pedro Margarit ließ er zurück und schlug den Rückweg nach Norden ein.

Keine Hand regte sich zur Begrüßung, als er wieder in Isabella einzog. Aus den Strohhütten waren immer noch keine Häuser geworden. Die Zahl der Kranken hatte zugenommen und die der Unzufriedenen noch mehr. Die aus Spanien mitgebrachten

Vorräte waren inzwischen gänzlich zur Neige gegangen. Dafür war die in den Boden gebrachte Saat überall prächtig aufgegangen. Das feuchtwarme Klima, das die Menschen lähmte, ließ die Pflanzen doppelt so schnell wie daheim Früchte bringen.

Doch die Stimmung blieb gedrückt. Sie wurde nicht besser, als ein Bote von seinem abgehetzten Gaul sprang und meldete: „Caonabó hat seine Männer zusammengezogen. Er bedroht Santo Tomás."

Dem gefürchteten Kaziken zu zeigen, wer jetzt der wahre Herr war auf der Insel, dafür schien Alonso de Hojeda der richtige Mann. Er brach mit 400 Leuten auf und überschritt den Rio d'Oro. Fünf indianische Träger, die mit ihrer Traglast das Weite gesucht hatten, ließ er einfangen und ihnen Hände und Ohren abhacken. Ihren Häuptling und zwei seiner Verwandten schickte er zur Hinrichtung nach Isabella. Die Dörfer wurden eingeäschert, die Frauen und Kinder mit Peitschen in den Urwald gejagt.

„Das war die erste böse Tat, begangen im Lande Indien an den Indianern", schrieb Las Casas später, „verübt unter dem Vorwand, Gerechtigkeit zu üben. Und das große Morden hub an, das die Insel in ein Meer von Blut tauchen sollte."

ENDE April 1494 war Columbus auf hoher See. Vom Achterkastell seiner Karavelle *Niña* beobachtete er, wie Isabella langsam im Dunst versank. Zurückgeblieben waren die Hidalgos; die Siedler, die den Boden anzubauen und die Getreidemühlen in Betrieb zu setzen nicht bereit waren; die Soldaten, denen das Wort Disziplin ein Fremdwort war; und Don Diego, der Jüngste aus der Familie Colombo, als Statthalter für die Dauer der Abwesenheit eingesetzt, eine der zahlreichen Fehlentscheidungen des Admirals.

Nicht diese Mißstände allein waren es, die ihn wieder auf das Meer getrieben hatten, es war jene sein Gewissen belastende Frage: War Kuba eine Insel oder bereits das Festland von Indien und damit von Asien? Zusammen mit den beiden flachgehenden Lateinseglern *San Juan* und *Cardera* fuhr er die Südküste Kubas entlang, wandte sich aber am Cabo Cruz urplötzlich nach Süden. Bei den Indianern hatte es sich inzwischen herumgesprochen, daß man die Fremden am schnellsten wieder los wurde, wenn man ihnen sagte, daß „dort im Süden das goldene Eiland" liege: Columbus entdeckte auf diese Weise zwar Jamaika, auf Gold aber traf er nicht, sondern auf widerspenstige Eingeborene.

Zurück also nach Kuba oder, wie er es getauft hatte, nach Juana. Unter unsäglichen Mühen suchten sie ihren Weg durch tückische, von Riffen, Sandbänken, Untiefen durchzogene Gewässer. Die von tosenden Regenfluten begleiteten Gewitterböen schienen die Schiffe mit Mann und Maus zu ertränken.

Wenn sie ein Dorf sichteten, wurde das Schiffsboot an Land geschickt, und der neue Dolmetscher Diego Colón, ein aus Guanahaní stammender, getaufter Indianer, stellte regelmäßig dieselbe Frage: „Ist euer Land eine Insel?"

Sagten sie: „Ja, es ist eine Insel", meinte Columbus: „Da sie nur Inseln kennen, sind alle Länder für sie Inseln."

Da gefiel ihm die Auskunft eines alten Kaziken schon besser: „Und wenn ihr noch vierzig Monde lang segelt, ihr werdet nicht an das Ende des Landes kommen."

Wohin aber werde man kommen, wenn man der Küste weiterhin folge?

„In das Land Magon, dorthin, wo die Menschen Schwänze haben und lange Kleider tragen, weil sie sich ihrer Mißgestalt schämen."

Magon? Klang das nicht wie Mangi, die chinesische Provinz, die Marco Polo in seinem Reisebericht erwähnt hatte? Auch die Bekleidung schien auf China hinzudeuten. Und die plötzlich südwestlich verlaufende Küste ähnelte genau dem Verlauf der Halbinsel Malakka. Also hatten sie doch die Ostküste Asiens erreicht!

Columbus befiehlt dem die Flotte begleitenden Notar, Pérez de Luna, sich mit seinen Utensilien von Schiff zu Schiff zu begeben und von jedem Mann eine Aussage zu Papier zu bringen, in der sie bei ihrem Eid beteuerten, sie hätten niemals von einer Insel gehört, die sich so unendlich weit erstreckte, womit feststehe, daß es festes Land sei: Asien.

War es die Flucht aus dem Sein in den Schein, die Columbus so handeln ließ? Erwies er sich wieder einmal als der Don Quichotte, der eine Schenke als eine Ritterburg ansieht? Oder handelte er eher wie Bartolomeu Diaz, der sich nach der Umschiffung des

Die Schlacht zwischen Columbus und Francisco Porras, dem aufrührerischen Oberst auf Jamaika

Zeichnung der paradiesisch schönen Insel Hispaniola von der Hand des Columbus (links)

Von Gold konnten die Eroberer nicht genug bekommen.

Glückliche Zeiten vor Columbus: Unbeschwert segeln die Ureinwohner auf einem Floß.

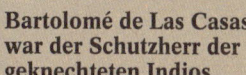

Bartolomé de Las Casas war der Schutzherr der geknechteten Indios.

Die gemarterten Ureinwohner sollten über die sagenhaften Goldschätze Auskunft geben.

Dieser Einblattdruck aus dem Jahr 1507 gilt als die älteste Darstellung südamerikanischer Indianer.

Kaps der Guten Hoffnung von seinen Männern bescheinigen ließ, daß sie ihn zur Umkehr gezwungen hatten? Für einige Vertreter der modernen Psychiatrie paßt die Handlungsweise in das Bild, das sie sich von ihrem Patienten gemacht hatten: nämlich das eines Paranoikers mit religiösem Wahn, Größenwahn und Halluzinationen. Nun, Columbus war gewiß ein Träumer, ein Phantast, aber gleichzeitig war er ein Tatmensch, und so erscheint es am wahrscheinlichsten, daß er durch das erzwungene Dokument die eigenen Zweifel beseitigen wollte, die indischen Lande entdeckt zu haben.

Seine Männer leisteten den Schwur. Bis weit in das 16. Jahrhundert hinein fand man auf den Weltkarten Kuba unter der Bezeichnung *Asiae pars*.

Am 29. September liefen die *Niña*, die *Caldera* und die *San Juan* nach über fünfmonatiger Abwesenheit wieder in den Hafen von Isabella ein. Die Männer gingen ohne ihren Admiral von Bord. Ausgelaugt von den vielen durchwachten Nächten, vom Fieber geschüttelt, von den Schmerzen gepeinigt, die ihm eine Krankheit bereitete, deren Symptome heutige Mediziner als Gicht diagnostiziert haben, wirkte er mehr tot als lebendig.

Von Bartolomeo, Mitstreiter in den Jahren von Lissabon, hatte er das letztemal gehört, als der zwei Jahre jüngere Bruder von London nach Paris gegangen war, um den König Karl für die indischen Pläne zu gewinnen. Am französischen Hof war ihm dann die Nachricht überbracht worden, daß Cristoforo das Ziel bereits erreicht hatte und sich zu neuer Fahrt rüstete. Neun Monate hatte es gedauert, bis diese Nachricht über die Pyrenäen nach Paris gekrochen war. Er machte sich also auf den Weg nach Andalusien. In Sevilla angekommen, hatte er das Nachsehen: Die siebzehn Schiffe waren vor wenigen Tagen ausgelaufen.

Bartolomeo war ein bemerkenswerter Mann. Von großer Autorität, gleichgültig gegenüber dem, was andere von ihm dachten, ging er stets den direkten Weg; ein schroffer Tatmensch von großer Körperkraft, selbst in aussichtslosen Situationen nicht verzagend, dabei von unbedingter Treue zum Bruder, als Seemann ihm ebenbürtig, als Kartograph überlegen. Königin Isabella erkannte auf Anhieb den Herrn in ihm. Sie machte aus Bartolomeo einen Don, übertrug ihm das Kommando über drei Karavellen und befahl ihm, dem Almirante unverzüglich das zu bringen, worum er dringlich gebeten hatte: Arzneien und Lebensmittel.

Doch die Heilmittel, die er brachte, heilten nicht, und die Naturalien waren rasch verbraucht oder verschimmelten im feuchten Klima. Der Hunger hatte Hidalgos und Söldner zu einzelnen umherstreifenden Banden verkommen lassen, die die Eingeborenen ausplünderten. Don Diego erwies sich als ein schwächlicher Statthalter.

Das Paradies Hispaniola war durch Sklavenmarkt und Sklavenhandel in den fünf Monaten zur Hölle geworden. Die Indianer hatten längst erkannt, daß es sich bei den Spaniern nicht um Götter handelte. Die sanften Tainos begannen sich zu wehren. Sie legten Hinterhalte, gruben Fallen, erschlugen ihre Feinde, wenn sie sich im Urwald verirrt hatten. Das, was die Weißen später in ihren Kolonien „Strafexpeditionen" nannten, war die Folge. Wobei zum erstenmal die Bluthunde losgelassen wurden, die die in die Berge fliehenden Indios hetzten und zerfleischten.

Die einzelnen Gefechte wuchsen sich zu einem regelrechten Krieg aus, in dem die sonst einander nicht wohlgesinnten Kaziken Bündnisse schlossen und ihre Stämme zu Heeren zu formieren suchten. Der Zahl nach weit überlegen, war ihre Situation trotzdem hoffnungslos. Den Feuerwaffen ihrer Gegner, den Armbrüsten, den Degen und Lanzen hatten sie nur ihre mit Spitzen aus Fischgräten versehenen Holzspeere und ihre Pfeile entgegenzusetzen; von Taktik wußten sie nichts, und die Angst vor den Reitern und den Hunden lähmte sie bei aller Tapferkeit. Columbus, der wieder genesen war, genügten zweihundert Krieger zu Fuß und zwanzig zu Pferd, um die Indios in der Vega Real, einer weiten Ebene, zu stellen und vernichtend zu schlagen.

Anderthalbtausend Indios hatte man nach der Schlacht in der Vega Real zusammengetrieben und nach Isabella verschleppt, wo man sie in einen Korral sperrte. Was nun geschah, hat das Bild des Entdeckers Christoph Columbus verdüstert. Er ließ fünfhundert der kräftigsten Männer und Frauen auswählen und in ein anderes Fanggehege bringen. Aus dem großen Rest der Gefangenen bedienten sich die Siedler; die dann noch übrigblieben, meist waren es Frauen mit mehreren Kindern, durften in ihre Dörfer zurückkehren.

Die fünfhundert Ausgesonderten pferchte man als Rückfracht in die Laderäume von vier Karavellen, die Ende Februar 1495 in Richtung Cádiz in See stachen. Sie waren durch die menschliche Ware hoffnungslos überladen, und so war es den Kapitänen nur recht, wenn man jeden Morgen etliche Leichen über Bord werfen mußte. Insgesamt zweihundert Tote hat Cuneo gezählt.

Die dreihundert Überlebenden übernahm Don Juan Fonseca und schickte sie nach Sevilla. Der dortige Sklavenmarkt gehörte zu den führenden Märkten der Mittelmeerländer. Ärger bekamen die Händler nur, wenn sich herausstellte, daß es sich bei Eingeborenen um Christen handelte, um Menschen, die man trotz der Taufe versklavt hatte.

Fonseca erzielte für seine Indios nicht den erwarteten Preis. Da die Käufer die Ware genau prüften, hatten sie rasch herausgefunden, daß die meisten von ihnen an irgendwelchen Krankheiten litten, hervorgerufen durch die wochenlange Überfahrt. Er übernahm deshalb einen großen Teil für seine Landgüter. „Sie brachten ihm nicht viel Nutzen", notierte der Doktor Bernáldez knapp, „da fast alle eingingen. Das Land sagte ihnen nicht zu."

Columbus hatte nicht irgendwelche kriegsgefangenen Eingeborenen ins Elend geschickt. Es waren seine Tainos, deren Selbstlosigkeit und Herzensgüte er nach der ersten Landung nicht genug hatte loben können. Das Gefühl, unrecht zu tun, beschlich ihn gelegentlich, schlaflose Nächte hatte er deswegen nicht. Er fand sich in Übereinstimmung mit den sittlichen Grundsätzen des Abendlandes, wonach im Krieg gefangene Menschen versklavt werden durften, vorausgesetzt, der Krieg war gerecht und die Gefangenen waren Heiden. Wann aber handelte es sich um den Begriff *iustum bellum*, wann durfte er angewandt werden? Das zu bestimmen behielten sich die Christen bei ihren Waffengängen selbt vor. Im übrigen ist kein Volk in der Geschichte bekannt, das einen anderen als einen gerechten Krieg geführt hätte. Auch die Eroberung der Kanarischen Inseln, bei der die Guanchen gefangen und versklavt wurden, war in besagtem Sinn gerecht. Desgleichen nach Meinung der Portugiesen die Heimsuchung der westafrikanischen Küsten – obwohl es sich um Überfälle auf eine wehrlose Bevölkerung zum Zweck der Bereicherung handelte. Etwaige moralische Bedenken wurden durch Papst Nikolaus V. zerstreut, der in seiner Bulle *Dum diversas* (1452) den Portugiesen erlaubte, „in die Reiche der Heiden und der anderen Feinde Christi einzudringen und ihre Gefangenen zu versklaven." Den nachfolgenden Päpsten fiel auf, daß diese Erlaubnis nur in Unkenntnis der Sachlage erteilt worden sein konnte – die Heiden hatten die Christen ja gar nicht angegriffen! –, und sie erneuerten die Erlaubnis nicht. Auch die Indios hatten die Christen nicht angegriffen, sondern hatten sich gegen Mord, Brandstiftung, Vergewaltigung zur Wehr gesetzt. Die Folgen aber waren Kriege, die als gerecht galten.

Die Kirche hat sich in den folgenden Jahrzehnten, eher halbherzig, gegen die Sklaverei gewandt. Papst Paul III. erklärte in der Bulle *Sublimus deus*, daß die Indios ein Recht darauf hätten, frei zu leben und über ihren Besitz zu verfügen. Doch was der dritte Paul 1537 sagte, interessierte die Spanier weniger als das, was Alexander VI. 1493 verheißen hatte: daß ihnen alles Land, was sie entdeckten, auch gehöre – mitsamt seinen Einwohnern.

Genauso verfuhr man auch bei der Inbesitznahme neu entdeckter Inseln oder Festländer, wenn die Eindringlinge das sogenannte *requerimiento*, die „Aufforderung", vorlasen. Sie forderten darin die Eingeborenen auf, sich dem König von Spanien zu unterwerfen. Die Einwohner des gerade besetzten Landes verstanden kein Wort von dem, was da vorgelesen wurde.

Isabella hatte immer wieder gefordert, die Bewohner der neuen Länder in ihren Rechten den Spaniern gleichzustellen. Auf das erneute Angebot des Genuesen, Sklaven zu schicken, war sie nicht eingegangen. Als er es dennoch tat, geriet sie in Zorn. Sie befahl, alle auf Hispaniola versklavten Indianer wieder freizulassen. Für die erwähnten dreihundert kam der Befehl zu spät; sie waren bereits verkauft. Daß nach 1500 keine Transporte versklavter Indios mehr nach Spanien gelangten, war ihr zu verdanken. Mit ihrer Forderung aber, sie als freie Untertanen rechtlich den Spaniern gleichzustellen, setzte sie sich nicht durch. Die Siedler verfuhren nach dem Grundsatz, daß Isabella eine große Königin sei, die Entfernung zwischen den Inseln und dem Mutterland aber noch viel größer.

Isabellas Verärgerung wurde planmäßig von zwei Männern

geschürt, die, mit dem Vizekönig ewig streitend, heimlich die Insel verlassen hatten. Zusammen mit einigen Dutzend anderer Meuterer hatten sie drei vor Isabella liegende Karavellen besetzt und waren nach Cádiz gesegelt, von wo aus sie sich an den Hof begaben und schließlich vorgelassen wurden. Bruder Bernardo, ein Missionar, der seiner Mission nie nachgekommen war, und Don Margarit, bei den Indios wegen seiner Erbarmungslosigkeit von Anbeginn verhaßt, konnte es nicht schwerfallen, Stimmung gegen den Admiral zu machen.

Ihr Gemisch aus Wahrheit, Halbwahrheit und Lüge wurde bei jeder neuen Audienz in verschiedenen Variationen wiederholt und zeigte in Hofkreisen rasch Wirkung. Die Königin selbst war so leicht nicht zu beeinflussen. In ihren letzten Briefen hatte sie noch betont, wie tief sie sich dem Admiral verpflichtet fühle. Eine Ansicht, die Gemahl Ferdinand nicht teilte.

Die Monarchen kamen überein, einen Inspekteur zu entsenden, um die Unzufriedenen anzuhören, die Beschwerden zu prüfen, die Wahrheit von der Lüge zu trennen. „Herren, Ritter und Ihr anderen Leute in Unserem indischen Dienste", hieß es in dem Beglaubigungsschreiben, „Wir senden Euch Juan Aguado, der in Unserem Auftrag mit Euch verkehren wird." Die Tatsache, daß Columbus nicht angesprochen wurde, nahm Aguado zum Anlaß, sich als Richter statt als Revisor zu gebärden. Er stritt monatelang mit Columbus herum, wie seine Vollmacht im einzelnen auszulegen sei. Dabei hätte es genug zu inspizieren gegeben. Der Friede auf Hispaniola, ohnehin nur eine Art Friedhofsruhe, war empfindlich gestört worden durch ein neues Steuergesetz. Columbus wollte damit seinen Kritikern beweisen, daß es genug Gold auf der Insel gäbe, wenn man es nur zu „fördern" wisse.

Hiernach hatte jeder mannbare Indianer alle drei Monate eines jener von den Spaniern einst als Gastgeschenk verteilten Falkenglöckchen mit Goldstaub zu füllen; das waren etwa 50 Gramm. Wer dort wohnte, wo kein Gold zu finden war, durfte das Gold durch eine Arroba (= 11,5 Kilo) gesponnener Baumwolle ersetzen. Wenn er seiner Steuerpflicht nachgekommen war, hängte man ihm eine datierte Messingscheibe um den Hals. Wer ohne Marke angetroffen wurde, riskierte sein Leben. So wurde die Goldwäscherei bald lebensgefährlich, denn immer weniger Indios schafften es trotz härtester Arbeit in den Flüssen, den Tribut zu erbringen. Sie vernichteten ihre Felder und flohen in die Berge, wobei sie hofften, die Spanier auszuhungern. Doch die Jagdbeute, die wilden Früchte und Baumwurzeln reichten den Indianern zur Ernährung nicht. Sie starben.

Damals begann das große Sterben unter den Indianern Hispaniolas. Schätzte man ihre Zahl 1492 auf etwa 300 000, so waren es vier Jahre später nur noch 200 000. 1508 ergab die von den Eroberern vorgenommene Volkszählung noch 60 000 Menschen. Fernández de Oviedo, Historiograph Amerikas und Statthalter von Santo Domingo, berichtete 1548 von den letzten 500 Tainos, denen seine Landsleute zum Sterben zuviel und zum Leben zuwenig gelassen hatten.

Das arrogante Auftreten Juan Aguados, dazu die Berichte seiner Vertrauensleute über die Machenschaften Hojedas und Margarits am Hofe hatten Columbus nachdenklich werden lassen. Hatte der König seine schützende Hand von ihm genommen? War er bei der Königin nicht mehr in Gnade? Quälende Fragen, auf die er nur in der Heimat eine Antwort bekommen würde. Bartolomeo riet ihm, alsbald aufzubrechen. Bevor er abreise, solle er die „Hauptstadt" Isabella verlegen. An der Südostküste gebe es windgeschützte Buchten, umgeben von fruchtbarem Ackerland, die von goldhaltigen Flüssen durchzogen seien. Die neue Gründung sollte Santo Domingo heißen.

Der *huiranrucan*, nach dem Glauben der Indianer von ihren Göttern gesandt, strafte die Fremden. Dieser Wirbelsturm, uns als Hurrikan bekannt, brach über Isabella herein, zerschmetterte die *San Juan*, die *Caldera* und noch ein drittes Schiff, warf ihre Trümmer auf den Strand, verschonte nur die etwas abseits ankernde, unverwüstliche *Niña*. Mit nur einem Schiff auf die weite Reise zu gehen wagte selbst ein Columbus nicht. Die spanischen Schiffszimmerleute bauten aus den Resten der drei Karavellen ohne Werft und geeignete Werkzeuge eine neue. Sie tauften sie *India*. Ein kleines Wunder, und noch wunderbarer war es, daß die *India* sich als seetüchtig erwies.

Als am 1. März 1496 das Kommando „Anker auf!" erscholl, war jede Ecke im Laderaum, jede Planke an Deck von Menschen besetzt. Man hatte Order vom Hof, die Kranken mitzunehmen und jene, deren Angehörige zu Hause bei den Behörden vorstellig geworden waren. Etwa hundertsiebzig Männer hatten sich am Kai versammelt, von denen die *India* die Hälfte übernahm. Zusammen mit der Besatzung und einigen Kariben waren das ungefähr 120 Mann; mehr als das Vierfache dessen, was eine 50-Tonnen-Karavelle normalerweise zu tragen fähig war. Ähnlich erging es der *Niña*.

Fluchende Matrosen, die kaum Platz fanden, die Segel zu bedienen; enttäuschte Siedler, die das ganze Unternehmen namens „Indien" zum Teufel wünschten; Kranke, die im Delirium um Hilfe schrien – die Heimreise wurde zu einer Höllenfahrt. Selbst Wind und Wetter hatten sich gegen die Spanier verschworen. Vier Wochen nachdem man die Zwischenstation Guadalupe verlassen hatte, begann der Proviant knapp zu werden. Von den 180 Gramm Brot pro Tag konnte niemand satt werden, die Schale Wasser vermochte den Durst nicht zu löschen.

Der Empfang daheim unterschied sich von dem nach der ersten Reise wie die Nacht vom Tage. Am Hafen bildete sich kein Willkommensspalier. Die Begeisterung war der Skepsis gewichen. Die wenigen Neugierigen warteten vergeblich darauf, daß man Schätze ablud. Die Männer, die über die Wanten stiegen, sahen elend aus, mager, verhungert. Columbus war klug genug, sich nicht in der Uniform des Admirals des Weltmeeres zu zeigen, er hatte sich in die Kutte der Franziskaner gehüllt. Es nützte ihm wenig. Sobald er auf den Gassen erschien, riefen ihm jene, die drüben ihr Glück nicht gemacht hatten, wütend hinterher: „Admiral der Moskitos, du hast uns betrogen, betrogen, betrogen!"

Mitte Juli 1496 machte sich Columbus auf die weite Reise nach Almazán am oberen Duero, wo der Hof diesmal seine Zelte aufgeschlagen hatte. Am Hof in Almazán schlug dem Admiral offene Feindseligkeit entgegen. Die Herren Margarit und Hojeda hatten die Zeit genutzt, um das Vertrauen in Mißtrauen zu verwandeln.

Auch das Wiedersehen mit Diego und Fernando war von Bitternis getränkt. Die Söhne, die der Königin als Pagen dienten, erzählten, wie man überall mit Fingern auf sie zeige.

„Wir sehen, daß Ihr viel Leid durchgemacht habt", sagte die Königin zu dem Mann, der ihr bei der Audienz unsicheren Schritts entgegenkam: ein Mann mit weißem Bart, die Haut runzlig, die Augen eingesunken. Sie reichte ihm lächelnd die Hand zum Kuß. Auch der König hatte sich offensichtlich von niemandem beeinflussen lassen. Columbus' Schmerzen der Gicht verschwanden, als er sich so freundlich aufgenommen sah. Aus dem Leidenden wurde der feurige Genuese, der es immer noch verstanden hatte, mit der Kraft der Rede zu überzeugen. Er versuchte nun, Ferdinand und Isabella an ihrer königlichen Ehre zu packen.

Wollten sie, die Herrscher Kastiliens, etwa zurückstehen hinter einem Alexander, der die Insel Taprobana (Ceylon) erkunden ließ; oder hinter Nero, der sich die Erforschung der Nilquellen zur Aufgabe gemacht hatte; oder gar hinter den Königen Portugals, die trotz vieler Rückschläge an der Erforschung und Inbesitznahme von Afrikas Küsten festhielten? „Wollen Eure Hoheiten etwa wie Krämer handeln, die auf den Maravedi schauen, wenn es darum geht, ein Weltreich zu gewinnen und des Herrn Himmlisches Reich auszubreiten?"

Der Genuese bekam am Schluß der Audienz das, was er wollte: acht neue Schiffe zur Bestreitung der dritten Reise. Die Bürokratie sorgte jedoch dafür, daß noch viel Wasser den Guadalquivir hinunterfloß, ehe die Karavellen aus Sevilla auslaufen konnten. Auch hatten die Monarchen noch andere Sorgen. Zum Beispiel die, ihre Kinder so zu verheiraten, daß sie die Macht der Dynastie und das Reich mehrten. Thronfolger Juan wurde mit der Erzherzogin Margarete von Österreich verbunden; Tochter Juana, den Historikern als Johanna die Wahnsinnige bekannt, bekam deren Bruder, den Erzherzog Philipp den Schönen; Tochter Isabel mußte den portugiesischen König Manuel zum Gemahl nehmen. Das alles kostete Geld. Die Mitgiften für die Töchter verschlangen Millionen, wie auch das Geleit in ihre neue Heimat.

Die Kassen also waren leer, und das Feilschen um die Finanzierung der dritten Reise begann. Fast drei Millionen Maravedi wies die Bank San Giorgio aus Genua an, das alte Handelshaus, dem Columbus einst gedient hatte. Zwei andere italienische

Banken sprangen mit einer Anleihe ein. Der Zinssatz war hoch. Zinsen verlangte auch Portugals neue Königin Donna Isabel, die Tochter aus eigenem Haus, als man sie um Kredit bat. Natürlich wurden auch die Indios verkauft. Es reichte immer noch nicht. Zu den alten Schulden kamen neue hinzu.

Wieder in Sevilla, begann Columbus den gewohnten Kampf gegen die Betrügereien der Lieferanten. Insgesamt dreihundert Menschen sollte er auf königliche Kosten mitnehmen: Hidalgos und Handwerker, Bauern und Bergleute, Goldgräber und Gärtner – und, zum erstenmal, dreißig Frauen, die es so unterzubringen galt, daß sie vor den Männern sicher waren. Als einzige unter den Kolonisten bekamen sie kein Verpflegungsgeld, sondern mußten die Überfahrt mit ihrer Hände Arbeit begleichen. Hatten sich die Spanier vor dem Auslaufen zur zweiten Reise um einen Platz an Bord gestritten, so mußten sie diesmal mit Engelszungen überredet werden. Die Indischen Lande hatten nichts Verlockendes mehr an sich. Der Ruf war ruiniert.

Wenn Columbus nachts schlaflos in seiner Kabine lag oder überwach das Deck entlangschritt, begann ihn sein Gewissen zu quälen. Er hatte, da es nicht gelungen war, die nötige Anzahl von Kolonisten zusammenzubringen, den Monarchen etwas vorgeschlagen, was ihn jetzt reute: die Neue Welt mit Verbrechern zu bevölkern. Wer mindestens zwei Jahre nach Indien ging, so die Anweisung an die Gerichte, durfte mit der Halbierung seiner Strafzeit rechnen. Ein Lebenslänglicher war nach zehn Jahren auf den Inseln ein freier Mann. Ausgeschlossen waren lediglich jene, die Hochverrat begangen, die Majestäten beleidigt und sich der Ketzerei schuldig gemacht hatten.

Vom Auswurf der Menschheit hat man gesprochen, der ein Paradies besudelte, eine Kolonie zur Strafkolonie machte. Doch nicht alle der zu Kerker verurteilten Männer waren Verbrecher in unserem Sinn. Für das einfache Volk war es damals wie später nicht immer leicht, den Pfad der Tugend streng einzuhalten. Las Casas berichtet, daß er die Leute mit den abgeschnittenen Ohren – eine der häufigsten Körperstrafen – als einigermaßen ordentliche Leute empfunden habe. Sie werden wohl nicht viel schlechter gewesen sein als die, die ihre Ohren noch am Kopf hatten.

8. DIE DRITTE REISE

A M 30. Mai 1498, fast zwei Jahre nach der Ankunft, konnte Columbus endlich Sevilla verlassen. Er machte diesmal Zwischenstation auf Madeira. Da er noch einen Steuermann finden mußte, fiel seine Wahl auf den dort ansässigen Pedro de Ledesma, eine falsche Wahl, wie sich auf der vierten Reise erweisen sollte.

Auf der Höhe von Hierro angekommen, gab Columbus seiner Flotte das verabredete Zeichen: Drei seiner Schiffe sollten direkt nach Hispaniola segeln, er selbst fuhr mit seiner dickbäuchigen Nao und den beiden Karavellen die westafrikanische Küste entlang in Richtung Kapverdische Inseln.

Die Inseln enttäuschten ihn, denn *verde* waren sie nicht, sondern grau vor Unfruchtbarkeit. Er ankerte vor Boa Vista und schickte ein Boot an Land. Seine Männer aber trafen nur auf eine Gruppe von Aussätzigen. Man nahm eine Ladung Ziegenfleisch an Bord, ohne zu wissen, daß es, einmal eingesalzen, greulich schmeckt. Sie holten die Anker ein und folgten der afrikanischen Küste – ein, nach Meinung der Besatzungen, verwunderlicher Kurs.

„Dort verließ mich der Wind, es kam eine so glühende Hitze", heißt es in einem Brief an die Katholischen Könige, „daß ich befürchtete, Schiffe und Menschen würden verbrennen. Niemand getraute sich mehr unter Deck, weil die Reifen von den Fässern sprangen, der Weizen brennend heiß wurde, Salzfleisch und Speck zu schmoren begannen."

Columbus war mit seinen Schiffen in die Zone der äquatorialen Kalmen geraten, in der zu dieser Jahreszeit kein Lüftchen sich regt, die See träge wie Öl sich erstreckt, vom Himmel die Glut wie geschmolzenes Blei zu tropfen scheint. Was wollte der Admiral in dieser unbehaglichen Gegend?

Die Antwort hätte ein Schreiben gegeben, das er immer wieder aus dem Schiffstresor hervorholte, um es zu studieren. Es stammte von dem katalanischen Edelsteinschleifer Jaime Ferrer, mit dem er einen Briefwechsel geführt hatte. Der Mann war weit herumgekommen und glaubte etwas Entscheidendes erkannt zu haben: „Wenn ich in Kairo, Damaskus und anderswo die Händler befragte, aus welchem Weltteile sie Gold und Geschmeide holten, so wurde mir gesagt: aus den Ländern der Nachtgleichen, wo die Menschen schwarz oder mindest tiefbraun sind. Euer Gnaden werden deshalb nicht eher solche Dinge im Überfluß finden können, bevor Sie nicht solche Menschen angetroffen haben."

Diese Erkenntnis folgte lediglich der Lehre des Aristoteles, wonach gleiche Breiten Gleiches erzeugen. Dieser unumstrittenen Autorität glaubte auch Columbus, und er plante nun, nach Erreichen von Sierra Leone, wo die Portugiesen fündig geworden waren, auf diesem Breitenkreis nach Westen zu segeln. Stieße er dort auf den unbekannten Kontinent, von dem neuerdings am portugiesischen Hof die Rede war, und lag dieses Land westlich der *raya*, wären vielleicht zwei Fliegen mit einer Klappe geschlagen: eine neue Kolonie für die Krone und endlich Gold in jenen Mengen, von denen Marco Polo berichtet hatte.

Die Entdeckung neuer Goldvorkommen war das hauptsächliche Ziel der dritten Reise des Columbus. Er fürchtete, die Verleumder am Hof würden die Monarchen eines Tages davon überzeugen, daß das Unternehmen „Indische Lande" ein Faß ohne Boden sei und deshalb beendet werden müsse. Das stärkste Argument dagegen hieß „Gold".

Man hat geschätzt, daß Spanien in knapp zwanzig Jahren etwa 15 000 Kilogramm Gold aus Haiti abtransportiert hat. Da die Kaufkraft des Goldes gut fünfzigmal höher war als heute, wären das nach dem heutigen deutschen Wert etwa 15 Milliarden Mark. Eine ungeheure Summe, doch dieser Reichtum wuchs sich für Spanien nicht zum Segen aus. Er enthob die Katholischen Könige jeder Notwendigkeit, die Landwirtschaft zu fördern, das Handwerk zum Blühen zu bringen, Import und Export zu steigern.

„Die ebenso plötzliche wie massenhafte Einführung von Edelmetall, woran im Mittelalter Mangel geherrscht hatte, hat die Ausbreitung der Geldwirtschaft unmittelbar gefördert, ja überhaupt erst den vollen kapitalistischen Betrieb ermöglicht, die Unterschiede zwischen Arm und Reich maßlos gesteigert und eine allgemeine Teuerung erzeugt, mit der die Löhne nicht Schritt halten konnten: In der ersten Hälfte des 16. Jahrhunderts stiegen die Preise um hundert und hundertfünfzig, bei einzelnen Artikeln sogar um zweihundert und zweihundertfünfzig Prozent. Die Rachegeschenke Amerikas an Europa waren Seuchen und Not." (Friedell)

ÜBER die drei Karavellen hatte sich die Hitze wie ein schweres, feuchtes Tuch gelegt. Das Wasser war rationiert worden. Doch Columbus stand auch diesmal das Glück zur Seite. Auf dem Höhepunkt der Krise erhob sich plötzlich ein Wind, der sich in diesen Breiten zu dieser Jahreszeit gar nicht erheben durfte: ein frischer, kühler Südostpassat. Er hielt siebzehn Tage an und führte die Schiffe zu einer Insel. Der Admiral betrachtete die drei aus dem Wasser steigenden Gipfel mit feierlichen Gefühlen. Er hatte diese Reise unter den Schutz der Dreifaltigkeit gestellt und taufte die Insel *La isla de la Trinidad.*

Am 5. August 1498 steuerte Columbus einen kleinen natürlichen Hafen an, ging an Land und ergriff von der Insel Besitz, ohne zu wissen, daß es keine Insel war, sondern Festland: das Festland von Südamerika. Man hat angenommen, daß es die kleine Bucht Ensenada Yacua gewesen ist, aber auch andere Buchten auf der heute zu Venezuela gehörenden Halbinsel Paria kommen in Frage. Die Menschen, die er in den nächsten Tagen traf, hatten eine relativ helle Hautfarbe, glattes langes Haar, waren gut gewachsen und gehörten einem besonders schönen Menschenschlag an. Columbus war trotzdem enttäuscht, denn nach der Lehre, wonach sich die Formen der Natur symmetrisch unter den gleichen Breiten wiederholten, hatten sie kraushaarigen Negern zu gleichen.

Noch etwas irritierte den Admiral. Von der Küste her drangen ungeheure Mengen Süßwassers, trieben das Salzwasser weit auf das Meer zurück, wichen bei Flut und gewannen bei Ebbe wieder die Oberhand. Auch dieses Phänomen widersprach jener Lehre, doch sie aufgrund dieser Beobachtungen aufzugeben fiel dem Admiral nicht ein.

Das Paradies lag nach Meinung der Gelehrten und Kirchenväter am Ostrand der bekannten Welt, dort, wo zum erstenmal

die Sonne aufgegangen war, und zwar auf einer steilen Gebirgs-
krone (die später unerreichbar war für die Sintflut). Die Überzeugung war so stark, daß selbst die Kartenzeichner beeinflußt
wurden. Auch Pierre d'Ailly hatte in seiner *Imago mundi* diese
Topographie des Gartens Eden vertreten. „Es ging aus von Eden
ein Quell zu wässern den Garten und teilte sich von dannen in
vier Hauptwasser", heißt es in der Bibel. „In den Ganges, den
Tigris und Euphrat und in den Nil." Hatten seine Männer auf
ihren Erkundungsfahrten nicht vier Flüsse entdeckt, die in den
Golf von Paria mündeten (es handelte sich um das Delta des
Orinoco)? Herrschte nicht ein paradiesisch mildes Klima, waren
die Menschen nicht paradiesisch nackt, glich nicht die Landschaft einem wahren Eden? Und war man hier nicht an der
äußersten Spitze des Fernen Ostens?

„Das alles sind große Hinweise auf das irdische Paradies",
notierte er. „Seine Lage entspricht der Ansicht der Heiligen und
der gelehrten Theologen . . ." Später meldet sich der Wissenschaftler in ihm, und er schreibt in sein Tagebuch: „Ich glaube,
daß dies ein sehr großer Kontinent sein muß, von dem bis heute
noch niemand etwas gewußt hat . . ."

Die Vorstellung, den mutmaßlichen Kontinent auszukundschaften, reizte ihn. Wie er überhaupt dann seine besten Kräfte
entfaltete, wenn die Schatten neuen, unbekannten Landes sich
am Horizont abhoben. Von Goldminen und reichen Perlengrün-
den hatten die Eingeborenen gesprochen. Doch Columbus war
voller Unruhe. Wie mochte es Bartolomeo ergangen sein, den er
vor über zwei Jahren als seinen Stellvertreter auf Hispaniola
zurückgelassen hatte? Alles, was in den Laderäumen unter Deck
verstaut lag, war für die Männer auf der Insel bestimmt, Vorräte,
die langsam zu verderben drohten. Die Sorge lähmte seine Tatkraft; mehr noch die Gicht, die seine Nächte zur Qual werden
ließ. Vom ewigen Wachen hatten sich seine Augen entzündet.
Der Stoizismus, mit dem er sein Leiden ertrug, die Willenskraft,
mit der er die Disziplin unter seinen erschöpften, immer reizba-
rer werdenden Männern aufrechthielt, die Sicherheit, mit der er
das Schiff durch die wegen ihrer Strömungen und Strudel gefürchteten *bocas* führte, den Schlangenrachen und den Dra-
chenschlund, das alles können nur Fahrensleute nachfühlen.

150

Columbus nahm sich nicht die Zeit, die hinter der Insel Margarita sich erstreckenden Muschelbänke zu erkunden. Das sollte ihm später die Verleumdung eintragen, er habe sie sehr wohl lokalisiert, seine Kenntnis aber aus Gewinnsucht verheimlicht. Als die Spanier später hier ihre Schiffe vor Anker legten, betrieben sie die Perlenfischerei auf ihre Weise, indem sie die Eingeborenen an langen Stricken in das haiverseuchte Meer hinunterließen, wo sie von den Bänken die Muscheln abreißen, in Körbe füllen, auftauchen und wieder hinuntertauchen mußten – vom Morgengrauen bis zur Abenddämmerung, so lange, bis die Indios, halb erblindet vom Salzwasser, mit zerrissenen Trommelfellen und zerstörten Lungen an einem Blutsturz verendeten. Wenn sie nicht von Haien gefressen worden waren.

Während Columbus den Kurs nach Hispaniola zu bestimmen suchte, brachten seine Leute das Gefäß, das ihm ein Kazike vom Golf von Paria überreicht hatte. Es enthielt ein berauschendes Getränk, das aus Mais gebraut worden war. Sie hatten damit eine Getreidepflanze entdeckt, die sich überallhin verbreiten sollte.

Als die drei Schiffe nach glücklicher Reise in den Ozamafluß einliefen, schaute Columbus mit Wohlgefallen auf das, was in den zweieinhalb Jahren seiner Abwesenheit entstanden war. Ein mächtiges Fort, Häuser aus Stein, ein natürlicher, auch für große Schiffe geeigneter Hafen, die Uferlandschaft von schwellender Fruchtbarkeit. In Domingo hoffte er sich von seiner Krankheit zu erholen. Bartolomeo schien gute Arbeit geleistet zu haben. Doch die Idylle trog.

Am meisten beschäftigt waren in den letzten Monaten die Totengräber gewesen. Über dreihundert Spanier hatten sie unter die Erde gebracht, gestorben an „rätselvollen Fiebern", der Malaria. Viele andere trugen die grausigen Zeichen der Syphilis und wirkten wie lebende Leichname. Die Gesunden kämpften erbittert um die immer geringer werdenden Vorräte. „. . . mit wenigen Ausnahmen", klagte Columbus, „befinden sich auf Hispaniola lauter Landstreicher und Lumpen, und keiner von ihnen hat Weib und Kind. Ich fand fast die Hälfte der Leute in Aufruhr, und sie bekriegten mich wie einen Mauren, auch die Indianer bereiteten mir schwere Mühen und Leiden."

151

Anführer der Rebellen war Francisco Roldán, den er vor seiner Abreise zum *alcalde mayor*, zum Oberrichter der Insel, ernannt hatte. Damit war ein Bock zum Gärtner gemacht worden. Roldán ließ die Waffenkammern plündern, das kostbare Zuchtvieh schlachten und zog nach Xaraguá, einem Landstrich im Südwesten der Insel. Er versprach jedem, der sich ihm anschließen würde, ein Leben wie im Schlaraffenland.

Die drei Schiffe, die Columbus bei Hierro vorausgeschickt hatte, verfehlten unglücklicherweise Santo Domingo und landeten an der Küste von Xaraguá. Roldán brauchte nicht viel Überredungskraft, um einen Teil der Besatzung davon zu überzeugen, daß sie nirgendwo ein besseres Leben finden würden. Und wenn sie so freundlich wären, ihm die von Spanien mitgebrachten Vorräte auszuliefern . . .

Bartolomeo, den wir als energischen Mann kennengelernt haben, war in seiner Position als Statthalter weder mit den Rebellen noch mit den Indios fertig geworden. Seine Hoffnung setzte er nun auf den Bruder, der schließlich der Vertreter der Krone war. Roldán war ein Deserteur, und mit Deserteuren pflegte man kurzen Prozeß zu machen. Doch um jemanden hängen zu können, mußte man ihn erst einmal unter dem Galgen haben. Der Admiral entschloß sich, mit den Rebellen zu verhandeln.

Und er bekam sofort die Quittung dafür. Roldán hielt das Entgegenkommen für Schwäche (was es auch war) und stellte seine Bedingungen: Seinen Männern sei der rückständige Sold auszuzahlen für die volle Dauer des Aufstands; jedem, der es wünsche, müsse freie Überfahrt in die Heimat unter Mitnahme seiner Ausbeute an Gold, seiner Sklaven und Konkubinen gewährleistet werden; ihn selbst habe man in allen Ehren wieder in sein Amt als Oberrichter einzusetzen. Das waren Bedingungen, die jeden Gouverneur für immer um seine Autorität gebracht hätten, wenn er sie annahm. Columbus nahm sie an.

Roldáns Charakter zeigte sich, als Columbus den rückständigen Sold für die Meuterer nicht zahlen konnte. Roldán verlangte als Ersatz dafür Land. Land, das den Indios gehörte, versteht sich. Jeder Siedler bekam ein Areal zugeteilt, auf dem zehntausend Maniokpflanzen gesetzt werden konnten, die tropische

152

Staude, aus deren Wurzeln das Mehl für das Kassavebrot gewonnen wurde. *Repartimientos* nannte man das. Die Siedler erhielten nicht nur das Land, sondern die darauf lebenden Indios gleich mit. Einem königlichen Beamten wurden „100 Stück" zugeteilt, einem Edelmann 80, einem einfachen Soldaten 60, einem Arbeiter 30. Dafür waren sie verpflichtet, die Eingeborenen in das Christentum und die Kultur Spaniens einzuführen. Es war ein System der Gegenseitigkeit, mit dem das Verhältnis zwischen den Indios und den Spaniern in erträglicher Weise hätte geregelt werden können.

Die Praxis sah jedoch anders aus. Der *encomandero*, der Schutzherr, kümmerte sich den Teufel um Bekehrung oder Kulturvermittlung, für ihn waren die Indios Leibeigene, über die er verfügen konnte wie über eine Sache.

Über diese Schutzherren und ihre Sklaven schrieb Las Casas: „Die Sorgfalt oder Seelsorge, welche sie auf ihre Schutzbefohlenen verwendeten, sie, die fast durchgehend unwissende, grausame, geizige, lasterhafte Menschen sind, besteht darin, daß sie die Mannspersonen in die Bergwerke schicken, um Gold zu graben, was eine fast unerträgliche Arbeit ist. Wenn das Gold gewaschen wird, stehen sie tagelang gebückt im Wasser, daß ihr Körper krumm und lahm werden möchte. Das ganze Jahr hindurch wissen sie nicht, was Feiertag ist. Die Weibsleute aber schicken sie auf ihre sogenannten Stationen zu Feldarbeiten, die Riesen kaum bewältigen könnten, denn sie müssen mit hölzernen Pfählen klaftertiefe Gruben graben von zwölf Fuß im Geviert. Diesen wie jenen geben sie nichts zu essen als Kräuter und Wurzeln. Die Männer kommen vor Hunger in den Bergwerken um, die Frauen sterben auf die nämliche Art in den Stationen."

Die Könige residierten zu dieser Zeit in der Alhambra von Granada. Es verging kein Monat, in dem nicht neue Hiobsbotschaften eintrafen von der „verfluchten Insel", wie Ferdinand sie bereits nannte. Briefe wurden verlesen, in denen den Brüdern des Columbus vorgeworfen wurde, sie förderten die Korruption, wirtschafteten in die eigenen Taschen, ja schlimmer noch, sie, die Italiener, vergössen spanisches Blut, indem sie nach Art der Tyrannen foltern, köpfen und hängen ließen. Das alles waren keineswegs nur Verleumdungen, wenn auch der lange Weg jede

Schreckensmeldung schrecklicher machte. Isabella war empört, daß Columbus trotz ihres Verbots fortfuhr, die zurückkehrenden Schiffe mit Sklaven zu beladen.

„Welche Vollmacht", rief sie, „besitzt der Admiral, meine Untertanen zu verkaufen?" Und warum gehe es mit der Bekehrung der Indios nicht voran?

Die Könige befanden sich in einer prekären Situation. Da gab es einen Genuesen, der ihnen eine neue Welt gewonnen hatte, die durch die Entdeckung eines bisher unbekannten Kontinents ins Unendliche sich zu erweitern schien, und es wäre angesichts dessen einer Majestät unwürdig, kleinlich nachzurechnen, ob sich die Investitionen bereits rentiert hatten; andererseits erwies es sich, daß dieser Mann die Gebiete, die er entdeckt hatte, zu verwalten nicht imstande war. Ließ man ihn fallen, drohte das Chaos noch größer zu werden; ließ man ihn gewähren, würde die neue Kolonie vollends verlorengehen. Aus diesem Dilemma erlöste sie Don Cristóbal selbst, als er in einem Brief um die Entsendung eines unparteiischen Richters bat, der ihm bei der Wiederherstellung der Rechtssicherheit helfen solle und untersuchen möge, wer in Wirklichkeit schuld sei an der verworrenen Lage.

Isabella erwählte sich Francisco de Bobadilla, Ritter des Ordens von Calatrava, der so rechtschaffen war wie phantasielos, so treu wie engstirnig; ein Mann ohne Delikatesse und für seine heikle Mission ungeeignet. Daß er ein armer Ritter war und in seiner Aufgabe die große Chance sehen mußte, machte die Sache nicht besser. Über ein Jahr mußte er warten, bis endlich zwei Schiffe ausgerüstet werden konnten; eine Zeit, in der ihm genug Muße blieb, den Wortlaut seiner Vollmachten zu studieren. Hiernach waren ihm als *juez gobernador* die Verwaltung und das Richteramt in den Indischen Landen übertragen worden, verbunden mit dem Recht, alle Schiffe, Forts, Magazine, Pferde, Waffen zu beschlagnahmen, Anführer festzusetzen und Personen jeglichen Rangs aus der Kolonie zu entfernen.

„Ihr werdet ihm Vertrauen und Glauben schenken und seine Weisungen erfüllen", hieß es in einem Handbillett an Don Cristóbal Colón. Es trug die Aufschrift „An den Admiral des Weltmeeres"; vom „Vizekönig" war keine Rede mehr.

Als Bobadilla Ende August 1500 mit seinen beiden Karavellen den Ozamafluß hinauffuhr, sah er an den Ufern die Galgen, von denen der Gestank der in der Hitze rasch verwesenden Leichname herüberwehte. Aufrührerische Spanier waren das, wie ihm gemeldet wurde, und morgen werde man weitere fünf per Strick auf die letzte Reise schicken. Der Ritter forderte als erstes, ihm die fünf Männer zusammen mit den Prozeßakten zu übergeben. Als Don Diego anführte, er sei in Abwesenheit des Admirals dazu nicht befugt, zog Bobadilla mit seinen Männern vor das Fort, ließ die Tore einrennen und ergriff Besitz von der Stadt. Von den Stufen der Kirche herab versprach er den Siedlern die Zahlung des rückständigen Solds, ein Versprechen, das wirksamer war als die Verlesung des Textes der ellenlangen Urkunden seiner Vollmacht.

Sodann ließ er sich zum Haus des Columbus führen, drang ein, beschlagnahmte jeden Gegenstand und nahm dort Wohnung. Diego ließ er festnehmen und in den Kerker verbringen. Eine feierliche Messe beschloß den Tag. Er verließ die Kirche in der Zuversicht, mit Hilfe des Herrgotts auch bald des größten Sünders habhaft zu werden. Der ließ zwar auf sich warten, weil irgendwo im Land wieder einmal eine Rebellion unter den Siedlern ausgebrochen war, die Tage des Wartens aber ließen sich nutzen, um Belastungsmaterial zusammenzutragen. Feinde des Columbus kamen ausführlich zu Wort.

Die Schreiber nahmen jede Aussage zu den Akten, darunter die Beschuldigungen, angeklagter Don Cristóbal Colón habe die ihm Anvertrauten bei karger Kost hart arbeiten lassen; die Bekehrung der Indios verhindert, da sie sich als Nichtchristen besser verkaufen ließen; die Perlen von den Muschelbänken Margaritas unterschlagen; Entdeckungen neuen Landes verschwiegen. Die Aussagen gipfelten in der Beschuldigung, der gewesene Vizekönig wolle die Indischen Lande dem Stadtstaat Genua – seinen Landsleuten! – in die Hände spielen.

Columbus war in Bonao, als ihm indianische Boten ein sprechendes Papier überreichten (wie sie die Briefe der Europäer nannten), in dem ihm seine Absetzung mitgeteilt wurde. In maßlosem Zorn eilte er nach Santo Domingo, wo er nach seinem Eintreffen von den Söldnern Bobadillas gestellt wurde. Sie wiesen ihm die Vollmachten ihres Herrn vor, der Genuese warf einen Blick darauf und sagte: „Ich ahne nicht, was man die Majestäten da hat unterschreiben lassen. Ich weiß nur, daß das, was ich von ihnen in den Händen habe, mehr gilt."

„Legt ihn in Eisen!" kam daraufhin der Befehl. Mit den Ketten rasselnd standen sie vor ihm, aber niemand wagte es, sie ihm anzulegen. Schließlich trat ein Unbekannter aus der Menge hervor, der angab, eine Zeitlang als Koch beim Admiral gedient zu haben, und fesselte ihn mit den schweren Ketten.

Bobadilla fehlte der Mut, dem Verhafteten ins Angesicht zu blicken, geschweige denn, ihn anzuhören. Er verurteilte ihn aufgrund des belastenden Materials zu sofortiger Deportation nach Spanien, wo er sich vor Gericht zu verantworten habe. Inzwischen hatte sich auch Bartolomeo, von Columbus gebeten, trotz seiner Soldaten keinen Widerstand zu leisten, dem königlichen Sendboten ausgeliefert. Der Abtransport der Brüder Colombo aus Genua sollte rasch erfolgen, bestand doch die Gefahr, daß sie von ihnen treu gebliebenen Siedlern und Soldaten befreit wurden. In den zwei Monaten, die dennoch vergingen, bis die Schiffe überholt und seeklar waren, wurden sie wie gewöhnliche Verbrecher behandelt.

Als Alonso de Vallejo, der Befehlshaber der beiden Karavellen, die Kerkertüren öffnete, traf er auf einen gebrochenen Menschen. „Wohin bringt Ihr mich?" fragte Columbus aschfahl.

„An Bord der *La Gorda*, Euer Gnaden, denn Ihr sollt Euch nach Spanien begeben."

Das erste, das Vallejo unternahm, als das Schiff die hohe See gewonnen hatte, war ein Besuch in der Kajüte des Admirals. „Euer Gnaden erlauben, daß ich ihm das da abnehme." Er wies angewidert auf die Ketten.

„Die Eisen", antwortete Columbus, „sind mir im Namen der Könige angelegt worden. Die Könige werden sie in ihrem Namen wieder lösen . . ." Voll Bitterkeit fügte er hinzu: „Dann will ich sie als Erinnerungszeichen des Lohns für meine Dienste aufbewahren und sie mit in mein Grab nehmen."

Er bat um Papier, Tinte und Feder und meinte angesichts des erstaunten Blicks des Kapitäns, daß er trotz seiner Fesseln die Absicht habe, einen Brief zu schreiben. Dieser Brief ist uns erhalten geblieben als ein Dokument verletzten Stolzes, des Leidens an der Undankbarkeit der Welt und der Anklage. Er schrieb ihn an Doña Juana de la Torre, die einstige Kinderfrau des Thronfolgers und Gönnerin seiner als Pagen am Hof dienenden Söhne. Im Grunde war er an Isabella gerichtet. Columbus wußte, daß Juana ihn der Königin zu lesen geben würde.

So geschah es, daß der Mann, von dem Jacob Burckhardt in seiner Abhandlung über „Die historische Größe" sagte, nur er unter den Entdeckern ferner Länder sei wirklich groß gewesen, weil er sein Leben und eine enorme Willenskraft an ein Postulat setzte, welches ihn mit den größten Philosophen in einen Rang bringe, daß dieser Mann den Boden Spaniens wie ein Zuchthäusler betrat.

Columbus wäre nicht der alte Fuchs gewesen, wenn er nicht die Ketten dazu benutzt hätte, die Könige vor der Öffentlichkeit zu beschämen. Kettenklirrend, einem Märtyrer gleich, schritt er durch die Straßen von Sevilla. Hunderte von Menschen begleiteten ihn auf seinem Weg zu den Kartäusern von Santa María de las Cuevas, wo ihm ein Landsmann, der Pater Gorricio, Herberge bot. Schon wenige Tage später sprengte ein Reiter in den Klosterhof, überreichte Columbus im Auftrag der Könige 2000 Dukaten „zur Bestreitung seiner Anstandsbedürfnisse" und kündigte baldige Nachricht an, wann er zu Hofe kommen solle.

Diese Nachricht aber ließ auf sich warten ...

Ferdinand war in *cosas de España* tätig, in spanischen Geschäften. Isabella hatte sich vor der Welt verschlossen angesichts eines zweifachen Schicksalsschlages. Ihr Sohn, der neunzehnjährige Juan, Gemahl der Habsburgerin Margarete, war plötzlich gestorben; auch die Tochter Isabella, die an der Seite Dom Manuels Königin von Portugal geworden war, hatte der Tod hinweggerafft.

Kurz vor dem Weihnachtsfest 1500, nach sechs Wochen quälenden Wartens, stand Columbus endlich im Thronsaal der Alhambra zu Granada, wo die Könige residierten.

Der Admiral des Weltmeeres, Don Cristóbal Colón, bricht, kaum daß er seiner Könige ansichtig geworden, schluchzend zusammen und reckt ihnen anklagend seine Ketten entgegen, die er noch immer trägt; Isabella, den schlohweißen, von tiefen

Sorgenfalten gezeichneten Mann kaum wiedererkennend, bricht in Tränen aus, löst seine Fesseln und führt ihn mit tröstenden Worten zu ihrem Thron. Es wäre schön, wenn es so gewesen wäre, aber es war nicht so.

Die Hoheiten spürten ein gewisses Mitleid mit ihrem Mann aus Hispaniola. Die Sache mit Bobadilla, der hier seine Vollmachten wohl überschritten zu haben schien, bereitete ihnen Unbehagen; schon der öffentlichen Meinung in Europa halber. Selbstredend hatten die fremden Kaufleute, die Diplomaten, die Reisenden über den Mann in Ketten nach Hause berichtet. Der allgemeine Tenor würde lauten, daß Katholische Könige hier wenig katholisch gehandelt hätten. Sie beeilten sich, ihm zu versichern, daß er das beschlagnahmte Eigentum zurückbekommen würde, daß ihm die Schäden ersetzt und seine Privilegien wieder erteilt würden, auch seine Ämter – bis auf die des Vizekönigs.

Daß die Könige zu diesem letzten Schritt nicht bereit waren, zeigt, wie sie wirklich dachten: dem Manne gebührte Dankbarkeit für seine Taten als Entdecker, als Gouverneur aber hatte er ein Chaos hinterlassen (wobei sie über Fragen von Schuld oder Nichtschuld nicht urteilen wollten) und sich damit disqualifiziert. Am besten wäre es, ihn bald wieder auf eine lange Reise zu schicken, auf der er für die Krone vielleicht neue Länder entdecken würde. Aber auch in dieser Hinsicht war man inzwischen nicht mehr auf ihn allein angewiesen.

Pedro Alonso Niño, Steuermann auf der ersten Reise des Columbus, war aufgebrochen, um des Columbus Entdeckungen der dritten Reise näher zu erforschen. Rodrigo des Bastidas war von Venezuela bis zum Golf von Darien gesegelt. Alonso de Hojeda hatte die Lizenz erhalten, die Perlengründe unweit der Insel Margarita auszubeuten – und das mit der vom Genuesen gezeichneten Karte, die Kolonialminister Juan de Fonseca ihm zugespielt hatte. Vincente Yáñez Pinzón, Kapitän der *Niña*, war bis zur Mündung des Amazonas vorgestoßen. Andere hatten die Mündung des Rio de la Plata entdeckt. Alle Reisen waren mit der Billigung der Herrscher unternommen worden; sie, die im Vertrag von Santa Fé dieses Privileg allein Cristóbal Colón zuerkannt hatten.

Nun galt der Rechtsgrundsatz, Verträge müssen eingehalten

werden, schon seit der Antike, die kastilischen Hofjuristen aber konnten in diesem Fall die Klausel der gleichbleibenden Umstände in Anspruch nehmen, und die waren nicht mehr gleich; die Geschäftsgrundlage hatte sich vielmehr seit 1492 in entscheidender Weise geändert. Einem einzigen Mann die Herrschaft über ein Gebiet zu belassen, das durch die Entdeckung eines ganzen Kontinents ins Unermeßliche wachsen würde, war nun schlechterdings undenkbar.

Der Genuese, rieten die Juristen, dürfe nicht einmal mehr auf die Insel zurückkehren, denn seine Anwesenheit dort würde auf seine zahlreichen Feinde wie ein rotes Tuch wirken. Doch mit Bobadilla war auch kein Staat zu machen. Er wurde, zur Genugtuung des Admirals, abberufen, doch zu seiner Erbitterung trat nicht er, Columbus, wieder an seine Stelle, sondern Don Fray Nicolás de Ovando, über den Las Casas sagte: „Dieser Ritter war von großer Besonnenheit und durchaus geeignet, über viele Menschen zu gebieten. Nur war es falsch, ihm Indianer anzuvertrauen. Einmal an der Macht, verursachte er unabsehbaren Schaden . . ."

Columbus betrachtete seinen Aufenthalt in Granada als Exil. Nichts geschah für ihn. Wie zu den unseligsten Zeiten mußte er wieder antichambrieren, wobei er in den Vorzimmern den vielen neuen Entdeckern begegnete, die ihm verlegen auswichen.

In dieser Zeit der Düsternis und Schwermut tröstete er sich mit der Zusammenstellung von Zitaten aus der Bibel und den Schriften der Kirchenväter, der er den Titel gab: *Libro de las Profecías* – Buch der Prophezeiungen. Mit dieser Schrift wollte er der Königin beweisen, daß die Entdeckung der Indischen Lande vom Westen her und die des neuen noch unbekannten Kontinents einst geweissagt worden seien: Jener, der diese Welt entdeckt, wird die dort gefundenen Schätze dafür verwenden, das Heilige Grab in Jerusalem der Christenheit wiederzugewinnen. Columbus glaubte felsenfest daran, daß er der Erwählte sei. Er ließ das Buch an den Hof schicken.

Isabella wird es nicht gelesen haben, Ferdinand schon gar nicht, weil er beim Anblick von Geschriebenem stets Kopfschmerzen bekam. Jedenfalls haben sie das Werk nie erwähnt. Es hätte auch keines so deutlichen Hinweises bedurft auf das, was der Genuese wollte: eine neue Entdeckungsfahrt. Die Hofräte waren allerdings der Meinung, der ausgebrannt wirkende Mann tauge nicht mehr zu solchen Unternehmungen; und wenn er klug wäre, würde er sich in den Ruhestand begeben, um gut versorgt in seinen Erinnerungen zu leben. Isabella kannte ihren Cristóbal besser. Sie wußte, daß er aus anderem Holz geschnitzt war und ein *buen retiro* für ihn nicht in Frage kam.

Columbus durfte mit königlicher Genehmigung und, was noch wichtiger war, mit königlichem Geld vier neue Schiffe ausrüsten. Bevor er die Anker lichten konnte, war eine andere, viel größere Flotte den Guadalquivir hinabgesegelt in Richtung Westindien. Sie bestand aus fünf Naos, vierundzwanzig Karavellen und einem kleinen Barco. Unter den 2500 Seeleuten, Kolonisten und Soldaten befand sich Bartolomé de Las Casas.

9. LAS CASAS, SCHUTZHERR DER INDIOS

E R WAR damals achtundzwanzig Jahre alt, Sevillaner, Student der Rechte und der Theologie an der Eliteuniversität Salamanca, ausgestattet mit dem Titel Don; sein Vater Francisco war ein Adliger, derselbe Francisco de Las Casas, der Columbus auf seiner ersten Reise begleitet hat. Don Bartolomé glich den nach Tausenden zählenden jungen Herren aus der Oberschicht. Zum Hofdienst fühlte er sich ungeeignet, ein Kirchenmann konnte man immer noch werden. Er würde sein Glück schon machen; wovon auch die anderen Adligen an Bord überzeugt waren, für die die *conquista* nichts anderes bedeutete als die Fortsetzung der *reconquista*, gewohnt an das Schwert, wie sie waren.

Auf Hispaniola war inzwischen die anfangs nur provisorisch gehandhabte *encomienda* zum System geworden. Jeder Siedler bekam nach seiner Ankunft Land und Leute zugeteilt. Auch Las Casas besaß bald ein von Eingeborenen bewirtschaftetes Landgut. Daß er sie menschlicher behandelte und ihnen mehr Freiheit ließ, mag stimmen, von den anderen Plantagenbesitzern aber unterschied er sich nicht. So wie sie war er von seinem Recht überzeugt, Barbaren zu unterjochen und zu eigenem Nutzen für sich arbeiten zu lassen. Sie zu guten Christen zu machen, darum kümmerte sich Don Bartolomé kaum. An seiner Einstellung änderte sich wenig, als er, von einer Reise nach Rom zurückkehrend, nun im Gewand des Priesters auftrat.

Seine Wandlung geschah allmählich. Sie folgte nicht einer Erleuchtung, sondern einer Einsicht. Bei der Vorbereitung seiner Pfingstpredigt im Jahre 1514 stieß er in der Heiligen Schrift auf eine Stelle des Buches Jesus Sirach, wo es heißt: „Wer vom Gut des Armen nimmt, der schlachtet den Sohn vor den Augen des Vaters. Der Arme lebt von kärglichem Brot; wer es ihm nimmt, der ist ein Mörder. Wer dem Arbeiter den Lohn nicht gibt, der ist ein Bluthund."

Die Worte gingen ihm nicht mehr aus dem Kopf. Wurde nicht das, was sie anprangerten, tagtäglich den Indios angetan? Gehörte nicht auch er zu den Mördern, die kühlen Herzens mit ansahen, wie sie, vom Hunger geschwächt, von Fronarbeit ausgezehrt, elend dahinsiechten? Las Casas gab dem Gouverneur sein Land zurück und entließ seine Indios in ihre Dörfer.

Von nun an begann ein sich über ein halbes Jahrhundert erstreckender Kampf um die Menschenrechte der Indios, in dessen Verlauf Las Casas durch alle Höllen ging. Er wurde verleumdet, gehaßt, verfolgt, bedroht. Zäh, streitlustig, von Leidenschaft für seine Sache besessen, ging er seinen Weg, die Überzeugung wie einen Harnisch tragend, daß das, was in den Indischen Landen im Namen des Christengottes geschah, eine Gotteslästerung bedeutete.

Seine anfängliche Hoffnung, allein durch das Beispiel zu wirken, erfüllte sich nicht. Niemand dachte daran, die Indianer menschlicher zu behandeln. Seine Predigten stießen auf Unverständnis, ja auf Empörung. Erst Jahrzehnte später fühlte sich Papst Paul III. bemüßigt, in Form einer Bulle ausdrücklich zu erklären, daß die Indios vernunftbegabte Wesen und keine wilden Tiere seien.

Las Casas' Briefe an die zuständigen Obrigkeiten verschwanden, seine Interventionen, Gnadengesuche und Proteste wurden ignoriert. Der *Repartidor general* auf Kuba, Rodrigo d'Albuquerque, empfing den Mann schließlich, hörte ihn höflich an und beschied, nichts für ihn tun zu können. Des Paters Drohung (über die er selbst erschrak) „Dann gehe ich eben zum König!"

war für den Grande de España der Beweis, es mit einem Querulanten zu tun zu haben. Sicherheitshalber gab er allen nach Spanien auslaufenden Kapitänen Order, den Missionar Bartolomé de Las Casas nicht an Bord zu nehmen. Kurze Zeit darauf war er aber an Bord. Er hatte sein einziges Besitztum, ein Pferd, verkauft, mit Hilfe eines Priors des Dominikanerordens einen Steuermann bestochen und fuhr dann, man schrieb den Juli 1515, der Heimat entgegen. Es war die erste von vierzehn Seereisen, die er unternahm, um die Indios vor der Ausrottung zu bewahren.

War es Columbus nicht leichtgemacht worden, bei Ferdinand eine Audienz zu bekommen, für einen einfachen Missionar schien es unmöglich. Doch wer den Beichtvater des Königs zum Vetter hatte, durfte hoffen. Der Dominikaner Matienzo verschaffte ihm Zutritt, und Las Casas nutzte die Audienz, indem er bis ins Detail berichtete, was sich in Westindien abspielte, und die Bildung einer Untersuchungskommission durchsetzte.

Diese Kommission bestand aus dem Erzbischof Diego Deza, dem Förderer der Entdeckungspläne des Columbus, dem Bischof Fonseca, einem bewährten Columbusfeind, und dem Generalnotar der Indischen Lande, Conchillos. Die Herren vernahmen Las Casas und sagten ihm zu, dem König die Verabschiedung eines entsprechenden Gesetzes zu empfehlen. Doch als der König wenige Wochen später starb, löste sich die Kommission sogleich wieder auf. Ihre Empfehlung war ohnehin nicht ernst gemeint gewesen. Las Casas war gescheitert; er wird noch oft scheitern, und ebensooft wird er seinen Kampf wiederaufnehmen.

Karl I. heißt der neue König, hervorgegangen aus der Ehe Erzherzog Philipps von Österreich mit Johanna der Wahnsinnigen. Ihn um eine Audienz zu bitten war Las Casas' nächster Gedanke. Diesmal konnten selbst die Dominikaner nicht helfen, denn der junge Monarch war noch in Burgund. Wer aber führte für ihn in Spanien die Geschäfte?

Francisco Ximénez de Cisneros, Großinquisitor, gefürchtet selbst von den Herrschern, residierte als Regent, abgeschirmt von seinen Franziskanern, hinter den dicken Mauern des Alcázar von Toledo. Er war jetzt achtzig. Die Tatsache, daß er bald vor seinem Herrgott stehen würde, mochte ihn milder gestimmt haben. Jedenfalls empfing er Las Casas, hörte ihn lange an und wurde sehr nachdenklich. Vielleicht war es die Geschichte von dem gefangenen Kaziken, den ein Franziskaner noch unter dem Galgen zu bekehren versuchte, die ihn besonders betroffen gemacht hatte.

„. . . wolle er an Christus glauben, so werde er in den Himmel kommen, . . . widrigenfalls aber müsse er in der Hölle ewige Qual und Pein leiden." Der Kazike dachte hierüber nach und fragte sodann den Geistlichen, ob auch Christen in den Himmel kämen. „Allerdings", sagte der, „kommen alle guten Christen hinein!" Da erwiderte der Kazike ohne weiteres Bedenken: „Dort, wo dergleichen Menschen sich aufhalten, möchte ich nicht hin. Laßt mich lieber in die Hölle gehen . . ."

Ximénez de Cisneros segnete Las Casas und ernannte ihn per Dekret zum *defensor universal de los Indios*, zum Schutzherrn der Indianer. Das berechtigte ihn, alle königlichen Ämter zu beraten über die rechtlichen Beziehungen zwischen den neuen Untertanen und den Spaniern. Wieder wurde ein Untersuchungsausschuß gebildet, der diesmal zusammen mit Las Casas nach Hispaniola reisen sollte, um sich an Ort und Stelle über die Probleme zu informieren. Der Kardinal hatte sich bei der Berufung um unparteiische Mitglieder bemüht. Seine eigenen Ordensbrüder, die Franziskaner, waren das nicht. Die Dominikaner dagegen hatten sich von Anbeginn gegen die Sklavenhalter gewandt und kamen deshalb für die Kommission nicht in Betracht.

Drei Brüder des Hieronymitenordens waren es schließlich, mit denen Las Casas auf die weite Reise ging. Sie erwiesen sich ihres Heiligen bald als unwürdig. Ihr Mangel an Zivilcourage war so groß wie ihr Hang zur Bestechlichkeit. In ihrem Bericht an den Kardinal hieß es, daß sogenannte Menschenfreunde wie Las Casas die Schuld an den Aufständen der Indianer und den dadurch notwendig werdenden Strafmaßnahmen trügen.

Eile tat not, die Verleumder zu widerlegen. Wieder begann die Suche nach einem Schiff. Ein Kapitän erbarmte sich Las Casas'. Nach stürmischer Reise erreichte er die Heimat. Er traf auf einen Sterbenden. Ximénez de Cisneros gab ihm den Rat, sich an König Karl zu wenden, der in Bälde das ihm durch Heirat zugefallene und noch gänzlich unbekannte Spanien besuchen würde. Der Ratschlag wurde von Las Casas befolgt. Kaum hatte der

Habsburger die Grenze überschritten, heftete er sich an seine Fersen und blieb so lange in seinem Gefolge, bis er, nach fast zwei Jahren, zu einer Audienz vorgelassen wurde.

Er begegnete einem Herrscher, der, sechzehnjährig als Karl I. zur Königswürde gekommen, sich nun Kaiser Karl V. nannte. Die deutschen Kurfürsten hatten ihn auf den Thron des Heiligen Römischen Reiches Deutscher Nation gewählt. Die Welt lernte in ihm einen absoluten Monarchen kennen, der mit Zähigkeit, Ausdauer und Sendungsbewußtsein die Idee einer Weltmonarchie zu verwirklichen trachtete. Doch darüber war die Zeit längst hinweggegangen, man lebte nicht mehr im Mittelalter, und in der Erkenntnis dessen legte Karl mit fünfundfünfzig Jahren die Krone nieder. Heute wissen die meisten von diesem großen Kaiser nur, daß er einmal gesagt hat: „In meinem Reich geht die Sonne nicht unter." Dank Columbus, hätte er eigentlich hinzufügen müssen.

Es gelang Las Casas, aus einer Audienz ein Tribunal zu machen. Die als Experten geladenen Fonseca und Conchillos, die der ersten Untersuchungskommission angehört hatten, und der Hieronymit Manzanedo verteidigten die Kolonialpolitik mit dem Argument, daß die Indianer gemäß der Definition des Aristoteles von Natur aus Sklaven seien, daß sie sittlich minderwertig seien und man sie erst unterwerfen müsse, um sie bekehren zu können.

Las Casas sprach vor Empörung heftig und laut. „Was kann es den Indios bedeuten, wenn man ihnen erklärt, daß ein toter Mann namens Petrus über aller Welt stehe und einer seiner Nachfolger ihr Land einem König von Kastilien geschenkt habe? Man hat die Indianerstämme unter den Eroberern aufgeteilt, als seien es Viehherden. Und ich sage euch: Diese Blasphemie wird erst enden, wenn vor der Tür jedes Spaniers in Westindien ein Galgen errichtet wird, an dem er hängen muß, wenn auch nur einer seiner Indios durch ihn zugrunde geht."

Ungeheuerliche Worte in diesem erlauchten Kreis, übertroffen nur noch von einem Appell, der bis in unsere Zeit gültig geblieben ist: „Wir haben nicht das Recht, Völkern die Freiheit zu nehmen und sie zu versklaven. Gott hat auch die Indios nach seinem Bilde geschaffen, auch für sie starb Christus, unser Herr, am Kreuz."

Die Audienz endete mit einem Eklat. Conchillos, nun auch von Juan de Selvagio, dem Kanzler, scharf befragt, ja verhört, sagte hilflos und beleidigt zugleich: „Wenn Eure Majestät Las Casas mehr glauben als mir, dann möge sie mir mein Amt als *Regionum Indicarum summus notarius* nehmen." Es erging ihm so wie manchem, der seinen Rücktritt anbot im festen Glauben, das Angebot werde nicht angenommen. Karl akzeptierte die Demission nicht nur auf der Stelle, sondern beschied, daß das, was in den Indischen Landen geschah, weder dem Gesetz noch den allgemeinen Begriffen der Humanität entspreche.

Wie anders allerdings diese Länder zu beherrschen und wie ihre Bewohner zu bekehren seien, möge Las Casas nun in der Praxis beweisen: Auf dem festen Land (einem Küstenstreifen des heutigen Venezuela) möge er mit fünfzig spanischen Bauernfamilien und vierundzwanzig Priestern die Kolonisierung und Bekehrung beginnen, unabhängig, freizügig und ohne jegliche Einwirkung irgendwelcher Gouverneure oder sonstiger spanischer Amtspersonen.

Die *conquista de paz*, in Angriff genommen mit idealistischem Eifer, war zum Scheitern verurteilt. Nichts fürchteten die Spanier mehr als den Erfolg des Priesters Las Casas. Ein Ende würde es dann auch auf den Inseln mit dem Profit ohne Arbeit haben und den Dividenden aus dem Sklavenhandel. In Cumaná, so hieß der zugeteilte Landstrich, begann das Karussell des Schreckens sich zu drehen: Überfall durch die Sklavenjäger, Rache der Indios an den Siedlern, Wiederherstellung der Ordnung durch die Soldaten des Gouverneurs, erneuter Aufstand der Eingeborenen, eine weitere Strafexpedition und so fort, bis die neu angelegten Siedlungen, die Missionsstation, die Dörfer der Indianer in Schutt und Asche versunken waren.

Auch Las Casas' Wille scheint gebrochen. Verbittert und ohne Hoffnung fährt er nach Hispaniola und bittet die Dominikaner in Santo Domingo, ihm Zuflucht zu gewähren. Ein Jahr später legte er die Ordensgelübde ab.

Aus dem meditierenden Dominikanermönch sollte bald wieder der Streiter für das Recht werden. In den zehn Jahren, die er im Kloster verbringt, schafft er sich die theoretischen Waffen dafür. Er verfaßt die Schrift *De unico vocationis modo*, über die einzig zulässige Methode der Glaubensbekehrung, die für ihn nichts anderes hieß als friedliche Mission. Die *Apologética Historia de las Indias*, in der er das Recht der Indianer vertritt, wird ihm zum Grundstein seines Hauptwerkes, der großangelegten Geschichte der „Indischen Länder". Zielbewußt sammelt er alles, was die Conquista betrifft: Augenzeugenberichte, Korrespondenzen, Verfügungen, Briefe, Tagebücher. Und wenn die unschätzbaren Schiffstagebücher des Christoph Columbus wenigstens in einer Abschrift überliefert wurden, dann verdanken wir es dem Mann aus Sevilla.

Was er dort hinter den Klostermauern tat, blieb den stets mißtrauischen Kolonialbehörden nicht verborgen. Der Mensch sammelte Anklagematerial! Doch niemand wagte sich so recht an ihn heran. Wirksam erschien es, Las Casas noch einmal die Gelegenheit zu geben, seine Theorien von der Gewaltlosigkeit praktisch zu erproben. Am besten geeignet dafür schien die *tierra deguerra* auf Hispaniola, die als Land ohne Wiederkehr bekannt war. Las Casas zog in den Dschungel und blieb erwartungsgemäß verschollen. Offenbar hatten die Indios mit ihm dasselbe getan wie mit den anderen Priestern. Doch im Gegensatz zu ihnen war der Dominikanerpater lediglich mit einem Kreuz bewaffnet und einigen in die Sprache der dortigen Stämme übersetzten Predigten: *Chezu Kilisto*, Jesus Christus betreffend. Außerdem hatte er es zur Bedingung gemacht, daß kein irgendwie Bewaffneter in dem Stammesgebiet auftauchte. So blieb er am Leben und traf eines Tages wieder in Santo Domingo ein, mit einer Schar getaufter Indios und zwei getauften Kaziken in seinem Gefolge.

Las Casas war inzwischen Realist genug geworden, um diesen Erfolg als etwas anderes anzusehen als einen winzigen Schritt nach vorn. Ruhelos bereiste er in den folgenden Jahren Venezuela, Darien, Guatemala, Neu-Granada, überall für seine Indios kämpfend, allen Spaniern ein Ärgernis.

Ende der dreißiger Jahre mußte er wieder einmal, diesmal zu Verkleidung und einem falschen Namen gezwungen, nach Spanien reisen, wo er sich der Beschuldigung zu erwehren hatte, ein Hochverräter zu sein. Durch seine Predigten hatte er einigen hundert Soldaten derart das Gewissen geschärft, daß sie sich weigerten, an einer Strafexpedition teilzunehmen. Seine Position war inzwischen gefestigt genug, um auch diesen Angriff zu überstehen. Der Indische Rat schlug das Verfahren nieder. Las Casas beschloß nun, in Spanien zu bleiben; er hatte erkannt, daß man den Stier nur in der Heimat bei den Hörnern packen könne. Noch dazu, wo die Ankunft des Kaisers kurz bevorstand. Daraus allerdings wurden drei Jahre. Karl war ein geplagter Monarch und ständig damit beschäftigt, irgend jemanden niederzuhalten, wie zum Beispiel die Protestanten, oder einen Aufstand zu unterdrücken, wie den in Gent, oder einen Kriegszug zu führen, wie den nach Nordafrika.

Der Pater nutzte die Zeit und schrieb die *Brevísima relación*, einen kurzgefaßten Bericht über die Zerstörung der Indischen Lande. Bedeutende spanische Gelehrte wie Menéndez y Palayo und Serrano y Sanz haben ihn einen notorischen Lügner genannt, einen eitlen Schwätzer, einen Sonderling mit skurrilen Ideen. Andere bezeichneten ihn als einen moralisch defekten Menschen. Das Gros der spanischen Historiker ist sich in einer Hinsicht einig: Dieser Mensch hat das eigene Nest beschmutzt und zur Bildung jener *Leyenda negra* beigetragen, der schwarzen Legende, unter der die Spanier über die Jahrhunderte hinweg zu leiden hatten und immer noch zu leiden haben. Mit welcher Schadenfreude hätten die Feinde des spanischen Volks doch seine Schilderungen benutzt, um das Land eines Cervantes, Calderón, Velázquez, Goya in aller Welt als finsteres Land der Inquisition, der Maurenverfolgung, der Judenvertreibung anzuprangern. Wie könnte er von zwanzig Millionen Opfern sprechen, wenn es in dem gesamten Gebiet allenfalls acht bis zehn Millionen Einwohner gegeben habe? Und seien nicht die wahren Ursachen des, zugegeben katastrophalen, Bevölkerungsrückgangs die Krankheiten gewesen, die die Europäer eingeschleppt hatten, wie Masern, Pocken, Grippe; die so verheerend gewirkt haben, weil die Eingeborenen dagegen kein Abwehrsystem besaßen, sowenig wie die Spanier gegen die Syphilis?

Gewiß, die Kämpfe hatten viele Opfer gefordert, die Zwangsarbeit und die schlechte Behandlung auch. Aber darf man von einem Völkermord sprechen?

„Wenn man darunter die systematische und methodische

167

Vernichtung einer ethnischen Gruppe durch den Tod der Individuen versteht, muß man mit Nein antworten", schreibt der Historiker Joseph Pérez. „Die Spanier haben nie versucht, die Indianer systematisch auszurotten. Aus ihrer Sicht wäre das sogar absurd gewesen, denn sie benötigten ja die Arbeitskraft der Indianer, da sie selbst nicht arbeiten wollten."

Systematisch sind sie wohl nicht umgebracht worden, aber umgebracht wurden sie. Und daß es nicht zwanzig Millionen gewesen sind, wird auch stimmen; vielleicht waren es „nur" zehn oder acht oder sechs Millionen.

Im Dezember 1541 stand der Pater erneut vor Karl V. und konnte nicht lange danach eine große Stunde erleben. Der Kaiser unterzeichnete die *Leyes nuevas de las Indias*, die neuen Indiengesetze, erlassen, um die Gleichberechtigung zwischen Spaniern und Indios herzustellen. Sie verboten Sklavenjagd und Versklavung, die Gründung neuer *encomiendas*, den Einsatz von Indianern bei der lebensbedrohenden Perlenfischerei; sie geboten die Freilassung von Indianersklaven (sofern ihre Besitzer den rechtmäßigen Erwerb nicht nachweisen konnten); sie billigten allen Eingeborenen einen besonderen Schutz zu, angemessenen Lohn, gleiche Steuern. Wie überhaupt mit ihnen allen so zu verfahren sei, als handele es sich um freie Untertanen der spanischen Krone, „denn sie sind solche".

Im Juli 1544 bestieg Las Casas in Sevilla ein Segelschiff in Richtung Westindien. Vierzig Priester begleiteten den nunmehrigen Bischof und eine große Anzahl von Indios, die er, kaum daß das Gesetz in Kraft getreten war, von ihrem Sklavenjoch auf den spanischen Landgütern befreit hatte. Seine Diözese hieß Chiapas, ein im Süden von Mexiko gelegenes Gebiet, arm und weltverlassen. Sie hatten ihm Cuzco angeboten, ein reiches Bistum in einer reichen Stadt, ein Angebot, das nach Bestechung roch und deshalb abgelehnt wurde. Die Eingeborenen in der neuen Heimat trugen ihn auf blumengeschmückter Sänfte von Bord. Die Siedler empfingen den Indianerknecht mit dem Vorsatz, des Kaisers Gesetze zu loben, aber nicht zu befolgen. Nicht nur in Mexiko blieben die *Leyes* Papier, auch in den anderen Teilen des riesigen Kolonialreichs wurden ihre Bestimmungen umgangen. Bald war auch dieser passive Widerstand nicht mehr nötig. Am

Weihnachtstag des Jahres 1546 suchte der Gouverneur seinen neuen Bischof auf und überreichte ihm eine soeben aus Madrid eingetroffene Schriftrolle. Die Lobby jener Granden, die an Sklavenhandel und Sklavenarbeit verdienten, hatte es geschafft: Die *Leyes nuevas de las Indias* waren vom Kaiser widerrufen worden.

Ein anderer hätte jetzt den aussichtslosen Kampf aufgegeben. Der Bischof Las Casas handelte nach dem Bibelwort, wonach man sanft sein solle wie eine Taube, aber listig wie eine Schlange. Hatte er schon früher besonders grausamen *encomanderos, conquistadores* oder Sklavenhändlern die Vergebung ihrer Sünden verweigert, wenn sie sterbenskrank darniederlagen, so machte er daraus jetzt ein förmliches System: Der Beichtende mußte sich gegenüber einem königlichen Beamten in einem am Sterbebett aufzunehmenden Protokoll verpflichten, wiedergutzumachen, was er den Indios angetan, und zwar durch die Verteilung seines materiellen und finanziellen Erbes an die Geschädigten oder deren Erben, widrigenfalls dem Sterbenden keine Absolution seiner Sünden erteilt werden durfte. Sie waren zu jeder Art von Wiedergutmachung bereit.

Um den die Beichte abnehmenden Priestern bei ihrem Dienst zu helfen, verfaßte Las Casas einen Leitfaden unter dem voluminösen Titel *Beichtstuhl, das ist: Ratschläge und Regeln für Beichtväter, die die spanischen Herren der westindischen Indianer mit den Sterbesakramenten zu versehen haben.* Da er seine Amtsbrüder zu kennen glaubte, warnte er sie ausdrücklich davor, sich nicht an die Regeln zu halten, wollten sie nicht als Helfershelfer von Mördern einst selbst zur Hölle fahren.

Der *Beichtstuhl* kam einer Erpressung gleich. Las Casas war sich dessen wohl bewußt, aber es war ihm gleichgültig, solange das Mittel den Zweck heiligte. Die zitierten „spanischen Herren" protestierten in einer Mischung aus Furcht und Wut und verklagten ihn erneut wegen Hochverrats. Die Vorladung aus Madrid, sich zu der Anklage zu äußern, traf postwendend ein. Diesmal mußte der Bischof nicht auf ein Schiff warten. Als er die Küste am Horizont im Dämmerlicht versinken sah, ahnte er, daß er die Neue Welt, die seine Welt geworden war, nicht wiedersehen würde.

Das Verfahren gegen ihn wurde, wie alle anderen, niedergeschlagen. Er war klug genug gewesen, sich vor der Niederschrift des *Beichtstuhls* der Zustimmung führender Theologen und Juristen zu versichern. Seine Denunzianten hatte er längst zu verachten gelernt, ein anderer Gegner aber war ihm daheim gewachsen, einer, der jeden das Fürchten lehrte. Reich, unabhängig, gelehrt, einer vornehmen Familie entstammend, Erzieher der Thronfolger, Hofchronist, galt der Doktor Juan Ginés de Sepúlveda als prominentester Befürworter der *conquista*.

Las Casas hatte bald erkannt, wen er in Doktor Sepúlveda vor sich hatte: einen Mann, der niemals fähig gewesen wäre zu morden. „Seine Hände sind zart, und aus Papier und Pergament sind die Ziegel, mit denen er um die Räuber und Mörder einen Schutzwall errichtet." Unsere Zeit hat dafür den Ausdruck „Schreibtischtäter" geprägt. Die Meinungen der beiden waren so konträr und wurden von ihren Anhängern so leidenschaftlich unterstützt, daß im Interesse der Öffentlichkeit eine Klärung notwendig erschien. Eine Disputation in Gegenwart der geistlichen Elite des Landes erschien dafür das geeignete Forum. Kaiser Karl V. höchstselbst ordnete sie an und bestimmte als Schauplatz die Stadt Valladolid. Sepúlveda betrat den Kampfplatz im sicheren Gefühl des Sieges.

Las Casas, von dem kein authentisches Bild überliefert worden ist – wir wissen nur, daß er klein und zierlich war, das Gesicht überwölbt von einer hohen Stirn und beherrscht von großen leuchtenden Augen –, Las Casas griff seinen Gegner sofort scharf an: „Ich werde Euch bekämpfen und Euch als einen Todfeind der Christenheit überführen, als den Anwalt grausamer Gouverneure und Generale, als Verbreiter tödlicher Verblendung in den spanischen Königreichen. Indem Ihr Verbrechen verteidigt, macht Ihr Euch zum Mitschuldigen; und eines Tages werdet Ihr Euch vor Gott zu rechtfertigen haben . . . angesichts der Qual so vieler unschuldiger Menschen."

In einer sich über fünf Tage hinziehenden Rede trug er das Denkgebäude seines Gegners Stück für Stück ab, so daß nur Trümmer blieben.

Wenn nach dem „Sieger" gefragt wurde, und diese Frage stellte sich nach jeder großen Disputation, so gab es keinen Zweifel im

Auditorium und in der gelehrten Welt: der *Defensor universal de Los Indios* war es. Selbst das *Officium Sanctum*, bei dessen bloßer Namensnennung der gewöhnliche Sterbliche sich zu bekreuzigen pflegte, denn es versah das Amt der Inquisition, verfügte höchst Ungewöhnliches. Sepúlvedas Buch *Über die Gründe, welche die Indios uns zu einem gerechten Krieg liefern* ward den Flammen überantwortet, weil es, wie vom Bischof von Chiapas in Valladolid bewiesen, eine Irrlehre verkünde.

Las Casas konnte seines Sieges nicht froh werden. An der Kolonialpolitik in Westindien mit ihrer Gewalt, Unterdrückung, Ausrottung änderte sich nichts. Las Casas war gescheitert. Er wußte das und beklagte in seinen letzten Lebensjahren, wie wenig er doch für seine Schützlinge habe tun können. Doch die Frage nach dem Erfolg oder Mißerfolg darf nicht das einzige Kriterium sein bei der Beurteilung eines Menschen. Er war mehr als lediglich erfolgreich gewesen. Der Bischof aus Sevilla hat ein Beispiel gegeben an Opfermut, Standhaftigkeit und Zivilcourage, das die Zeiten überdauert hat. Er war das Gewissen Spaniens.

Die Kirche hat ihn nicht seliggesprochen, geschweige denn zu ihrem Heiligen gemacht. Sein Grab ist unbekannt. Ein Denkmal wird man in ganz Spanien vergeblich suchen. Er hat es sich selbst gesetzt. Auch dadurch, daß uns seine *Historia general de las Indias* zur wichtigen Quelle der Entdeckungsgeschichte Amerikas geworden ist – mit Columbus, dem Entdecker, den er liebevoll, aber stets kritisch schildert, die Tugenden und Untugenden, die Irrtümer und die Erkenntnisse, das Geniale und das Banale sorgsam registrierend.

10. EL ALTO VIAJE

KEHREN wir zurück zu Columbus und in das Jahr 1502. Der Admiral verließ den Hafen von Cádiz Anfang Mai mit dem Flaggschiff *(Capitana)*, mit der von seinem Bruder Bartolomeo geführten *Santiago de Palos*, der *Gallega*, die von dem getreuen, an allen Reisen beteiligten Terreros befehligt wurde, und der *Viscaína*, deren Besatzung auf den einer alten genuesischen

Patrizierfamilie entstammenden Bartolomeo Fieschi hörte. Und noch jemand war an Bord: der zwölfjährige Sohn Fernando.

Die jungen Matrosen – die meisten von ihnen waren nicht älter als dreizehn, vierzehn Jahre – werden sich ihren Admiral anders vorgestellt haben. Der alte Mann, der da, auf einen Stock gestützt, über das Achterkastell hinkte, glich nicht dem Bild, das ihnen die Älteren gezeichnet hatten. Dennoch vertrauten sie ihm. Sie kannten seinen Ruf als großartiger Seemann; und sie spürten jene geheimnisvolle Ausstrahlung, die man Aura nennt.

Mochte der Einundfünfzigjährige gebrechlich, ja verbraucht wirken, in den Augen brannte das alte Feuer. Seine geistige Energie war so ungebrochen wie seine Standhaftigkeit und seine Kraft, Leiden zu ertragen. Er wollte es noch einmal allen zeigen, daß es das asiatische Festland war, das er entdeckt hatte; daß er schließlich auch die Meerenge als den direkten Weg nach Vorderindien, von der die neuen Entdecker behaupteten, es müsse sie geben, finden werde, um dann von Ost nach West um den gesamten Erdball zu segeln.

Sein Gottvertrauen und seine Zuversicht waren grenzenlos. Hätte er gewußt, was ihn auf dieser vierten Reise, die er als *el alto viaje* – die Große Fahrt – über alle anderen Reisen stellte, erwartete, er wäre vielleicht doch umgekehrt.

Nichts deutete zu Beginn darauf hin, daß die Große Fahrt des Columbus beinahe seine letzte Reise geworden wäre. Die Überfahrt der 130 Männer mit ihren vier Schiffen war mit ihren einundzwanzig Tagen Dauer so schnell wie keine zuvor. Selten hatte der Passat so stark und ständig geblasen. Nach drei erholsamen Tagen auf Martinique, wo man im Fluß badete, die Kleider wusch und die Wasserfässer füllte, nahmen sie Kurs auf die Küste von Hispaniola. Dem Admiral war es zwar von den Herrschern untersagt worden, Santo Domingo anzulaufen, in der begründeten Furcht, er werde mit Nicolás de Ovando, dem neuen Gouverneur der Insel, sofort zusammenstoßen, doch Columbus wäre nicht Columbus gewesen, hätte er nicht nach einem Grund gesucht, das Verbot zu umgehen. Schließlich war es seine Insel, und es war seine Stadt, deren Häuser er gebaut hatte.

Die Begründung, warum er trotz Verbot den Ozamafluß hinauffahren mußte, wurde ihm schneller geliefert, als es ihm wohl recht war. Die *Santiago*, die sich während der Überfahrt als schwerfälliger Kasten erwiesen hatte, geriet bei der immer höher gehenden See mehr und mehr in Schwierigkeiten. Vielleicht könnte man sie gegen ein anderes, im Hafen von Santo Domingo liegendes Schiff austauschen? Der Admiral ließ das Beiboot fieren und sandte Kapitän Terreros mit einer Botschaft zum Gouverneur, verbunden mit dem dringenden Rat, eine zur Überfahrt nach Spanien bereitliegende Flotte jetzt nicht auslaufen zu lassen. Alle Anzeichen, so warnte er, deuteten darauf hin, daß der Ausbruch eines *huiranrucan* bevorstand. Da waren die lange, ölige Dünung, die von Südwest her anrollte, die Unregelmäßigkeiten bei Ebbe und Flut, die lähmende Schwüle, die von kurzen überfallartigen Böen unterbrochen wurde.

Terreros kam mit der lakonischen Meldung zurück, der Gouverneur folge, wenn er die Einfahrt versage, nur den Weisungen seiner Könige; was den Wirbelsturm betreffe, so bedürften seine seeerprobten Steuerleute keiner Ratschläge.

Die aus etwa dreißig Schiffen bestehende Flotte lief aus. Als sie die Monapassage durchsegelte, fiel der Sturm mit Gewalt über sie her, mit Windgeschwindigkeiten bis zu 200 Stundenkilometern, sintflutartigen Regenfällen, haushohen Wellenbergen. Er zerschlug die Schiffe wie Spielzeug, warf sie auf Klippen oder riß sie mit Mann und Maus in die Tiefe. Auf den Meeresgrund sank Gold im Wert von 100 Millionen Maravedi, darunter ein Klumpen von zweiunddreißig Pfund. Über 500 Menschen fanden den Tod in den Wellen. Auch Francisco Roldán und seine Kumpane ertranken, die Columbus hatten umbringen wollen; und der Exgouverneur Bobadilla, der ihm die Ketten angelegt hatte.

Nur eine einzige Karavelle gelangte unversehrt nach Spanien, und die hatte beim Auslaufen mehr einem Wrack geglichen. Was Columbus als das Walten eines gerechten Gottes ansah – den Tod Bobadillas, Roldáns und die Rettung eines Teils seines Vermögens –, erschien den anderen als das Wirken des Teufels, mit dem der Genuese, das hatte man schon immer gewußt, im Bunde war. Wie auch anders hätte er sich vor dem Sturm rechtzeitig in Sicherheit bringen können, indem er seine Schiffe einige Meilen westlich dicht unter Land vor Anker legte, wo sie lediglich einige Segel und ein Beiboot verloren!

173

Ende Juli erreichten die vier Schiffe die vor der Küste von Honduras gelegenen Islas de la Bahía. Die Männer zeigten den Eingeborenen Perlen und Goldkörner, doch statt der erwarteten Auskunft, wo es davon mehr gebe an den Küsten, stellte ihnen der Kazike eine überraschende Frage: Wie viele Fische und Früchte ihnen denn diese Kostbarkeiten wert seien; er würde sie gern dafür eintauschen. Die Spiegel, Falkenglöckchen, Glasperlen, Münzen schob er verächtlich beiseite. Columbus nahm die Inseln für die spanische Krone in Besitz und verließ den höchst befremdlichen Volksstamm. Interessanter war das gewaltige, von fünfundzwanzig Ruderern bewegte Kanu mit seiner hausartigen Kajüte, das anderntags längsseits kam. Diese Indios waren nicht nackt, sondern trugen ärmellose farbige Hemden von feinem Gewebe und lange Schürzen; die Frauen verbargen ihre Gesichter hinter baumwollenen Schals. Auch die Geräte aus Ton und Stein, die hölzernen Schwerter mit den als Schneide eingelegten Feuersteinen unterschieden sie von allen bisher angetroffenen Stämmen.

Woher sie kämen? Sie wiesen mit weit ausholenden Armbewegungen nach Westen, dorthin, wo das Land *Mayi* liege. Inzwischen weiß man, daß sie aus einem Randgebiet des Mayareichs stammten, daß auf der Halbinsel Yucatán Städte lagen mit Tempeln, Pyramiden, Palästen, Sportarenen, Städte, die den Höhepunkt ihrer Entwicklung zwar bereits überschritten hatten, aber noch bedeutend genug waren.

Wäre Columbus weitergefahren, hätte er nach wenigen Tagesreisen am Kap San Antonio den westlichsten Punkt erreicht und erkannt, daß Kuba eine Insel ist; eine unmittelbare Folge wäre die Entdeckung Yucatáns gewesen; die Reiche der Mayas und Azteken mit ihren unermeßlichen Schätzen hätten vor ihm gelegen. Die Göttin der Geschichte jedoch hob sich die Mayas und Azteken für Hernán Cortés auf.

Ein, zwei Tagesreisen trennten Columbus von den Zentren einer uralten, hochentwickelten Kultur, er aber folgte den Kanufahrern nicht. Er hatte zu oft von den Eingeborenen gehört, wie reich dieser König dort im Westen sei, seine Vorstellungskraft war zu oft strapaziert worden. Außerdem wollte er seiner Aufgabe treu bleiben, die Meeresenge zu finden, die Pforte zum eigentlichen *el dorado*.

Was er auf der Reise die honduranische Küste entlang erlebte, war das Inferno. „Nicht enden wollende Stürme, die Fluten, welche von oben kamen, die Wirbel, die uns umkreisten, die Tage ohne Sonne, die Nächte ohne Sterne, alles schien uns den Untergang der Welt anzukündigen. Unsere Schiffe wurden leck, die Segel zerrissen, die *Capitana* verlor ihre Masten, die Anker, die Taue. Viele unserer Männer waren krank . . . Auch ich selbst lag krank darnieder und befand mich des öfteren an der Schwelle des Todes. Von der Hundehütte, die ich auf dem Achterkastell hatte errichten lassen, versuchte ich, so gut es ging, das Schiff zu leiten. Mehr als die eigenen Schmerzen zerriß mir die Sorge um den Sohn die Seele; er war erst dreizehn geworden . . . Dennoch tröstete es mich, wenn ich beobachtete, wie er sein Handwerk verstand und die anderen durch sein Beispiel aufrichtete . . . Auch um meinen Bruder Bartolomeo litt ich; nicht genug, daß er sich an Bord des schlechtesten Seglers befand, ich war es, der ihn gegen seinen Willen zu dieser Reise überredet hatte . . ."

In den achtundzwanzig Tagen, die der Sturm dauerte, hatte man gerade 170 Seemeilen zurückgelegt. Mitte September tauchte aus dem Regendunst ein Kap auf, hinter dem die Küste plötzlich südwärts verlief. Das Meer wurde ruhig, und die Schiffe konnten endlich vor dem Wind laufen. *Gracias a Dios* taufte Columbus, Gott damit für die Errettung aus Seenot dankend, das Vorgebirge. Costa Rica, die reiche Küste, wurde später das Land, an dem sie nun entlangfuhren, wegen seiner Gold- und Silberminen genannt. Immer wieder kamen Kanus längsseits mit Geschenken. Schließlich kletterte ein Kazike über die Reling und setzte zu einem langen Bericht an, von dem die Dolmetscher nur so viel verstanden, daß neun Tagesreisen gegen Westen an einem anderen großen Wasser das Land Ciguare liege, bewohnt von Menschen, die Goldenes am ganzen Körper trügen, ihre Lasten auf vierbeinigen Tieren transportierten, Häuser bis in den Himmel hinein bauten und einem einzigen Manne untertan seien.

Erhielten die Spanier hier die ersten Andeutungen über das an den Pazifik grenzende Peru mit seinem Reichtum an Gold, den Lamas, den monumentalen Tempeln und dem alles beherrschenden Inka?

Als der Flottenschreiber sich anschickte, die Erzählung schriftlich festzuhalten, zeigten sich die Indios angesichts der schwarzen Zeichen, die eine Feder auf einem weißen Blatt hervorzauberte, so entsetzt, daß sie geschlossen über Bord sprangen. Rasch lichteten sie die Anker. Columbus machte sich aus den Erzählungen des Kaziken das Bild, das er brauchte: Nichts anderes als die Halbinsel Malakka war hier wieder einmal gemeint; bald würde man den Indischen Ozean erreichen.

Seine Leute hatten ebenfalls etwas erfahren. *Ve-ra-gu-a!* hatten die Indios ständig wiederholt und dabei ihre weit ausholenden Armbewegungen gemacht, aus denen die genaue Richtung selten erkennbar war. *Veragua – nuzay!* sagten sie. Mit ihren Händen schienen sie das Gold geradezu zu schaufeln. Es bleibt ein Phänomen, daß die Spanier, obwohl sie oft genug enttäuscht worden waren, ihnen glaubten. Auch ihr Admiral ließ alsbald Meerenge Meerenge sein und machte sich mit allen vier Karavellen auf die Suche. Sie fanden Veragua, und sie fanden Gold. Zwischen den *Río Belén* und *Río Veragua* getauften Flüssen holten die Männer mit ihren blanken Messern in wenigen Stunden so viel aus dem Boden heraus, daß sie einander wie berauscht in die Arme fielen.

Niemand murrte, als Columbus ihnen offenbarte, daß er, nachdem *el dorado* nun gefunden sei, hier eine Kolonie gründen wolle. „Don Bartolomeo, unser Bruder, wird das Oberhaupt sein. Wir dagegen werden mit zwei Schiffen nach Spanien zurückkehren, um den Königen zu berichten und mit Verstärkung wiederzukommen."

Er gab Befehl, mit dem Bau von regensicheren Hütten und Vorratshäusern zu beginnen. Einen Namen für die neue Siedlung hatte er auch schon: *Santa María de Belén*. Sie lag am Westufer des Flusses, am Zulauf eines Baches und am Fuß eines Hügels. An Freiwilligen, die sich zum Bleiben entschlossen, war kein Mangel. Bevor die Hütten fertig waren, sollten sie auf der *Gallega* wohnen.

Als die Zeit gekommen war, Abschied zu nehmen von den Zurückbleibenden, bemerkten die Schiffsführer mit Bestürzung, daß sie festsaßen. Der Wasserspiegel des Belén war plötzlich so rasch gesunken, daß die Karavellen nicht mehr über die Untiefe an der Mündung hinwegkamen. Die kleine Bucht wurde vollends zur Falle, als die Indianer, die den Bau der Siedlung auf ihrem Boden mißtrauisch beobachtet hatten, etwas taten, was die Spanier nicht vermutet hätten: Sie besetzten den Hügel oberhalb der Siedlung, begannen mit Pfeil und Bogen, Steinschleudern, Speeren auf die Hütten zu schießen und trieben die Bewohner auf eine am Ufer gelegene Lichtung. Gleichzeitig überfielen sie das Beiboot der *Capitana*, das flußabwärts gefahren war, um die leeren Wasserfässer für die Heimfahrt zu füllen, massakrierten den Kapitän Diego Tristán und elf Matrosen und warfen sie in den Fluß, der sie bald an den auf der Lichtung Eingeschlossenen vorbeitrieb.

Panik bricht aus angesichts der von Geiern umschwärmten, verstümmelten Leichen. Die Männer versuchen vergeblich, an Bord der *Gallega* zu kommen. Ihre Hilferufe verhallen. Die anderen drei Schiffe haben inzwischen die Sandbarre an der Mündung passieren können. Von dem Hügel dringt der beißende Rauch ihrer brennenden Hütten. Niemand will die sieben Gefallenen begraben. Don Bartolomeo kann ihnen nicht helfen. Er verfügt nur noch über ein einziges Beiboot. Zerschellt es in der Brandung, wäre auf der weiteren Fahrt kein Wasserholen mehr möglich, kein Eintausch von Lebensmitteln, keine Erkundungsfahrt – ein für die kleine Flotte lebensgefährlicher Zustand. Seine Hoffnung, mit den auf der *Santiago* gefangengesetzten Geiseln die Kaziken zum Nachgeben zu zwingen, hatte sich in fürchterlicher Konsequenz zerschlagen. Die Indianer, unter ihnen Frauen und halbwüchsige Kinder, hatten aus ihren Baumwolljacken Stricke geflochten und sich an den Decksbalken des Laderaums aufgehängt.

Doch Gott half. Er half, indem er sich eines Mannes namens Diego Méndez bediente. Méndez durchschwamm die von Haien wimmelnde Bucht bis zur Lichtung, ließ aus zwei Kanus ein Floß bauen, brachte in mehreren nächtlichen Fahrten die auf sechzig Mann geschmolzene Besatzung über die Barre hinweg auf die Schiffe, barg sogar noch im Pfeilhagel der Indios, aber unverletzt, Munition, Vorräte, Ausrüstung. Die Tat brachte ihm die Beförderung zum Kapitän der *Capitana* ein.

Die *Gallega* allerdings wurde zurückgelassen, und auf der

177

Höhe von Porto Bello mußte auch die *Viscaína* aufgegeben werden. Was rasende Stürme nicht geschafft hatten, schaffte ein kleines Lebewesen, das den lateinischen Namen *teredo navalis* trägt, auf deutsch der gemeine Schiffsbohrwurm. Der 15 bis 20 Zentimeter lange Wurm, der eigentlich eine Muschel ist, war mit seinen raspelartig gezähnten Schalen durch die Schutzschicht aus Pech, Talg und Kiefernöl in den Schiffsrumpf eingedrungen, hatte Myriaden von Eiern gelegt, aus dem ebenso viele neue Bohrwürmer krochen. Mit ihrer phänomenalen Gefräßigkeit legten sie lange Gänge an, durch die das Meer, unmerklich erst in feinen perlenden Tröpfchen, dann stärker mit winzigen Rinnsalen, seinen Weg suchte, bis schließlich hunderttausend kleine Quellen aus den Planken flossen und das Wasser von der Bilge her über die Laderäume und Kajüten bis knapp unter das Hauptdeck anstieg. Durch die unaufhörliche Betätigung der Pumpen hielt man die Karavellen mühsam über Wasser.

In der Osternacht 1503 verließen sie den Río Belén, krochen die Küste entlang und passierten noch einmal Puerto Gordo, wo sie Ende des vergangenen Jahres gelegen hatten. Vier Jahrhunderte später werden hier gewaltige Schiffe in den 81,6 Kilometer langen Panamakanal einfahren, der den Atlantik mit dem Stillen Ozean verbindet, und das erste Schiff wird den Namen *Cristóbal* tragen. Columbus war so erschöpft, daß seine Tatkraft für weitere Forschungen nicht mehr ausreichte. Und so blieb es Vaso Núñez de Balboa vorbehalten, von einem Hügel in Darién aus auf den Pazifik hinabzublicken.

Obwohl seine Schiffe schwimmenden Wracks glichen, wollte Columbus fort von der mittelamerikanischen Küste, von diesem unbekannten Gestade. Doch erst galt es, so weit nach Osten zu segeln, bis sie den Längenkreis erreicht hatten, der sie direkt nach Hispaniola führen würde. Als sie den Golf von Darién erreicht hatten, kamen die Steuerleute und Schiffsführer zu Columbus in die *toldilla* und meinten, an diesem Punkt seien sie nun angelangt. Er war anderer Meinung, ließ es aber zu, daß sie Nordkurs steuerten. Zwölf Tage später sichteten sie eine Inselkette, die dem Admiral bekannt vorkam: es waren die *Jardínes de la Reina*, und diese „Gärten" lagen unterhalb der Südküste von Kuba. Der Alte hatte es wieder einmal besser gewußt.

Mit diesen Schiffen, die, wie Fernando schrieb, inzwischen zu „Bienenwaben" geworden waren, war Hispaniola nicht mehr zu erreichen, also drehten sie nach Südosten ab in Richtung Jamaika. In einer geschützten Bucht ließen sie die Karavellen auflaufen, setzten sie Bord an Bord und verbanden sie durch Ketten miteinander. Auf den Decks errichteten sie mit Palmwedeln gedeckte Hütten und postierten die Bombarden so, daß sie zum Land wie zur See freies Schußfeld hatten. Die letzten Vorräte wurden ausgeteilt, dann fiel alles in einen totenähnlichen Schlaf. Nur Columbus konnte nicht schlafen. Auf seine Krücken gestützt, stand er am Heck und starrte auf die wogenden Palmen. Der Admiral des Weltmeeres war zum Kommandanten zweier Hausboote geworden ...

Seine Männer aber waren erst einmal in Sicherheit, sie konnten sich erholen, und zu hungern brauchten sie bald auch nicht mehr. Diego Méndez war in die umliegenden Dörfer gezogen und hatte Verträge abgeschlossen. Für jedes Falkenglöckchen, für jeden Spiegel, jede Glasperle wurden soundsoviel Kassavebrot, Mais, Wild, Fisch, Früchte geliefert. Zwei kleine Flüsse spendeten Trinkwasser. Es ließ sich also, wenn auch mehr schlecht als recht, in *Santa Gloria* – diesen Namen hatten sie der Bucht gegeben – leben. Die Hoffnung allerdings, von einem Schiff entdeckt zu werden, schien gering. Jamaika galt nicht als Goldland. Und wie lange war das Verbot noch durchzusetzen, wonach kein Mann die Schiffe verlassen durfte, entsprechend einem Befehl zum Schutz der Indios? Eines Abends kam Diego Méndez stolz mit einem Kanu an, das er auf einem seiner Ausflüge einem Kaziken abgekauft hatte. Sie zogen sich in die *toldilla* zurück, und der Admiral sagte: „Einer von uns sollte mit diesem Kanu nach Hispaniola fahren, um dort Hilfe zu holen." Méndez antwortete: „Mit dem Einbaum über ein gefährliches Meer, auf dem schon so viele Schiffe gescheitert sind – das wird unmöglich sein. Doch habe ich nur ein Leben, mein Admiral, und ich will es für unsere Rettung aufs Spiel setzen."

Es wurde viel geweint, selbst ausgepichte Seebären pflegten sich damals ihrer Tränen nicht zu schämen, als Méndez mit seinen beiden Kanus – das zweite wurde von Columbus' Landsmann Fieschi geführt – in der Morgendämmerung des anderen

Tages den Blicken entschwand. Man schrieb den 6. August 1503. Von nun an wurden die Tage gezählt. Kerbe für Kerbe schnitten sie in den Vordersteven. Auf einer fünfundzwanzig Meter hohen Königspalme richteten sie einen Ausguck ein. Der Juli verging, der Herbst kam, der Winter mit seinen Nordwinden und dem Regen – kein Segel zeigte sich am Horizont.

Langsam schwand die Hoffnung auf Rettung und mit der Hoffnung die Widerstandskraft. Viele der in den Deckshütten vegetierenden Männer wurden krank, andere brüteten in stumpfer Verzweiflung vor sich hin, wieder andere erschöpften sich in endlosen Streitereien. Es geschah das, was Columbus am meisten gefürchtet hatte: Die Indios begannen das Interesse am Tauschhandel zu verlieren.

Kastilien! Das Wort wird zum Schlachtruf, der die Verzweiflung zur Empörung aufflammen läßt. Unter der Führung der Gebrüder Porras, zweier von der Krone bestellter Aufpasser, dringt man in die Kajüte des Admirals ein, und Francisco Porras herrscht ihn an: „Warum, Herr, unternehmt Ihr nichts, uns nach Hause zu bringen!"

Meuterei also. Columbus stellt die logische Gegenfrage: „Womit?"

Porras wendet sich schroff ab und schreit mit sich überschlagender Stimme: *„A Castilla, a Castilla!* Wer von euch folgt mir?" Etwa fünfzig der verbliebenen hundert Mann folgen ihm, besetzen mit der blanken Waffe das Deck, stoßen den auf seinen Krücken herbeihinkenden Admiral zur Seite, entwaffnen den ihm zu Hilfe eilenden Bruder und beginnen die Kanus zu bemannen, die Columbus in der letzten Woche den Indios abgekauft hat. Francisco Porras gibt den Befehl, die Nordostspitze der Insel anzusteuern, um von dort die Fahrt nach Hispaniola zu wagen.

Ein kopfloses Unternehmen, das ebenso kopflos endet. Von einem aufkommenden Sturm bereits nach vier Seemeilen gezwungen umzukehren, mußten sie, um die Einbäume leichter zu machen, ihre Ausrüstung über Bord werfen, ihre Vorräte und schließlich auch die zum Rudern mitgenommenen Indios, denen man, als sie versuchten, sich an den Bootsrändern festzuklammern, die Hände abhackte. Wieder an Land, zogen sie raubend und mordend durch die Siedlungen und langten schließlich, abgerissen, erschöpft, kleinlaut, bei den Schiffen an, wagten aber nicht, ihre Hütten auf den Decks zu beziehen.

Columbus war hier mit den ihm treu gebliebenen Männern in Hungersnot geraten, denn die Indios hatten seit Wochen keinen Fisch, keinen Laib Kassavebrot, nicht einmal eine Baumratte zum Tausch angeboten, und um selbst zu fischen oder zu jagen waren sie längst zu schwach. Sie aßen den Rest des Schiffszwiebacks, der so von Maden durchzogen war, daß sie ihn nur mit geschlossenen Augen hinunterbrachten, und warteten auf das Ende. „Gott aber verläßt die nicht, die sich ihm anvertrauen", lesen wir bei Fernando Colón, „und so machte ER dem Admiral kund, auf welche Weise er sich weiterhin alles beschaffen könnte."

Er ließ Columbus zu einem Buch greifen, das als einziges dem Schimmel widerstanden hatte. Es stammte von dem Deutschen Johannes Müller aus Nürnberg, unter dem Namen Regiomontanus in der wissenschaftlichen Welt berühmt, und enthielt unter dem Titel *Ephemeriden* astronomische Tafeln mit exakt vorausberechneten Zeiten und Örtern von Himmelskörpern. Beim Blättern fand Columbus eine für den 29. Februar 1504 vorhergesagte totale Mondfinsternis.

Durch Boten ließ er den Kaziken mitteilen, er wolle für sie ein großes Fest veranstalten. Als sie gekommen waren, „zufällig" war es gerade der Abend vor der Mondfinsternis, sagte er ihnen, der Gott der Christen würde ihnen den Mond wegnehmen, wenn sie seine Kinder weiterhin hungern ließen; sie sollten nur in den nächsten Stunden den Himmel beobachten.

„Unsere Götter sind stärker als der eurige, denn sie sind hier daheim", antworteten die Kaziken.

Als der Mond sich dann tatsächlich zu bedecken begann und langsam völlig verschwand, waren sie so entsetzt, daß sie den Admiral auf Knien anflehten, er möge seinen Gott bitten, ihnen den Mond wiederzugeben; sie würden dann auch wieder Fisch und Huhn, Kassavebrot und Jams bringen.

Columbus sagte: „Ich will es versuchen . . .", zog sich in seine Kajüte zurück und kam erst wieder an Deck, als damit zu rechnen war, daß der Mond in Kürze wieder aus dem Erdschatten heraustreten würde.

181

„Da dies geschah, während der Admiral zu ihnen redete", berichtet Augenzeuge Fernando, „erzeigten sie ihm großen Dank und lobten seinen Gott. Und sie gaben sich von nun an große Mühe, uns mit allem, wessen wir bedurften, gut zu versehen." Der Hunger hörte damit auf, aber das Warten nicht. Acht Monate waren seit der Abfahrt der Männer im Kanu vergangen – und keine Nachricht.

DIEGO DE MÉNDEZ, seinen Männern ein Vorbild und den Indios ein Freund, die Tugenden spanischer Edelleute vorlebend, erreicht nach zweiundsiebzig Stunden ununterbrochenen Ruderns die Felseninsel Navassa. Am nächsten Morgen geht er am Kap Tiburón an Land und macht sich, kaum daß er sich zwei Tage Erholung gegönnt hat, erneut auf die Reise, die Südküste Hispaniolas entlang bis zum unweit von Santo Domingo gelegenen Hafen Azua. Der Gouverneur, sagt man ihm dort, sei in das Land Xaraguá gezogen, um unter den Eingeborenen Frieden zu stiften; und Diego marschiert wieder zurück; durch den Dschungel über die Berge bis zum Kriegslager Ovandos, der, als er erfährt, daß der Genuese, den man längst aufgegeben hatte, immer noch am Leben ist, nur mühsam Haltung bewahrt, erscheint ihm doch die Gefahr groß, daß ein erfolgreicher Heimkehrer Colón wieder in seine Rechte als Vizekönig eingesetzt werden könnte.

Doch wenn man diesen Méndez lange genug hinhalten würde, bis Colón, der sterbenskrank darniederlag, sich nicht wieder erhob, dann wäre der Posten des Vizekönigs frei. Und genau das tat er. Diego de Méndez schrieb über seinen Zwangsaufenthalt: „Der Gouverneur behielt mich sieben Monate bei sich, bis er 84 Kaziken und mit ihnen Anacoana, die mächtigste Herrin der Insel, aufgehängt und verbrannt hatte. Nachdem dies geschehen war, begab ich mich zu Fuß nach Santo Domingo, das 70 Meilen entfernt war, und wartete auf Schiffe . . ."

Irgendwann muß Ovando unruhig geworden sein. Schuld wird eine Nachricht aus Spanien gewesen sein: Die Königin habe sich mehrfach nach dem Schicksal des Admirals erkundigt. So schickte er also eine kleine Karavelle, die von Diego de Escobar befehligt wurde, einem bewährten Columbusfeind, mit dem Auftrag los, die Lage in Santa Gloria auszukundschaften.

Was sich beim Erscheinen der Karavelle abgespielt hat, ist nur in dürren Worten überliefert worden. Anscheinend war es unbeschreiblich: der Schrei des Ausgucks, die Freudentänze an Deck, das Warten darauf, daß das Schiff näher käme – aber es kam nicht näher, es setzte nur ein Boot aus, der fremde Kapitän ging an Bord der *Capitana*, übergab ein Fäßchen Wein und eine Seite Speck, sprach in der *toldilla* längere Zeit mit dem Admiral, ließ sich zur Karavelle zurückrudern, die wieder am Horizont verschwand.

Die Männer bestürmten ihren Admiral. Er sagte, daß der Gouverneur sie grüße, sie aber um noch etwas Geduld bitten müsse, bis er über ein größeres Schiff verfüge, um sie alle abzuholen. Seine Worte weckten ihr Mißtrauen. Offensichtlich war Colón tatsächlich verbannt und durfte nicht zurück nach Hispaniola. Den Speck schickte er den Meuterern als ein Zeichen seines guten Willens und bot ihnen Amnestie an. Sie aber lehnten eine Unterwerfung ab und versuchten, sich in den Besitz der beiden Schiffe samt ihren Vorräten zu setzen. Es kam zu einem blutigen Gefecht, das die Indios mit Vergnügen beobachteten. Schließlich unterlagen die Meuterer dem taktischen Geschick des Bartolomeo Colombo, der außerdem die beste Klinge focht. Er ließ den Anführer Porras in Eisen legen und die anderen bei der heiligen Mutter Gottes schwören, von nun an seinem Bruder zu gehorchen.

Nach weiteren sechs Wochen traf endlich das Rettungsschiff ein und nahm alle Überlebenden, etwa hundert waren es noch, an Bord. Diego Méndez hatte mittels einflußreicher Columbusanhänger den Gouverneur so lange unter Druck gesetzt, bis er eine Karavelle zur Verfügung stellte; wenn auch eine mit gebrochenem Mast, verrotteten Segeln und morschen Planken. Zwar brauchten Columbus und seine Leute sechseinhalb Wochen, bis sie Santo Domingo erreichten, aber sie erreichten es.

Ovando empfing den Admiral mit überströmender Freundlichkeit, räumte für ihn sogar das eigene Haus. „Es war der Kuß des Skorpions", notierte Fernando Colón, „denn es zeigte sich bald, wie heuchlerisch sein Verhalten war. Befreite er doch sofort Francisco Porras, den Anführer der Meuterer, und schickte sich an, diejenigen zu bestrafen, die ihn gefangengesetzt hatten."

Am 12. September 1504 trat der Genuese die Heimreise an,

183

die letzte Seereise, mit einem Schiff, verrottet wie das, das ihn von Jamaika nach Hispaniola gebracht hatte. Nach 56 Tagen, an einem trostlosen grauen Novembertag, machte er an der Reede von San Lúcar de Barrameda fest. Daß niemand ihn begrüßte nach über zweieinhalbjähriger Odyssee, traf ihn wie ein Schlag. Die Menschen sahen ihn, wenn sie ihn überhaupt beachteten, als einen Gescheiterten. Er hatte die ihm anvertrauten Schiffe, vier an der Zahl, verloren und viele seiner Männer dazu. Die Meerenge hatte er auch nicht gefunden.

Er ging nach Sevilla, mietete sich ein Landhaus und verbrachte seine Tage damit, Briefe zu schreiben. An seine Verwandten, an die Minister, an den König selbst, an alte Freunde, von denen er glaubte, daß sie noch Freunde waren. Es waren Mahnbriefe, Klagebriefe, Beschwerdebriefe, Bittbriefe. Im Grunde stand immer das gleiche darin: Warum wurde er nicht wieder in seine Rechte als Vizekönig eingesetzt? Was war mit dem Zehntel, das ihm aus den Erträgen der Neuen Welt zustand, und dem Achtel aus den eigenen Handelsunternehmungen und dem Drittel als Admiral der Weltmeere? Hatte man vergessen, daß er alles schwarz auf weiß besaß in seinem Vertrag von 1492?

Jeden Tag fertigte er einen Kurier ab nach Segovia, wo die Herrscher im alten Maurenschloß residierten. Nur bei ihm meldete sich niemand vom Hof.

Gewiß, die Königin, seine Königin, lag auf den Tod darnieder, und die Sorge um die Nachfolge überschattete alles am Hof. Tochter Johanna zeigte die ersten Symptome ihrer Krankheit, des Wahnsinns. Dennoch glaubte er, daß der König ihn an das Sterbebett bitten würde, auf daß er ihr, seiner lebenslangen Gönnerin, noch einmal die Hand küsse. Doch sie hatte den alten Mann mit seinen ewigen Vorwürfen satt.

Einer der Gäste, die Columbus damals in seinem Landhaus in Sevilla empfing, war Amerigo Vespucci, ein Landsmann aus Florenz, der als Angestellter eines Handelshauses bei der Ausrüstung der Schiffe für die dritte Reise tätig gewesen und selbst, unter anderen mit Alonso Hojeda, auf Entdeckungsreisen in die Neue Welt gegangen war.

Vespucci berichtete über seine Reisen und Entdeckungen zuerst an seinen Geschäftsherrn de' Medici in einem Brief, der später als eine Art Flugblatt unter dem Titel *Mundus Novus* erschien. Ausführlicher wurde er dann in seinen *Quatuor Navigationes*, ebenfalls in Form von Briefen, gerichtet an den Gonfaloniere von Florenz, Piero Soderini. Was da geschrieben stand, war nicht in trockenem Gelehrtenton gehalten, sondern interessant, informativ und pikant.

Vespucci übertrieb nicht bei seiner Ankündigung, wunderbare Dinge zu erzählen aus einer Welt, die gerade jetzt ans Licht getreten sei. Einen kleinen Schönheitsfehler gab es, waren doch die wunderbaren Welten bereits vorher von einem anderen entdeckt worden – Christoph Columbus –, aber das fiel keinem groß auf. *Mundus Novus* lautete der Titel der ersten kleinen Schrift deshalb, weil der Autor darin die Meinung vertrat, es handele sich bei dem neuen Land nicht um Asien, sondern um einen bisher unbekannten Kontinent, um eine Neue Welt.

Columbus hat die 1503 und 1504 erschienenen Schriften gewiß gekannt und müßte empört gewesen sein, daß man ihm darin das Recht des Erstentdeckers streitig machte und sein Asien einfach als einen neuen Kontinent bezeichnete. Der Florentiner blieb dennoch für ihn ein Ehrenmann.

Vielleicht wäre er etwas kritischer gewesen in der Beurteilung der Vespucci-Berichte, hätte er geahnt, welche Ungeheuerlichkeit die insgesamt 32 Blätter einst bewirken würden. Das Ganze begann in St-Dié, einem Vogesenstädtchen im Herzogtum Lothringen, regiert von einem Serenissimus namens René II., der hier einer kleinen Akademie, *Gymnasium Vosgianum* genannt, seine Förderung angedeihen ließ. Unter den Mitgliedern gab es den Drucker Gauthier Lud, den Dichter Matthias Ringmann, den in den alten Sprachen kundigen Jean Basin und den Geographen und Kartographen Martin Waldseemüller.

In gemeinsamer Arbeit brachten sie 1507 ein Buch heraus, das einen ellenlangen lateinischen Titel trug. Ins Deutsche übersetzt, lautet er: *Einführung in die Kosmographie mit den dazu nötigen Grundprinzipien der Geometrie und Astronomie, inklusive der vier Reisen des Amerigo Vespucci und einer Karte des Weltalls sowohl in flacher als in Globusform von all jenen Teilen, die Ptolemäus unbekannt gewesen und in jüngster Zeit entdeckt wurden.*

185

Ein wichtiges und notwendiges Werk. Es brachte die Kosmographie des seit Jahrhunderten als unangreifbare Autorität geltenden Ptolemäus endlich auf den neuesten Stand. Kaiser Maximilian II. fand die von dem Genuesen entdeckten Westindischen Inseln unter der Bezeichnung Asiae pars verzeichnet, Columbus' Namen aber hat er vergeblich gesucht. Dafür war der des Vespucci um so nachdrücklicher erwähnt: „Die Erdteile der Alten Welt sind bekanntlich genauer erforscht, ein anderer vierter Teil aber ist durch Amerigo Vespucci entdeckt worden." Nun kommt der entscheidende Satz, den man Waldseemüller zuschreibt: „Ich sehe nicht ein, warum man diesen Teil nicht nach seinem Entdecker nennen sollte, denn er ist gleichsam Amerigos Land oder einfach America." Auch auf der betreffenden Karte fand sich die Bezeichnung America.

Der Name setzte sich bald durch. Er hatte Klang, paßte zu Europa und Asia (was ja auch weibliche Namen waren), und so fand er in jeder geographischen Neuerscheinung Eingang. Die Kartographen spürten keine Skrupel, ihn mit großen Lettern auf den bis dahin entdeckten Teil Südamerikas einzutragen. Meldete sich kein Protest innerhalb der Gelehrtenzunft, daß hier der wahre Entdecker um seinen Ruhm gebracht wurde? Nein; die meisten hatten den Genuesen samt seinen Phantastereien über den Großkhan, über Cathay und Cipangu so ziemlich vergessen. Die Zeit brachte Jahr für Jahr neue Entdecker zu neuem Ruhm: Vasco da Gama, Núñez de Balboa, Cortés, Pizarro, Magellan.

Nur einer brachte seine Empörung zum Ausdruck, als er, von einer seiner Westindienreisen zurückkehrend, die *Cosmographiae Introductio* in die Hand bekam: Las Casas. Er fand nicht nur den durch nichts gerechtfertigten Namen *America*, sondern auch ein falsches Datum. Vespuccis Reise mit Hojeda von 1499, auf der er den neuen Kontinent betrat, war auf 1497 vordatiert worden! Womit Vespucci als ein hinterlistiger Betrüger, als einer, der die Lorbeeren eines anderen stahl, entlarvt war. So sah es Las Casas, und seine Ansicht teilten in späterer Zeit viele Columbus-Anhänger. Inzwischen weiß man, daß der Florentiner nicht betrogen, sondern lediglich grob fahrlässig gehandelt hat. Jedenfalls hat er sich nie bemüht, Licht in das Dunkel der Publikationen zu bringen und sich zu distanzieren. Amerika blieb

Amerika und wurde nicht zu Columba, wie Las Casas vorgeschlagen hatte.

Einen welthistorischen Scherz von grausamer Ironie hat Friedrich Ratzel, ein bedeutender deutscher Geograph und Völkerkundler, diese Namensgebung genannt. Salomonischer erscheinen uns die Worte Stefan Zweigs in seiner *Geschichte eines historischen Irrtums,* wonach Columbus Amerika entdeckt, aber nicht erkannt, Vespucci es nicht entdeckt, aber erkannt habe.

Doch zurück in das Jahr 1504 und in das stille Haus im Sevillaner Stadtteil Santa María. Columbus gab nicht auf: Der König mußte ihn einfach empfangen! Und wenn er nichts für ihn tun wolle, dann solle er wenigstens den Männern der *Capitana,* der *Viscaína,* der *Santiago,* der *Gallega,* die für Spanien durch unendliche Gefahren gegangen waren, die Heuer nachzahlen. Für sechs Monate lediglich hatten sie Lohn bekommen, zweiunddreißig Monate aber waren sie unterwegs gewesen. Er selbst habe schon Kredite aufnehmen müssen, um sie und ihre Angehörigen über Wasser zu halten – und reich sei er gerade nicht.

Arm war er aber auch nicht. Das Gold, das er aus Veragua mitgebracht, und die Barren auf dem einzigen vor dem damaligen Hurrikan geretteten Schiff und die Kiste mit Bargeld, die Ovando ihm hatte aushändigen müssen, ergaben nach heutigem Geld weit über eine Million Mark. Das Bild des hungernden, verarmten, von allen verlassenen Genies ist gängig in der Geschichte der großen Männer, im Falle des Genuesen erweist es sich als falsch.

Der Winter kam früh in diesem Jahr. Durch die Straßen fegten eisige Stürme. Der Gichtkranke kroch ans Feuer, wärmte die Hände so lange, bis sie ihm beim Schreiben wieder gehorchten. Ganze Seiten bedeckte er mit Kalkulationen, Kostenvoranschlägen. Was zum Beispiel würde die Eroberung des Heiligen Landes, die Befreiung des Grabes Christi in etwa kosten?

„Gold und Gott, diese Mächte lassen ihn nicht los, und wenn wir die letzten Monate seines Daseins verfolgen, hören wir immer wieder von Gott, den er anfleht . . ., und vom Gold, das wie ein Dämon ihn fesselt . . .“ (Goldschmitt-Jentner)

Ende November 1504 schlug endlich ein königlicher Bote mit seinem Stab an die Pforte. Er brachte nicht die ersehnte Einladung nach Segovia, seine Botschaft lautete vielmehr: „Die Königin ist tot." Columbus wird geahnt haben, wen er mit ihr verloren hatte: eine Frau, die seine Idee als erste erkannt, die ihn ermutigt, die den Glauben an ihn nie aufgegeben hatte. Man berichtet, daß er lange geweint habe. „Bete zu unserem Herrgott, er möge der Königin gute Gesundheit schenken", hatte er noch unlängst an den Sohn Diego geschrieben. „Denn ohne sie stürzt alles, was bisher aufgebaut wurde."

Diesen Sturz aufzuhalten war er trotz der scheinbaren Hoffnungslosigkeit fest entschlossen. Immer wieder ermahnte er seine Vertrauensleute am Hof, zu denen neben dem Sohn der Bischof Deza gehörte, ein Förderer aus längst vergangenen Tagen. Irgendwann mußte der König eingesehen haben, daß er um eine Audienz nicht herumkommen würde. „Möge er also in Gottes Namen kommen", beschied er dem Mann aus Genua.

Columbus entschloß sich, die 500 Kilometer lange Strecke von Sevilla nach Segovia auf einem *mulo* zu bewältigen. Das Maultier ist dem Pferd überlegen durch Anspruchslosigkeit, Ausdauer und, vor allem, den sicheren, sanften Tritt. Die andalusischen Pferdezüchter hatten aber gerade, um den Absatz ihrer Tiere besorgt, ein Gesetz durchgebracht, das das Reisen per Roß zwingend vorschrieb. Es sei denn, man besaß die Erlaubnis des Königs, ein Muli zu benutzen. Ehe Columbus diesen Schein endlich hatte, vergingen Wochen, und so erreichte er Segovia erst im Juli 1505.

Der König empfing ihn im Thronsaal des Alcázar mit dem ihm eigenen Charme, schenkte ihm eigenhändig Wein ein, hörte sich die Klagen an, die Beschwerden, die Forderungen, sagte wenig und tat nichts. Ferdinand hatte seine Meinung nicht geändert, wonach Verträge à la Santa Fé zwar gehalten werden müssen, man sie aber auflösen könne, wenn die Geschäftsgrundlage sich „in grundstürzender Weise" geändert habe.

Schließlich setzte er einen Ausschuß ein, was schon immer die eleganteste Art war, Dinge im Sande verlaufen zu lassen. Diego de Deza, nunmehr Erzbischof von Sevilla, führte den Vorsitz und machte nach langen Verhandlungen einen Vorschlag zur Güte: Wolle der verehrte Don Cristóbal Colón auf seine hochdotierten vizeköniglichen Rechte Verzicht leisten beziehungsweise seine Prozente weitestgehend mäßigen, darüber hinaus auch keinen Anspruch mehr auf den Rang eines Vizekönigs erheben, würde man ihm Carrión de Los Condes überantworten, eine westlich von Burgos gelegene Lehnsherrschaft, bekannt durch ihre guten Erträge, geeignet also, einem hochverdienten Greis als *buen retiro* zu dienen. Der Erzbischof appellierte gleichzeitig an Colóns Vernunft.

Der aber war nicht vernünftig. Zäh bestand er auf seinen Forderungen, folgte dem Hof trotz höllischer Schmerzen von Segovia nach Salamanca, von Salamanca nach Valladolid. In der alten Residenzstadt der kastilischen Könige, in der einst Isabella und Ferdinand getraut worden waren, besaß seine Familie ein bescheidenes Haus. Dorthin zog er sich damals zurück, krank und gebrechlich zwar, doch wachsam genug, die Entwicklung am Hof zu verfolgen.

Als er erfuhr, daß Johanna nach Spanien gekommen war, um den seit dem Tod Isabellas verwaisten Thron Kastiliens einzunehmen, keimte noch einmal Hoffnung in ihm auf: Wenn sie eine würdige Tochter ihrer Mutter war, würde sie ihm ihre Gunst nicht versagen. Er war aber zu schwach, um nach La Coruña zu reisen, wo sie mit ihrem Gemahl Philipp dem Schönen von Bord des flandrischen Schiffes gegangen war. So schickte er seinen Bruder Bartolomeo, der neuen Königin in seinem Namen zu huldigen und ihr zu versichern, daß er trotz der Krankheit, die ihm derzeit so grimmig zusetze, sehr wohl imstande sei, ihr Dienste von unsagbarem Wert zu leisten. Er hat gewiß an das geglaubt, was er hier versprach. Johanna glaubte ihm nicht. Seine Kraft zu kämpfen schwand nun mit jedem Tag.

An Columbus' Sterbebett stand Diego Colón, der Sohn aus der Ehe mit der Portugiesin Felipa de Perestrello. Als Universalerbe besaß er die Rechte über den Besitz des Vaters und seine Privilegien, aber auch die Pflichten, für die Verwandten zu sorgen, das Erbgut zu mehren und, vor allem, die Krone zur Anerkennung der der Familie zustehenden Drittel, Achtel und Zehntel zu bewegen. In Gegenwart des Notars befahl er ihm nun, für „Beatriz Enríques, die Mutter meines Sohnes Fernando, Sorge zu tragen". Die Schulden möge er bezahlen, die in Genua noch anhängig waren bei der Bank von San Giorgio, auch die, welche der Vater Domenico einst gemacht hatte.

Diego hat die Pflichten erfüllt und sogar einen Prozeß gegen die Krone angestrengt, der sich über viele Jahrzehnte hinzog. Was die Richter ihm in den *pleitos* großenteils versagten, brachte ihm eine Heirat. Er ehelichte Doña María de Toledo y Rochas, die über ihren Onkel, den Herzog von Alba, mit dem Königshaus verwandt war. Ferdinand konnte nun nicht umhin, ihn als Nachfolger des Gouverneurs Ovando nach Hispaniola zu entsenden; mit eingeschränkten Rechten zwar, doch mit der Gewährung der Gewinne aus diesem Amt. 1520 wurde er sogar zum Vizekönig ernannt. Er baute sich auf dem rechten Ufer des Ozama den heutigen Alcázar de Colón, eine prachtvolle Residenz.

Nach Diegos Tod im Jahr 1526 war Doña María klug genug, der endlosen Prozessiererei ein Ende zu bereiten und in einen Vergleich einzuwilligen. Er bestand aus der Gewährung einer erblichen Rente im Wert von 34,8 Kilogramm Gold pro Jahr und der Belehnung ihres ältesten Sohnes Don Luís mit dem in Mittelamerika gelegenen Herzogtum Veragua. Luís sollte sich weder des Titels noch seines Erbes würdig erweisen.

Auch Don Fernando erhielt von seinem sterbenden Vater den Segen. Aus dem damals Siebzehnjährigen wurde ein angesehener Gelehrter, der auf seinen Reisen durch Europa Tausende von Büchern sammelte, die als *Biblioteca colombina* zur Fundgrube der Wissenschaftler wurde. Das wertvollste Buch hat er, wie wir wissen, selber verfaßt, *Vida del Almirante*, die Lebensgeschichte des Admirals der Weltmeere.

Auf Bartolomeo, den bis zur Selbstaufgabe getreuen Bruder, wartete der Todkranke so sehnlich wie vergeblich. Er war noch nicht zurückgekehrt von seiner vergeblichen Mission nach La Coruña. Später ging er wieder dorthin, wo er die härteste, aber auch schönste Zeit seines Lebens verbracht hatte, nach Westindien, und man belohnte ihn für seine Verdienste mit der zwischen Hispaniola und Puerto Rico gelegenen Insel Mona.

Diego Méndez und Bartolomeo Fieschi, die das Himmelfahrtskommando mit ihren Kanus übernommen hatten, waren zugegen, als Christoph Columbus mit der Letzten Ölung versehen wurde. Er starb mit den Worten: *In manus tuas, Domine, commendo spiritum meum*. Die Todesursache war, wie Fernando schrieb, der Gram und die Gicht.

Kein Vertreter der Krone folgte dem Sarg, geschweige denn, daß ein Staatsbegräbnis angeordnet worden wäre. Die Chronik von Valladolid fand den Tod des Entdeckers nicht erwähnenswert. Im Sterberegister vom 20. Mai 1506 fehlt sein Name. Es erschien keine amtliche Würdigung oder ein Nachruf. Sie brachten ihn in die Krypta der Klosterkirche des Ordens, dem er sein Leben lang verbunden war. Zu seinen Füßen lagen die eisernen Ketten, mit denen man ihn auf Hispaniola gefesselt hatte.

Der in seinem Leben Unbehauste fand in seinem Grab keine Ruhe. Sieben Jahre nach seinem Begräbnis stiegen die Mönche unter Führung Diego Colóns in die unterirdische Stätte, bargen den Sarg und brachten ihn nach Sevilla, wo er im Kloster *Nuestra Señora Santa María de las Cuevas* erneut beigesetzt wurde. Das Kartäuserkloster konnte nur Zwischenstation sein, hatte er doch als einen letzten Wunsch geäußert, im Tod wieder dort zu weilen, wohin es ihn als Lebenden magisch gezogen hatte: nach Hispaniola. Wo aber gab es dort eine ihm würdige Ruhestätte? Die große Kathedrale, *Santa María la Menor*, heute der Stolz Santo Domingos, war noch unvollständig, und als sie endlich fertiggestellt war, weigerte sich der Bischof, die sterblichen Reste des Entdeckers am Hochaltar bestatten zu lassen.

María de Toledo y Rochas wandte sich an Kaiser Karl V. und erwirkte einen Erlaß, dem der Bischof sich endlich beugen mußte. Der Sarg von Columbus wurde wieder aus seiner Gruft gehoben und an Bord einer Karavelle gebracht. Columbus trat noch einmal die Reise an, die ihn 1492 nach „Indien" geführt hatte. Eine Urkunde aus dem Jahre 1549 besagt, daß seine Gebeine rechts neben dem Hochaltar „die letzte Ruhestätte" gefunden hatten. Es sollte nicht die letzte sein.

Zum Ende des 18. Jahrhunderts drangen die Franzosen, die den westlichen Teil Hispaniolas schon seit geraumer Zeit besetzt gehalten hatten, in den östlichen vor und zwangen die Spanier zu Abzug und Verzicht. Sollen sie die Insel haben, mag sich der Admiral d'Artibazel gedacht haben, Cristóbal Colón bekommen sie nicht!

In aller Eile öffnete man die Gruft, legte die Gebeine in einen mit Gold verzierten Bleisarg und überführte sie nach Havanna,

191

wo sie im dortigen Dom zum viertenmal bestattet wurden. Hundert Jahre später brach aus dem einst so gewaltigen Überseereich Spaniens auch Kuba heraus. Spanischer Stolz duldete es wiederum nicht, daß die heiligen Reste Fremden überantwortet wurden. Noch einmal überquerte Columbus den Ozean; diesmal mit einem Schiff, das den Wind nicht mehr brauchte. Sein Ziel war Sevilla.

Millionen von Menschen aus aller Welt haben seit damals vor dem Grabmonument in der spätgotischen Kathedrale gestanden. In den neueren Reiseführern haben sie den irritierenden Zusatz lesen müssen: „. . . liegen die sterblichen Überreste aber in Santo Domingo." Und wer unter ihnen vorher in Santo Domingo gewesen ist, wird vor einem zweiten Columbusgrab gestanden haben.

Wo liegt der Entdecker Amerikas nun wirklich?

Anfang Dezember 1877 stießen Arbeiter bei Ausbesserungsarbeiten in der Kirche *Santa María la Menor* auf eine bis dahin unbekannte Grabkammer mit einem Bleisarg, der menschliche Gebeine enthielt. Die hinzugezogenen Spezialisten fanden auf dem Deckel des Sargs, auf den Außen- und Innenwänden Abbreviaturen, die als *Descubridor de la América, primero Almirante* – Der Entdecker Amerikas, der erste Admiral – gedeutet wurden. Auch aus einem zwischen den Knochen gefundenen Silberplättchen ging hervor, daß hier die Überreste des *Ilustre Cristóbal Colón* lagen. Letzte Zweifel beseitigte eine auf dem Boden des Sargs liegende Bleikugel. „Meine alte Wunde brach wieder auf", hatte Columbus auf seiner vierten Reise an die Monarchen geschrieben. Die Wunde muß er sich als junger Mann bei einem Seegefecht zugezogen haben, und der Wundarzt hatte es nicht gewagt, die Kugel herauszuoperieren.

Welchen Sarg hatten aber dann die Spanier 1795 nach Havanna mitgenommen? Den falschen. Denn neben der Grabkammer lag eine zweite, eine leere, und dort hatte der Sarg des gleichfalls in der Kathedrale bestatteten Don Diego gelegen. Das jedenfalls meinten die Experten aus der Dominikanischen Republik. Die Autoritäten aus Spanien bezeichneten den Fund als eine Fälschung, wobei sich einer der nach Santo Domingo entsandten Experten nicht einmal die Mühe machte, Sarg und

Gebeine zu untersuchen. Denn das war seiner Meinung nach auch nicht nötig. Der Leichnam hätte das Kloster Las Cuevas nämlich gar nicht verlassen können! Weil der Guadalquivir in jenem Jahr das Grabgewölbe unter Wasser gesetzt hatte.

Der Streit darum, ob die Überreste nun die des Vaters Christoph, des Sohnes Diego oder gar des Enkels Luís seien, bekam 1959 Auftrieb, als Charles Goff, Professor für orthopädische Chirurgie an der Yale-Universität, die Skelettreste wochenlang untersuchen durfte. Das Ergebnis: „Knochen zugehörig einem Mann zwischen 55 und 66, kräftiger, muskulöser Körperbau, etwa 1,73 m, zog einen Fuß leicht nach, litt an Gelenkrheumatismus, Tod durch Herzschwäche." Erkenntnisse, die eindeutig auf den Entdecker Amerikas hinwiesen. Eines allerdings irritierte den Professor: Das Skelett war nicht vollständig. Lagen die fehlenden Teile vielleicht in Sevilla? Eine genaue Untersuchung der dortigen *restos* wurde ihm zwar verweigert, doch konnte er immerhin ermitteln, daß in der andalusischen Hauptstadt jene Knochen lagen, die dem Skelett in Santo Domingo fehlten.

Beide Stätten können demnach für sich beanspruchen, das wahre Columbusgrab zu beherbergen. Darüber sind weder die Spanier noch die Einwohner Santo Domingos besonders glücklich. Vielleicht sollten sie sich an die Worte des Thukydides erinnern, des weisen griechischen Historikers, der lakonisch bemerkte: „Großer Männer Grabmal ist die ganze Welt; denn sie leben im Gedächtnis eines jeden . . ."

1451	Zwischen dem 25. 8. und dem 31. 10. wird Cristoforo Colombo in Genua geboren.
1465	Columbus heuert als Schiffsjunge an.
1469	Ferdinand V. von Aragón heiratet Isabella von Kastilien.
1474	Isabella I. wird Königin von Kastilien.
1476	Columbus strandet nach einer Schiffshavarie an der portugiesischen Küste und geht nach Lissabon.
1477	Columbus läßt sich in Lissabon als Agent eines genuesischen Handelshauses nieder.
1479	Columbus studiert Marco Polos Berichte und entwickelt die Idee, den westlichen Seeweg nach Indien zu suchen. Eröffnung einer Werkstatt für Portolankarten. Heirat mit der adeligen Felipa Perestrello y Moniz. Umzug auf die Insel Porto. Ferdinand V. wird König von Aragón. Er vereinigt zusammen mit Isabella sein Land und Kastilien, womit der spanische Nationalstaat begründet wird.
1480	Geburt von Columbus' erstem Sohn Diego
1482	Columbus wendet sich mit seinem Expeditonsplan an König João von Portugal. Abschlägiger Bescheid
1486	Columbus flieht mit seinem Sohn Diego ins Kloster La Rábida. Erhält Ende April eine Audienz bei Königin Isabella.
1490	Der Talavera-Ausschuß lehnt Columbus' Plan der Erkundung eines westlichen Seewegs nach Indien ab.
1491	Im Herbst erhält Columbus eine günstigere Beurteilung.
1492	Granada fällt an die spanische Krone. Am 17. 4. erhält Columbus den Vertrag für die Ausrüstung seiner Reise.

1492	Am 3. 8. um 4.45 Uhr laufen die *Pinta*, *Niña* und die *Santa María* aus dem Hafen von Palos aus. Am 12. 10. sichtet Columbus die Insel San Salvador, die er in Besitz nimmt. Am 28. 10. erreicht er Kuba, am 24. 12. Hispaniola (Haiti).
1493	Am 4. 1. tritt Columbus die Rückreise an und läuft am 15. 3. in Palos ein. Im April im Triumphzug nach Barcelona. Am 25. 9. bricht Columbus zur zweiten Reise auf, erreicht am 22. 11. Hispaniola.
1494	Columbus läßt die Mannschaft beeiden, daß Asien gefunden ist. Auf Hispaniola beginnen sich die Indios zu wehren.
1495	Ende Februar erreichen versklavte Indios Spanien. Es formiert sich Widerstand gegen Columbus.
1496	Am 1. 3. kehrt Columbus nach Spanien zurück.
1498	Am 30. 5. bricht Columbus von Sevilla aus zur dritten Reise auf und betritt am 5. 8. am Orinoko Land.
1500	Columbus wird verhaftet und nach Spanien gebracht.
1502	Am 9. 5. bricht Columbus zur vierten Reise auf. Er erreicht schließlich Veragua, wo er Gold findet.
1503	Nach großen Schwierigkeiten tritt Columbus am 12. 9. die Heimreise an.
1504	Tod der Königin Isabella am 26. 11.
1505	Columbus wird ein Lehen in Burgos angeboten, das er ablehnt.
1506	Columbus stirbt am 21. 5. in Valladolid.
1507	Auf der Weltkarte erscheint zum erstenmal der Name „Amerika".

Marie Antoinette

Eine Kurzfassung des Buches von

Stefan Zweig

Mit zahlreichen Abbildungen

Marie Antoinette, die bezaubernde Tochter der öster-
reichischen Kaiserin Maria Theresia, ist gerade fünf-
zehn Jahre alt, als sie mit dem französischen Kron-
prinzen verheiratet wird. Als Gemahlin Ludwigs XVI.
wird die junge Königin bald für ihre überaus kostspie-
ligen Vergnügungen bekannt: teure Kleider und wert-
voller Schmuck, aufwendige Theaterinszenierungen
und ein verschwendungssüchtiges Gefolge verschlin-
gen Unsummen. Zu spät erkennt Marie Antoinette,
daß das unter unmenschlichen Belastungen leidende
Volk nicht länger schweigt, sondern sich im Jahr 1789
anschickt, die Herrschaftsverhältnisse gewaltsam zu
verändern . . .
Der 1881 geborene Schriftsteller Stefan Zweig er-
langte mit seinen kulturhistorischen Biographien über
Joseph Fouché, Maria Stuart, Magellan und Marie
Antoinette Weltruhm. Verzweifelt über die Zerstörung
seiner „geistigen Heimat Europa", nahm er sich nach
seiner Emigration am 23. Februar 1942 in Brasilien
das Leben.

Ein Kind wird verheiratet

JAHRHUNDERTELANG haben Habsburg und Bourbon auf Dutzenden deutscher, italienischer, flandrischer Schlachtfelder um die Vorherrschaft Europas gerungen; endlich sind sie müde, alle beide. In zwölfter Stunde erkennen die alten Rivalen, daß ihre unersättliche Eifersucht nur andern Herrscherhäusern den Weg freigekämpft hat. Wäre es nicht besser, so beginnen sich die Herrscher Frankreichs und Österreichs und ihre Diplomaten zu fragen, man schmiedete ein Bündnis? Und damit es sich dauerhaft und nicht bloß als Atempause zwischen zwei Kriegen bewähre, schlagen sie vor, die beiden Dynastien Habsburg und Bourbon sollen sich durch Blut binden.

Als natürlichste Verknüpfung bleibt, den heranwachsenden Dauphin, den Enkel Ludwigs XV., mit einer Tochter Maria Theresias zu verloben. 1766 kann die damals elfjährige Marie Antoinette bereits als ernstlich vorgeschlagen gelten; der österreichische Botschafter schreibt am 24. Mai an die Kaiserin: „Der König hat sich in einer Art und Weise ausgesprochen, daß Eure Majestät das Projekt schon als gesichert betrachten können." Aber ein Jahr, ein zweites, ein drittes, und Maria Theresia, nicht mit Unrecht argwöhnisch, fürchtet, ihr ungemütlicher Nachbar, Friedrich von Preußen, werde diesen Plan durchkreuzen; so wendet sie alle Liebenswürdigkeit, Leidenschaft und List an, um den französischen Hof aus dem halben Versprechen nicht mehr herauszulassen. Mehr Kaiserin als Mutter, mehr auf die Mehrung der „Hausmacht" bedacht, läßt sie sich auch durch die warnende Mitteilung ihres Gesandten nicht abhalten, die Natur habe dem Dauphin alle Gaben versagt: Er sei von sehr beschränktem Verstand, höchst ungeschlacht und völlig gefühllos.

Das ahnungslose Unterpfand dieses wichtigen Staatsgeschäftes, die elfjährige, die zwölfjährige, die dreizehnjährige Toinette,

199

zart gewachsen, anmutig, schlank und unbezweifelbar hübsch, tollt und spielt unterdessen mit Schwestern und Brüdern und Freundinnen temperamentvoll in den Zimmern und Gärten von Schönbrunn; mit Studien, Büchern und Bildung befaßt sie sich wenig. Mit Schrecken bemerkt eines Tages Maria Theresia, die sich bei der Fülle der Staatsgeschäfte nie um ein einzelnes Stück ihrer Kinderherde sorgfältig bekümmern konnte, daß die zukünftige Königin von Frankreich mit dreizehn Jahren weder Deutsch noch Französisch richtig zu schreiben versteht und nicht einmal mit den oberflächlichsten Kenntnissen in Geschichte und allgemeiner Bildung behaftet ist; mit den musikalischen Leistungen steht es nicht viel besser, obwohl kein Geringerer als Gluck ihr Klavierunterricht gab. In zwölfter Stunde soll jetzt das Versäumte nachgeholt, die verspielte und faule Toinette zur gebildeten Dame herangezogen werden. Hastig werden neue diplomatische Verhandlungen eingeleitet, denn Versailles betrachtet die Erziehung der vorgeschlagenen Braut des Dauphins bereits als eigene Angelegenheit, und ein Abbé Vermond wird als Erzieher nach Wien gesandt.

Von ihm besitzen wir die ersten verläßlichen Berichte über die dreizehnjährige Erzherzogin. Er findet sie reizend und sympathisch: „Mit einem entzückenden Antlitz vereint sie alle erdenkbare Anmut der Haltung, und wenn sie, wie man hoffen darf, etwas wächst, wird sie alle Reize haben, die man für eine hohe Prinzessin wünschen kann. Ihr Charakter und ihr Gemüt sind ausgezeichnet." Bedeutend vorsichtiger äußert sich jedoch der brave Abbé über die tatsächlichen Kenntnisse und die Lernfreude seiner Schülerin. Verspielt, unaufmerksam, ausgelassen, von einer quecksilberigen Munterkeit, hat die kleine Marie Antoinette trotz leichtester Auffassung nie die geringste Neigung gezeigt, sich mit irgendeinem ernsten Gegenstand zu beschäftigen. „Sie hat mehr Verstand, als man lange bei ihr vermutet hat, doch leider ist dieser Verstand bis zum zwölften Jahr an keine Konzentration gewöhnt worden. Ein wenig Faulheit und viel Leichtfertigkeit haben mir den Unterricht bei ihr noch erschwert . . . So sah ich schließlich ein, daß man sie nur erziehen kann, indem man sie gleichzeitig unterhält."

Schon in der Dreizehnjährigen liegt die ganze Gefahr dieses

Charakters völlig zutage. Aber am französischen Hofe wird seit der Mätressenwirtschaft die Haltung einer Frau mehr geschätzt als ihr Gehalt; Marie Antoinette ist hübsch, sie ist repräsentativ und anständigen Charakters – das genügt, und so geht denn endlich 1769 das lang ersehnte Schreiben Ludwigs XV. an Maria Theresia ab, in dem der König feierlich um die Hand der jungen Prinzessin für seinen Enkel, den zukünftigen Ludwig XVI., wirbt und als Termin der Heirat die Ostertage des nächsten Jahres vorschlägt.

Auf beiden Seiten wird, obwohl Frankreich wie Österreich Sparsamkeit bitter nötig hätten, die Hochzeit auf höchsten Pomp und Prunk gestellt. Die Zeremonienmeister arbeiten wie die Galeerensträflinge über Fragen des Vortritts und der Hofzulässigkeit. Das Palais der französischen Gesandtschaft in Wien erweist sich als zu klein für die fünfzehnhundert Gäste; Hunderte von Arbeitern errichten in fliegender Eile Anbauten. Für den Dauphin und den königlichen Hof werden neue Paraderöcke angeschafft und mit kostbaren Juwelen durchstickt; mit gleichem Luxus bereitet Maria Theresia den Trousseau* ihrer Tochter.

Endlich trifft der Gesandte Durfort als Brautwerber in Wien ein, herrliches Schauspiel für die leidenschaftlich schaulustigen Wiener: Achtundvierzig sechsspännige Karossen rollen langsam und gravitätisch durch die bekränzten Straßen zur Hofburg, darunter zwei Reisewagen von noch nie dagewesener Pracht: köstliches Holz und schimmernde Gläser, innen mit Samt ausgeschlagen, außen mit Malereien verschwenderisch geschmückt, von Kronen überwölbt.

Von dieser Stunde an reiht sich Fest an Fest: öffentliche Werbung, feierlicher Verzicht Marie Antoinettes auf ihre österreichischen Rechte vor Evangelium, Kruzifix und brennenden Kerzen, Gratulationen des Hofes, der Universität, Parade der Armee und Ball im Belvedere für dreitausend Personen, endlich am 19. April die Eheschließung per procurationem** in der Augustinerkirche, bei der Erzherzog Ferdinand den Dauphin vertritt.

---

* *Aussteuer*
** *Eheschließung mit einem Stellvertreter*

Dann noch ein zärtliches Familiensouper und am 21. feierlicher Abschied, letzte Umarmung. Und durch ein ehrfürchtiges Spalier fährt in der Karosse des französischen Königs die gewesene Erzherzogin von Österreich, Marie Antoinette, ihrem Schicksal entgegen.

Der Abschied von ihrer Tochter war Maria Theresia schwer geworden. Jahre und Jahre hat die alternde, abgemüdete Frau diese Heirat erstrebt, und doch macht in letzter Stunde das Schicksal ihr Sorge, das sie selbst ihrem Kinde bestimmt. Über ihr Nesthäkchen Marie Antoinette gibt sich die starke Charakterkennerin keiner Täuschung hin; sie weiß um die Vorzüge – die Gutmütigkeit und Herzlichkeit, das unverstellte humane Wesen – ihrer jüngsten Tochter, sie kennt aber auch die Gefahren, ihre Unausgereiftheit, ihre Leichtfertigkeit, Zerfahrenheit. Um eine Königin aus diesem temperamentvollen Wildfang zu formen, läßt sie Marie Antoinette die letzten zwei Monate vor der Abreise in ihrem eigenen Zimmer schlafen: Sie sucht sie in langen Gesprächen auf ihre große Stellung vorzubereiten.

Je näher indes die Stunde des Abschieds kommt, um so unruhiger wird die Kaiserin. Sie gibt Marie Antoinette eine ausführliche Verhaltungsvorschrift mit, und noch kann Marie Antoinette nicht in Versailles angelangt sein, wiederholt sie schon die Mahnung, jene Denkschrift zu Rate zu ziehen. „Ich erinnere Dich, meine geliebte Tochter, an jedem 21. des Monats jenes Blatt nachzulesen . . . Ich fürchte ja bei Dir nichts als Deine Nachlässigkeit im Beten und in der Lektüre und die daraus folgende Unachtsamkeit und Trägheit. Kämpfe gegen sie an . . . und vergiß nicht Deine Mutter, die, wenn auch entfernt, nicht aufhören wird, bis zum letzten Atemzug um Dich besorgt zu sein." Mitten im Jubel der Welt über den Triumph ihrer Tochter geht die alte Frau in die Kirche und betet zu Gott, er möge ein Unheil wenden, das sie allein von allen vorausfühlt.

Während die riesige Kavalkade langsam durch Oberösterreich, Bayern zieht und sich nach zahllosen Festen und Empfängen der Grenze nähert, hämmern Zimmerleute und Tapezierer auf der Rheininsel zwischen Kehl und Straßburg an einem sonderbaren Bau. Nach endlosem Beraten, ob die feierliche Übergabe der Braut noch auf österreichischem Hoheitsgebiet oder erst auf französischem erfolgen solle, erfand ein Schlaukopf unter ihnen die salomonische Lösung, auf einer der kleinen unbewohnten Sandinseln im Rhein, zwischen Frankreich und Deutschland, im Niemandsland also, einen eigenen Holzpavillon für die festliche Übergabe zu erbauen, ein Wunder der Neutralität, zwei Vorzimmer auf der rechtsrheinischen Seite, die Marie Antoinette noch als Erzherzogin betritt, zwei Vorzimmer auf der linksrheinischen Seite, die sie nach der Zeremonie als Dauphine von Frankreich verläßt, und in der Mitte den großen Saal der feierlichen Übergabe, in dem sich die Erzherzogin endgültig in die Thronfolgerin Frankreichs verwandelt.

Die Übergabe Marie Antoinettes soll Abschied von allen und allem veranschaulichen, was sie mit dem Hause Österreich verbindet. So muß sich im österreichischen Vorzimmer die Vierzehnjährige vor dem ganzen österreichischen Gefolge bis auf die Haut entkleiden; splitternackt wird ihr ein Hemd aus französischer Seide übergeworfen, Jupons* aus Paris, Strümpfe aus Lyon, Schuhe des Hofkordonniers**, Spitzen und Maschen. Nicht ein einziges von den seit Jahren gewohnten Gesichtern darf sie von jetzt an um sich sehen. Ist es ein Wunder, wenn das erschreckte Mädchen in Tränen ausbricht?

Aber sofort heißt es wieder Haltung bewahren. Der Brautführer, Graf Starhemberg, reicht ihr die Hand, und zum letztenmal gefolgt von ihrer österreichischen Suite, betritt sie den Saal der Übergabe, wo in hohem Staat und Prunk die bourbonische Abordnung sie erwartet. Der Brautwerber Ludwigs XV. hält eine feierliche Ansprache, das Protokoll wird verlesen, dann kommt die große Zeremonie. Sie ist Schritt für Schritt errechnet wie ein Menuett. Der Tisch in der Mitte des Raumes stellt symbolisch die Grenze dar. Vor ihm stehen die Österreicher, hinter ihm die Franzosen. Der Brautführer läßt die Hand Marie Antoinettes los, der französische Brautwerber ergreift sie und geleitet mit

---

* *Unterröcke*
** *Hofschuhmacher*

feierlichem Schritt das zitternde Mädchen um die Flanke des Tisches herum. Im selben Takt, wie die französische Suite der künftigen Königin entgegenschreitet, zieht sich die österreichische Begleitung zurück.

Lautlos, gespenstig-großartig vollzieht sich diese kalte Feierlichkeit; nur im letzten Augenblick hält das verschüchterte Mädchen nicht mehr stand. Und statt kühl gelassen den devoten Hofknicks ihrer neuen Gesellschaftsdame, der Komtesse de Noailles, entgegenzunehmen, wirft sie sich ihr schluchzend und wie hilfesuchend in die Arme, eine rührende Geste. Aber Gefühl ist nicht eingerechnet in die Logarithmen der höfischen Regeln, schon wartet draußen die gläserne Karosse, schon dröhnen vom Straßburger Münster die Glocken, schon donnern die Artilleriesalven, und, von Jubel umbrandet, verläßt Marie Antoinette für immer die sorglosen Gestade der Kindheit.

Der Einzug Marie Antoinettes wird eine unvergeßliche Feststunde für das mit Festen schon lange nicht mehr verwöhnte französische Volk. Straßburg umjubelt den prunkvollen Zug. Hunderte weißgekleideter Kinder schreiten blumenstreuend dem Wagen vorauf, ein Triumphbogen ist aufgerichtet, die Tore sind bekränzt, Wein fließt aus dem Brunnen, ganze Ochsen werden gebraten, Brot an die Armen verteilt. Bis tief in die Nacht zieht das Volk die Ufer und Straßen entlang, Musik dudelt, Männer und Mädchen schwingen sich im Tanz; ein goldenes Zeitalter des Glücks scheint mit dieser blonden Botin aus Österreich gekommen, und noch einmal hebt das verbitterte Volk Frankreichs sein Herz heiterer Hoffnung entgegen.

Nicht lange darf Marie Antoinette im halbheimatlichen Elsaß bleiben: Wenn ein König von Frankreich wartet, wäre jedes Zögern Verstoß. Durch Triumphpforten steuert die Brautfahrt dem Walde von Compiègne entgegen, wo mit riesiger Wagenburg die königliche Familie ihr neues Mitglied erwartet. Der ganze mailichte Wald leuchtet von flackerndem Farbenspiel. Kaum künden Fanfaren das Nahen des Hochzeitszuges, so verläßt Ludwig XV. seine Karosse, um die Frau seines Enkels zu empfangen. Aber schon eilt mit ihrem vielbewunderten leichten Schritt Marie Antoinette ihm entgegen und kniet nieder. Der König, ein guter Kenner graziöser Anmut, hebt die Enkelsbraut

Die österreichische Kaiserin Maria Theresia im Kreise ihrer vielköpfigen Familie

Ludwig XVI., Marie Antoinettes zukünftiger Gemahl

Marie Antoinette, österreichische Erzherzogin, im Alter von zwölf Jahren

empor und küßt sie auf beide Wangen. Dann erst stellt er ihr den zukünftigen Gemahl vor, der, fünf Fuß zehn Zoll hoch, tölpelig-verlegen zur Seite steht, jetzt endlich die verschlafenen kurzsich-tigen Augen hebt und ohne sonderliche Beflissenheit seine Braut, der Etikette gemäß, formell auf die Wange küßt. In der Karosse sitzt Marie Antoinette zwischen Großvater und Enkel, der alte Herr plaudert angeregt, indes der zukünftige Gatte sich gelangweilt und stumm in seine Ecke drückt. Abends, da die Verlobten in ihren abgesonderten Zimmern schlafen gehen, hat der triste Liebhaber noch kein einziges zärtliches Wort zu die-sem entzückenden Backfisch gesprochen, und in sein Tagebuch schreibt er die dürre Zeile: *Entrevue avec Madame la Dau-phine.**

Die zweite, eigentliche Hochzeitsfeier findet am 16. Mai zu Versailles in der Kapelle Ludwigs XIV. statt. Nur adeliges Blut – mindestens hundertästiger Stammbaum – berechtigt, den Kir-chenraum zu betreten. Der Erzbischof von Reims vollzieht die Trauung. Nun, nach beendeter Zeremonie, wird gnädig auch dem Volk gestattet, sich am Feste der Monarchen mitzufreuen. Unzählbare Menschenmengen ergießen sich in die Gärten von Versailles. Das Hauptgaudium soll das abendliche Feuerwerk sein. Doch nachmittags schüttet sich ein Platzregen aus, und schlotternd vor Kälteschauern strömt das Volk, um sein Schau-spiel betrogen, nach Paris zurück. Indes beginnt hinter den von vielen tausend Kerzen erhellten Fenstern des neuerbauten *salle de spectacle*** das große Hochzeitsmahl.

Die offizielle Feier ist zu Ende, der König führt das kindliche Paar (zusammen zählt es kaum dreißig Jahre) in sein Schlafge-mach. Noch bis in die Brautstube drängt sich die Etikette ein, der Erzbischof von Reims segnet und besprengt das Bett mit Weihwasser. Endlich verläßt der Hof den intimen Raum; Ludwig und Marie Antoinette bleiben zum erstenmal ehelich allein, und der Baldachin des Himmelbettes rauscht über eine unsichtbare Tragödie nieder.

---

* *Zusammenkunft mit der Dauphine*
** *Schauspielhaus*

Geheimnis des Alkovens

IN JENEM Bette geschieht nun zunächst – nichts. *Matrimonium non consummatum est,* die Hochzeit wurde im eigentlichen Sinne nicht vollzogen, nicht heute, nicht morgen und nicht in den nächsten Jahren.

Im achtzehnten Jahrhundert galt Ehefähigkeit oder Eheunfähigkeit eines Königs, Fruchtbarkeit oder Unfruchtbarkeit einer Königin als Staatsangelegenheit, weil sie die „Erbfolge" und damit das Schicksal des ganzen Landes entschied. Zunächst meint man, es sei nur Schüchternheit, Unerfahrenheit, die den Sechzehnjährigen unfähig macht. Nur nicht drängen und den seelisch Gehemmten beunruhigen, denkt die erfahrene Mutter und mahnt Antoinette, die eheliche Enttäuschung nicht schwerzunehmen. Als aber dieser Zustand schon ein Jahr, zwei Jahre andauert, beginnt die Kaiserin über diese *conduite si étrange** des jungen Gatten unruhig zu werden. Brief auf Brief schreibt Maria Theresia nach Paris; schließlich nimmt König Ludwig XV., wohlerfahren und allzu geübt auf diesem Gebiete, seinen Enkel ins Gebet; der französische Hofarzt Lassone wird eingeweiht, und nun stellt sich heraus, daß diese Impotenz des Dauphins auf einem unbedeutenden organischen Defekt (einer Phimosis) beruht.

Jetzt folgt Konsilium auf Konsilium, ob der Chirurg mit dem Operationsmesser eingreifen solle. Aber Ludwig XVI. – der Dauphin ist inzwischen zwar schon König geworden, doch nach fünf Jahren noch immer kein Ehemann – kann sich, seinem schwankenden Charakter gemäß, zu keiner energischen Tat entschließen. Noch zwei weitere Jahre ziehen hin, im ganzen also sieben entsetzliche Jahre. In den Berichten der Gesandten finden sich ausführliche Erörterungen der heiklen Angelegenheit. Überall in ganz Europa spotten Fürsten und Könige über ihren ungeschickten Standesgenossen; nicht nur in Versailles, sondern in ganz Paris und Frankreich ist die eheliche Blamage des Königs das

---

* *befremdliches Verhalten*

Geheimnis Polichinells*. Bis schließlich Kaiser Joseph eigens nach Paris reist, um seinen nicht sehr mutigen Schwager zur Operation zu überreden. Dann erst gelingt es diesem traurigen Cäsar der Liebe, den Rubikon glücklich zu überschreiten. Aber was spaßhaft klingt, hat in Wahrheit schicksalhafte und gefährliche Bedeutung. Denn diese sieben Jahre des Versagens bestimmen seelisch den Charakter des Königs und der Königin und führen zu politischen Folgerungen, die ohne Kenntnis dieses Faktums unverständlich wären: Das Schicksal einer Ehe verbindet sich hier dem Weltgeschick.

Mit geradezu klinischer Deutlichkeit zeigt Ludwigs XVI. menschlicher Habitus alle typischen Merkmale eines aus männlicher Schwäche stammenden Minderwertigkeitsgefühls. Manchmal versucht er, sich gewaltsam eine gewisse Autorität zu geben. Aber dann greift er immer eine Stufe zu hoch, wird grob, typische Flucht in eine Geste der Kraftmeierei, die ihm niemand glaubt. Nie aber gelingt ihm ein freies, natürliches, selbstbewußtes Auftreten, und am wenigsten das majestätische. Weil er im Schlafgemach nicht den Mann, versteht er vor den anderen nicht den König zu spielen.

Dabei sind seine persönlichen Neigungen die allermännlichsten. Wenn er auf dampfendem Pferd stundenlang dem Eber nachjagt und durch die Wälder reitet, wenn er am Amboß seine Muskeln bis zur Müdigkeit erschöpft – er hat sich eine eigene Schmiedewerkstätte eingerichtet –, so kompensiert da ein Kraftbewußtsein der rein körperhaften Stärke die heimliche Schwäche: Aber kaum tritt Ludwig unter die Höflinge, da spürt er, daß diese Kraft nur eine der Muskeln, nicht eine des Herzens ist, und sofort wird er verlegen. Selten sieht man ihn lachen, selten ihn wirklich glücklich.

Am gefährlichsten aber wirkt sich dieses geheime Schwächegefühl im seelischen Verhältnis zu seiner Frau aus. Er mag ihre Gesellschaften nicht, ihn ärgern der ständige laute Vergnügungsrummel, ihre Verschwendung, ihre Frivolitäten. Ein wirklicher Mann wüßte da schleunig Abhilfe zu schaffen. Aber wie kann ein Mann vor einer Frau, die ihn allnächtlich beschämt, als

---

* *Kasperle im Puppentheater*

lächerlichen Versager erlebt, bei Tage den Herrn spielen? Sie kann von ihm verlangen, was sie will, immer wieder kauft er sich mit schrankenloser Nachgiebigkeit von seinem geheimen Schuldgefühl los. Selbst als Ludwig XVI. wirklicher Gatte wird, ist er weiterhin der willenlose Knecht Marie Antoinettes, einzig weil er nicht rechtzeitig ihr Mann gewesen ist.

Nicht minder verhängnisvoll beeinflußt das sexuelle Versagen Ludwigs XVI. die seelische Entwicklung Marie Antoinettes. Von Natur aus ist sie eigentlich vollkommen normal, eine weibliche, eine zärtliche Frau, zu vielfacher Mutterschaft bestimmt. Aber jene ständige Aufreizung und Unbefriedigtheit muß, was anfangs bloß kindisch muntere Verspieltheit gewesen, zu einer krampfigen, krankhaften und vom ganzen Hof als skandalös empfundenen Vergnügungswut führen.

Daß aber diese Frivolität eine innere Enttäuschtheit ist, das verrät mancher Augenblick zorniger Melancholie. Als ihre Verwandte, die Herzogin von Chartres, ein totes Kind zur Welt bringt, da schreibt sie an ihre Mutter: „So furchtbar das auch sein muß, ich wollte, ich hielte wenigstens so weit." Wer nicht die Verzweiflung hinter der Vergnügungswut dieser Frau versteht, kann die merkwürdige Wandlung weder erklären noch begreifen, die dann einsetzt, als Marie Antoinette endlich Frau und Mutter wird. Eine andre, zweite Marie Antoinette entsteht, jene beherrschte und willenskräftige, kühne, die sie im zweiten Teil ihres Lebens wird. Aber diese Wandlung kommt schon zu spät.

Ein so mokanter Hof wie der französische schnuppert unablässig um die Frage herum, in welcher Weise sich Marie Antoinette, eine junge Frau, selbstbewußt und kokett, für das Versagen ihres Mannes schadlos halte. Gerade weil es tatsächlich nichts zu berichten gibt, gerät die Ehre der Königin in frivoles Gerede. Ein Ausritt mit irgendeinem Kavalier, und schon haben ihn die müßigen Schwätzer zu ihrem Geliebten ernannt; eine morgendliche Promenade im Park, und sofort erzählt man von den unglaublichsten Orgien. Aus dem Geschwätz werden Chansons und Libelle* und Pamphlete und pornographische Ge-

---

* *Schmähschriften*

dichte. Als dann die revolutionäre Propaganda beginnt, brauchen die jakobinischen Journalisten nicht lange nach Argumenten zu suchen, um Marie Antoinette als den Ausbund aller Ausschweifung hinzustellen.

Aber wie weit noch in der Ferne ballt sich dieses drohende Gewölk! Wie ferne sind noch alle diese Folgerungen von dem kindischen Sinn dieser Fünfzehnjährigen, die lächelnd meint, die Stufen eines Thrones emporzusteigen.

Debüt in Versailles

VERSAILLES wirkt als herausforderndste Geste der Autokratie; mitten im Lande erhebt sich abseits von der Hauptstadt auf einem künstlich errichteten Hügel ein riesiges Schloß und blickt mit Hunderten von Fenstern über künstlich geschaffene Kanäle und künstlich geschnittene Gärten ins Leere hinein.

Dies gerade aber wollte der cäsarische Wille Ludwigs XIV. Eben indem er seine Residenz völlig ins Leere stellt, betont er, ein König von Frankreich brauche nicht die Stadt, die Bürger, die Masse als Stütze seiner Macht. Versailles ist erbaut, um Frankreich sinnfällig zu beweisen, daß das Volk nichts ist und der König alles.

Nur der Kronreif vererbt sich, nicht die ihm eingeschlossene Macht und Majestät. Enge, gefühlsschwache Seelen, nicht mehr gestaltende, erben den weiten Palast, das groß gegründete Reich. Versailles sinkt unter Ludwig XV. herab zu einem Gesellschaftstheater adeliger Amateure, allerdings dem künstlichsten und kostspieligsten, das jemals die Welt gekannt hat.

Auf dieser großartigen Bühne erscheint jetzt mit dem zaudernden Schritt der Debütantin zum erstenmal ein fünfzehnjähriges Mädchen, alle Blicke richten sich neugierig auf sie. Der erste Eindruck ist vortrefflich: das bezaubernd schlanke Figürchen wie aus Sèvres-Biskuit*, der Teint wie bemaltes Porzellan, muntere blaue Augen, ein behender, übermütiger Mund, der auf das anmutigste zu lachen versteht. Ein beschwingter graziöser

---

* Biskuit = eine Art Porzellan

Schritt, entzückend im Tanz, aber doch eine sichere Art, aufrecht und stolz durch die Spiegelgalerie zu schreiten und nach
rechts und links ohne Befangenheit zu grüßen.

Nur einen Haltungsfehler muß die strenge Hofgesellschaft
vermerken: Dieses fünfzehnjährige Kind hat den merkwürdigen
Wunsch, sich kindlich unbefangen in diesen heiligen Hallen zu
bewegen; ein Wildfang von Natur, saust die kleine Marie Antoinette fliegenden Rocks im Spiel mit den jüngeren Brüdern ihres
Gatten herum. In Schönbrunn gebärdete man sich nur bei feierlichen Anlässen so feierlich, noch kann sie sich nicht an die
gefrorene Zurückhaltung gewöhnen, die hier von der Gemahlin
eines königlichen Prinzen unablässig gefordert wird. Von Natur
aus eigenwillig und vor allem hemmungslos aufrichtig, haßt sie
jede Art Eingeschränktheit. So sucht sie auch hier bei jeder
Gelegenheit ihrer strengen Hofdame, Madame de Noailles – die
sie höhnisch „Madame Etikette" nennt –, zu entwischen.

Gutmütig hat Marie Antoinette gegen alle diese Leute um sie
herum keine Antipathie. Aber sie möchte doch gern mit jemand
unbefangen befreundet sein; Spielkameraden möchte sie; ihre
Jugend dürstet nach Jugend. Der eigene Gatte, bloß um ein einziges Jahr älter als sie, aber verlegen, weicht jeder Vertraulichkeit
mit seiner jungen Frau aus. So bleiben nur die jüngeren Brüder
des Gatten, die Grafen von Provence und Artois; mit dem Vier-
zehnjährigen und Dreizehnjährigen treibt Marie Antoinette
manchmal kindlichen Spaß, sie borgen sich Kostüme zusammen
und spielen heimlich Theater, doch rasch muß alles versteckt
werden, sobald „Madame Etikette" naht: Eine Dauphine darf
sich nicht beim Spiel ertappen lassen! Aber irgend etwas zum
Lustigsein, zum Zärtlichsein braucht dieses unbändige Kind;
einmal wendet sie sich an den österreichischen Botschafter, Graf
Mercy, man möchte ihr aus Wien einen Hund, *un chien Mops*,
schicken, ein andermal entdeckt die strenge Gouvernante, daß
sich die Thronfolgerin von Frankreich die zwei kleinen Kinder
einer Aufwartefrau in ihr Zimmer geholt hat und ohne Achtung
für die schönen Kleider auf dem Boden mit ihnen herumrutscht.
Unbewußt will dieses von der Politik zu früh verschacherte Kind
das einzige, was man ihr inmitten des Luxus ihrer Stellung vor-
enthält: ein paar Jahre wirklicher Kindheit.

Die Haupterziehung fällt neben der Obersthofmeisterin den drei Tanten zu, den Töchtern Ludwigs XV., drei sitzengebliebenen, bigotten und bösartigen Jungfern, Madame Adelaide, Madame Victoire, Madame Sophie. In deren Stundenplan bleibt für Amüsements nicht viel Raum, gerade danach aber verlangt ihr ungeduldiges Herz. Sie schildert selbst ihren Tag:

„Ich stehe um neuneinhalb oder um zehn Uhr auf, kleide mich an und sage mein Morgengebet. Dann frühstücke ich und gehe zu den Tanten, wo ich gewöhnlich den König treffe . . . Hierauf, um elf, gehe ich mich frisieren. Zu Mittag ruft man meinen Hofstaat . . . Ich lege Rot auf und wasche mir vor den Versammelten die Hände, dann entfernen sich die Männer, die Damen bleiben, und ich kleide mich vor ihnen an. Um zwölf ist Kirchgang . . . Ist der König abwesend, so gehe ich allein mit dem Herrn Dauphin. Nach der Messe essen wir öffentlich zu Mittag, aber das ist um einhalb zwei Uhr zu Ende, denn wir essen beide sehr rasch. Hierauf gehe ich zum Herrn Dauphin, und wenn er beschäftigt ist, kehre ich in mein Zimmer zurück, ich lese, schreibe oder arbeite, denn ich mache für den König einen Rock . . . Ich hoffe, daß er mit Hilfe Gottes in einigen Jahren fertig sein wird . . . Um vier Uhr kommt der Abbé zu mir, um fünf Uhr der Klavierlehrer oder der Gesangslehrer, bis sechs Uhr. Um einhalb sieben gehe ich fast immer zu den Tanten, wenn ich nicht spazierengehe. Du mußt wissen, daß mein Gatte fast immer mit mir zu den Tanten geht. Von sieben bis neun Uhr spielt man . . . Um neun Uhr speisen wir zu Abend, und wenn der König nicht da ist, essen die Tanten bei uns. Aber wenn der König anwesend ist, gehen wir nach dem Nachtessen zu ihnen . . . Ich aber lege mich inzwischen auf ein großes Kanapee und schlafe bis zur Ankunft des Königs, aber wenn er nicht da ist, gehen wir um elf Uhr schlafen. So ist meine Tageseinteilung."

Schlimm trifft es der Abbé Vermond mit ihr, der einstige Lehrer, jetzt ihr Beichtvater und Vorleser. Mit fünfzehn Jahren hat sie ihr Deutsch schon ziemlich vergessen, das Französische noch nicht völlig erlernt, ihre Schrift ist jämmerlich ungelenk, ihr Stil strotzt von orthographischen Fehlern. Außerdem soll der Abbé ihr täglich eine Stunde vorlesen und sie selbst zum Lesen zwingen, denn Maria Theresia fragt fast in jedem Brief nach der Lektüre. Leider hat Maria Theresia mit ihrem Mißtrauen recht, denn mit einer gleichzeitig naiven und geschickten Art weiß die kleine Toinette den Abbé Vermond so völlig zu umgarnen, daß die Lesestunde immer zur Plauderstunde wird; sie lernt wenig oder nichts.

Um die Stellung ihrer Tochter an dem fremden Hofe weiß Maria Theresia Bescheid. Sie hat ihr den besten Mann, den sie unter ihren Diplomaten besitzt, den Grafen Mercy, als getreuen Eckart beigegeben. „Ich fürchte", hatte sie ihm mit wunderbarer Offenheit geschrieben, „das Übermaß an Jugend bei meiner Tochter, das Zuviel an Schmeichelei um sie, ihre Trägheit und ihren mangelnden Sinn für ernste Tätigkeit, und ich beauftrage Sie, da ich Ihnen ganz vertraue, darüber zu wachen, daß sie nicht in schlechte Hände gerate."

Der reiche, unehrgeizige Junggeselle übernimmt diesen Schutzposten mit allem erdenklichen Takt. Dank seiner genauen Berichte kann Maria Theresia von Schönbrunn aus ihre Tochter beobachten. Sie weiß jedes Wort, das sie spricht, jedes Buch, das sie liest oder vielmehr nicht liest, sie kennt jedes Kleid, das sie anzieht, sie erfährt, wie Marie Antoinette jeden Tag verbringt, mit welchen Menschen sie spricht, welche Fehler sie begeht, denn Mercy hat mit großer Geschicklichkeit das Netz um seinen Schützling ganz eng gezogen.

„Es gibt keine einzige Stunde des Tages, von der ich nicht Rechnung legen könnte, was die Erzherzogin getan, gesagt oder gehört hat."

Manchmal allerdings wundert sich die arglose Marie Antoinette, wie rasch und genau man in Schönbrunn über jede Einzelheit ihres Lebens unterrichtet ist, aber nie ahnt sie, daß jener väterlich freundliche Herr der intime Spion ihrer Mutter ist. So bestellt er immer, wenn er etwas erreichen will, einen jener liebevoll strengen Briefe. Niemandem auf Erden sonst untertan, hat dieses unernste Kind doch eine heilige Scheu, wenn sie die Stimme der Mutter vernimmt; ehrfürchtig beugt sie auch vor dem härtesten Tadel das Haupt. Dank dieser unablässigen Überwachung ist Marie Antoinette die ersten Jahre vor der äußersten Gefahr bewahrt: vor ihrem eigenen Übermaß.

SCHON bei ihrer Ankunft findet sie Versailles in zwei Parteien geteilt. Die Königin ist längst gestorben, so gehörte rechtmäßig der erste weibliche Rang und alle Autorität den drei Töchtern des Königs. Langweilig, altjüngferlich verdrossen, üben sie keinen Einfluß aus auf ihren königlichen Vater, der einzig nur sein Vergnügen will. Aller Glanz fällt der letzten Mätresse des Königs, der Madame Dubarry, zu.

Aus der untersten Hefe des Volkes heraufgekommen, dunklen Vorlebens, hat sie sich von ihrem willensschwachen Liebhaber einen adeligen Gatten, den Grafen Dubarry, kaufen lassen, einen höchst gefälligen Eheherrn, der am Tage nach der papierenen Hochzeit für ewig verschwindet. Derart legitimiert, wohnt die Geliebte des Königs im großen Palais, drei Zimmer weit von den skandalisierten Töchtern und durch eine eigens gebaute Treppe mit den Gemächern des Königs verbunden. Kein Weg geht zur Gunst des Königs, außer über ihren Salon. Selbstverständlich drängen alle Höflinge zu ihr hin, die Gesandten aller Herrscher warten voll Ehrerbietung in ihrem Vorzimmer, Könige und Fürsten schicken ihr Geschenke; sie kann Minister absetzen, Stellen vergeben, kann über den königlichen Schatz verfügen.

Mit allem Haß ihrer unfreiwilligen Tugend, diesem ihrem einzigen Besitz, hassen diese drei Töchter die freche Dirne, die an Stelle ihrer Mutter hier Königinnehre genießt, und von morgens bis abends haben sie keinen anderen Gedanken, als ihr Schaden zu tun. Da erscheint, willkommener Glücksfall, dieses fremde Kind am Hof, fünfzehnjährig erst, aber von Rechts wegen die erste Frau am Hofe. Dieses ahnungslose Mädchen gegen die Dubarry auszuspielen wird für die drei Jungfern vom ersten Augenblick an willkommene Aufgabe. So ziehen sie zum Scheine zärtlich die kleine Prinzessin in ihren Kreis.

Marie Antoinette hat von dem Dasein einer Madame Dubarry nie gewußt: Am sittenstrengen Hof Maria Theresias war der Begriff einer Mätresse völlig unbekannt. Aber die Tanten, die sich sofort liebevoll der Unerfahrenen annehmen, klären sie gründlich auf, denn wenige Wochen später schreibt Marie Antoinette schon ihrer Mutter über die *„sotte et impertinente créature"**.

---

* *alberne und unverschämte Person*

214

**Ansicht des Schlosses von Versailles
mit seinen ausladenden Gartenanlagen**

**Gräfin Marie Jeanne Dubarry, die
glanzvolle Mätresse König Ludwigs XV.**

Laut und unbedacht plaudert sie
all die boshaften Bemerkungen
nach, welche die lieben Tanten
ihr auf die lockere Lippe legen,
und nun hat der gelangweilte und immer nach solchen Sensa-
tionen gierige Hof seinen prächtigen Spaß: Denn Marie Antoinette hat es sich in den Kopf gesetzt – oder vielmehr, die Tanten
haben es ihr in den Kopf gesetzt –, diesen frechen Eindringling
auf das gründlichste zu schneiden. Nach dem ehernen Gesetz
der Etikette darf am Versailler Königshof niemals eine rang-
niedere Dame an die ranghöhere das Wort richten, sondern sie
muß ehrfurchtsvoll warten, bis die ranghöhere sie anspricht.
Kühl, lächelnd und herausfordernd läßt sie diese Gräfin Dubarry auf eine Ansprache warten und warten. Wochenlang,
monatelang plaudert der kleine Blondkopf mit allen Damen und

sieht durch die diamantenblitzende Gräfin hindurch wie durch Glas.

Nun ist die Dubarry eigentlich keine bösartige Person. Aber – Tragikomödie jeder illegitimen Macht – gerade von der legitimen anerkannt zu werden ist ihr letzter, ihr äußerster Ehrgeiz. So hat auch Gräfin Dubarry nach all ihren erfüllten Wünschen noch einen: von der ersten Frau des Hofes als vorhanden anerkannt zu sein. In diesem homerischen Rangstreit hat die Dubarry den König völlig in ihrer Hand. Ludwig XV. will nur seine Ruhe haben und sein Vergnügen. Aber die Dubarry liegt ihm täglich in den Ohren, sie lasse sich nicht erniedrigen von einem solchen jungen Ding, er müsse ihre Ehre wahren und damit die seine. Schließlich läßt der König sich Madame de Noailles kommen. Er finde, die Dauphine erlaube sich ein bißchen frei zu sprechen und es wäre gut, sie darauf aufmerksam zu machen, daß ein solches Verhalten schlechte Wirkung im intimen Kreis der Familie hervorrufen müsse. Die Hofdame berichtet sofort diese Warnung Marie Antoinette, diese erzählt sie den Tanten und Vermond, dieser erzählt sie dem österreichischen Gesandten Mercy, der natürlich furchtbar entsetzt ist – die Allianz, die Allianz! – und durch Eilkurier die ganze Affäre der Kaiserin nach Wien schreibt.

Peinliche Situation für die fromme Maria Theresia! Soll sie, die in Wien Damen dieser Art unerbittlich auspeitschen und in die Besserungsanstalt überführen läßt, ihrer eigenen Tochter einer solchen Kreatur gegenüber Höflichkeit vorschreiben? Die Mutter, die strenge Katholikin und die Politikerin in ihr geraten in allerpeinlichsten Widerstreit. Schließlich schiebt sie die ganze Angelegenheit ab. Nicht sie selbst schreibt ihrer Tochter, sondern läßt ihren Staatsminister Kaunitz an Mercy ein Reskript verfassen mit dem Auftrag, diesen politischen Exkurs Marie Antoinette vorzulegen. Auf diese Weise ist der Kleinen doch gesagt, wie sie sich verhalten soll, denn Kaunitz erläutert: „Höflichkeit Leuten zu verwehren, die der König in seine Gesellschaft aufgenommen habe, heiße seine Gesellschaft beleidigen."

Das ist deutlich und sogar überdeutlich. Aber Marie Antoinette steht in der Heizkammer der Tanten. Das von der Dubarry, vom König, von Kaunitz, von Mercy und heimlich auch von

Maria Theresia erwünschte Wort wird nicht gesprochen. Nun ist der Krieg offen erklärt. Alles will sehen und wissen und wetten, ob die legitime Herrscherin Frankreichs oder die illegitime ihren Willen durchsetzt. Ein amüsanteres Schauspiel hat Versailles seit Jahren und Jahren nicht gehabt.

Jetzt aber wird der König ärgerlich. Zu seiner Überraschung sieht sich der österreichische Botschafter Mercy vom französischen Außenministerium zu einer Besprechung in die Gemächer der Gräfin Dubarry gebeten. Ludwig XV. greift höchstselbst in das heikle Gespräch ein. Mercy begreift sofort, die Angelegenheit ist Politik geworden; der König fordert glatte Kapitulation. Mercy meldet die Sachlage schleunigst nach Wien, gleichzeitig besucht er Marie Antoinette und spart nicht mit den schärfsten Mitteln. Dies ist sein stärkster Trumpf: Er belädt Marie Antoinette allein mit aller Schuld, falls die Allianz zwischen Habsburg und Bourbon, das Lebenswerk ihrer Mutter, durch ihr Verhalten in die Brüche gehen sollte.

Und in der Tat, das schwere Geschütz beginnt zu wirken. Mit Tränen des Zornes in den Augen verspricht sie dem Botschafter, an einem bestimmten Tage bei der Spielpartie das Wort an die Dubarry zu richten. Sorgfältig werden die Kulissen gestellt. Zu Ende der Spielpartie soll Mercy zur Gräfin Dubarry treten und mit ihr eine kleine Konversation beginnen. Dann soll, ebenfalls wie zufällig, die Dauphine vorbeikommen, sich dem Botschafter nähern, ihn begrüßen und bei dieser Gelegenheit auch der Favoritin ein paar Worte sagen.

In bester Absicht begibt sich abends Marie Antoinette in die Gesellschaft. Sie hat, genau im Sinne der Verabredung, begonnen, ihren Rundgang zu machen. Sie plaudert mit dieser Dame, jetzt mit der nächsten; nun steht nur noch eine Dame zwischen ihr und der Dubarry – zwei Minuten, eine Minute noch, und sie muß bei Mercy und der Favoritin angelangt sein. In diesem entscheidenden Augenblick aber führt Madame Adelaide, die Hauptthetzerin unter den Tanten, ihren großen Coup aus. Sie fährt scharf auf Marie Antoinette zu und sagt befehlend: „Es ist Zeit, daß wir gehen. Komm! Wir müssen den König bei meiner Schwester Victoire erwarten." Marie Antoinette, überrascht, verliert den Mut. Sie wird rot, verwirrt sich und läuft mehr, als sie geht, davon, und das Wort, das ersehnte, bestellte, das diplomatisch erkämpfte und zu viert verabredete Wort bleibt unausgesprochen. Aber die Dubarry schäumt, und, was bedenklicher ist, Ludwig XV. gerät in redlichen Zorn. „Ich sehe, Herr von Mercy", sagt er ingrimmig zu dem Botschafter, „es ist nötig, daß ich hier selber eingreife."

Der König von Frankreich ist zornig und hat gedroht. Sofort meldet der Botschafter die böse Wendung nach Wien. Maria Theresia ist über die Vorgänge äußerst erschrocken. Sie hat seit einiger Zeit ernste politische Sorgen. Eine nicht eben saubere Sache ist in Wien im Gange. Vor Monaten war von Friedrich dem Großen, den sie als den leibhaftigen Sendboten Luzifers auf Erden haßt, und von Katharina von Rußland, welcher sie ebenso gründlich mißtraut, das peinliche Angebot einer Teilung Polens gekommen, und der begeisterte Beifall, den diese Idee bei Kaunitz und ihrem Mitregenten Joseph II. findet, verstört seitdem ihr Gewissen. Schließlich, mit weher Seele, gibt Kaiserin Maria Theresia nach und zittert vor dem Tag, da der geheime Traktat vor der Welt offenbar wird. Was wird Frankreich sagen? Alles hängt einzig von der herzlichen oder kühlen Gesinnung Ludwigs XV. ab, da schneit der Alarmbrief Mercys herein: Der König sei verärgert gegen Marie Antoinette. Weil Marie Antoinette nicht mit der Dubarry sprechen will, kann aus der Teilung Polens am Ende sogar ein Krieg entstehen. Ein Brief wird also geschrieben:

„Was für eine Angst, nur irgend guten Tag zu sagen! Ein Wort über ein Kleid, über eine Kleinigkeit . . . Ich kann nicht länger schweigen . . . Als der erste Untertan des Königs mußt Du Dich dem ganzen Hof so zeigen, daß der Wunsch Deines Gebieters unbedingt ausgeführt werde. Natürlich, wenn man Dir Niedrigkeiten zumutete, dann würde weder ich noch ein anderer sie Dir anraten, aber irgendein gleichgültiges Wort, nicht um der Dame selbst willen, sondern um des Großvaters willen, Deines Gebieters und Wohltäters!"

Diese Kanonade bricht Marie Antoinettes Energie. Am Neujahrstag 1772 ist die Szene wieder theatralisch gestellt. Die große Glückwunschcour beginnt. Eine nach der anderen defilieren, der Rangstufung gemäß, die Hofdamen an der Dauphine vorbei, darunter die Herzogin von Aiguillon, die Gattin des Ministers, mit Madame Dubarry. Die Dauphine richtet einige Worte an die Herzogin von Aiguillon, dann wendet sie den Kopf ungefähr in die Richtung der Madame Dubarry und sagt – alles hält den Atem an, um keine Silbe zu verlieren – das lang ersehnte, das grimmig umkämpfte Wort, sie sagt zu ihr: „Es sind heute viele Leute in Versailles."

Sieben Wörter, sieben genau gezählte Wörter hat Marie Antoinette sich abgerungen. Aber diese sieben banalen Wörter tragen tieferen Sinn. Mit diesen sieben Wörtern ist ein großes politisches Verbrechen besiegelt, mit ihnen das schweigende Einverständnis Frankreichs zur Teilung Polens erkauft. Nun ist alles wieder gut. Der König umarmt die Dauphine zärtlich wie ein wiedergefundenes Kind, Mercy dankt ihr gerührt, wie ein Pfau schreitet die Dubarry durch die Säle.

Marie Antoinette ist besiegt worden, ihr junger Stolz hat einen mörderischen Hieb empfangen. Zum erstenmal hat sie den Nacken gebeugt, aber sie wird ihn nicht ein zweitesmal mehr beugen bis zur Guillotine.

Die Eroberung von Paris

AN DUNKLEN Abenden sieht man von den Hügeln um Versailles deutlich die leuchtende Lichtkrone von Paris sich in den Himmel wölben. Was wäre also natürlicher, als daß die neue Thronfolgerin gleich nach der Hochzeit der Hauptstadt ihres zukünftigen Königreichs einen Besuch abstattet? Aber nur feierlich nach vorher eingeholter Erlaubnis des Königs darf ein Thronfolger von Frankreich mit seiner Gemahlin die Hauptstadt betreten. Aber gerade diesen feierlichen Einzug sucht die liebe Verwandtschaft möglichst lange hinauszuschieben. So spinnefeind sie alle sonst untereinander sind, an diesem einen Seil drehen sie alle eifrigst zusammen, das Marie Antoinette den Weg nach Paris sperrt; sie gönnen ihr nicht einen Triumph, der zu sichtbar ihren künftigen Rang zeigen würde. Drei Jahre vergehen, ehe Marie Antoinette den achten Juni als Tag des festlichen Einzuges wählen kann. Der König des Himmels gibt seine feierliche Zustimmung: Dieser achte Juni wird ein wolkenlos strahlender Sommertag, der unübersehbare Volksmengen als Zuschauer heranlockt. Die ganze Straße von Versailles nach Paris verwandelt sich in eine einzige, brausende, hüteschwenkende, von Fahnen und Blumengewinden farbig durchflochtene Menschenhecke. Die Kanonen des Invalidenpalastes, des Stadthauses und der Bastille donnern. Langsam fährt die Hofkarosse weiter durch die ganze Stadt, den Kai der Tuilerien entlang bis zu Notre-Dame; überall, im Dom, an der Universität, werden sie mit Ansprachen empfangen, sie fahren durch eigens erbaute Triumphbogen, aber die herrlichste Begrüßung erwartet die beiden vom Volke.

Wie Marie Antoinette vom Balkon der Tuilerien die unübersehbaren Wogen des begeisterten Menschenheeres sieht, erschrickt sie beinahe: „Mein Gott, wie viele Menschen!" Da verbeugt sich an ihrer Seite der Marschall von Brissac und antwortet mit echt französischer Galanterie: „Madame, es möge seiner Hoheit dem Dauphin nicht mißfallen, aber Sie sehen hier zweihunderttausend Menschen, die in Sie verliebt sind."

Der Eindruck dieser ersten Begegnung Marie Antoinettes mit dem Volk ist ungeheuer. Erschüttert schreibt sie ihrer Mutter:

„An Ehrungen haben wir alle empfangen, die man sich nur ausdenken kann, aber dies war es nicht, was mich am tiefsten ergriffen hat, sondern die Zärtlichkeit und Leidenschaft des armen Volkes, das trotz der Steuern, mit denen es bedrückt ist, von Freude durchdrungen war, uns zu sehen. Im Tuileriengarten war eine so ungeheure Menge, daß wir drei Viertelstunden weder vor- noch rückwärts konnten . . . Ehe wir uns zurückzogen, haben wir noch mit der Hand das Volk gegrüßt, das darob große Freude hatte. Wie glücklich ist man doch in unserm Stand, daß man die Freundschaft so leicht gewinnen kann. Und doch gibt es nichts Kostbareres, ich habe das wohl gefühlt und werde das nie vergessen."

Aber rasch in der Auffassung, ist Marie Antoinette auch rasch im Vergessen. Mit ihrer ersten Reise schon hat sie Paris erobert. Aber gleichzeitig erobert auch Paris Marie Antoinette. Von diesem Tage an ist sie dieser Stadt verfallen. Nach ein paar weiteren Besuchen nimmt sie diesen Jubel schon als selbstverständliche Huldigung, als ein ihrem Rang und ihrer Stellung Zugehöriges, und freut sich daran so kindlich und unbedacht, wie sie alle Geschenke des Lebens hinnimmt. Fortan genießt sie diese Liebe der zwanzig Millionen als ihr Recht, ohne zu ahnen, daß Recht auch verpflichtet und daß auch die reinste Liebe endlich müde wird, wenn sie sich nicht vergolten fühlt.

Aber was sieht Marie Antoinette von Paris? In den ersten Tagen besichtigt sie aus Neugier die Museen, die großen Geschäfte, sie besucht ein Volksfest und einmal sogar eine Gemäldeausstellung. Aber damit ist für die nächsten zwanzig Jahre ihr Bildungsbedürfnis innerhalb von Paris vollkommen erschöpft.

Sonst widmet sie sich ausschließlich den Stätten der Unterhaltung, sie fährt regelmäßig in die Oper, die französische Comédie, die italienische Commedia, auf Bälle, Redouten, sie besucht die Spielsäle, also das *Paris at night.* Ihr ist, als sei sie aus einem Treibhaus in freie Luft entronnen. Am meisten verlocken sie die Opernbälle, denn Maskenfreiheit ist die einzige, die ihr, der Gefangenen ihrer Stellung, erlaubt ist. Mit der Larve über den Augen kann man tanzen, hier darf man sorglos lachen. Nie aber wohnt sie in all den Jahren einer Sitzung des Parlaments bei, nie besucht sie ein Hospital, einen Markt, nicht ein einziges Mal versucht sie, etwas von dem täglichen Leben ihres Volkes zu erfahren.

Das süße Gift der Schmeichelei strömt Marie Antoinette heiß in die Adern. Der mächtige Eindruck des Pariser Empfangs hat etwas in ihr verwandelt. Immer bestärkt fremde Bewunderung das eigene Selbstgefühl. Jetzt aber löscht ein junger Stolz in ihrem Wesen alle Unsicherheit und Scheu aus. Jetzt wäre dies brennende, vom Gefühl pulsender Jugend ganz erfüllte Mädchen reif, ein persönliches Leben zu leben, jemand zu lieben. Jedoch die Politik hat sie an diesen plumpen Ehemann geschmiedet, und da Marie Antoinette ihr Herz nicht entdeckt hat und keinen anderen weiß, um ihn zu lieben, ist diese Achtzehnjährige in sich selbst verliebt.

Je mehr man sie bewundert, um so mehr will sie sich bewundert sehen, und, noch ehe Herrscherin durch das Gesetz, will sie als Frau durch ihre Anmut sich den Hof, die Stadt und das Reich untertänig machen.

Le Roi est mort, vive le Roi

Am 27. April 1774 befällt den König Ludwig XV. auf der Jagd plötzlich Mattigkeit; mit schweren Kopfschmerzen kehrt er nach seinem Lieblingsschloß Trianon zurück. Am nächsten Morgen verordnen die Ärzte bereits beunruhigt die Übersiedlung nach Versailles: Ein König von Frankreich darf nicht anderswo ernstlich krank sein oder sterben als in dem königlichen Paradebett.

Im Nu weiß abends der ganze Hof und das ganze Schloß von der Schwelle bis zum First: die Blattern! Ein Windstoß von Schrecken fährt durch das riesige Haus. Die Töchter zeigen den Mut der wirklich Frommen, tagsüber halten sie bei dem König die Wache, in der Nacht bleibt Madame Dubarry aufopfernd am Lager des Kranken. Den Thronerben dagegen, dem Dauphin und der Dauphine, verbietet das Hausgesetz, wegen der Ansteckungsgefahr das Zimmer zu betreten.

Bald treten die Ärzte zur Seite, sie geben den Körper verloren – nun beginnt der andere Kampf, das Ringen um die sündige Seele. Aber Entsetzen: Die Priester weigern sich, an das Krankenbett zu treten, Beichte und Kommunion zu gewähren; erst solle der sterbende König, der nur seinen Lüsten gelebt habe, tätig seine Reue erweisen. Erst müsse der Stein des Anstoßes weggeräumt sein. Schwer entschließt sich der König gerade jetzt, in dieser fürchterlichen Stunde des Alleinseins, den einzigen Menschen wegzuschicken, an dem er innerlich hängt. Aber immer grimmiger würgt ihn die Angst vor dem Höllenfeuer. Mit erstickter Stimme nimmt er Abschied von Madame Dubarry, und sofort wird sie unauffällig in einem Wagen in das nahe gelegene Schlößchen Rueil gebracht.

Jetzt erst sind Beichte und Kommunion möglich. Aber gerade weil er der Höchste der Welt gewesen und sich sorglos über dem geistlichen Gesetz stehend gedünkt, verlangt von ihm die Kirche, daß er sich besonders tief vor dem Allerhöchsten beuge. Öffentlich müsse der sündige König für seinen unwürdigen Lebenswandel Reue bekunden. Die Schweizer bilden von der Kapelle bis zum Sterbezimmer hin Spalier, dumpf wirbeln die Trommeln, sobald im feierlichen Zuge die hohe Geistlichkeit mit dem Hostiengefäß eintritt. In der atemlosen Stille hört man den Kardinal eine leise Ansprache halten, man sieht ihn durch die offene Tür das heilige Abendmahl erteilen. Dann tritt er an die Schwelle des Vorsaales und spricht mit erhobener Stimme: „Meine Herren, der König beauftragt mich, Ihnen zu sagen, daß er Gott um Verzeihung bittet für das schlechte Beispiel, das er seinem Volk gegeben hat. Wenn Gott ihm wieder Gesundheit schenkt, verspricht er, Buße zu tun, den Glauben zu unterstützen und das Schicksal seines Volkes zu erleichtern." Nur für den Nächststehenden deutlich vernehmbar, murmelte der Sterbende: „Ich wollte, ich hätte selbst die Kraft, es zu sagen."

Immer ungeduldiger harrt der Hof auf die baldige Beendigung der gräßlichen Tragödie. Unten stehen, seit Tagen angeschirrt, die Karossen bereit, denn um die Ansteckung zu vermeiden, soll der neue Ludwig, ohne eine Minute zu verlieren, mit seinem ganzen Gefolge nach Choisy übersiedeln, sobald der alte König den letzten Atemzug getan hat. Alles starrt nur noch auf die kleine brennende Kerze hin, die man ans Fenster des Sterbenden geklebt hat und die im bewußten Augenblick ausgelöscht werden soll.

Endlich, Dienstag, den 10. Mai, verlischt die Kerze. Sofort wird das Murmeln zum Rauschen. Von Zimmer zu Zimmer läuft die Nachricht: „Der König ist tot, es lebe der König!"

Marie Antoinette wartet mit ihrem Gatten in einem kleinen Zimmer. Auf einmal hören sie jenes geheimnisvolle Brausen, immer näher und näher. Jetzt, als ob ein Sturm sie groß aufgerissen hätte, öffnet sich die Tür, Madame de Noailles tritt ein, sinkt in die Knie und grüßt als erste die Königin. Hinter ihr drängen die andern, mehr, immer mehr, der ganze Hof, denn jeder will rasch heran, seine Huldigung darzubringen.

Die Karosse rollt einen neuen König, eine neue Königin durch die vergoldeten Parktore von Versailles. Und an den Straßen jubelt das Volk ihnen zu, als sei mit dem alten König das alte Elend zu Ende und mit den neuen Herrschern beginne eine neue Welt. Noch haben sie nichts getan, nichts versprochen, und doch begrüßt schon Begeisterung die beiden jungen Herrscher.

Wird nicht jetzt ein goldenes Zeitalter anbrechen, träumt das ewig wundergläubige Volk, da die markaussaugende Mätresse in die Verbannung geschickt, der alte, gleichgültige Lüstling Ludwig XV. verscharrt ist, da ein junger, einfacher, sparsamer, bescheidener, frommer König, eine entzückende, lieblich-junge und gütige Königin über Frankreich herrschen?

Wahrhaft ergriffen und erschrocken ist in ganz Europa nur ein Mensch beim Tode Ludwigs XV.: die Kaiserin Maria Theresia. Als Monarchin kennt sie aus dreißig mühseligen Jahren die Last einer Krone. Melancholisch antwortet sie der Tochter auf ihre stolzbewußte Ankündigung: „Ich mache Dir keine Komplimente über Deine neue Würde, die teuer erkauft ist und noch teurer sein wird, wenn Du Dich nicht entschließen kannst, dasselbe ruhige und unschuldige Leben zu führen, das Du während dieser drei Jahre geführt hast. Es ist durchaus notwendig, daß Du Dich mit ernsten Dingen befaßt. Alles hängt davon ab, daß dieser glückliche Anfang, der alle unsere Erwartungen übertrifft, fortdauere und Euch beide glücklich mache, indem Ihr Eure Völker beglückt."

Und während die ganze Welt Marie Antoinette umjubelt und beneidet, schreibt die alte Frau ihrem vertrauten Botschafter den mütterlichen Seufzer: „Ich glaube, ihre schönsten Tage sind vorbei."

Gerade weil sie nur die Größe ihrer Stellung fühlt und nicht auch ihre Verantwortung, besteigt Marie Antoinette sorglos und heiteren Hauptes den Thron. Herrin sein heißt für sie nicht mehr als selbst frei sein.

IM AUGENBLICK, da Marie Antoinette, die Tochter seiner alten Gegnerin Maria Theresia, den französischen Thron besteigt, wird Friedrich der Große, der Erbfeind Österreichs, unruhig. In der Tat, die Gefahr ist für ihn groß. Ludwig XVI. überrascht durch seinen gesunden Menschenverstand; sobald seine nervöse Scheu einmal glücklich überwunden ist, wirkt er durchaus normal. Das eigentliche Verhängnis seines Naturells aber ist: Er hat Blei im Blut. Marie Antoinette brauchte nur zu wollen, und alle Fäden der französischen Diplomatie liefen einzig durch ihre Hand. Aber zum Glück für Preußen, zum Verhängnis für sich selbst fühlt sich Marie Antoinette nicht im mindesten von der großartigen, der welthistorischen Aufgabe angezogen, sie denkt nicht daran, die Zeit zu verstehen. Statt die ihr zugefallene Macht zu nutzen, will sie bloß genießen.

Dies war der verhängnisvolle Fehler Marie Antoinettes von allem Anbeginn: Sie wollte als Frau siegen statt als Königin. Königin sein heißt für Marie Antoinette fünfzehn leichtsinnige Jahre lang ausschließlich: als die eleganteste, die koketteste, die bestangezogene und vor allem die vergnügteste Frau eines Hofes bewundert zu werden, die tonangebende Mondäne jener vornehm überzüchteten Gesellschaftswelt zu sein, die sich selbst für die Welt hält. Zwanzig Jahre lang spielt sie auf ihrer Privatbühne von Versailles, die über einen Abgrund gebaut ist, selbstverliebt die Primadonnenrolle der vollkommenen Rokokokönigin mit Stil und Anmut.

Daß hinter den vergoldeten Gittern ihrer Parks ein Millionenvolk arbeitet, hungert und hofft, hat Marie Antoinette nie gewußt. Ein Blick in die Zeit, und sie hätte begriffen, aber sie wollte nicht begreifen. Sie wollte in ihrem Abseits heiter, jung und unbehelligt bleiben.

Eine unleugbare Schuld und doch eine läßliche, weil begreiflich durch ein Maß der Versuchung, der auch ein stärkerer Charakter kaum hätte widerstehen können. Wie schurkisch gut ist dies Geschlecht des *Dix-huitième** geübt, eine junge Frau zu verführen! Erfahren und übererfahren in allen Verlockungen und Schwächungen der Seele, ziehen die Höflinge dieses unerfahrene, dieses auf sich selbst noch neugierige Mädchenherz gleich von Anfang an in ihren zauberischen Kreis. Was sie sagt, gilt als klug, was sie wünscht, wird erfüllt. Sie macht eine Torheit, und ein ganzer Hof ahmt sie begeistert nach. Ihre Nähe ist Sonne für diese eitle, ehrgeizige Schar, ihr Blick ein Geschenk, ihr Lächeln Beglückung, ihr Kommen ein Fest. Wenn sie an den Spiegeln vorbeischreitet, sieht sie darin, herrlich gekleidet und vom eigenen Triumph beschwingt, eine junge hübsche Frau. Wie mit einem kindischen Herzen sich wehren gegen einen so betäubenden Rauschtrunk des Glücks? Wie nicht leichtsinnig werden,

---

* *des 18. Jahrhunderts*

da alles so leicht ist? Diese Leichtfertigkeit der Lebensauffassung, von dem Aspekt der Geschichte aus gesehen zweifellos ihre Schuld, war zugleich Schuld ihrer ganzen Generation: Gerade durch ihr völliges Eingehen auf den Geist ihrer Zeit ist Marie Antoinette die typische Vertreterin des *Dix-huitième* geworden. „Es ist unmöglich", sagt Madame de Staël* von ihr, „mehr Grazie und Güte in die Höflichkeit zu legen. Sie besitzt eine gewisse Art der Umgänglichkeit, die ihr nie erlaubt zu vergessen, daß sie Königin ist, und immer so tut, als ob sie es vergäße."

Das Zärtlich-Anmutige ist es auch, was alle an Marie Antoinette vor allem bewundern; ihr eigentlicher Zauber beruht in der unnachahmlichen Anmut ihrer Bewegungen. Wenn sie ungestüm aufspringt und beschwingt über die Stufen läuft, wenn sie mit natürlich anmutiger Geste die blendendweiße Hand zum Kusse darreicht, wirkt ihre Haltung ohne jede Anstrengung vollendet aus weiblich-körperlicher Intuition. Aus wissendem Instinkt liebt Marie Antoinette darum die Bewegung. Unruhe ist ihr wahres Element. Nur auf und ab und hin und her, etwas anfangen, immer etwas anderes und nichts zu Ende tun; nicht lange schlafen, nicht lange denken, nur weiter und weiter in wechselndem Müßiggang! So werden die zwanzig königlichen Jahre Marie Antoinettes ein ewiges, um das eigene Ich kreisendes Bewegtsein.

Was ist die erste Sorge einer Rokokokönigin, wenn sie morgens in ihrem Schloß von Versailles erwacht? Die Berichte aus der Stadt, aus dem Staat? Keineswegs. Mit wichtiger Zeremonie beginnt jetzt der Tag. Die Oberzofe, der die Garderobe untersteht, tritt mit einigen Hemden, Taschentüchern und Handtüchern zur Morgentoilette ein, ihr zur Seite die erste Kammerfrau. Diese verbeugt sich und reicht einen Folianten zur Ansicht, in dem mit Stecknadeln kleine Stoffmuster aller in der Garderobe vorhandenen Toiletten eingeheftet sind. Marie Antoinette hat sich zu entscheiden, welche Roben sie heute anzuziehen wünscht: welche schwierige, verantwortungsreiche Wahl, denn für jede Saison sind zwölf neue Staatskleider, zwölf Phantasie-

---

* *Anne Louise Germaine de Staël, bedeutende französische Schriftstellerin*

kleider, zwölf Zeremonienkleider vorgeschrieben, die hundert anderen gar nicht zu zählen, die alljährlich neu angeschafft werden! Dazu die Morgenröcke, die Spitzentücher und Fichus, die Hauben, Mäntel, Handschuhe, Strümpfe und Unterkleider. Die Wahl dauert gewöhnlich lange.

Kein Wunder, daß bei solcher Wichtigkeit der Toilette die oberste Modistin, die göttliche Mademoiselle Bertin, mehr Macht über Marie Antoinette bekommt als alle Staatsminister, diese doch dutzendweise ersetzbar, jene einzig und unvergleichlich. Um ihretwillen wird achtzehn Jahre vor der eigentlichen Revolution eine Palastrevolution in Versailles angezettelt: Mademoiselle Bertin sprengt die Vorschrift der Etikette, die einer Bürgerlichen den Eintritt in die *petits cabinets* der Königin versagt; diese Künstlerin in ihrem Fach erreicht, was Voltaire* und allen Dichtern und Malern der Zeit nie gelang. Wenn sie zweimal in der Woche mit ihren neuen Dessins erscheint, verläßt Marie Antoinette ihre adeligen Hofdamen und begibt sich zu geheimer Beratung mit der verehrten Künstlerin in verschlossene Privatgemächer, um mit ihr eine neue, noch närrischere Mode als die gestrige loszulassen.

Aber in dieser Sphäre die Königin zu sein, empfindet Marie Antoinette als ihre ureigene Pflicht. Nach einem Vierteljahr Regierung ist die kleine Prinzessin schon zur Modepuppe der eleganten Welt aufgestiegen; durch alle Höfe rauscht ihr Triumph. Maria Theresia, die für ihr Kind würdigere Aufgaben wollte, schickt dem Botschafter ärgerlich ein Bild zurück, das ihr die Tochter modisch aufgeputzt und in übertriebenem Prunke zeigt, es sei das Bild einer Schauspielerin und nicht einer Königin von Frankreich.

Zweite Sorge jedes Morgens: die Frisur. Glücklicherweise ist auch hier ein hoher Künstler zur Stelle, Herr Léonard, der unerschöpfliche und unübertreffliche Figaro des Rokoko. Herr Léonard baut über der Stirn jeder Frau von Rang, die auf sich hält, ganze Türme von Haaren auf und modelliert das hochgesträubte Gebilde zu symbolischen Ornamenten. Nicht nur ganze Landschaften und Panoramen mit Früchten, Gärten, Häusern und

---

* *großer französischer Schriftsteller und Philosoph (1694–1778)*

227

Schiffen werden auf diesen *poufs* mit dem Kamm modelliert, sondern diese Plastiken bilden jederzeit das Geschehnis des Tages symbolisch nach. Wird der König gegen die Pocken geimpft, prompt erscheint dieses aufregende Tagesereignis als *poufs de l'inoculation**. Kommt der amerikanische Aufstand in die Mode, gleich wird die Freiheitscoiffure die Siegerin des Tages, als die Bäckerläden von Paris während der Hungersnot geplündert werden, weiß diese frivole Hofgesellschaft nichts Wichtigeres, als das Ereignis in den *bonnets de la révolte*** zur Schau zu tragen. Diese Kunstbauten über leeren Köpfen übersteigern sich immer toller. Allmählich werden die Haartürme so hoch, daß die Damen damit nicht mehr in ihren Karossen sitzen können, sondern knien müssen. Die Türrahmen im Schloß werden höher geschnitten, damit die Damen in großer Toilette sich nicht immer beim Durchschreiten zu bücken brauchen, die Decken in den Theaterlogen werden aufgewölbt.

Dritte Sorge: Kann man immer andersartig angezogen sein ohne den entsprechenden Schmuck? Nein, eine Königin braucht größere Diamanten, dickere Perlen als alle anderen. Marie Antoinette, jeder weiß dies in Versailles, ist vernarrt in Schmuck. Nie kann sie widerstehen, wenn die geschickten und geschmeidigen Juweliere Böhmer und Bassenge ihr auf samtenen Platten ihre neuesten Kunstwerke zeigen, zauberhafte Ohr- und Fingerringe und Schließen. Marie Antoinette macht nach allen Seiten hin Schulden – im Notfall, sie weiß es, springt der sparsame Gatte ein.

Jetzt aber kommt schon härter die Mahnung aus Wien: „Alle Nachrichten aus Paris stimmen darin überein, daß Du abermals Dir Bracelets für zweihundertfünfzigtausend Livres gekauft und damit Deine Einkünfte in Unordnung gebracht hast . . . Ich kenne nur zu sehr diesen Geist der Verschwendung und kann nicht darüber schweigen, weil ich Dich um Deinetwillen liebe . . . Man weiß allgemein, daß der König sehr bescheiden ist, so fiele alle Schuld einzig auf Dich. Eine solche Veränderung, einen solchen Umsturz wünsche ich nicht zu erleben."

Diamanten kosten Geld, Toiletten kosten Geld, und obwohl

---

* *Kopfputz der Impfung*
** *Hauben des Aufruhrs*

Marie Antoinettes Ausgaben für prachtvolle Kleidung und wertvollen Schmuck gingen ins Uferlose. Doch allen Mahnungen zum Trotz empfand sie es als ihre ureigene Pflicht, auch in der Welt der Mode Königin zu sein.

gleich nach dem Regierungsantritt der gutmütige Gatte seiner Frau die Apanage* verdoppelt hat, diese reich gefüllte Schatulle muß doch irgendein Loch haben, denn immer herrscht dort erschreckende Ebbe.

Wie also Geld beschaffen? Für den Leichtsinnigen hat glücklicherweise der Teufel ein Paradies erfunden: das Spiel. Vor Marie Antoinette galt das Spiel am Königshofe noch als unschuldige Abendunterhaltung etwa wie Billard oder Tanz. Marie Antoinette entdeckt sich und den anderen das berüchtigte Pharao, das wir von Casanova als das erlesene Jagdfeld aller Gauner und Schwindler kennen. Daß ein ausdrücklich erneuerter Befehl des Königs jedes Hasard unter Strafe gesetzt hat, ist ihren Kumpanen gleichgültig: Zu den Salons der Königin hat die Polizei

* *Jahresgehalt*

keinen Zutritt, und die Türsteher haben Auftrag, falls der König kommt, sofort Alarm zu geben. Zur Belebung des Geschäfts und zur Steigerung des Umsatzes gewährt die Königin jedem beliebigen, der Geld in die Bude bringt, Zutritt zu ihrem grünen Tisch; Schlepper und Schieber drängen sich heran, es dauert nicht lange, und man spricht in der Stadt die Schande herum, daß in der Gesellschaft der Königin falsch gespielt werde. Nur eine weiß nichts davon, weil sie, in ihrem Vergnügen verblendet, nichts wissen will, Marie Antoinette.

Wo sie einmal in Schwung und Feuer ist, kann niemand sie halten. Vergebens mahnt die Mutter: „Wäre es noch in der Gesellschaft des Königs, so würde ich schweigen, aber immer ohne ihn und immer mit dem schlechtesten und jüngsten Volk von Paris . . . Die Zeitungen, die Blätter, die früher mir Wohltat bedeuteten, weil sie die Großmut und Herzensgüte meiner Tochter rühmten, sind mit einmal verwandelt. Man hört nichts als von Pferderennen, Hasardspielen und durchwachten Nächten, so daß ich sie gar nicht mehr sehen will . . ."

Und mit erschütternder Offenheit antwortet sie auf die mütterlichen Mahnungen dem Botschafter Mercy: „Was will sie? Ich habe Angst, mich zu langweilen."

EINEN krasseren charakterologischen Gegensatz als dieses höchst ungleiche Paar könnte kein Dichter erfinden. Er schwer, sie leicht; er unentschlossen, sie zu rasch entschlossen; er strenggläubig bigott, sie selig weltverliebt; er pedantisch, sie fahrig; seine Welt ist der Tag, die ihre die Nacht. Um elf Uhr, wenn sich Ludwig XVI. schlafen legt, beginnt Marie Antoinette erst richtig aufzuflackern, heute in den Spielsaal, morgen auf einen Ball, immer anderswohin; wenn er morgens schon stundenlang auf der Jagd herumreitet, fängt sie erst an, sich zu erheben. Nirgends, in keinem Punkt, treffen ihre Gewohnheiten, ihre Neigungen, ihre Zeiteinteilung zusammen.

Eine schlechte, eine zanksüchtige, gereizte, eine mühsam zusammengehaltene Ehe also? Durchaus nicht! Diese beiden, Marie Antoinette und Ludwig XVI., weichen jeder Reibung und Spannung aus, er aus körperlicher, sie aus seelischer Lässigkeit. Sie lächelt ein wenig über den bequemen Ehegatten, aber ohne

Bosheit, denn sie hat ihn in einer gewissen nachsichtigen Weise gern, etwa wie einen großen zottigen Bernhardiner, den man ab und zu streichelt. Je länger Marie Antoinette mit Ludwig XVI. zusammenlebt, um so mehr gewinnt sie Achtung vor seinem hinter aller Schwäche hochehrenwerten Charakter. Soweit sein mattes Gefühl sich einer Schwingung überhaupt fähig erweist, ist dieser biedere Mann auf seine Art – also schwerfällig und redlich – seiner schönen und ihm an Verstand überlegenen Frau völlig willenshörig zugetan. Aus der diplomatisch gekuppelten Ehe wird allmählich eine wirkliche Kameradschaft, ein gutes herzliches Beisammensein, ein herzlicheres jedenfalls als in den meisten fürstlichen Ehen jener Zeit.

Nur Liebe, dies große und heilige Wort, läßt man besser bei diesem Anlaß aus dem Spiel. Marie Antoinettes Neigung für ihn enthält zu viel Mitleid, zu viel Herablassung, zu viel Nachsicht, als daß dieses laue Gemisch Liebe genannt werden dürfte. „Liebe hat sie gar keine für ihn", meldet klipp und klar Joseph II. von seinem Pariser Besuch nach Wien.

Trianon

MARIE ANTOINETTE möchte zwei Dinge vereinigen, die menschlich nicht zu verbinden sind: Sie möchte herrschen und dabei genießen. Aber in Versailles ist Freiheit nicht möglich. Der Herrscher, dem alles gehört, gehört hier allen und nicht sich selbst. Marie Antoinette aber haßt jede Kontrolle; so verlangt sie von ihrem immer willfährigen Gatten, kaum daß sie Königin wird, einen Schlupfwinkel, wo sie nicht Königin sein muß. Und Ludwig XVI. schenkt ihr das Sommerschlößchen Trianon.

Nun hat sie ihr abseitiges Schlößchen im Park von Versailles, und zwar eines der bezauberndsten, das französischer Geschmack je erfunden hat, zart in den Linien, vollendet in den Maßen, ein rechtes Schmuckkästchen. In einfacher, leicht antikisierender Architektur gebaut, völlig abseits und Versailles doch nah, nicht größer als ein Einfamilienhaus von heute und kaum bequemer oder luxuriöser: sieben oder acht Räume im ganzen. Sie stellt alles auf das Zarte, Helle und Zurückhaltende ein, auf jenen neuen Stil, den man zu Unrecht Louis Seize nennt, alles erinnert an die leichte, anmutige Frauengestalt, deren Bildnis noch heute diese Räume schmückt.

Dieser winzige Raum war Marie Antoinette wichtiger als ganz Frankreich mit seinen zwanzig Millionen Untertanen. Denn hier fühlte sie sich niemandem verpflichtet; auf diesen wenigen Schollen Erde gebietet nur sie und niemand anders. Sogar der eigene Gemahl erscheint hier nur als Gast – ein sehr taktvoller und bequemer übrigens, der nie ungeladen oder zu ungelegener Zeit erscheint, sondern streng das Hausrecht seiner Gattin achtet.

Hier fühlt sich die Königin wohl, und bald hat sie sich derart an diese aufgelockerte Lebensform gewöhnt, daß es ihr abends immer schwerfällt, nach Versailles zurückzukehren. Immer fremder wird ihr der Hof. Am liebsten bliebe sie ständig in ihrem Trianon. Und da Marie Antoinette immer das tut, was sie will, übersiedelt sie tatsächlich ganz in ihr Sommerpalais. Mit Trianon hat diese unbeschäftigte Seele endlich eine Beschäftigung. Neben der Putzmacherin, neben dem Juwelier füllen jetzt der Architekt, der Gartenkünstler, der Dekorateur, alle diese neuen Minister ihres Miniaturkönigreichs, ihr die lange, ach so schrecklich lange Zeit aus und leeren gleichzeitig aufs kräftigste den Säckel des Staates. Die Hauptsorge Marie Antoinettes gilt ihrem Garten. Das veränderte Geschmacksgefühl ist der von dem Gartengeneral Lenôtre wie mit dem Lineal gezogenen Wiesenflächen, der wie mit dem Rasiermesser geschnittenen Hecken müde geworden. Wie für das ganze kulturelle Mißbehagen der Zeit findet auch hier wieder der Außenseiter der „Gesellschaft", Jean Jacques Rousseau*, das erlösende Wort, indem er in seiner „Neuen Heloise" einen „Naturpark" fordert.

Von der Ungeduld der Königin getrieben, beginnen Hunderte von Arbeitern nach den Plänen der Baumeister und Maler, eine möglichst natürlich aufgemachte Landschaft in die wirkliche rasch hineinzuzaubern. Zunächst wird ein leise und lyrisch murmelndes Bächlein, unentbehrliches Zubehör jeder echten Schä-

---

* Jean Jacques Rousseau, bedeutender französischer Schriftsteller, vertrat in seinen frühen Schriften die Meinung, daß der Fortschritt der Kultur die Menschheit nicht gebessert habe, und pries einen glücklichen naturhaften Urzustand.

232

feridylle, zwischen die Wiesen gelegt; zwar muß man das Wasser mit zweitausend Fuß langen Röhren von Marly herüberführen, und es rinnt gleichzeitig viel Geld in diesen Röhren mit, aber: Hauptsache, sein mäandrischer Lauf sieht lieblich und natürlich aus.

Wie zufällig hingestreut und doch genau vorausberechnet von ihrem romantischen Architekten, ordnen sich kleine Kostbarkeiten in den Garten ein, um seine Lieblichkeit zu mehren. Ein Tempelchen, dem Gotte jener Zeit geweiht, der Liebestempel, steigt auf einem kleinen Hügel empor. Durch das Wäldchen werden verschlungene Wege geführt, die Wiesen mit seltenen Blumenarten durchstickt. Um die Natur noch durchtriebener zu vernatürlichen, werden in diese kostspieligste Schäferkomödie richtige Figuranten herangeholt: echte Bauern mit echten Kühen, Kälbern, Schweinen, Kaninchen und Schafen. Ein neuer, ein tieferer Griff in die Kasse, und auf Marie Antoinettes Befehl wird neben Trianon ein lebensgroßes Puppentheater aus der Schachtel geholt, das berühmte Hameau. Der große Architekt Mique und der Maler Hubert Robert zeichnen, entwerfen, bauen acht genau den landläufigen nachgebildete Bauernhöfe mit strohgedeckten Dächern, mit Hühnerhof und Düngerhaufen, man ahmt äußerlich sogar die Armut und die Verfallenheit wirklicher Elendshütten nach.

Wenn die Königin einmal Lust hat, Jean Jacques Rousseau zu spielen, etwa mit ihren Hofdamen eigenhändig Butter anzufertigen, so darf sie sich keinesfalls dabei die Finger beschmutzen. Wenn sie ihre Kühe Brunette und Blanchette im Stall besucht, wird selbstverständlich von unsichtbarer Hand zuvor der Fußboden wie ein Parkett geputzt und in eigens von der Fabrik in Sèvres gefertigten und mit ihrem Monogramm versehenen Porzellanvasen die schäumende Milch serviert.

Während in ganz Frankreich sich schon die Bauern zusammenrotten, herrscht in diesem Potemkinschen Kulissendörfchen* ein läppisches und lügnerisches Wohlbehagen. Am blauen Bändchen werden Schafe auf die Weide geführt, unter dem von der Hofdame getragenen Sonnenschirm schaut die Königin zu, wie an dem murmelnden Bach die Wäscherinnen das Linnen spülen.

---

* *Potemkinsche Dörfer = Blendwerk, leerer Schein*

Die Parkanlage des Sommerschlößchens Trianon – hier bei nächtlicher Festbeleuchtung – gestaltete Marie Antoinette mit großer Hingabe und unglaublichem Aufwand nach ihren eigenen Wünschen völlig neu.

Man zieht Kleider an aus dünnem Musselin, ländlich einfache (und läßt sich darin für ein paar tausend Livres malen); man ergibt sich unschuldigen Vergnügungen mit der ganzen Frivolität der Übersättigung. Man fischt, man pflückt Blumen, man spielt Fangball, man hängt Schaukeln zwischen die Bäume, man verliert, und man begegnet sich zwischen den Häuschen und Schattengängen, man läßt sich Theater vorspielen, und schließlich spielt man es den andern vor.

Diese Leidenschaft ist die zuletzt von der Königin Marie Antoinette entdeckte. Ursprünglich läßt sie sich ein kleines, heute noch erhaltenes und in seinen zierlichen Verhältnissen entzückendes Privattheater bauen – die Laune kostet nur 141 000 Livres –, um darin die italienischen und französischen Komödianten auftreten zu lassen, dann aber tut sie plötzlich, kühn entschlossen, selbst den Sprung auf die Bühne. Das lustige Völkchen um sie begeistert sich gleichfalls für das Theaterspielen. Und so dauert der fröhliche Karneval in Trianon das ganze Jahr.

Die abschließende Rechnung für Trianon ist erst am 31. August 1791 vorgelegt worden, sie betrug über 2 Millionen Livres. Vor dem Revolutionstribunal wird die „Witwe Capet"* selber zugeben müssen: „Es ist möglich, daß das kleine Trianon riesige Summen gekostet hat und vielleicht mehr, als ich selber wünschte . . ."

Aber auch im politischen Sinne ist die Königin ihre Laune teuer zu stehen gekommen. Denn indem sie die ganze Höflings-kamarilla** unbeschäftigt in Versailles zurückläßt, nimmt sie dem Hof seinen Lebenssinn. Die Dame, die ihr die Handschuhe zu reichen hat, die Ehrendamen und Ehrenkavaliere, die tausend Diener und Schranzen, was sollen sie nun anfangen ohne ihr Amt? Bald kommt es so weit, daß die vornehme Gesellschaft die Feste bei Hof meidet. Für bloß flüchtig-kühles Kopfnicken beim Empfang ist sich dieser Adel, der ebenso alt ist wie der habsbur-gische, doch zu gut. Immer offener wird die Fronde der französi-schen Hocharistokratie gegen die Königin.

Wäre Marie Antoinette geblieben, inmitten des französischen Adels und der traditionellen Sitte, sie hätte in der Stunde der Gefahr die Prinzen, die Fürsten, die Adelsarmee an ihrer Seite gehabt. Kaum wohnt Marie Antoinette in ihrem muntern Haus, so beginnt schon kräftig der neue Besen zu kehren. Ausschließ-lich Jugend heran, ein munteres Geschlecht, das nicht durch ein törichtes Ernstnehmen des Lebens Spiel und Spaß versäumt! Ob diese Amüsierkameraden von hohem Rang, von erster Familie sind und ehrenfeste untadelige Charaktere, kommt weniger in Betracht. So umgibt sie sich mit einem scheinbar lässigen, in Wirklichkeit aber höchst selbstsüchtigen Klüngel, der sich den leichten Dienst als Maître de plaisir der Königin mit den ge-wichtigsten Pfründen bezahlen läßt und während des galanten Spiels heimlich die ergiebigsten Pensionen in seine Harlekinta-schen schiebt.

Die munteren Zaungäste haben für den König, der immer brav und gehorsam sein schön geschriebenes „Louis" unter all jene

---

* *Bezeichnung der Revolutionäre für Marie Antoinette nach ihrer Absetzung – nach dem Stifter des kapetingischen Königshauses, Hugo Capet. Die Bourbonen, denen Ludwig XVI. zugehörte, waren eine kapetingische Seitenlinie.*
** *Kamarilla, eine Hofpartei, die unkontrollierbaren Einfluß auf den Herrscher ausübt*

Dekrete setzt, mit denen die Königin ihnen die höchsten Ämter zuschiebt, eine Art herablassende Sympathie. Der König zählt als Teilnehmer überhaupt nicht mit in der neuen Gesellschaft. Da jedoch irgendein männliches Mitglied des Hofes die Königin bei ihren Vergnügungen begleiten muß, übernimmt der jüngste Bruder Ludwigs XVI., der Graf von Artois, die Stelle des Schutzheiligen. Frauenjäger, Schuldenmacher, amüsanter Elegant, führt er die muntere Truppe an, wo immer es ein neues Vergnügen gibt. Aber gerade so, wie er ist, paßt er ausgezeichnet zu Marie Antoinette. Sie achtet diesen frechen Leichtfuß nicht sehr, und noch weniger liebt sie ihn, obwohl die bösen Zungen dies rasch behaupten.

Gefährlicher als diese unzuverlässigen und wechselnden Kavaliere (der Herzog von Coigny, der Herzog von Guines, der junge Tollkopf, der Herzog von Lauzun) werden der Königin ihre Freundinnen; hier treten geheimnisvoll vermengte Gefühlskräfte verhängnisvoll mit ins Spiel. Als Kind früh von der Mutter weggerissen, neben einen ungeschickten, unzärtlichen Mann gestellt, hat sie jenes vertrauensselige Sich-irgend-jemand-Entgegenspannen, das zur Natur des jungen Mädchens gehört, noch nie ausströmen lassen können. Aufrichtig geartet, möchte sie ihre seelischen Spannungen irgend jemandem anvertrauen, und da es um der Sitte willen ein Mann, ein Freund nicht oder noch nicht sein darf, sucht Marie Antoinette unwillkürlich von Anfang an nach einer Freundin. So mußten auch Marie Antoinettes erste Beziehungen zu Freundinnen auf das zärtlichste gestimmt sein, und dieses unkonventionelle Benehmen einer Königin hat sofort der galante Hof auf das ärgerlichste mißdeutet. Überkultiviert und pervertiert, vermag er das Natürliche nicht zu begreifen, und bald beginnt das Raunen und Reden über sapphische Neigungen der Königin. „Man hat mir in sehr weitgehendem Maße besondere Vorliebe für Frauen und für Liebhaber zugemutet", schreibt Marie Antoinette aus der Sicherheit ihres Gefühls ganz offen und heiter der Mutter.

Die erste Favoritin der Königin, Madame de Lamballe, war eine verhältnismäßig glückliche Wahl. Einer der ersten Familien Frankreichs angehörig und darum nicht geld- und machtgierig, nicht ehrgeizig, erwidert sie die Neigung der Königin mit wirklicher Freundschaft. Aber eines Abends im Jahre 1775 bemerkt die Königin bei einem Hofball eine junge Frau, engelhaft rein der blaue Blick; auf ihre Frage nennt man ihr den Namen, die Gräfin Jules de Polignac. Marie Antoinette tritt auf die Fremde zu und fragt sie, warum sie so selten bei Hof erscheine. Sie sei zur Repräsentation nicht vermögend genug, gesteht die Gräfin Polignac ehrlich ein, und diese Offenheit entzückt die Königin. Sofort zieht sie die Gräfin Polignac an den Hof, überhäuft sie mit derart auffälligen Bevorzugungen, daß sie allgemeinen Neid erregen. Nach wenigen Monaten ist aus der verarmten Adeligen die Herrin Marie Antoinettes und des ganzen Hofes geworden.

Leider aber, dieser zarte, unschuldsvolle Engel stammt nicht vom Himmel, sondern aus einer schwer verschuldeten Familie, die eifrig solche unerwartete Gunst für sich ausmünzen will. Zunächst werden Schulden gezahlt, die ganze Familie schwimmt in Geld und Ehren und schüttet überdies aus vollem Füllhorn Begünstigungen an ihre Freunde aus. Selbst die Pompadour hat nicht mehr gekostet als diese Favoritin, als die so bescheidene, so gütige Polignac. Kein Wunder, daß all jene sich immer heftiger erbittern, die diesseits der Mauer verbannt sind, die altadeligen, verdienten Geschlechter. Und bald blickt aus den verödeten Fenstern von Versailles hundertäugiger Haß hinüber in die sorglose und ahnungslose Spielwelt der Königin.

Mutterschaft

IM JAHRE 1777 erreicht der Vergnügungstaumel Marie Antoinettes den höchsten Punkt. Verzweifelt schmettert der Botschafter Mercy Bericht auf Bericht nach Wien: „Ihre Königliche Majestät vergißt vollkommen ihre äußere Würde . . . Die verschiedenen Arten des Vergnügens folgen einander mit solcher Geschwindigkeit, daß man nur mit größter Mühe einige Augenblicke findet, mit ihr von ernsten Dingen zu sprechen."

Dazu tritt nun zum erstenmal eine neue Gefahr. Marie Antoinette ist 1777 nicht mehr das fünfzehnjährige naive Kind, als das sie nach Frankreich gekommen, sondern eine zweiundzwanzigjährige, zu üppiger Schönheit aufgeblühte, eine verlockende

Frau; es wäre eher unnatürlich, bliebe sie völlig teilnahmslos kühl inmitten der erotischen Atmosphäre des Versailler Hofes. Vergeblich hat sie ihr starkes Zärtlichkeitsbedürfnis abgelenkt auf ihre Freundinnen – es hilft nichts, die Natur will bei jeder, also auch bei dieser durchaus natürlichen und normalen Frau allmählich ihr Recht. Immer mehr verliert im Zusammensein mit den jungen Kavalieren Marie Antoinette die ursprüngliche unbekümmerte Sicherheit. Aber sie läßt nicht ab, mit der Gefahr zu spielen. Sie errötet, sie erblaßt, sie beginnt in der Nähe dieser unbewußt begehrten jungen Menschen zu erzittern, sie verwirrt sich, bekommt Tränen in die Augen und fordert doch immer wieder von neuem die galanten Komplimente dieser Kavaliere heraus; die merkwürdige Szene in den Memoiren Lauzuns, da die eben noch zornig irritierte Königin ihn plötzlich mit flüchtiger Umarmung umpreßt und, über sich selbst erschrocken, sofort beschämt entflieht, hat durchaus den Akzent der Wahrheit.

Immer näher, immer flattriger kreist der Schmetterling um das lockende Licht. Weiß der mütterliche Wächter auch von dieser Gefahr? Man darf es annehmen. Er begreift im ganzen Ausmaß die Katastrophe, die es bedeuten würde, wenn die Königin von Frankreich, ehe sie ihrem Gatten einen echten Erben geboren, irgendeinem fremden Liebhaber zur Beute fiele. So sendet er Brief um Brief nach Wien, Kaiser Joseph* möge endlich nach Versailles kommen, um mit dem König, seinem Schwager, über die heikle Angelegenheit der noch immer nicht vollzogenen ehelichen Pflichten zu reden.

Nach einigen Tagen hat Joseph II. den König ganz in der Hand, und man kann kaum zweifeln, daß es ihm ohne Mühe gelungen ist, seinen Schwager zu jener diskreten Operation zu bewegen. Denn schon einige Wochen später zeigen sich die Früchte der Zwiesprache des Kaisers mit Ludwig XVI. „Ich befinde mich im größten Glück für mein ganzes Leben", eilt Marie Antoinette der Mutter zu berichten, „jetzt sind es schon acht Tage her, daß meine Ehe vollkommen vollzogen ist."

---

* *Joseph II., ältester Sohn Maria Theresias und Franz' I., war von der Kaiserin nach dem Tod ihres Gemahls 1765 in den Erbländern zum Mitregenten erklärt worden.*

Lange bleibt diese glorreiche Wendung übrigens kein Geheimnis: Der spanische Botschafter, der bestinformierte von allen, weiß seiner Regierung sogar das Datum des schicksalswendenden Tages (25. August) zu melden. Die in Wien brennend ersehnte Nachricht der eingetretenen Schwangerschaft läßt in dieser unleidenschaftlichen Ehe aber noch immer auf sich warten, erst im April glaubt die ungeduldige Frau, ihren innigsten Wunsch erfüllt zu fühlen. Am 5. Mai meldet der vorsichtige Mercy die Gewißheit, am 4. August wird die Schwangerschaft am Hof amtlich verkündet, nachdem die Königin am 31. Juli um halb elf Uhr abends die ersten Bewegungen des Kindes gespürt hat. Ihrer guten Laune bereitet es besonderen Spaß, auf urwüchsige Weise dem spät erprobten Gatten seine Vaterschaft mitzuteilen. Sie tritt vor ihn hin, zieht ein finsteres Gesicht, stellt sich beleidigt: „Sire, ich muß mich über einen Ihrer Untertanen beschweren, der so kühn gewesen ist, mir mit den Füßen in den Bauch zu stoßen." Der brave König versteht nicht gleich, dann lacht er stolz behäbig und umarmt seine Frau.

Sofort beginnen jetzt die vielfältigen öffentlichen Zeremonien. In den Kirchen werden Tedeums gesungen, das Parlament sendet seine Glückwünsche, für die Armen werden hunderttausend Livres bereitgehalten. Alle Welt ist auf das große Ereignis gespannt. Geradezu aufgeregt aber wartet der Hof auf das lang versagte Schauspiel, denn nach jahrhundertelang geheiligtem Brauch stellt die Entbindung einer Königin von Frankreich keineswegs nur ein privates Familienereignis dar; ihre schwere Stunde muß nach den uralten Regeln angesichts aller Prinzen, Prinzessinnen und unter Kontrolle des ganzen Hofes vor sich gehen.

Die Königin läßt die ungewünschten Gäste lange auf das Schauspiel warten. Endlich, am 18. Dezember, schellt nachts die Glocke durch das Haus, die Wehen haben begonnen. Ein paar Minuten nachdem der Hofarzt mit lauter Stimme angekündigt hat, die schwere Stunde der Königin sei gekommen, poltert die ganze adlige Rotte herein, dicht gedrängt im engen Zimmer setzen sich die Zuschauer auf nach der Rangordnung gestellten Fauteuils rings um das Bett. Die in den Vorderreihen nicht mehr Platz gefunden haben, steigen sogar auf Sessel und Bänke.

Niemand öffnet ein Fenster, keiner verläßt seinen Platz, und sieben volle Stunden dauert die öffentliche Folterszene, bis endlich um halb zwölf Uhr mittags Marie Antoinette einem Kind das Leben gibt – *hélas!* –, einer Tochter.

Ehrfurchtsvoll trägt man den Königssprossen in ein nachbarliches Kabinett, um ihn zu baden – da plötzlich tönt ein geller Befehl des Geburtshelfers: „Luft und heißes Wasser! Ein Aderlaß ist notwendig." Die Königin ist in Ohnmacht gefallen, halb erstickt von der verpesteten Luft. Ein allgemeiner Schreck entsteht, der König reißt eigenhändig die Fenster auf, alles läuft entsetzt durcheinander. So wagt der Chirurg den Aderlaß ohne weitere Vorbereitung. Ein Blutstrahl spritzt aus der angeschlagenen Ader des Fußes, und siehe: Die Königin schlägt die Augen auf, sie ist gerettet.

Jetzt erst bricht ungehemmt der Jubel los, und die Glocken dröhnen die frohe Botschaft ins Land. Das große Hemmnis ist beseitigt, die Ehe gesichert und gestärkt. Eine einzige nur ist nicht ganz zufrieden: Maria Theresia. Als Kaiserin, als Politikerin denkt sie über das private Familienglück hinaus unaufhörlich vor allem an die Erhaltung der Dynastie. „Wir brauchen unbedingt einen Dauphin, einen Thronfolger." Wie eine Litanei wiederholt sie die Mahnung an die Tochter.

Aber diese letzte Freude, einen zukünftigen König von Frankreich aus ihrem habsburgischen Blute zu sehen, ist ihr nicht mehr vergönnt. Erst 1781, ein Jahr nach Maria Theresias Hinscheiden, bringt Marie Antoinette den ersehnten Sohn zur Welt: Im Hinblick auf die aufregenden Vorfälle bei der ersten Geburt war diesmal die große Schaustellung in der Wochenstube abgesagt worden; nur allernächste Familienmitglieder hatten Zutritt erhalten. Doch als man das neugeborene Kind hinausträgt, hat die Königin nicht mehr die Kraft zu fragen, ob es ein Knabe oder wieder nur ein Mädchen sei. Aber da tritt der König an ihr Bett, Tränen fließen dem sonst schwer erregbaren Mann die Wangen herab, und mit seiner schallenden Stimme kündigt er an: „Der Kronprinz wünscht einzutreten."

Jetzt kann sich das große Kronprinzen-Geburtszeremoniell endlich ausleben. Alle Zünfte senden, von Musikanten begleitet, Abordnungen nach Versailles, neun Tage dauert der farbenprächtige Aufmarsch der Gilden. Die Rauchfangkehrer schleppen im Triumph einen ganzen Schornstein herbei, auf dessen Höhe kleine Schornsteinfeger sitzen und lustige Lieder singen; Sänftenträger bringen eine vergoldete Sänfte, in der eine Amme und ein kleiner Dauphin als Puppen sitzen, Schuhmacher kleine Kinderschuhe. Die Schlossermeister aber, die in dem König einen kollegialen Liebhaber ihres Handwerks wissen, haben sich besonders bemüht, sie spenden ein kunstvolles Geheimschloß, und als es Ludwig XVI. mit der Neugier des Fachmanns öffnet, springt ein kleiner Dauphin heraus, wunderbar aus Stahl gearbeitet. Die Damen der Halle* wiederum, dieselben, die ein paar Jahre später die Königin mit ordinärsten Zoten verhöhnen werden, kleiden sich nobel in schwarze Seidenkleider und sagen Ansprachen von La Harpe** auf.

Noch ist das Volk seinen Herrschern verbunden, noch dieses Kind dem ganzen Land geboren und seine Ankunft ein allgemeines Fest. Alles liebt, alles lobt den König und die Königin, die endlich so tapfer ihre Pflicht getan.

Noch zweimal wird Marie Antoinette Mutter, 1785 bringt sie einen zweiten Sohn, den zukünftigen Ludwig XVII., zur Welt, ein kräftiges, gesundes Kind, „einen richtigen Bauernjungen". Mit der Mutterschaft beginnt die erste Verwandlung in Marie Antoinette, noch nicht die entscheidende, aber der Anfang einer Entscheidung. Das zärtliche Spiel mit den Kindern wird ihr bald reizvoller als das frivole des grünen Tisches, ihr starkes, bisher an nichtige Gefallsüchtigkeiten verzetteltes Zärtlichkeitsbedürfnis hat endlich einen normalen Ausstrom gefunden.

Die Königin wird unbeliebt

DIE GEBURTSSTUNDE des Dauphins hatte den Höhepunkt der Macht Marie Antoinettes bedeutet. Indem sie dem Reich einen Thronerben schenkte, war sie gleichsam ein zweitesmal Königin geworden. Jetzt müßte sie nur den einen entscheidenden

---

* Marktweiber; Halle = Markthalle
** Frédéric César de La Harpe, schweizerischer Politiker und Anhänger der Französischen Revolution

Schritt tun, aus Trianon nach Versailles, nach Paris zurück, aus der Rokokowelt in die wirkliche, aus ihrer flattrigen Gesellschaft zum Adel, zum Volke, und alles wäre gewonnen. Nach den Festen des Volkes beginnen abermals die kostspielig-verhängnisvollen in Trianon. Von nun an fließen die Wasser abwärts, der Tiefe entgegen.

Nichts Sichtliches, nichts Auffälliges ereignet sich zunächst. Es wird nur stiller und stiller in Versailles, immer weni-

Marie Antoinette und ihre Kinder im Jahr 1787

ger Herren und Damen erscheinen bei den großen Empfängen, und diese wenigen zeigen eine gewisse sachliche Kühle im Gruß. Man dient achtungsvoll der Gattin des Königs, aber man bemüht sich nicht mehr um sie. Man widerspricht ihren Wünschen nicht offen, sondern schweigt; es ist das harte, böse, zurückhaltende Schweigen einer Verschwörung.

Das Hauptquartier dieser heimlichen Verschwörung ist auf die vier oder fünf Schlösser der königlichen Familie verteilt.

Den Chor der Gehässigkeit führen die drei alten Tanten, verdrossen, weil sie keine Rolle mehr spielen, haben sie sich nach dem Schloß Bellevue zurückgezogen. All die Damen, die nicht nach Trianon geladen wurden, die entlassene „Madame Etikette", die abgesägten Minister, die ausgebooteten Stellungspiraten, sie geben sich in diesem Salon der Zurückgesetzten regelmäßiges Stelldichein. Hier etabliert sich das Großarsenal aller boshaften Zubringereien, hier werden die kleinen bissigen

Couplets gedichtet, die dann munter durch Versailles schwirren.

Gefährlicher als diese zahnlosen Gestrigen, die nicht mehr beißen können, ist das neue Geschlecht. Eine intelligente Bürgerschaft ist erwacht, sie hat sich an den Werken Jean Jacques Rousseaus über die Rechte belehrt; die Heimkehrer aus dem amerikanischen Unabhängigkeitskrieg bringen ihnen Botschaft aus einem fremden Lande, wo der Unterschied der Kasten und Stände durch die Idee der Gleichheit und Freiheit aufgehoben ist. In Frankreich aber sehen sie nur Starre und Niedergang. Die aufgeklärte Bürgerschaft erkennt mit steigender Erbitterung, wie die politische Machtstellung Frankreichs verfällt, wie die Schulden steigen, das Heer, die Flotte verdorrt, die Kolonien verlorengehen.

Dieser zusammengeballte Unmut der aufrichtig patriotisch Empfindenden wendet sich vor allem gegen Marie Antoinette. Unfähig und unwillig zu wirklichem Entschluß, zählt der König – dies weiß das ganze Land – überhaupt als Herrscher nicht mit, einzig der Einfluß der Königin ist allmächtig. Von ihrem Polignac-Klüngel getrieben, mengt sie sich, sobald es eine Neubesetzung eines Ministerpostens, einer Staatsstellung gilt, ununterbrochen ein. Denn da alle diese von ihr durchgesetzten Generale und Gesandten und Minister sich nicht bewähren und Frankreich mit immer größerer Stromschnelle dem wirtschaftlichen Bankrott entgegentreibt, fällt alle Schuld auf die ihrer Verantwortung völlig unbewußte Königin (ach, sie hat doch nur ein paar reizenden netten Leuten zu guten Posten verholfen!).

Diese große Unzufriedenheit all derer, die ein neues System, eine bessere Ordnung, eine sinnvollere Verteilung der Verantwortung verlangen, hat lange eines Sammelpunktes entbehrt. Endlich findet sie ihn in einem Haus, in einem Menschen: im Palais Royal des Herzogs von Orléans. Dieser völlig durchschnittliche Aristokrat hat die übliche Schwäche unschöpferischer Naturen: eine nur auf das Äußerliche gerichtete Eitelkeit. Und die Eitelkeit hat Marie Antoinette persönlich gekränkt, indem sie sich locker spaßend über die kriegerischen Leistungen ihres Vetters geäußert und verhindert hat, daß ihm der Großadmiralstab von Frankreich zugeteilt werde. Der Herzog von

Orléans, schwer beleidigt, nimmt den Handschuh auf; als Abkömmling einer gleich alten Linie des Königshauses, als schwerreicher, unabhängiger Mann scheut er sich nicht, dem König im Parlament trotzigen Widerstand zu leisten und die Königin offen als seine Feindin zu behandeln. Mit seiner Person hat die Unzufriedenheit endlich den ersehnten Führer gewonnen. Im Palais Royal, dem eigentlichen ersten Klub der Revolution, sammeln sich alle Neuerer, Liberalen, Konstitutionellen.

Zwischen diesen beiden Gruppen der Gegner, der revolutionären und der reaktionären, steht als einzelner Mann der vielleicht gefährlichste Feind der Königin, der eigene Bruder ihres Mannes, „Monsieur", Franz Xavier Graf von Provence, der spätere König Ludwig XVIII., Leisetreter und Schattengänger, intrigant und vorsichtig. Denn nur wenn Ludwig XVI. und Ludwig XVII. erledigt sind, kann er endlich König werden – seit der Kindheit heimlich verschlossenes Ziel seines Ehrgeizes. Schon einmal hatte er sich berechtigter Hoffnung hingegeben, der rechtliche Nachfolger seines Bruders zu werden; die sieben tragischen Jahre, da die Ehe Ludwigs XVI. unfruchtbar blieb. Aber dann kam der grimmige Stoß, als Marie Antoinette von einer Tochter entbunden wird. Die Geburt des Dauphins knickt dann gänzlich seine letzten Träume der Thronfolgerschaft. Erst mit der Revolution beginnen seine verdächtigen Konferenzen im Luxembourg-Palais.

Nach zehn vergeudeten Regierungsjahren ist Marie Antoinette bereits von allen Seiten umstellt. Kleine bedruckte oder beschriebene Blättchen wandern unter dem Tisch von Hand zu Hand. In den Buchläden des Palais Royal lassen sich sehr vornehme Adelsherren in die Hinterstube von dem Verkäufer führen, der das neueste Libell gegen die Königin herausholt; angeblich aus London oder Amsterdam geschmuggelt, in Wirklichkeit ist der Druck merkwürdig frisch, vielleicht ist es in demselben Hause gedruckt, im Palais Royal, das dem Herzog von Orléans gehört, oder im Luxembourg. Von unfaßbaren Händen verbreitet, flattern diese ehrabschneiderischen Schriften durch die Parktore von Versailles und in die Schlösser der Provinz; wenn aber der Polizeileutnant ihnen nachjagen will, fühlt er sich von unsichtbaren Mächten gehemmt. Überallhin schlüpfen diese

Blätter; die Königin findet sie bei Tisch unter der Serviette, der König auf seinem Schreibtisch mitten unter den Akten; in der Loge der Königin steckt vor ihrem Sitz, mit einer Nähnadel in den Samt gedrückt, ein boshaftes Gedicht.

Die Pamphlete der ersten Zeit sind im Vergleich zu den späteren allerdings noch zurückhaltend, eher boshaft als bösartig. Seit der Geburt des Dauphins, des unbestreitbar rechtmäßigen Thronerben, wird aus jenen gedeckten und verdeckten Unterständen auf Marie Antoinette mit „roten Kugeln" geschossen. Marie Antoinette wird als unersättliche und perverse Erotomanin an den Pranger gestellt, der König als armer Gehörnter, der Dauphin als Bastard. 1785 ist das Verleumdungskonzert schon in vollem Gang. Die Revolution braucht dann nur laut über die Straße zu schreien, was in den Salons erreimt und ersonnen wurde, um Marie Antoinette vor ihr Tribunal zu fordern. Die eigentlichen Stichworte der Anklage hat der Hof souffliert.

Der Blitzschlag ins Rokokotheater

DIE ERSTEN Augustwochen von 1785 finden die Königin ungemein beschäftigt. Man ist schon ungeduldig, den „Barbier von Sevilla", die Komödie des Herrn von Beaumarchais, im Schloßtheater aufzuführen. Der Graf von Artois soll den Figaro, Vaudreuil, der Liebhaber der Gräfin Polignac, den Grafen und die Königin das muntere Mädchen Rosina spielen. Tag für Tag ist jetzt Marie Antoinette mit dieser Komödie in ihrem entzückenden weißgoldenen Theaterchen beschäftigt, ahnungslos, daß sich bereits über einer andern Komödie der Vorhang hebt, in der sie ohne Wissen und Willen ausersehen ist, die Hauptrolle zu spielen.

Die Proben des „Barbier von Sevilla" gehen zu Ende. Marie Antoinette ist noch immer äußerst beunruhigt und beschäftigt. Wird sie auch wirklich jung genug, hübsch genug aussehen als Rosinchen? Und warum kommt denn Madame Campan heute noch immer nicht, mit der sie die Rolle durchproben soll? Endlich, endlich erscheint sie, aber, was geht denn da vor? Sie tut so merkwürdig aufgeregt.

Gestern sei der Hofjuwelier Böhmer ganz verstört bei ihr erschienen, um sofort Audienz bei der Königin zu erbitten, stottert sie schließlich heraus. Die Königin hätte bei ihm vor einigen Monaten das berühmte kostbare Diamantenhalsband heimlich kaufen lassen, und damals hätte man Ratenzahlungen ausgemacht. Aber der Termin für die erste Rate sei längst vorbei und nicht ein Dukaten bezahlt. Seine Gläubiger drängten ihn, er brauche sofort sein Geld.

Die Königin versteht zuerst nicht. Das große kostbare Kollier, das diese beiden Juweliere, Böhmer und Bassenge, so kunstvoll angefertigt haben, natürlich kennt sie das. Sie haben es ihr doch einmal, zweimal, dreimal für eine Million sechsmal hunderttausend Livres angeboten; selbstverständlich hätte sie dieses Prachtstück gern gehabt, aber die Minister geben doch kein Geld her. Da muß eine tolle Verwechslung vorliegen. Sofort läßt Marie Antoinette von ihrem Sekretär ein Billett an Böhmer schreiben. Am 9. August, aufgeregt, blaß, erscheint Böhmer, der Juwelier. Die Geschichte, die er erzählt, ist vollkommen unverständlich. Zuerst glaubt die Königin, einen Irrsinnigen vor sich zu haben. Eine Gräfin Valois, die intime Freundin der Königin, hätte bei ihm jenen Schmuck besichtigt und erklärt, die Königin wünsche ihn heimlich zu kaufen. Und seine Eminenz, der Herr Kardinal von Rohan, hätte ihn im Auftrag Ihrer Majestät empfangen und übernommen.

Die Königin bebt vor Wut und befiehlt dem Juwelier, unverzüglich eine genaue, schriftliche Darstellung des ganzen Falles zu verfassen. Am zwölften August hat sie dieses noch heute in den Archiven befindliche phantastische Dokument in Händen. In ihrer Unbeherrschtheit liest die Königin in dieser Anklageschrift nur einen Namen, jenen des Kardinals Louis von Rohan, den sie mit der ganzen Heftigkeit ihres unbändigen Herzens seit Jahren erbittert haßt.

Den eigentlichen Keil hat Maria Theresia zwischen Rohan und Marie Antoinette getrieben. Bevor Kardinal von Straßburg, war Louis von Rohan in Wien Gesandter gewesen; dort verstand er es, den maßlosen Zorn der alten Kaiserin auf sich zu ziehen. Der Anblick eines Gottesdieners, der das heilige Kleid ablegt, um, von bezauberten Damen umringt, im braunen Rock an einem einzigen

Das von den Hofjuwelieren Böhmer und Bassenge gefertigte Kollier, das die berühmte Halsbandaffäre auslöste

Tag 130 Stück Wild abzuknallen, erregt in der bigotten Frau maßlose Entrüstung. Maria Theresia will aus ihrem streng katholischen Wien kein frivoles Versailles machen lassen. Brief auf Brief geht an Marie Antoinette, alles daranzusetzen, daß dieses „verwerfliche Individuum" aus ihrer Nähe komme. Und kaum wird Marie Antoinette Königin, so setzt sie tatsächlich, gehorsam ihrer Mutter, die Rückberufung Louis Rohans vom Wiener Gesandtschaftsposten durch.

Aber wenn ein Rohan fällt, so fällt er nach oben. Für den verlorenen Gesandtenposten erhebt man ihn zum Bischof und kurz darauf zum Großalmosenier, dem obersten geistlichen Würdenträger bei Hof. Rohan streut, gutmütig, leichtherzig und verschwenderisch, das Geld mit vollen Händen aus. Bald bleibt es kein Geheimnis, daß die Finanzen des Bischofs äußerst traurig sind. Ist es da ein Wunder, wenn die Königin auf den ersten Anschein überzeugt ist, dieser Bruder Leichtfuß habe den ganzen Schwindel angezettelt, um sich auf ihren Namen Kredit zu verschaffen? Sie schreibt an ihren Bruder: „Wahrscheinlich hat er in seiner dringenden Geldbedrängnis gehofft, die Juweliere bis zum festgesetzten Termin bezahlen zu können, ohne daß etwas ans Licht käme."

Denn während fünfzehn Jahren hat Marie Antoinette nicht ein einziges Mal das Wort an diesen Mann gerichtet, sondern ihn offen vor dem ganzen Hof brüskiert. So muß sie es als niederträchtigen Racheakt empfinden, daß gerade dieser Mann ihren Namen in ein betrügerisches Geschäft mengt; von allen Herausforderungen gegen ihre Ehre, die sie von dem französischen

Hochadel erlitten, scheint ihr diese die hinterlistigste. Und mit leidenschaftlichen Worten, mit Tränen in den Augen befiehlt sie dem König, mitleidlos und exemplarisch diesen Betrüger vor der ganzen Öffentlichkeit zu bestrafen.

Der König, willenlos hörig seiner Frau, denkt nicht daran, die Anschuldigung zu überprüfen. Am 15. August überrascht der König seinen Ministerrat mit der Absicht, den Kardinal sofort verhaften zu lassen. Da Mariä Himmelfahrt gleichzeitig der Namenstag der Königin ist, erscheint der ganze Hof in Versailles zur Gratulationscour; das Œil-de-bœuf* und die Galerien stehen vollgedrängt mit Höflingen. Auch der ahnungslose Hauptdarsteller Rohan, dem die Aufgabe zufällt, das heilige Pontifikalamt an diesem festlichen Tage zu zelebrieren, wartet in seiner scharlachenen Soutane.

Aber statt daß Ludwig XVI. feierlich erscheint, um mit seiner Gemahlin zur Messe zu gehen, nähert sich Rohan ein Diener. Der König lasse ihn in sein Privatzimmer bitten. Dort steht mit abgewandtem Blick die Königin. Der König beginnt gerade und grob: „Lieber Vetter, welche Bewandtnis hat es mit dem diamantenen Halsband, das Sie im Namen der Königin gekauft haben?"

Rohan wird blaß. „Sire, ich sehe, ich bin betrogen worden, aber ich selber habe nicht betrogen", stammelt er.

Das Wort versagt ihm. Seine Verwirrung erregt beim König Mitleid, er sucht einen Ausweg. „Schreiben Sie nieder, was Sie mir zu berichten haben", sagt der König. Der Kardinal, allein geblieben, bringt etwa fünfzehn Zeilen zu Papier. Eine Frau namens Valois habe ihn bestimmt, dieses Halsband für die Königin zu erwerben. Er sehe jetzt ein, daß er von dieser Person betrogen worden sei.

„Wo ist diese Frau?" fragt der König.

„Sire, ich weiß es nicht."

„Haben Sie das Halsband?"

„Es ist in den Händen dieser Frau."

Und obwohl der Kardinal jetzt anbietet, das Halsband zu bezahlen, kann sich Marie Antoinette nicht länger halten, mit Tränen des Zorns in den Augen fährt sie Rohan an, wie er habe

---

* Vorzimmer vor den Gemächern des Königs im Versailler Schloß

glauben dürfen, daß sie, die jahrelang ihn keines Wortes ge-
würdigt, ihn als Vermittler ausersehen würde, um hinter dem
Rücken des Königs heimlich Geschäfte abzuschließen. Auf diesen Vorwurf findet der Kardinal keine Antwort: Er versteht jetzt
selbst nicht mehr, wie er sich in dieses Narrenabenteuer sinnlos verstricken lassen konnte. Der König bedauert, aber er beschließt: „Ich wünsche, daß Sie sich zu rechtfertigen vermögen!
Unter den vorliegenden Verhältnissen kann ich nicht davon
abstehen, an Ihrem Haus die Siegel anbringen zu lassen und auf
Ihre Person Beschlag zu legen. Der Name der Königin ist mir
teuer." Rohan ersucht inständig, ihm solche Schmach zu ersparen, aber die Unterredung ist zu Ende.

Draußen wartet in dem überfüllten Empfangszimmer schon
ungeduldig der ganze Adel. Die Messe hätte doch längst beginnen sollen. Plötzlich wird die Flügeltür zum Zimmer des Königs
aufgerissen. Als erster erscheint der Kardinal Rohan in purpurro-
ter Soutane, blaß und die Lippen verklemmt, hinter ihm der
Minister Baron Breteuil, sein persönlicher Feind, seine Augen
funkeln vor Erregung. In der Mitte des Zimmers brüllt er dem
Hauptmann der Leibgarde absichtlich laut zu: „Verhaften Sie
den Herrn Kardinal!"

Ein Kardinal verhaftet! Ein Rohan! Und im Vorgemach des
Königs! Während man Rohan in einem abseitigen Zimmer der
Hofwache übergibt, benützt er die allgemeine Verblüffung, um
rasch ein paar Zeilen auf ein Blatt Papier zu werfen, die seinen
Hausabbé anweisen, alle in einer roten Brieftasche befindlichen
Schriftstücke rasch zu verbrennen – es sind, wie man später im
Prozeß erfährt, die gefälschten Briefe der Königin. Unten wirft
sich einer der Heiducken Rohans auf das Pferd, jagt mit dem
Zettel in das Hôtel de Strasbourg, ehe die langsameren Polizei-
leute nachrücken, um die Papiere zu versiegeln. An diesem Tage
wird in Versailles keine Messe mehr gelesen.

Hinter der verschlossenen Tür bleibt die Königin erregt zurück.
Aber sonderbar: niemand kommt. Der Adel gibt sich keine Mühe,
seine Entrüstung zu verbergen, daß man einen aus seiner privilegierten Klasse derart entehrend angepackt hat. Ein Unbehagen
überkommt die Eilfertige. Marie Antoinette wird ihres Erfolges
nicht froh: Am Abend finden sie ihre Kammerfrauen in Tränen.

Aber bald bricht der alte Leichtsinn durch. „Was mich betrifft", schreibt sie in törichter Selbsttäuschung ihrem Bruder Joseph, „so bin ich entzückt, daß wir nichts von dieser widerlichen Affäre mehr hören werden." Der Prozeß vor dem Parlament wird bestenfalls erst im Dezember stattfinden. Man wird doch nicht eine so entzückende Komödie absagen. Die Königin studiert (statt der Akten der Polizei über den Prozeß) die Rolle des muntern Rosinchens im „Barbier von Sevilla".

Die Halsbandaffäre

WAS IST in Wirklichkeit geschehen? Das glaubhaft darzustellen hält nicht leicht, denn so, wie sich die Halsbandaffäre tatsächlich ereignet hat, ist sie die unwahrscheinlichste aller Unwahrscheinlichkeiten, wie man sie einem Roman nicht glauben würde. Im Mittelpunkt einer echten und rechten Komödie steht immer eine Frau. Die in der Halsbandaffäre wächst als Tochter eines verkrachten Edelmannes und einer verlotterten Dienstmagd als verwahrlostes Bettelkind auf. Nach dem Tode des Vaters legt sich die Mutter auf die Hurerei, die Kleine auf das Streunen; die Siebenjährige wäre verkommen ohne den Glückszufall, auf der Straße gerade die Marquise von Boulainvilliers mit dem verblüffenden Jammerruf anzubetteln: „Barmherzigkeit für eine arme Waise aus dem Blute der Valois!" Wie? Ein solches verlaustes, halbverhungertes Kind Nachfahre königlichen Blutes? Sie läßt ihre Karosse halten und fragt die kleine Bettlerin aus.

Diese Jeanne ist wirklich eine eheliche Tochter von Jacques de Saint-Rémy, seines Zeichens Wilddieb und Säufer, aber nichtsdestoweniger ein Nachkomme der Valois, die den Bourbonen an Rang und Alter nichts nachgeben. Die Marquise Boulainvilliers, von solch phantastischem Sturz eines Königssprossen in solches Elend gerührt, nimmt sofort das Mädchen mit. Vierzehnjährig wird Jeanne in einem Kloster für adelige Mädchen untergebracht. Aber zur Nonne, das wird sich bald erweisen, hat die kleine Jeanne wenig Talent. Mit zweiundzwanzig Jahren klettert sie entschlossen über den Klosterzaun. Ohne Geld in der

Tasche, den Kopf voll Abenteuer, taucht sie in Bar-sur-Aube auf. Dort findet Jeanne einen kleinadeligen Gendarmerieoffizier, Nicolas de La Motte, der sie bald darauf heiratet. Von allem Anfang an kennt diese kleine Jeanne nur einen Gedanken: hinauf! Gleichgültig, wie und auf welchen Wegen. Zunächst rückt sie ihrer Wohltäterin, der Marquise von Boulainvilliers, auf den Hals und hat das Glück, von ihr gerade zu Zabern im Schloß des Kardinals Rohan empfangen zu werden. Hübsch und geschickt, wie sie ist, nützt sie die Schwäche des Kardinals aus. Durch seine Vermittlung erhält ihr Mann – wahrscheinlich um den Preis eines unsichtbaren Geweihs – das Rittmeisterpatent in einem Dragonerregiment und die Bezahlung der bisher aufgelaufenen Schulden.

Aber auch diesen schönen Ruck nach oben betrachtet sie nur als Stufe. Ihr La Motte ernennt sich noch aus eigener Machtvollkommenheit taxfrei zum Grafen. Ein derart sonorer Name wie „Gräfin Valois de La Motte" ist hunderttausend Livres im Jahre für eine hübsche skrupellose Frau wert, die entschlossen ist, alle Eitlen und Dummköpfe gründlich zu rupfen. Zu diesem Zwecke mieten die beiden Spießgesellen sich in Paris ein ganzes Haus in der Rue Neuve-Saint-Gilles, schwatzen den Wucherern von riesigen Gütern, auf welche die Gräfin als Nachfahrin der Valois Ansprüche habe, und mit den geliehenen Sachen wird große Gesellschaft gespielt. Es gibt dort amüsante Spielpartien, wenig einträglich aber für die Gimpel, die sich auf den Leim locken lassen. Als dann endlich in Paris ihr die Gläubiger zu hart an den Hals rücken, erklärt die Gräfin Valois de La Motte, sie begebe sich nach Versailles, um dort bei Hof ihre Ansprüche zu stellen.

Selbstverständlich kennt sie bei Hof keinen Menschen. Aber die gerissene Hochstaplerin hat sich bereits ihren Coup ausgedacht. Sie stellt sich mit den andern Bittstellern im Vorzimmer der Madame Elisabeth auf und fällt plötzlich in Ohnmacht. Alles stürzt herbei, ihr Mann nennt den hochtrabenden Namen und erzählt mit Tränen in den Augen, jahrelanger Hunger und die daraus entstandene Entkräftung seien die Ursache der Ohnmacht. Voll Mitleid wird die höchst gesunde Kranke nach Hause gebracht, zweihundert Livres werden ihr nachgeschickt und die Pension von achthundert auf fünfzehnhundert Livres erhöht.

Aber ist das nicht ein Bettel für eine Valois? Leider mengen sich neuerdings jene zudringlichen Leute ein, ihres Zeichens Gläubiger. Abermals ist das ehrenwerte Paar zu Ende mit seinem Latein. Es wird bald Zeit, zu einem großen Streich auszuholen.

Für einen Gaunerstreich von Format sind immer zwei Dinge notwendig: ein großer Gauner und ein großer Narr. Glücklicherweise ist dieser Narr schon zur Hand, und es ist kein anderer als das erlauchte Mitglied der Französischen Akademie, Seine Eminenz der Bischof von Straßburg, der Großalmosenier von Frankreich, der Kardinal Rohan. Dieser bezaubernde Kirchenfürst leidet auch an der Krankheit seines Jahrhunderts, an der Leichtgläubigkeit. Da Voltaire den Kirchenglauben aus der Mode gebracht hat, schleicht sich an seiner Stelle der Aberglaube in die Salons des *Dix-huitième* ein. Für Alchimisten, Kabbalisten, Scharlatane hebt ein goldenes Zeitalter an. Kein Mann von Adel, keine Dame von Welt wird versäumen, bei ihnen zu Tisch gewesen zu sein. Und der Allergutgläubigste, Seine Eminenz der Kardinal Rohan, ist nun just an den allergerissensten der Blendmeister, an den Papst aller Schwindler geraten, an den „göttlichen" Cagliostro. Nun erkennen Auguren und Gauner einander immer gleich beim ersten Augenwink, so hier Cagliostro und die La Motte; durch ihn erfährt sie den allergeheimsten Wunsch Rohans, erster Minister von Frankreich zu werden, und sie kriegt auch das einzige Hemmnis heraus, das er fürchtet: die unerklärliche Abneigung der Königin Marie Antoinette.

Im April 1784 beginnt die La Motte ab und zu eine kleine Bemerkung einzustreuen, wie zärtlich ihre „liebe Freundin", die Königin, sich ihr anvertraue; immer phantasievoller erfindet sie Episoden, die in dem arglosen Kardinal die Meinung erwecken, diese kleine hübsche Frau könnte eigentlich eine ideale Fürsprecherin für ihn bei der Königin werden. Wenn doch jemand endlich die Königin über seine wahre Gesinnung aufklären würde, da er doch kein höheres Glück kenne, als ihr ehrfürchtig dienen zu dürfen!

Teilnehmend verheißt die „intime" Freundin, zu seinen Gunsten bei Marie Antoinette zu sprechen, und welches Gewicht, Rohan staunt, muß ihre Fürsprache gehabt haben, denn im Mai kündigt sie ihm bereits an, die Königin sei umgestimmt und werde dem Kardinal während der nächsten Hofcour auf eine bestimmte Weise heimlich zunicken. Wenn man etwas glauben will, so glaubt man es gern. Tatsächlich meint der gute Kardinal, bei der nächsten Vorstellung eine gewisse „Nuance" des Kopfnickens beim Empfang bemerkt zu haben, und zahlt der rührenden Vermittlerin gute Dukaten.

Um den Kardinal noch fester einzunähen in den Narrensack, muß man ihm irgendwie etwas Handgreifliches königlicher Gunst vorzeigen. Wie wäre es wohl mit Briefen? Wozu hält man sich denn einen skrupellosen Sekretär in Haus und Bett? Rétaux fertigt tatsächlich ohne Zögern Briefe von der Hand Marie Antoinettes an ihre Freundin Valois an. Und da sie der Narr als echt bestaunt, warum nicht gleich einen geheimen Briefwechsel zwischen Rohan und der Königin inszenieren? Auf den Rat der La Motte verfaßt der verblendete Kardinal eine ausführliche Rechtfertigung seines bisherigen Verhaltens und übergibt endlich die Reinschrift dieser im wahrsten Sinne des Wortes unbezahlbaren Frau. Wenige Tage später bringt die La Motte schon ein Brieflein. Die sonst stolze Königin schreibt dem bisher Mißachteten: „Ich freue mich sehr, Sie nicht mehr als schuldig ansehen zu müssen; noch kann ich Ihnen die erbetene Audienz nicht bewilligen. Sobald die Verhältnisse eine solche gestatten, werde ich Sie benachrichtigen. Seien Sie verschwiegen!" Der Geprellte vermag sich vor Freude kaum zu fassen, und je mehr sich ihm das Herz mit Stolz füllt, bei Marie Antoinette in höchster Gunst zu stehen, um so mehr erleichtert ihm die La Motte die Taschen.

Lange aber ist diese gefährliche Partie nicht zu halten, so muß ein ganz verwegener Schachzug ausgeklügelt werden. Da es selbstverständlich ausgeschlossen ist, daß die Königin jemals persönlich mit dem Kardinal sprechen werde – genügt es nicht, den Tölpel glauben zu lassen, er habe mit der Königin gesprochen? Wo aber in aller Eile eine Figurantin finden? Nun dort, wo sehr gefällige Damen und Dämchen promenieren; im Garten des Palais Royal, dem Prostitutionsparadies von Paris. Der „Graf" de La Motte übernimmt die heikle Besorgung; er braucht nicht lange, und schon hat er die Doppelgängerin für die

Königin ausfindig gemacht, eine junge Dame namens Nicole – später Baronin d'Olivia genannt –, angeblich Modistin. Am 11. August bringt man die willige Liebesdienerin nach Versailles in eine Mietwohnung, höchst eigenhändig kleidet sie die Gräfin Valois in eine weißgetupfte Musselinrobe, genau derjenigen nachgeahmt, welche die Königin auf dem Porträt der Madame Vigée-Lebrun trägt. Das verwegenste Gaunerstück aller Zeiten ist im Gange.

Ganz leise schleicht das Paar mit seiner verkleideten Pseudokönigin über die Terrassen von Versailles. Der Himmel will ihnen wohl und strömt mondlose Dunkelheit nieder. Sie steigen hinab zum Venusboskett, das, dicht überschattet von Zedern und Fichten, von einer Gestalt kaum mehr als den Umriß erkennen läßt. Das arme kleine Hürchen beginnt zu zittern. Voll Angst hält sie in ihrer Hand die Rose und das Billett, das sie vorschriftsmäßig einem vornehmen Herrn übergeben soll, der sie hier ansprechen wird. Da knirscht schon der Kies. Der Umriß eines Mannes taucht auf, es ist Rétaux, der Sekretär, der in der Rolle eines königlichen Dieners Rohan heranführt. Mit einmal fühlt sich Nicole energisch vorgestoßen – wie vom Dunkel weggeschwemmt verschwinden die beiden Kuppler an ihrer Seite. Sie steht allein, oder vielmehr nicht mehr allein, denn hoch und schlank kommt ihr jetzt ein fremder Mann entgegen: Es ist der Kardinal.

Sonderbar, wie närrisch sich dieser Fremde benimmt. Er verneigt sich ehrfürchtig bis zur Erde, er küßt der kleinen Dirne den Saum ihres Gewands. In ihrer Verwirrung läßt sie die Rose fallen und vergißt den Brief. So stammelt sie nur mit erstickter Stimme die paar Worte, die man ihr mühsam eingetrichtert hat. „Sie dürfen hoffen, daß alles Vergangene vergessen ist." Und diese Worte scheinen den fremden Kavalier maßlos zu entzücken, abermals und abermals verneigt er sich, stottert alleruntertänigsten Dank. Da knirscht neuerdings im Kies ein hastiger Schritt, jemand ruft leise und aufgeregt: „Schnell, schnell weg! Madame und die Gräfin von Artois sind ganz in der Nähe." Der Kardinal erschrickt und entfernt sich eiligst in Begleitung der La Motte, indes der edle Gatte die kleine Nicole zurückführt; mit pochendem Herzen schleicht die Pseudokönigin dieser Komödie am Schlosse vorbei, wo hinter nachtschwarz verdunkelten Scheiben die wirkliche Königin ahnungslos schläft.

Der Streich ist glorreich gelungen. Schon sieht sich Rohan – aller Sinne beraubt – als erster Minister, als Günstling der Königin. Einige Tage später meldet die La Motte dem Kardinal bereits abermaligen Beweis der Gunst der Königin. Ihre Majestät habe den Wunsch, einer in Not geratenen adeligen Familie fünfzigtausend Livres zukommen zu lassen, sei aber im Augenblick an der Zahlung behindert. Ob nicht der Kardinal diesen milden Dienst für sie übernehmen wolle. Rohan, hoch beglückt, wundert sich keinen Augenblick, daß die Königin schwach bei Kasse sei. Ganz Paris weiß doch, sie steckt ständig in Schulden. Sofort läßt er einen elsässischen Juden namens Cerf-Beer kommen, borgt ihm die fünfzigtausend ab, zwei Tage später klirrt das Gold auf den Tisch der La Motte. Nun kommen für Graf und Gräfin de La Motte himmlische Zeiten. Der Kardinal sitzt weit im Elsaß, aber sein Geld klimpert lustig in ihren Taschen.

Ein unvermuteter Zufall schiebt der La Motte das Trumpfas in die Hand. Bei einer ihrer Gesellschaften erzählt jemand, die armen Hofjuweliere Böhmer und Bassenge säßen in dicken Sorgen. Sie hätten ihr ganzes Kapital und ein gutes Stück Schulden in das herrlichste Diamantenhalsband gesteckt, das man auf Erden gesehen. Ob nicht sie, die Gräfin Valois, die doch mit der Königin Marie Antoinette auf so vertrautem Fuß stünde, ihre königliche Freundin überreden könnte, das Schmuckstück zu kaufen. Wie Diamanten im Sonnenlicht, so funkeln und flitzen der La Motte freche Gedanken durch den klugen Kopf. Kaum ist der Kardinal aus dem Elsaß zurückgekehrt, so nimmt sie ihn scharf in die Presse. Eine neue Gunst winke ihm. Die Königin wünsche, natürlich ohne Wissen ihres Gatten, einen kostbaren Schmuck zu kaufen, dazu brauche sie einen verschwiegenen Vermittler; diese heimliche und ehrenvolle Aufgabe habe sie Rohan als Zeichen ihres Vertrauens zugedacht. Tatsächlich, schon wenige Tage später kann die La Motte triumphierend dem beglückten Böhmer mitteilen, ein Käufer sei gefunden: der Kardinal von Rohan. Am 29. Januar wird im Palais des Kardinals, im Hôtel de Strasbourg, der Kauf abgeschlossen: eine Million sechshunderttausend Livres, zahlbar innerhalb zweier Jahre in vier

sechsmonatlichen Raten. Der Schmuck solle am 1. Februar geliefert werden, die erste Ratenzahlung am 1. August 1785 erfolgen. Der Kardinal paraphiert die Bedingungen mit eigener Hand
und übergibt sie der La Motte, damit diese den Vertrag ihrer
„Freundin", der Königin, unterbreite; umgehend, am 30. Januar,
bringt die Betrügerin die Antwort, Ihre Majestät sei mit allem
einverstanden; bei jeder Klausel steht am Rand das Wort
„Genehmigt!" und am Schluß des Vertrages die „eigenhändige"
Unterschrift: „Marie Antoinette de France".

Am nächsten Morgen überbringt der Juwelier den Schmuck
dem Kardinal, der ihn abends eigenhändig zur La Motte trägt,
um sich persönlich zu überzeugen, daß er zu treuen Händen der
Königin übernommen werde. Er braucht in der Rue Neuve-
Saint-Gilles nicht lange zu warten. Tatsächlich, ein junger Mann,
ganz in Schwarz gekleidet, ist erschienen – natürlich wieder
Rétaux, der wackere Sekretär – und meldet sich mit den Worten
an: „Im Auftrage der Königin." Beruhigt übergibt er die Kassette
der La Motte, diese händigt sie dem geheimnisvollen Boten ein;
er verschwindet mit der guten Last rasch, wie er gekommen, und
mit ihm das Kollier bis zum Jüngsten Gericht. Die Gräfin weidet
das kostbare, lang gejagte Wild sofort aus, zerstückelt es und
bricht die Steine einzeln heraus.

Sie stopft dem wackeren Gatten die Taschen mit Brillanten
voll und schickt ihn nach London – die Juweliere von New Bond
Street und Piccadilly haben bald über reichliches und billiges
Angebot nicht zu klagen. Hussah, jetzt ist mit einemmal Geld da,
tausendmal mehr, als selbst diese allerkühnste Gaunerin zu träumen wagte. Schamlos verwegen, wie sie der tolle Erfolg gemacht
hat, zögert sie nicht, diesen neuen Reichtum protzig zu zeigen.
Knallt die Sache auf, je nun, er wird sie schon ordnen, der Herr
Kardinal von Rohan! Er wird sich hüten, eine Affäre hochsausen
zu lassen, der Großalmosenier von Frankreich, die ihn unsterblich lächerlich macht. Lieber wird er ganz still und ohne mit der
Wimper zu zucken das Halsband aus der eigenen Tasche bezahlen. Wozu also sich ängstigen.

Immer näher rückt der 1. August, der verhängnisvolle Termin
der ersten Vierhunderttausend. Um Aufschub zu erlangen, erfindet die Schwindlerin einen neuen Trick. Die Königin habe

sich die Sache überlegt, erzählt sie, der Preis sei ihr zu hoch; wenn nicht die Juweliere einen Nachlaß von zweihunderttausend Livres gewähren wollten, sei sie entschlossen, den Schmuck zurückzuschicken. Die Verschlagene rechnet damit, die Juweliere würden sich aufs Parlamentieren legen, und damit würde Zeit vergehen. Aber sie irrt. Die Juweliere, die den Preis viel zu hoch angesetzt hatten, erklären sich ohne weiteres einverstanden. Böhmer übergibt das Schreiben mit Rohans Bewilligung am 12. Juli, einem Tag, an dem er ohnehin Marie Antoinette ein anderes Schmuckstück einzuhändigen hat. Dieser Brief lautet: „Majestät, wir sind aufs höchste beglückt, annehmen zu dürfen, daß die letzten Zahlungsbedingungen, die uns vorgeschlagen wurden und denen wir uns mit aller Beflissenheit und Ehrerbietung unterwerfen, als ein neuer Beweis unserer Ergebenheit und unseres Gehorsams den Befehlen Eurer Majestät gegenüber angesehen werden. Es gereicht uns zur wahren Genugtuung, zu denken, daß der schönste Diamantschmuck, der existiert, der erhabensten und besten der Königinnen zu Diensten sein darf."

Dieser Brief ist durch seine gewundene Form für eine Ahnungslose auf den ersten Blick unverständlich. Aber dennoch, wenn sie ihn aufmerksam lesen und ein wenig nachdenken würde, müßte die Königin erstaunt fragen: Welche Zahlungsbedingungen? Welcher Diamantschmuck? Aber man weiß es von hundert anderen Gelegenheiten: Marie Antoinette liest selten etwas Geschriebenes aufmerksam zu Ende. Auch dieses Mal wirft die Königin das Billett sofort ins Feuer. Dies Vernichten des Briefes, dieses Nicht-weiter-Nachfragen seitens der Königin wirkt auf den ersten Blick unwahrscheinlich. In Wirklichkeit bedeutet dies hastige Verbrennen nichts Auffälliges bei einer Frau, die zeitlebens jede an sie gerichtete Zeile aus Angst vor ihrer eigenen Unachtsamkeit und der Spionage des Hofes immer sofort vernichtete.

Eine Kette von Zufällen mußte also zusammenlaufen, damit der Betrug nicht früher an den Tag kam. Aber jetzt hilft alle Taschenspielerei nicht mehr weiter, der 1. August rückt heran, und Böhmer will sein Geld. Mit einem einzigen schmetternden Ruck stürzt dieser babylonische Turmbau von Lügen und gegenseitiger Irreführung zusammen, als Böhmer nach Versailles kommt und Audienz bei der Königin verlangt.

Nach all den Akten und Aussagen, die über diesen verwickeltesten aller Prozesse vorliegen, ist heute eines unumstößlich gewiß: Marie Antoinette hat nicht die leiseste Ahnung gehabt von dem niederträchtigen Spiel, das mit ihrem Namen, ihrer Person getrieben wurde. Und trotzdem – im moralischen Sinne ist Marie Antoinette nicht völlig freizusprechen. Denn dieser ganze Betrug konnte nur angezettelt werden, weil ihr stadtbekannt schlechter Leumund den Betrügern Mut machte, weil den Betrogenen jedwede Unbesonnenheit auf seiten der Königin von vornherein glaubhaft war. Ohne die jahrelangen Leichtsinnigkeiten und Torheiten von Trianon hätte dieser Lügenkomödie jede Voraussetzung gefehlt.

MIT SEINEM Falkenblick hat Napoleon den entscheidenden Denkfehler Marie Antoinettes im Halsbandprozeß festgestellt. „Die Königin war unschuldig, und um ihre Unschuld öffentlich bekanntzugeben, wollte sie, das Parlament sollte Richter sein. Das Ergebnis war, daß man die Königin für schuldig hielt." In der Tat: Bei dieser Gelegenheit hat zum erstenmal Marie Antoinette ihre Selbstsicherheit verloren. Verhängnisvollerweise ist sie die einzige, die noch an eine feindselige Absicht des armen Narren Rohan glaubt. Bald entsteht ein merkwürdiges Munkeln, mit dieser brutalen Verhaftung wolle die Königin bloß einen unbequemen Mitwisser abschütteln. Und bei der ungeschickt heftigen Bewegung fällt ihr der schützende Herrschermantel von der Schulter. Diesmal sucht sie Zuflucht bei einer Instanz, die sie bisher mißachtet hatte: bei der öffentlichen Meinung. Denn jetzt endlich können sich alle heimlichen Gegner um eine gemeinsame Sache sammeln.

Sowohl der Adel als die Geistlichkeit empfinden sich in ihrem ganzen Stande beschimpft. Bis nach Rom wird Beschwerde geführt. Kampfentschlossen tritt ferner die mächtige Gruppe der Freimaurerei in die Arena, denn nicht nur ihren Gönner, den Kardinal, sondern auch den Gott der Gottlosen, ihr Oberhaupt, den Meister vom Stuhl, Cagliostro, haben die Gendarmen in die Bastille geholt. Begeistert von der ganzen Affäre ist das von allen

Festen und pikanten Skandalen der höfischen Welt sonst ausge-schlossene Volk. Nichts erregt solches Aufsehen wie dieser Pro-zeß einer Königin, der langsam zum Prozeß gegen die Königin wird. Da schon vor der Verhandlung die Verteidigungsreden nach dem Gesetz zensurfrei im Druck erscheinen dürfen, wer-den die Buchläden gestürmt, zwanzigtausend Exemplare werden den Kolporteuren noch druckfeucht aus den Händen gerissen.

Zum Prozeß selbst kommen ganze Karawanen aus der Pro-vinz. Vor Gericht wird die geheimnisvolle Büchse der Pandora sachte aufgetan. Ihr Inhalt verbreitet einen nicht eben rosigen Geruch. Als vorteilhaft für die Diebin erweist sich einzig der Umstand, daß der edle Gatte La Motte rechtzeitig mit den Resten des Halsbandes Reißaus nach London nehmen konnte; damit fehlt das optische Beweisstück, und einer kann den Dieb-stahl und Besitz des unsichtbaren Objekts auf den andern ab-schieben und dabei unterirdisch immer die Möglichkeit durch-scheinen lassen, vielleicht befinde sich sogar jetzt noch das Halsband in den Händen der Königin. Die La Motte hat, um den Verdacht von sich abzulenken, den ganz unschuldigen Cagli-ostro des Diebstahls beschuldigt und in den Prozeß hineingezerrt. Doch endlich gelingt es, Hand auf die Helfershelfer Rétaux und die „Baronin d'Olivia", die kleine Modistin, zu legen, und durch ihre Aussagen wird alles klar. Über einen Namen aber wird in Angriff oder Verteidigung immer ängstlich hinweggehuscht: über den der Königin. Gerade aber dieser Umstand wirkt auf die mißtrauische Öffentlichkeit im Gegensinn; immer mehr verbrei-tet sich das Gerücht, es sei Parole ausgegeben, die Königin zu „schonen". Bereits munkelt man, der Kardinal habe großmütig die Schuld auf sich genommen; und die Briefe, die er so hastig und diskret habe verbrennen lassen – ob die wirklich alle Fäl-schungen gewesen seien?

Am 31. Mai soll endlich das Urteil gefällt werden. Seit fünf Uhr morgens staut sich die Menge unübersehbar vor dem Justiz-palast, das linke Ufer allein vermag sie nicht zu fassen, auch der Pont-Neuf und das rechte Seineufer starren von ungeduldigen Menschen. Volk und Adel, das ganze Land wartet auf einen Frei-spruch des Kardinals. Sechzehn Stunden lang dauert die Bera-tung.

Ihn freizusprechen, weil er erwiesenermaßen selbst betrogen wurde und kein Betrüger ist, sind alle einig; Meinungsverschiedenheit herrscht bloß über die Form dieses Freispruchs. Die Hofpartei verlangt, dieser Freispruch müsse verbunden sein mit einer Rüge für „sträfliche Vermessenheit", denn nichts anderes sei es seitens des Kardinals gewesen, zu glauben, eine Königin von Frankreich werde sich heimlich mit ihm ein Stelldichein geben. Betrachtet man das Verhalten Rohans zumindest als Respektlosigkeit gegen die Monarchin, so ist Marie Antoinette für den erlittenen Mißbrauch ihres Namens entschädigt. Die Gegenpartei dagegen wünscht Einstellung des Verfahrens. Spricht man ihn völlig frei, so verurteilt man gleichzeitig moralisch die Königin. Ein schweres Gewicht liegt in der Waagschale: ob das Parlament Frankreichs die Person der Königin noch als „geheiligt" betrachte oder als eine den Gesetzen ganz genauso wie jeder andere französische Bürger unterstellte; zum erstenmal wirft die kommende Revolution einen morgenrötlichen Lichtschein in die Fenster des Justizpalastes.

Mit sechsundzwanzig Stimmen gegen zweiundzwanzig wird der Kardinal „ohne jeden Tadel" freigesprochen, ebenso sein Freund Cagliostro und die kleine Palais-Royal-Modistin. Auch gegen die Helfershelfer zeigt man Milde, sie kommen mit bloßer Landesverweisung davon. Die Zeche zahlt die La Motte, mit Stimmeneinheit verurteilt, vom Henker mit Ruten gezüchtigt, mit einem „V" (*voleuse**) gebrandmarkt, um dann auf Lebenszeit in der Salpêtrière** zu verschwinden.

Ein erster stürmt mit dem Urteil aus dem Gerichtssaal, Hunderte folgen und rufen ekstatisch den Freispruch auf die Gasse. „Es lebe das Parlament!" – ein neuer Ruf statt des gewohnten: „Es lebe der König!" – durchdonnert die Stadt. Die Richter haben Mühe, sich gegen die dankbare Begeisterung zu wehren. Man umarmt sie, die Frauen der Halle küssen sie. Großartig beginnt der Siegeszug der Freigesprochenen. Zehntausend Menschen folgen dem Kardinal in die Bastille, wo er diese Nacht noch verbringen soll.

---

* *Betrügerin*
** *Anstalt für bedürftige oder zu Gefängnis verurteilte Frauen in Paris*

So feiert ein ganzes Volk diesen Mann, der nichts anderes für Frankreich getan und geleistet hat, als das Ansehen der Königin und des Königtums auf tödliche Weise zu schädigen.

Vergebens bemüht sich die Königin, ihre Verzweiflung zu verbergen. Mercy meldet nach Wien, ihr Schmerz sei „größer, als der Anlaß vernünftigerweise zu begründen scheint". Immer stärker im Instinkt als im bewußten Nachdenken, hat Marie Antoinette sofort das Nicht-wieder-Gutzumachende dieser Niederlage erkannt.

Gegen die La Motte wendet der Hof ein verhängnisvolles Verfahren an. Um fünf Uhr morgens schleppen vierzehn Henker sie zur Treppe des Justizpalastes. Aber man hat eine rasende Löwin gepackt, die hysterische Frau stößt ein schrilles Heulen aus, ihre Lästerungen gegen den König, den Kardinal, das Parlament wecken die Schläfer im ganzen Umkreis, sie schnappt, sie beißt, sie stößt mit den Füßen, schließlich ist man gezwungen, ihr die Kleider vom Leib zu reißen, um das Brandzeichen aufprägen zu können. In der Sekunde aber, da der feurige Stempel ihre Schulter berührt, wirft sich die Gefolterte konvulsivisch empor, und das brennende „V" fährt statt auf die Schulter auf ihren Busen. Aufheulend beißt das rasende Tier dem Henker mitten durch sein Wams, dann bricht die Gepeinigte ohnmächtig zusammen. Wie einen Kadaver schleppt man die Besinnungslose in die Salpêtrière, wo sie gemäß dem Urteil lebenslang in sackgrauer Leinwand und Holzpantinen arbeiten soll, einzig von schwarzem Brot und Linsen genährt.

Kaum werden die grauenhaften Einzelheiten dieser Züchtigung bekannt, so wendet sich alle Sympathie mit einem Ruck der La Motte zu. Denn man hat jetzt glücklich eine neue und gar nicht gefährliche Form gefunden, gegen die Königin zu frondieren: indem man offensichtliche Sympathie für das „Opfer", für die „arme Unglückselige" zur Schau trägt. Der Herzog von Orléans veranstaltet eine öffentliche Sammlung, der ganze Adel sendet in das Zuchthaus Geschenke, Tag für Tag fahren vornehme Karossen vor der Salpêtrière auf. Mit Staunen aber erkennt die Äbtissin eines Tages unter den gerührten Besucherinnen eine der besten Freundinnen der Königin, die Prinzessin von Lamballe. Ist sie aus eigenem Antrieb gekommen oder, wie sofort die Leute tuscheln, im geheimen Auftrag Marie Antoinettes? Das Raunen wird nicht still. Und als wenige Wochen später auf geheimnisvolle Weise die La Motte nach England flüchtet, herrscht nur eine Stimme in ganz Paris: Die Königin hat ihre „Freundin" gerettet aus Dank dafür, daß sie vor Gericht ihre Schuld oder Mitschuld in der Halsbandaffäre großmütig verschwiegen.

In Wirklichkeit war die Ermöglichung der Flucht der La Motte der perfideste Streich, den die verschworene Sippe aus dem Hinterhalt führen konnte. Denn jetzt kann die gezüchtigte La Motte sich von London aus als Anklägerin aufspielen, die schamlosesten Lügen und Verleumdungen ungestraft drucken lassen. In diesen Memoiren steht alles, was ein skandalsüchtiges Publikum zu hören hofft, und noch mehr: Der Prozeß vor dem Parlament sei eitle Spiegelfechterei gewesen. Selbstverständlich habe niemand anderes als die Königin das Halsband bestellt und von Rohan empfangen, sie aber, die reine Unschuld, habe nur aus Freundschaft das Verbrechen auf sich genommen, um die verunglimpfte Ehre der Königin zu schützen. Es hilft nichts, daß jedem unbefangenen Blick sich die meisten dieser Lügen schon durch ihre plumpe Aufmachung entlarven, etwa wenn die La Motte behauptet, Marie Antoinette habe mit dem Kardinal Rohan schon als Erzherzogin zur Zeit seiner Gesandtschaft ein Liebesverhältnis gehabt – denn jeder Gutwillige kann sich an den Fingern abzählen, daß Marie Antoinette zur Zeit der Wiener Gesandtschaft Rohans längst Dauphine in Versailles war. Aber die Gutwilligen sind spärlich geworden. Das große Publikum dagegen liest entzückt die Memoiren, und je mehr die La Motte von der Königin zu erzählen weiß, um so mehr will man erfahren. Schmähschrift folgt jetzt auf Schmähschrift, eine übertrifft die andere an Laszivität. Bald erscheint eine öffentliche „Liste all jener Personen, mit denen die Königin in ausschweifenden Beziehungen gestanden habe"; sie enthält nicht weniger als vierunddreißig Namen beiderlei Geschlechts. Immer gehässiger werden die Lügen, und jede wird geglaubt, weil man alles von dieser „Verbrecherin" glauben will. Zwei, drei Jahre nach dem Halsbandprozeß ist Marie Antoinette bereits unrettbar als die verworfenste, hinterhältigste, tyrannischste Frau in ganz Frankreich berüchtigt.

Das Volk erwacht, die Königin erwacht

DIE WELTHISTORISCHE Bedeutung des Halsbandprozesses liegt darin, daß er den Scheinwerfer der Öffentlichkeit scharf und grell auf die Person der Königin und die Fenster von Versailles einstellt; in aufgewühlten Zeiten aber ist Sichtbarkeit immer gefährlich. Manchmal zuckt schon ein Wetterleuchten dem großen Gewitter voraus, Gehöfte werden geplündert und die Feudalherren bedroht. Da fahren hintereinander zwei grelle Blitze nieder und erhellen dem Volk die gesamte Lage: der Halsbandprozeß ist der eine, die Enthüllungen Calonnes über das Defizit der andere. Der Finanzminister hat zum erstenmal klare Zahlen genannt. Jetzt weiß man das lang Verschwiegene: in zwölf Jahren der Regierung Ludwigs XVI. hat man eine Milliarde zweihundertfünfzig Millionen geborgt. Blaß steht das ganze Volk unter diesem Blitz. Eine Milliarde zweihundertfünfzig Millionen, astronomische Zahl, verbraucht, und wofür und durch wen? Der Halsbandprozeß gibt die Antwort; hier erfahren die armen Teufel, die für ein paar Sous zehn Stunden roboten, daß Diamanten im Wert von anderthalb Millionen in gewissen Kreisen als gelegentliche Liebesgeschenke gelten. Das Unglück hat plötzlich eine Ursache, der Bankerott seinen Urheber, die Königin einen neuen Namen. „Madame Defizit" nennt man sie von einem Ende Frankreichs bis zum andern.

Jetzt ist die düstere Wolke geplatzt: Ein Hagel von Broschüren, Kampfschriften, ein Schwall von Schriften, Vorschlägen, Petitionen saust nieder; das Volk beginnt zu erwachen. Jetzt braucht der allgemeine Unwille keine Maske und Vorsicht mehr, offen tritt er vor und sagt, was er sagen will: Selbst die äußeren Formen der Ehrfurcht werden nicht mehr gewahrt. Als die Königin, kurze Zeit nach dem Halsbandprozeß, zum erstenmal wieder ihre Loge betritt, wird sie mit so heftigem Zischen empfangen, daß sie fortan das Theater meidet. Überall spürt Marie Antoinette die kalte Gehässigkeit. Die ganze aufgestaute Erregung eines gesamten Landes schmettert jetzt wildgelöst nieder auf einen einzigen Menschen; und plötzlich emporfahrend aus ihrer Sorglosigkeit, stöhnt die Königin verzweifelt zu ihren letzten Getreuen: „Was wollen sie von mir? . . . Was habe ich ihnen getan?"

Jetzt ist sie wach und beeilt sich, die aufreizendsten ihrer Fehler sichtlich gutzumachen. Mit einem Federstrich schränkt sie zunächst ihre kostspielige Lebenshaltung ein. Mademoiselle Bertin wird fortgeschickt, in der Garderobe, dem Haushalt, den Stallungen werden Einschränkungen vorgenommen, die mehr als eine Million im Jahr ersparen, die Hasardspiele verschwinden mit den Bankhaltern aus den Salons, eine Reihe unnötiger Stellungen werden kassiert, in erster Linie die ihrer Günstlinge aus Trianon. Merklich zieht sie sich aus der verhängnisvollen Gesellschaft der Polignacs zurück und nähert sich wieder den alten Beratern, Mercy und dem längst schon verabschiedeten Vermond.

Aber „zu spät" – dieses verhängnisvolle Wort wird jetzt die Antwort auf jede ihrer Bemühungen sein. Mit einzelnen, gelegentlichen Maßnahmen, das erkennt jetzt erschrocken der Hof, kann nichts mehr gerettet werden. Ein Minister nach dem andern wird ans Werk der Finanzsanierung berufen, aber alle wenden sie nur jene für den Augenblick berechneten Mittel an. Endlich beginnt man zu begreifen: Es genügt nicht, die Minister zu wechseln, sondern man muß das System wechseln. Man fordert zum erstenmal von dem ersehnten Retter nicht mehr, daß er aus vornehmer Familie sei, sondern vor allem, daß er – neuer Begriff am französischen Hof – populär sei und diesem unbekannten und gefährlichen Wesen „Volk" Vertrauen einflöße.

Ein solcher Mann ist da, man kennt ihn bei Hof, man hat sich sogar in der Not schon von ihm beraten lassen, obwohl er bürgerlicher Herkunft war, ein Ausländer, ein Schweizer und tausendmal ärger noch: ein leibhaftiger Ketzer, ein Kalvinist. Aber die Minister waren nicht sehr entzückt gewesen von diesem Außenseiter und hatten ihn schleunigst abgehalftert. Auf einem beleidigend kleinen Briefpapier hatte damals der Verärgerte dem König seine Demission geschickt; diese unhöfische Respektlosigkeit konnte ihm Ludwig XVI. nicht vergessen, und ausdrücklich erklärte er lange Zeit, niemals wieder Necker zu berufen. Aber jetzt ist Necker der Mann der Stunde. Da sie ihren ewig unentschlossenen Gatten noch immer zögern sieht, greift die Königin entschlossen zu diesem gefährlichen Mann wie zu einem Gift. Im August 1785 beruft sie Necker in ihr Privatkabinett. „Es lebe Necker!", „Es lebe der König!" donnert es an diesem Abend durch die Galerien von Versailles, durch die Straßen von Paris, sobald seine Einsetzung bekannt wird.

Nur die Königin hat nicht den Mut mitzujubeln. „Ich zittere bei dem Gedanken", schreibt sie am gleichen Tage an Mercy, „daß ich es war, die ihn wiederkommen ließ. Mein Schicksal ist es, Unglück zu bringen, und wenn ihn abermals teuflische Machenschaften scheitern lassen oder er die Autorität des Königs zurückdrängt, wird man mich noch mehr hassen als bisher."

Nun beginnt sie den gewaltigen Preis zu verstehen, mit dem große Stellung belastet ist: Verantwortlichkeit. Zum erstenmal drückt sie die Krone, die sie bisher leicht wie einen Modehut der Mademoiselle Bertin getragen hat.

Necker nimmt geradewegs eine entschlossene Richtung gegen den Sturm. Die Nation glaubt nicht mehr den Versprechungen des Königs, nicht seinen Schuldscheinen; eine neue Autorität muß – wenigstens zeitweilig – geschaffen werden, um den Kredit zu festigen und die Anarchie einzudämmen, denn ein harter Winter hat auch die Fäuste des Volkes hart gemacht; jeden Augenblick kann sich die Verzweiflung der hungernden Rotten entladen. So beschließt der König nach üblichem Zögern in zwölfter Stunde, die Nationalstände einzuberufen, seit zwei Jahrhunderten wirklich das ganze Volk. Um denjenigen, in deren Händen noch die Rechte sind, dem ersten und dem zweiten Stand, dem Adel und der Geistlichkeit, von vornherein das Übergewicht zu nehmen, hat der König auf Neckers Rat den dritten Stand in der Zahl verdoppelt. So halten sich beide Kräfte die Waage, und dem Monarchen ist dadurch die letzte Entscheidungsgewalt gewahrt.

Eine ungeheure Aufgabe ist damit der Nation gegeben, aber auch eine nicht wiederkehrende Gelegenheit. Ein Rausch von Begeisterung brandet von Stadt zu Dorf, die Wahlen werden zum Fest. Endlich kann das Werk beginnen: Am 5. Mai 1789, dem Tag der Eröffnung der Ständeversammlung, ist Versailles zum erstenmal nicht bloß Residenz eines Königs, sondern Hauptstadt des ganzen französischen Reiches.

Am vierten Mai läuten seit dem frühen Morgen die Glocken; ehe die Menschen beraten, soll an heiligem Ort der Segen Gottes für das hohe Werk herabbeschworen werden. Ganz Paris ist nach Versailles gepilgert, um von diesem Tage berichten zu können, mit dem ein neues Zeitalter anhebt. Und tatsächlich, sie wird großartig, diese Schaustellung der Stände; zum letztenmal entfaltet der Hof von Versailles seine ganze Pracht. Um zehn Uhr morgens verläßt der königliche Zug den Palast, voran reiten die Pagen in ihren flammenden Livreen, die Falkner, den Falken auf der steil erhobenen Faust, dann rollt, von wundervoll angeschirrten Pferden gezogen, der golden-gläserne Prunkwagen des Königs majestätisch langsam heran. Zu seiner Rechten sitzt sein älterer, auf dem Bock sein jüngerer Bruder. Jubelrufe „Es lebe der König!" grüßen stürmisch diese erste Karosse und schaffen einen peinlichen Gegensatz zu dem harten und verbissenen Schweigen, inmitten dessen die zweite Karosse mit der Königin und den Prinzessinnen vorbeifährt. Gleiches Schweigen empfängt die folgenden Wagen, in denen die übrigen Mitglieder der Familie zur Kirche Notre-Dame rollen, wo die drei Stände, zweitausend Männer, jeder eine brennende Kerze in der Hand, den Hof erwarten, um in gemeinsamer Prozession die Stadt zu durchschreiten.

An der Spitze des langen Zuges marschieren – die Letzten werden die Ersten sein – die Vertreter des dritten Standes in zwei Parallelreihen, hinter ihnen der Stand des Adels, dann der der Geistlichkeit. Als die letzten Abgeordneten des dritten Standes vorüberkommen, brechen die Zuschauer in stürmische Jubelrufe aus. Diese Begeisterung gilt dem Herzog von Orléans, der aus demagogischer Berechnung vorgezogen hat, sich den Abgeordneten des dritten Standes anzureihen. Um diese geheime Gegnerschaft gegen den Hof noch zu verdeutlichen, wählen einige den Augenblick, da Marie Antoinette naht, um statt „Vive la Reine!" absichtsvoll den Namen ihres Feindes: „Es lebe der Herzog von Orléans!" laut zu rufen. Marie Antoinette wird blaß. Schon am nächsten Tage aber, bei der Eröffnung der Nationalversammlung, erwartet sie eine neue Erniedrigung. Indes der König mit lebhaftem Beifall bei seinem Eintritt in den Saal bejubelt wird, bläst ihr wie ein scharfer Luftzug ein eisiges Schweigen entgegen. *„Voilà la victime"**, murmelt Mirabeau** zu einem Nachbarn. Erst als sie sich nach der endlosen Rede Neckers erhebt, um mit dem König den Saal zu verlassen, raffen sich ein paar Abgeordnete aus Mitleid zu einem schüchternen *„Vive la Reine!"* auf. Gerührt dankt mit einem Kopfnicken Marie Antoinette diesen wenigen, und an dieser Geste entzündet sich endlich der Beifall der ganzen Zuhörerschaft. Aber Marie Antoinette gibt sich, heimkehrend nach ihrem Schloß, keiner Täuschung hin. Schon weiß sie, daß sie ausgeschlossen ist von der großen Versöhnung und daß ein Kampf auf Tod und Leben beginnt.

Allen den Zuschauern in diesen Tagen fällt das beunruhigte Wesen Marie Antoinettes auf. Denn sie weiß, während sie stundenlang paradieren muß, leidet und stirbt in seinem kleinen Bett in Meudon ihr ältester Sohn, der sechsjährige Dauphin. Schon im vorigen Jahr hat sie den Schmerz gehabt, eines ihrer vier Kinder zu verlieren, die erst elfmonatige Prinzessin Sophie-Beatrix. Einen Monat später wird der Dauphin begraben. Diesen kommenden, diesen unvermeidlichen Tod ihres Kindes trägt Marie Antoinette während all dieser Tage in ihren Gedanken mit. Erst später, gänzlich allein, wird sie sich wieder zu einem letzten Widerstand aufraffen. Jetzt aber ist ihre Kraft geschwunden, und gerade in jenen Tagen wäre die eines Gottes nötig.

Nach wenigen Tagen stehen schon die beiden privilegierten Stände, der Adel und die Geistlichkeit, mit dem dritten Stand in erbitterter Eifersüchtelei; zurückgestoßen, erklärt sich der dritte Stand eigenmächtig zur Nationalversammlung und leistet im Ballhaus den Eid, sich nicht früher aufzulösen, als bis der Wille des Volkes, die Konstitution, erfüllt ist. Der Hof schwankt verhängnisvoll in eben der Stunde, die äußerste Klarheit und Kraft verlangt. Heute sperrt er dem dritten Stand den Beratungssaal, dann schrickt er wieder ängstlich zurück, sobald Mirabeau

---

* Da kommt das Schlachtopfer.
** Honoré Gabriel de Riqueti, Graf von Mirabeau, Staatsmann der Französischen Revolution

erklärt, „die Nationalversammlung werde nur der Macht der Bajonette weichen". Jeder Tag, jede Stunde fast schwemmt ein Stück der königlichen Autorität fort. Der König wirft schließlich, um sich selber eine Stärke vorzutäuschen, die ihm innerlich fehlt, der Nation den Fehdehandschuh hin, indem er am 11. Juli den einzig populären Minister, Necker, der immer wieder zur Nachgiebigkeit gemahnt hat, entläßt.

Die nächsten Tage sind in unvergänglicher Schrift in die Weltgeschichte eingemeißelt; freilich, in einem einzigen Buch darf man sie nicht nachzulesen versuchen, nämlich in dem handschriftlichen Tagebuch des unselig ahnungslosen Königs. Dort steht am 11. Juli nur: „Nichts. Abreise des Herrn Necker", und am 14. Juli, dem Tage des Bastillesturms, der seine Macht endgültig zertrümmert, abermals dasselbe tragische Wort *„Rien"* – das heißt: keine Jagd an diesem Tage, kein erlegter Hirsch, also kein bedeutendes Ereignis. In Paris denkt man anders über diesen Tag. Am frühen Mittag des 12. Juli dringt Kunde von der Entlassung Neckers nach Paris, der Funke fällt ins Pulverfaß. Im Palais Royal springt Camille Desmoulins, einer der Klubfreunde des Herzogs von Orléans, auf einen Sessel, schwingt eine Pistole, schreit, der König bereite eine Bartholomäusnacht* vor, ruft zu den Waffen. Arsenale werden beraubt; am 14. Juli marschieren zwanzigtausend Menschen gegen die verhaßte Zwingburg von Paris, die Bastille. Zehn Meilen weit von dem Weltgeschehen aber, in Versailles, ist alles ahnungslos. Aber da kommt Bote auf Bote aus der Nationalversammlung: in Paris herrsche Unruhe. Der König läßt sich Meldung erstatten, aber er faßt keinen rechten Entschluß. Wie immer legt er sich um zehn Uhr zu Bett und schläft seinen durch kein Weltgeschehen zu erschütternden Schlaf! Der Herzog von Liancourt jagt auf schäumendem Pferd nach Versailles, um Botschaft von den Pariser Vorgängen zu bringen. Er besteht darauf, daß der König geweckt werde; schließlich läßt man ihn in das geheiligte Schlafzimmer. Er meldet: „Die Bastille gestürmt! Der Gouverneur ermordet! Sein Haupt auf einer Pike durch die ganze Stadt getragen!"

---

* *die Nacht zum 24. August 1572, in der in Paris etwa zweitausend Hugenotten ermordet wurden, auch „Pariser Bluthochzeit" genannt*

Die Erstürmung der Bastille am
14. Juli 1789 löste den Beginn der
Französischen Revolution aus.

Jacques Necker, der einzig populäre
Minister im königlichen Kabinett

Graf Hans Axel von Fersen. In den
schweren Zeiten der Revolution hielt
er der Königin bis zuletzt die Treue.

„Aber das ist ja eine Revolte", stammelt erschreckt der unglückselige Herrscher.

Doch unbarmherzig streng korrigiert der schlimme Bote: „Nein, Sire, das ist eine Revolution."

Die Freunde fliehen – der Freund erscheint

M ERKWÜRDIGES Paradoxon nun: Nicht dies wurde für König Ludwig XVI. so verhängnisvoll, daß er die Revolution nicht verstehen konnte, sondern das Gegenteil: daß dieser mittelbegabte Mann sich in der rührendsten Weise bemühte, sie zu verstehen. Ludwig XVI. las gern Geschichte, und nichts hatte dem schüchternen Knaben einen tieferen Eindruck gemacht, als daß ihm einmal der berühmte Herr David Hume, der Verfasser der „Geschichte Englands", persönlich vorgestellt wurde, denn dieses Buch war sein Lieblingsbuch. Darin hatte er schon als Dauphin jenes Kapitel mit besonderer Spannung gelesen, das schilderte, wie gegen König Karl von England Revolution gemacht und er schließlich hingerichtet wurde. Ludwig XVI. meinte sich am besten sicherzustellen, wenn er immer wieder dieses Buch studierte, um aus den Fehlern seines unglücklichen Vorläufers rechtzeitig zu lernen, wie es ein König im Falle eines solchen Aufruhrs nicht machen dürfe: Wo jener heftig gewesen, wollte er nachgiebig sein, damit hoffte er, dem schlimmen Ende zu entweichen. Gerade aber dieses Verstehenwollen der Französischen Revolution aus der Analogie einer ganz anders gearteten wurde dem König zum Verhängnis.

Dies die Tragödie Ludwigs XVI. Dadurch, daß er kein hartes Wort gegen die Mörder des Gouverneurs der Bastille wagt, erkennt er den Terror als berechtigte Macht in Frankreich an. Als Dank für eine solche Erniedrigung findet Paris sich gern bereit, diesen gefälligen Herrscher zu bekränzen und ihm – aber nur auf kurze Frist – den Titel *Restaurateur de la liberté française** zu verleihen. Gehorsam nimmt Ludwig XVI. die Kokarde, die das Volk zum Sturmabzeichen gegen seine Auto-

---

* *Neubegründer der französischen Freiheit*

rität gewählt hat. Am 14. Juli hat Ludwig XVI. die Bastille verloren, am 17. wirft er ihr noch seine Würde nach und verbeugt sich vor seinem Gegner so tief, daß die Krone von seinem Haupte rollt.

Anders Marie Antoinette: Sie hat nicht Bücher um Rat gefragt. Ihre menschliche Stärke beruht einzig auf dem Instinkt. Und dieser Instinkt sagt vom ersten Augenblick an ein schroffes Nein zur Revolution. Marie Antoinettes kindischer Hochmut wird zu Stolz, und ihre zerstreute Kraft schließt sich zu wirklichem Charakter zusammen. In einem Königsschlosse geboren, im Gottesgnadentum erzogen, sagt sie wie ihr Bruder Joseph: *Mon métier est d'être royaliste.* („Meine Aufgabe ist einzig, den Standpunkt des Königs zu vertreten.") Ihr Platz ist oben, der des Volkes unten. Diese hochmütig harte Haltung Marie Antoinettes gegen die Revolution enthält aber (zumindest im Anfang) nicht die geringste Feindseligkeit gegen das Volk. Ihr ganzer Haß geht darum gegen die *factieux*, gegen diese Verschwörer, Aufwiegler, Klubisten, Demagogen, die dem biedern Volk Ansprüche gegen Thron und Altar einreden wollen. *Un amas de fous, de scélérats,* eine Ansammlung von Narren und Lumpen, nennt sie die Abgeordneten von zwanzig Millionen Franzosen.

Marie Antoinette hat nichts von dem welthistorischen Recht, von dem aufbauenden Willen der Revolution verstanden. Und so kam, was kommen mußte. Da sie ungerecht war gegen die Revolution, wurde die Revolution ungerecht gegen sie. Die Revolution ist der Feind – dies der Standpunkt der Königin. Die Königin ist das Hindernis – dies die Grundüberzeugung der Revolution. Ludwig XVI. zählt nicht im Guten, nicht im Bösen. Ein einziger Wille verteidigt in Frankreich den Thron, und dieser „einzige Mann, den der König hat", ist nach dem Worte Mirabeaus „seine Frau". Wer für die Revolution ist, muß also gegen die Königin sein.

Nun wird es still um die Königin, die allzugern im Lärm gelebt. Die große Flucht hat begonnen. Wo sind die Freunde von einst? Alle verschwunden wie der Schnee vom vergangenen Jahr. Jeden Abend rollt ein anderer Wagen durch die vergoldeten Gittertore, um nicht wiederzukehren, immer stiller wird es in den allzu weit gewordenen Sälen. Versailles ist zum Eskorial geworden: Wer klug ist, zieht sich zurück.

Gerade aber jetzt, da alle die Königin verlassen, die vor der Welt als ihre nächsten Freunde gegolten, tritt derjenige aus dem Dunkel, der es wahrhaft gewesen: Hans Axel von Fersen. Solange es Glanz brachte, als Günstling Marie Antoinettes zu gelten, hat er, um ihre Ehre zu schonen, sich scheu verborgen gehalten. Jetzt aber, da Freund der Verfemten zu sein nicht Vorteil einbringt, sondern Mut fordert und restlosen Opferwillen, jetzt tritt frei und entschlossen dieser einzig Liebende und einzig Geliebte an Marie Antoinettes Seite und damit in die Geschichte.

Der Name und die Gestalt Hans Axel von Fersens waren lange von Geheimnis umhüllt; und vielleicht wäre das tiefste Lebensgeheimnis der Königin Marie Antoinette für immer im Dunkel geblieben, da verbreitet sich im zweiten Teil des vorigen Jahrhunderts mit einem Mal ein romantisches Gerücht. Auf einem schwedischen Schlosse, unnahbar und versiegelt, lägen ganze Stöße intimer Briefe Marie Antoinettes aufbewahrt. Eine Ausgabe jener Geheimkorrespondenz erscheint. Diese Veröffentlichung verschiebt von Grund auf das ganze Charakterbild der bisher als leichtfertig geltenden Frau; ein Seelendrama wird offenbar, großartig und gefahrvoll, ein Idyll halb im Schatten des Königshofs, halb schon in dem der Guillotine, einer jener erschütternden Romane, wie sie derart unwahrscheinlich nur die Geschichte selbst zu erdichten wagt: zwei Menschen in brennender Liebe einander ergeben, durch Pflicht und Vorsicht gezwungen, ihr Geheimnis aufs ängstlichste zu verbergen; die eine Königin von Frankreich, der andere ein kleiner fremder Junker aus Nordland.

Dieses Liebesdrama beginnt ganz im Rokokostil der Zeit. Hans Axel studiert in Deutschland, in Italien, in Genf macht er den damals unerläßlichen Besuch bei Herrn Voltaire. Jetzt fehlt dem Achtzehnjährigen nur noch der letzte Schliff: Paris, der feine Konversationston. Er ist ein bildschöner Mann, aufrecht, breitschultrig, männlich. Mit uneingeschränkter Sympathie betrachtet man auf den Bildern sein offenes regelmäßiges Gesicht mit den klaren, festen Augen und dem warmen, sinnlichen

Mund. Man kann begreifen, daß eine wirkliche Frau solch einen Mann liebt, und mehr noch, daß sie sich menschlich auf ihn verläßt.

Eines Abends, am 30. Januar 1774, auf dem Opernball, steuert eine schlanke junge Frau mit beschwingtem Gang auf ihn zu und beginnt, von der Samtmaske geschützt, ein galantes Gespräch. Fersen geht vergnügt auf den munteren Ton ein. Endlich nimmt die galante Intrigantin die Maske ab: Es ist Marie Antoinette! Seit jenem Abend wird der dem Rang und der Stellung nach gar nicht sonderlich hervorragende junge Kavalier mit besonderer Freundlichkeit bei den Bällen von Versailles empfangen. Ein großes Ereignis unterbricht bald diesen – zweifellos unschuldigen – Flirt, denn die kleine Prinzessin wird über Nacht durch den Tod Ludwigs XV. Königin von Frankreich. Zwei Tage später reist Hans Axel von Fersen nach Schweden zurück. Der erste Akt ist zu Ende.

Zweiter Akt: Nach vier Jahren reist Fersen neuerdings nach Frankreich: Der Vater hat den Zweiundzwanzigjährigen ausgeschickt, sich eine reiche Gattin zu ködern. Aber Axel Fersen zeigt keine sonderliche Neigung zum Ehestand, und bald begreift man, weshalb. Kaum angekommen, stellt sich der junge Edelmann bei Hofe vor. Die Königin, kaum daß sie seiner ansichtig wird, ruft ungestüm: *„Ah, c'est une vieille connaissance"*, „Ah, wir kennen einander doch schon lange." Sofort flammt ihr Interesse wieder auf. Sie lädt Fersen zu ihren Gesellschaften, sie überhäuft ihn mit Liebenswürdigkeiten. Jeder merkt, was einzig sie selber nicht bewußt weiß, nämlich daß Fersen ihr Herz gewonnen hat. Eine Hofdame behauptet, deutlich bemerkt zu haben, daß sie, am Klavier sitzend, als sie die Arie der Dido singt, vor dem ganzen Hof bei den Worten *„Ah, que je fus bien inspirée, quand je vous reçus dans ma cour"** die sonst so kühlen blauen Augen schwärmerisch-zärtlich auf den Erwählten ihres Herzens richtet.

Schon regt sich das Geschwätz; Fersen übersieht sofort das Unhaltbare der Situation. Die Königin hat für ihn ein Faible, niemand weiß dies besser als er, er seinerseits liebt und verehrt

---

* *Oh, wie war ich wohl beraten, als ich Euch an meinem Hof empfing.*

diese junge reizende Frau. So tut dieser prachtvolle Mann das Nobelste, was ein Mann in einer solchen heiklen Lage tun kann – er stellt tausend Meilen zwischen sich und die gefährdete Frau, er meldet sich rasch zur Armee nach Amerika als Adjutant Lafayettes.

„Der junge Graf Fersen hat musterhafte Haltung bewiesen", schreibt der schwedische Botschafter an König Gustav. „Während der letzten Tage konnte die Königin nicht die Augen von ihm wenden, und wenn sie ihn anblickte, waren sie mit Tränen gefüllt."

Dritter Akt: abermalige Wiederkehr Fersens. Geradeaus von Brest, wo er nach vierjährigem freiwilligem Exil im Juni 1783 mit dem amerikanischen Hilfskorps landet, eilt er nach Versailles. Offenbar auf Wunsch der Königin bewirbt sich Fersen sofort um ein französisches Regimentskommando; weshalb: Dies Rätsel kann der alte Vater in Schweden sich nicht lösen. In einen gleichzeitigen intimen Brief an die Schwester legt Hans Axel ganz blank den Schlüssel seines Herzens. „Ich habe den Entschluß gefaßt, niemals ein eheliches Bündnis einzugehen, es wäre unnatürlich . . . Der einzigen, der ich angehören möchte und die mich liebt, kann ich nicht angehören. So will ich niemandem gehören."

Zwei Jahre freilich muß Fersen noch – sehr widerwillig – König Gustav auf seinen Reisen als Adjutant begleiten, dann aber, 1785, bleibt er endgültig in Frankreich. Und diese Jahre haben Marie Antoinette entscheidend verwandelt. Die Halsbandaffäre hat die allzu Weltgläubige vereinsamt. Er, der zurückscheute vor ihrer Gunst, solange sie von der Welt vergöttert, von tausend Schmeichlern umringt war, wagt erst, sie zu lieben, seit sie hilfsbedürftig und einsam geworden ist. *„Elle pleure souvent avec moi, jugez, si je dois l'aimer"**, schreibt er seiner Schwester. Gerade im Augenblick, da alles sie verläßt, da sie alles verliert, findet die Königin, was sie ein ganzes Leben lang vergeblich gesucht: den ehrlichen, den aufrechten, den männlich-mutigen Freund.

In diese Jahre ist mit äußerster Wahrscheinlichkeit der Beginn

---

* *Sie weint oft mit mir, sagt selbst – muß ich sie da nicht lieben?*

jener innigsten Beziehung zwischen Marie Antoinette und Fersen anzusetzen. Nun diese einstmals oberflächliche Neigung eine seelische geworden ist, machen beide alle denkbare Anstrengung, ihre Beziehung vor der Welt verborgen zu halten.

Die letzte Nacht in Versailles

NIE IST im tausendjährigen Frankreich so rasch die Saat gereift wie in diesem Sommer 1789. Versäumnisse von Jahrzehnten, Ungerechtigkeiten von Jahrhunderten tilgt ein einziger Federstrich. Am 4. August stürzt unter endlosem Jubel die uralte Zwingburg des Feudalismus ein, die Adeligen verzichten auf Fron und Zehnten, die Kirchenfürsten auf Zins und Salzsteuer, frei werden die Bauern, frei die Bürger, frei die Presse erklärt, die Menschenrechte werden verkündet. Erschreckt blickt der Hof aus den Fenstern hinüber aufs Volk, diesen lärmenden Gast, der sich bereits anschickt, den Herrn des Herrschers zu spielen. Wie diesen Zauberlehrling wieder heimschicken? Am besten, man wartet ab, denken die Königin und der König, bis dieser Sturm sich ausgetobt hat. Nur stillhalten jetzt und sich im Hintergrund halten.

Aber die Revolution will vorwärts. Stehenbleiben wäre für sie Verhängnis, sie muß verlangen, immer mehr verlangen, um sich zu behaupten. Die Trommeln für den ruhelosen Vormarsch schlagen die Zeitungen. Ein einziger Federstrich hat dem geschriebenen Wort die Freiheit gegeben, jene, die in ihrem ersten Überschwang immer zu Wildheit wird. Dreißig, fünfzig Zeitungen entstehen. Je lauter, um so besser, und allen Haß auf den Hof gehäuft! Der König plane Verrat, die Regierung hindere die Kornzufuhr, fremde Regimenter rückten schon heran, die Versammlungen zu sprengen. Wacht auf, Bürger! Wacht auf, Patrioten! Macht ein Ende mit diesem unerträglichen Kuhhandel zwischen König und Volk! In den Arsenalen liegen die Flinten, warten die Kanonen: Holt sie heraus, und holt euch den König, die Königin aus Versailles!

Aber zwischen dem Schloß und der Stadt laufen dunkle unterirdische Gänge. Man beschließt in Versailles zu handeln und bestellt, da die französischen Soldaten gegen ihre Mitbürger nicht mehr verläßlich genug sind, ein flandrisches Regiment zum Schutz des Palastes. Am ersten Oktober marschieren die Truppen von ihren Standquartieren nach Versailles, und um sie warm zu machen, bereitet der Hof ihnen einen feierlichen Empfang. Der große Opernsaal wird für ein Bankett ausgeräumt. Um die Truppen für ihren König noch besonders zu begeistern, begeben sich – bisher nie dagewesene Ehre – der König und die Königin mit dem Dauphin auf dem Arm in den Festsaal.

Die Offiziere, die Soldaten springen von ihren Sitzen, brausend wird ein „Vivat" ausgebracht. Mit einem ehrlich beglückten Lächeln, denn wie lange hat sie dies „*Vive la Reine!*" nicht mehr gehört, umschreitet die Königin den Bankettisch, und der Anblick dieser gütig huldvollen Frau versetzt Offiziere und Mannschaften in eine Ekstase der Königstreue. Aber auch die Königin ist beseligt. Mit dem dargebotenen Willkommenstrunk hat sie auch den goldenen Wein der Zuversicht wieder in sich getrunken: Es gibt noch Sicherheit für den Thron in Frankreich.

Aber am nächsten Tag rasseln schon die Trommeln der patriotischen Journale. Die Königin und der Hof haben die Soldaten mit rotem Wein berauscht, damit sie das rote Blut ihrer Mitbürger gehorsam vergießen, sklavische Offiziere haben die dreifarbige Kokarde zu Boden getreten – und all dies unter dem herausfordernden Lächeln der Königin. Merkt ihr es noch immer nicht, Patrioten? – Man will Paris überfallen.

Zwei Tage später, am 5. Oktober, entsteht Tumult in Paris. Dieser Tumult, scheinbar elementar, erweist sich als wunderbar weit gedacht organisiert, als politisch unübertrefflich eingesetzt. Es war ein Meistergedanke, nicht mit einer Männerarmee, sondern mit einem Trupp von Frauen den König gewaltsam aus Versailles zu holen. Männer kann man Rebellen nennen; auf Männer schießt gehorsam ein gut kommandierter Soldat. Frauen aber wirken immer bloß als Verzweifelte, vor ihrer weichen Brust zuckt das schärfste Bajonett zurück.

Tatsächlich ist es eine junge Frau, die am Morgen des 5. Oktober in ein Wachlokal einbricht und eine Trommel ergreift. Hinter ihr sammelt sich im Nu ein Zug rasch anströmender Weiber, die laut nach Brot schreien. Der Tumult ist da, bald mengen sich verkleidete Männer in den Schwarm. Eine halbe Stunde später ist das Stadthaus gestürmt, Pistolen und Piken und sogar zwei Kanonen sind geraubt, und plötzlich ist ein Führer da, namens Maillard, der diese ordnungslos quirlende Masse zur Armee ordnet und sie aufreizt, nach Versailles zu marschieren, angeblich um Brot, in Wirklichkeit, um den König nach Paris zu holen. Zu spät, wie immer, kommt Lafayette, der Befehlshaber der Nationalgarde, heran auf seinem weißen Pferd. Seine Aufgabe wäre natürlich – und er möchte sie redlich durchsetzen –, den Abmarsch zu verhindern, aber seine Soldaten folgen ihm nicht. So bleibt ihm nur übrig, mit seiner Nationalgarde der Weiberarmee nachzumarschieren, um die offene Revolte nachträglich mit einem Schein von Gesetzlichkeit zu bemänteln.

Der Hof von Versailles ahnt bis Mittag nichts von der tausendköpfig anmarschierenden Gefahr. Wie tagtäglich ist der König in die Wälder von Meudon geritten; die Königin wiederum ist nach Trianon gegangen.

Sie sitzt in der Grotte auf der Felsenbank – längst hat sie vergessen, daß man sie einst die „Liebesgrotte" nannte –, da sieht sie auf dem Weg einen Pagen kommen, einen Brief in der Hand. Der Brief ist vom Minister Saint-Priest und meldet, der Pöbel marschiere nach Versailles. Rasch rafft sie ihren Hut, ihren Mantel zusammen und eilt hinüber, so rasch wahrscheinlich, daß sie gar keinen Blick mehr zurückwendet. Denn wie kann sie ahnen, daß sie ihr Trianon zum letztenmal im Leben gesehen hat?

Im Schlosse findet Marie Antoinette Adelsherren und Minister in ratloser Erregung. Nur ungewisse Gerüchte vom Anmarsch aus Paris sind von einem vorausgeeilten Diener hergebracht worden, alle späteren Boten haben die Weiber unterwegs festgehalten. Da, endlich, jagt ein Reiter heran, springt vom schäumenden Pferd und hastig die Marmortreppe hinauf: Fersen. Er ist der Weiberarmee, den „achttausend Judiths", wie sie Camille Desmoulins pathetisch nennt, in scharfem Galopp vorausgeprescht, um im Augenblick der Gefahr an der Seite der Königin zu sein. Endlich taucht auch der König im Rate auf. Man hat ihn im Walde bei der Porte de Châtillon aufgefunden und bei seinem liebsten Vergnügen stören müssen. Ärgerlich wird sein Tagebuch abends ein erbärmliches Jagdresultat verzeichnen mit dem Vermerk: „Unterbrochen durch die Ereignisse."

Man beginnt zu beraten. Noch bleiben zwei Stunden, noch wäre reichlich Zeit zu energischem Entschluß. Ein Minister schlägt vor, der König solle an der Spitze der Dragoner und der flandrischen Regimenter der undisziplinierten Masse entgegensprengen. Die Vorsichtigeren wiederum raten, der König und die Königin sollten sofort das Schloß verlassen. Unten im Hof stehen angeschirrt die Karossen, in einer Stunde kann die königliche Familie mit den Ministern und der Nationalversammlung, die geschworen hat, dem König überallhin zu folgen, in Rambouillet sein. Aber noch immer gibt der König nicht das Zeichen zum Aufbruch.

Doch da dröhnt schon ein wirrer hundertstimmiger Lärm die Avenue de Paris herauf. Sie sind da. Die Kittel zum Schutz gegen den strömenden Regen über den Kopf geschlagen. Die Garde der Revolution steht vor Versailles. Es ist zu spät.

Die Weiber grölen rauh und heiser, und was sie rufen, klingt wenig freundlich. Ihr erster Besuch gilt der Nationalversammlung. Die tagt seit früh am Morgen. Zunächst verlangen die Weiber nur Brot. So wird beschlossen, eine Deputation von Frauen ins Schloß zu schicken, begleitet vom Präsidenten de Mounier und einigen Abgeordneten. Die sechs ausgewählten Frauen begeben sich ins Schloß, Lakaien öffnen diesen Putzmacherinnen, Fischweibern und Nymphen der Gasse höflich die Türen; mit allen Ehren wird die sonderbare Abordnung die große Marmortreppe emporgeführt. Unter den Abgeordneten ist auch ein stattlicher, beleibter, jovial aussehender Herr, der nicht besonders auffällt. Aber sein Name gibt dieser ersten Begegnung mit dem König ein symbolisches Gewicht. Denn mit Dr. Guillotin, Abgeordneten von Paris, hat am 5. Oktober die Guillotine ihren Antrittsbesuch bei Hof gemacht.

Der gutmütige Ludwig empfängt die Damen so freundlich, daß die Sprecherin, ein junges Mädchen, das den *Habitués** des Palais Royal Blumen anbietet, vor Verlegenheit in Ohnmacht fällt. Sorgsam wird sie gelabt, der gütige Landesvater umarmt das

---

* *Stammgäste*

erschrockene Mädchen, verspricht den begeisterten Frauen Brot und alles, was sie nur wollen, stellt ihnen sogar für die Rückfahrt seine eigenen Karossen zur Verfügung. Alles scheint glänzend abgelaufen, doch unten, aufgereizt von den geheimen Agenten, empfängt mit Wutschreien die Weiberschar ihre eigene Deputation, sie hätte sich mit Geld bestechen, mit Lügen abfinden lassen. Nicht dazu sei man sechs Stunden von Paris im Wolkenbruch gestapft, man bleibe hier und gehe nicht früher, als bis man den König und die Königin und die ganze Bande mitgenommen habe, nach Paris. Rücksichtslos dringen die Frauen in die Nationalversammlung ein, um dort zu schlafen. Um Mitternacht hört man Trommeln in der Ferne: Lafayette rückt heran. Seinen ersten Besuch macht er bei der Nationalversammlung, seinen zweiten beim König. Obwohl er sich mit ehrlicher Ergebenheit verbeugt und sagt: „Sire, ich bin gekommen und will mein Leben in die Schanze schlagen, um das Eurer Majestät zu retten", dankt ihm niemand, am wenigsten Marie Antoinette. Der König erklärt, er habe nicht mehr die Absicht abzureisen. Nun scheint alles geordnet. Der König hat sein Versprechen gegeben, Lafayette und die bewaffnete Volksmacht sind zur Stelle, um ihn zu schützen, so gehen die Abgeordneten nach Hause, die Nationalgarden suchen Schutz in den Kasernen. Allmählich erlöschen die letzten Lichter, und nachdem er alle Posten noch einmal visitiert, legt sich Lafayette um vier Uhr morgens zu Bett. Auch die Königin und der König ziehen sich in ihre Gemächer zurück; sie ahnen nicht, daß sie zum letztenmal im Palast von Versailles zur Ruhe gegangen sind.

DIE ALTE Macht, das Königtum und seine Hüter, die Aristokraten, sind schlafen gegangen. Aber die Revolution ist jung. Sie braucht keine Rast. Hinüber und herüber aus den Türen schatten Gestalten, die geheime Aufträge geben, und um fünf Uhr morgens, noch liegt der Palast in Dunkel und Schlaf, schleichen einzelne Gruppen, von wissender Hand geführt, auf Umwegen durch den Hof der Kapelle bis unter die Fenster des Schlosses. Was wollen sie? Und wer führt sie? Die Treiber, sie bleiben im Dunkel. Jedenfalls: Plötzlich kracht ein Schuß, einer jener provokatorischen Schüsse, die immer notwendig sind für einen gewollten Zusammenstoß. Sofort strömen von allen Seiten Aufständische heran, Dutzende, Hunderte, Tausende, bewaffnet mit Piken und Hacken und Flinten, die Regimenter der Frauen und der als Frauen verkleideten Männer. Der Vorstoß hat kerzengerade Richtung: zu den Gemächern der Königin! Ein paar Leibgarden versuchen, den Eintritt zu wehren, zwei werden herabgerissen, barbarisch ermordet. Der dritte Leibgardist hat sich losgerissen, er stürmt verwundet die Treppe hinauf und schreit gell: „Rettet die Königin!"

Dieser Schrei rettet sie tatsächlich. Eine Kammerfrau schrickt auf, stürzt ins Gemach, die Königin zu warnen. Nur einen Rock wirft sich Marie Antoinette über das Hemd, einen Schal über die Schultern. So, nacktfüßig, die Strümpfe in der Hand, läuft sie durch den Gang, der zum Œil-de-bœuf und durch diesen weitläufigen Raum zu den Gemächern des Königs führt. Aber Entsetzen! Die Tür ist versperrt. Die Königin und ihre Kammerfrauen hämmern verzweifelt mit ihren Fäusten, hämmern und hämmern, aber die unerbittliche Tür bleibt verschlossen. Fünf Minuten lang, fünf fürchterlich lange Minuten, während nebenan jene gedungenen Mörder schon die Zimmer aufbrechen, Betten und Schränke durchwühlen, muß die Königin warten, bis endlich ein Diener jenseits der Tür das Klopfen hört und sie erlöst; jetzt erst kann Marie Antoinette in die Gemächer ihres Gemahls hinüberflüchten, gleichzeitig bringt die Gouvernante den Dauphin und die Tochter. Die Familie ist vereinigt, das Leben gerettet. Aber nicht mehr als das Leben.

Endlich ist auch der Schläfer erwacht, der Morpheus nicht hätte opfern dürfen in dieser Nacht und dem deshalb verächtlich seit dieser Stunde der Spottname „Général Morphée" anhängt: Lafayette. Nur mit äußerster Mühe kann er den Pöbel aus den Gemächern wieder hinausdrängen. Nun kann der Kronrat beginnen. Doch was ist noch zu beraten? Die Menge der Zehntausend hält das Schloß. Mit tausendstimmigem Schrei donnert vor den Fenstern die Masse die Forderung, die ihr gestern und heute von den Agenten der Klubs heimlich zugeflüstert wurde: „Der König nach Paris! Der König nach Paris!"

Noch hofft der König zu verzögern: Um diese tobende Menge hinzuhalten, beschließt er, auf den Balkon hinauszutreten.

Kaum daß der brave Mann erscheint, bricht die Menge in lebhaften Beifall aus: Immer bejubelt sie den König, wenn sie ihn besiegt hat. Jedoch das Volk hat an diesem einen Triumph nicht genug. Auch sie, die Königin, die Stolze, die unbeugsame Österreicherin soll ihr Haupt beugen unter das unsichtbare Joch. Immer wilder werden die Schreie, immer heiserer gellt der Ruf: „Die Königin, die Königin auf den Balkon!"

Marie Antoinette, bleich vor Zorn, die Lippen verbissen, rührt keinen Fuß. Lafayette tritt auf sie zu: „Madame, es ist notwendig, um das Volk zu beruhigen." „Dann zögere ich nicht", antwortet Marie Antoinette und nimmt ihre beiden Kinder rechts und links an die Hand. Aufrecht tritt sie hinaus auf den Balkon. Aber nicht wie eine Bittstellerin, sondern wie ein Soldat, der zum Angriff marschiert. So stark schwingt diese Spannung, daß eine Minute lang auf dem riesigen Platz völlige Totenstille herrscht. Niemand weiß, wie sie sich lösen wird, ob in einem Wutgeheul oder einem Flintenschuß. Da tritt Lafayette, immer kühn in großen Augenblicken, an ihre Seite, mit ritterlicher Gebärde beugt er sich vor der Königin und küßt ihre Hand. Das Überraschendste geschieht: „Es lebe die Königin! Es lebe die Königin!" braust es mit tausend Stimmen über den Platz. Unwillkürlich bejubelt dasselbe Volk, das sich eben noch an der Schwäche des Königs entzückte, den Stolz, den unnachgiebigen Trotz dieser Frau, die gezeigt hat, daß sie mit keinem erzwungenen Lächeln um seine Gunst wirbt.

Aber Marie Antoinette läßt sich durch diesen verspäteten Jubelruf des Volkes nicht täuschen. Tränen stehen in ihren Augen, als sie zu Madame Necker sagt: „Ich weiß, sie werden uns zwingen, den König und mich, nach Paris zu gehen, und sie werden die Köpfe unserer Leibgarden auf ihren Piken vorantragen."

Marie Antoinette hat recht gefühlt. Mit einer Verbeugung gibt sich das Volk nicht mehr zufrieden. Schon schwillt das Murren gefährlich an, schon zeigt sich die zum Schutz angerückte Nationalgarde redlich geneigt, gemeinsam mit den Massen das Schloß zu stürmen. Da gibt der Hof endlich nach. Man wirft vom Balkon und aus den Fenstern beschriebene Zettel hinunter, der König sei entschlossen, nach Paris zu übersiedeln. Um zwei Uhr nachmittags werden die großen vergoldeten Gittertüren des

Schlosses aufgetan. Eine Kalesche mit sechs Pferden schleppt den König, die Königin und die ganze Familie für immer aus Versailles fort. Ein Kapitel der Weltgeschichte, ein Jahrtausend königlicher Autokratie ist in Frankreich zu Ende.

Sechs Stunden lang dauert dieser Leichenzug von Versailles nach Paris. Ihm folgen die Karossen mit dem Hof. Hinter ihnen rasseln die Wagen mit Mehl aus den königlichen Vorräten. Aus allen Häusern drängen unterwegs Menschen heraus, jeder will den König und die Königin in ihrer Erniedrigung gesehen haben. Mit Triumphrufen zeigen die Frauen ihre Beute: „Wir bringen sie zurück, den Bäcker, die Bäckerin und den kleinen Bäckerbuben. Jetzt ist es mit dem Hunger zu Ende."

Endlich hält der Wagen an den Toren vor Paris. Bei flackernden Fackeln empfängt der Bürgermeister Bailly den König und die Königin, aber noch läßt man die Erschöpften nicht zur Ruhe kommen. Noch müssen sie ins Stadthaus, damit ganz Paris seine Beute betrachten könne.

Zum Schluß holt man die Heimgezwungenen an die Fenster. Und das Volk ist von seinem unerwarteten Sieg ganz begeistert, warum jetzt nicht großmütig sein? Der lange verschollene Ruf „Es lebe der König, es lebe die Königin!" donnert wieder und wieder.

In Eile versucht man in der alten Residenz der Könige, den Tuilerien, einem dunklen, verwahrlosten Schloß, bei geborgten Kerzen ein Nachtlager für die königliche Familie zu improvisieren. „Wie häßlich hier alles ist, Mama", sagt beim Eintreten der viereinhalbjährige Dauphin, aufgewachsen im Glanz von Versailles. „Mein Kind", antwortet die Königin, „hier wohnte Ludwig XIV. und befand sich wohl. Wir dürfen nicht anspruchsvoller sein als er."

Die Tuilerien

DIE NATIONALVERSAMMLUNG, die Stadtverordneten von Paris, die ganze Bürgerschaft, im Herzen noch redlich königstreu, sind alle eher entsetzt über den Handstreich der Amazonenhorde, die den König wehrlos in ihre Hände liefert. Aus Scham tun sie alles Denkbare, um die Entführung der königlichen Familie nachträglich in eine „freiwillige" Übersiedlung umzulügen. Abordnung folgt auf Abordnung, um den König tiefer Treue zu versichern.

Aber Marie Antoinette, immer unfähig, sich zu verstellen, und der ihr gehorsame König wehren sich töricht gegen diese rosige Verschminkung der Tatsachen. Die ganze Welt soll diese Schändung der geheiligten Rechte eines Monarchen erfahren. Ununterbrochen unterstreichen beide mit Absicht die eigene Niederlage: Der König verzichtet auf seine Jagd, die Königin besucht keine Theater, sie zeigen sich nicht in den Straßen, sie fahren nicht aus und versäumen damit die wichtige Möglichkeit, sich in Paris wieder volkstümlich zu machen. Dieses trotzige Sichselbsteinschließen aber schafft ein gefährliches Präjudiz. Denn indem sich der Hof für vergewaltigt erklärt, überzeugt er das Volk von seiner Gewalt. Der König und die Königin haben den unsichtbaren Festungsgraben um die Tuilerien gezogen.

Wenn aber der Hof die Tuilerien so pathetisch als Gefängnis betrachtet, soll es immerhin doch ein königliches sein. Schon in den nächsten Tagen karren riesige Wagen die Möbel von Versailles herein, Schreiner und Tapezierer hämmern in den Zimmern, der ganze Troß der Kämmerer, Lakaien, Kutscher, Köche füllt die Dienergelasse, und auch das Zeremoniell ist unversehrt herübergebracht.

Ausschließlich der gegen den Garten gerichtete (im Jahre 1871 während der Kommune niedergebrannte und nicht wieder aufgebaute) Teil der Tuilerien wird für die königliche Familie instand gesetzt. Hier lebt Marie Antoinette in zweifellos von ihr selbst angeordneter Isolierung von der übrigen Familie. Ihr Schlafzimmer, ihr Empfangszimmer sind so gelegen, daß sie jederzeit ungesehen Besuche empfangen kann, ohne daß diese die öffentliche Treppe und den Haupteingang benützen müßten.

Das alte Schloß mit seinen finsteren Korridoren, und vor allem mit den ständig bewachenden Nationalgardisten, ist an sich kein angenehmer Aufenthalt, und doch führt, vom Schicksal zusammengedrängt, die königliche Familie hier ein stilleres, intimeres Leben als in Versailles. Nun ist endlich die Stille um die Königin, die sie bisher gefürchtet, nun zum erstenmal Gelegenheit zu ernstem und klarem Besinnen. „Erst im Unglück weiß man, wer man ist", dieses erschütternde Wort blitzt in einem ihrer Briefe auf.

Dieselbe Frau, die zwanzig Jahre lang keinen Brief anders als hastig und niemals ein Buch las, verwandelt ihren Schreibtisch in eine Staatskanzlei, ihr Zimmer in ein diplomatisches Kabinett. Sie verhandelt – an Stelle ihres Gatten, den jetzt alle ärgerlich als unheilbaren Fall von Schwäche zur Seite schieben – mit allen Ministern und Gesandten, sie überwacht ihre Maßnahmen, sie redigiert ihre Briefe. Spät, jedoch bis ins Innerste der Seele, hat Marie Antoinette begriffen, daß sie eine historische Gestalt zu werden bestimmt ist. Sie fühlt sich verpflichtet, ihrer Mutter würdig zu sein, und das Wort „Mut" wird das Leitmotiv ihrer Todessymphonie. Immer wiederholt sie, daß „nichts ihren Mut brechen könne".

Der Gedanke an ihre Kinder ist der einzige, den Marie Antoinette noch mit dem Wort „Glück" zu verbinden wagt. „Wenn ich überhaupt noch glücklich sein könnte, so wäre ich es durch meine beiden Kinder", seufzt sie einmal. „Ich habe sie soviel als möglich um mich." Ihre Liebe drängt den beiden ihr gebliebenen Kindern leidenschaftlich zu. Insbesondere der Dauphin macht ihr viel Freude, ein *„chou d'amour"**, wie sie verliebt von ihm sagt; aber sie verzieht ihn nicht. „Unsere Zärtlichkeit für dieses Kind muß streng sein", schreibt sie an seine Gouvernante. „Wir dürfen nicht vergessen, daß wir in ihm einen König heranbilden." Und als sie ihren Sohn an Stelle der Madame Polignac einer neuen Erzieherin, der Madame de Tourzel, übergibt, verfaßt sie zu deren Anleitung eine psychologische Beschreibung, in der sich alle ihre bisher verborgenen Fähigkeiten der Menschenbeurteilung und des seelischen Instinkts zeigen.

„Mein Sohn ist vier Jahre vier Monate weniger zwei Tage alt. Wie alle kräftigen und robusten Kinder ist er sehr übermütig und sehr heftig in seinen plötzlichen Zornausbrüchen; dennoch ist er ein gutes, zartes und zärtliches Kind, wenn ihn sein Trotz nicht packt. Er hat ein sehr großes Selbstgefühl, das, wenn man es gut

---

* *kleiner Schatz*

leitet, eines Tages zu seinem Vorteil gewendet werden kann. Er ist von großer Verläßlichkeit, wenn er etwas versprochen hat, aber er ist schwatzhaft, wiederholt gern, was er sprechen gehört, und fügt oft, ohne lügen zu wollen, etwas dazu, was seine Einbildungskraft ihn hat glauben machen. Das ist sein größter Fehler und der Punkt, in dem man ihn unbedingt bessern muß. Man hat von Anfang an meine Kinder erzogen, großes Zutrauen in mich zu setzen, und wenn sie ein Unrecht begangen haben, es mir zu sagen. Das kommt davon, daß ich niemals so tue, als ob ich erzürnt, sondern immer nur, als ob ich betroffen wäre über das, was sie angestellt haben. Ich habe sie daran gewöhnt, daß jedes Ja oder Nein unwiderruflich ist; aber ich gebe ihnen für meine Entscheidungen immer eine Ursache an, die ihnen und ihrem Alter verständlich ist . . .“

Legt man dieses Dokument der Mutter neben die früheren Briefe der Frau, man würde kaum glauben, eine und dieselbe Hand hätte sie geschrieben. „Wann wirst du endlich du selbst werden“, hatte immer verzweifelt die Mutter geklagt. Nun, mit den ersten weißen Haaren an den Schläfen, ist Marie Antoinette endlich sie selber geworden.

BISHER hatte die Königin nur zu einem einzigen Bundesgenossen Zuflucht genommen: zur Zeit. Die Revolution marschiert weiter, jede Woche wirbt ihr tausend neue Rekruten. Endlich begreifen die Königin und der König die Gefahr ihrer einsamen Zurückgezogenheit und beginnen nach Bundesgenossen Ausschau zu halten. Seit den Septembertagen weiß man, daß der Führer der Nationalversammlung, Graf Mirabeau, dieser Löwe der Revolution, bereit ist, goldenes Futter aus der Hand des Königs zu nehmen. „Sorgen Sie dafür“, hat er damals zu einem Zwischenträger, dem Grafen de La Marck, gesagt, „daß man im Schlosse erfahre, ich stände mehr auf ihrer Seite als gegen sie.“ Aber solange sie sicher in Versailles saß, hatte die Königin nicht die Wichtigkeit dieses Mannes erkannt, der wie keiner befähigt war, die Revolution zu führen, weil er selbst Genius der Revolte war. Seine anrüchige Vergangenheit – Pamphlete, Weiberverführungen, Duelle und Skandale, Gefängnisstrafen – erzeugt Mißtrauen, und Marie Antoinette, die niemanden mehr haßt als

Überläufer des Adels, meint sich noch stark genug, um auf die käufliche Gunst dieses *monstre* zu verzichten.

Aber fünf Monate später erhält der Graf de La Marck Nachricht, die Königin sei bereit, mit Mirabeau zu verhandeln, das heißt: ihn zu kaufen. Glücklicherweise ist es noch nicht zu spät: Auf das erste Angebot hin schnappt Mirabeau nach dem goldenen Köder. Am 10. Mai unterschreibt er die Quittung für den Selbstverkauf mit den Worten: Er verpflichte sich, dem König „mit Loyalität, Eifer und Mut" zu dienen.

Trotz dieser Emphase wissen beide Teile genau: Dieser Vertrag ist keine sehr ehrenwerte Angelegenheit. Darum wird vereinbart, daß Mirabeau niemals persönlich im Schlosse erscheinen dürfe. Für die Straße hat Mirabeau Revolutionär zu sein, in der Nationalversammlung für die Sache des Königs zu arbeiten. Mirabeau schreibt Brief auf Brief mit Ratschlägen an den Monarchen, der wahre Adressat aber ist die Königin. Mit dem Dreizack des Wortes hofft er die aufgepeitschten Wogen ebenso leicht beschwichtigen zu können, wie er sie aufgewühlt hat. In seinem überhitzten Selbstgefühl sieht er sich einerseits bereits als Präsidenten der Nationalversammlung und anderseits als ersten Minister des Königs und der Königin. Aber Mirabeau täuscht sich. Nicht einen Augenblick denkt Marie Antoinette daran, diesem *mauvais sujet** wirkliche Macht zu geben. Marie Antoinette begreift keineswegs die großartige Amoralität dieses Genies. Sie spürt nur Unbehagen vor den verwegenen Wendungen seines Charakters, dieser titanisch Leidenschaftliche erschreckt sie mehr, als er sie gewinnt. Ihr allergeheimster Gedanke ist darum, diesen unberechenbaren Menschen, sobald man ihn nicht mehr als guten Agitator, als Auskundschafter in der Nationalversammlung braucht, rasch wegzuschicken.

Bald ist der Honigmond der ersten Begeisterung vorüber. Mirabeau merkt, daß seine Briefe nur den königlichen Papierkorb füttern, statt ein geistiges Feuer zu entfachen. Er weiß aus Erfahrung in der Politik, aus zahllosen Abenteuern mit Frauen, daß seine stärkste Kraft nicht im Schreiben, sondern im Reden liegt, daß seine elektrisierende Macht am unmittelbarsten von

---

* *schlechter Mensch*

286

Rückkehr nach der gescheiterten Flucht: die königliche Familie wurde in Varennes verhaftet und traf am 25. Juni 1791 wieder in Paris ein.

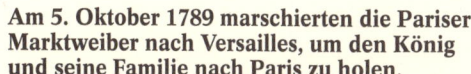

Honoré Gabriel de Riqueti, Graf von Mirabeau

Am 5. Oktober 1789 marschierten die Pariser Marktweiber nach Versailles, um den König und seine Familie nach Paris zu holen.

seiner Person ausgeht. So bestürmt er unaufhörlich den Vermittler, den Grafen de La Marck, er solle ihm endlich Gelegenheit zu einer Aussprache mit der Königin geben.

Marie Antoinette wehrt sich lange, schließlich gibt sie nach und erklärt sich bereit, Mirabeau am 3. Juli im Schlosse Saint-Cloud zu empfangen. Was die Königin mit Mirabeau in dieser Stunde besprochen, bleibt Geheimnis. Da sie ohne Zeugen waren, sind alle Berichte bloß Fabel. Nur dies weiß man, daß Mirabeau nicht die Königin, sondern die Königin Mirabeau ihrem Willen unterwarf. Als er den Park verläßt, sagt er mit der ihm eigenen Leidenschaftlichkeit: „Sie ist schon eine wunderbare Frau, sehr vornehm und sehr unglücklich. Aber ich werde sie retten." Und: „Nichts wird mich aufhalten, ich werde eher sterben als mein Versprechen nicht halten", schreibt Mirabeau an de La Marck.

Endlich ist diesem unwahrscheinlichen Mann ein Maß gegeben, das seinem Genie entspricht: dem Schicksal Halt zu gebieten, das ungeheure Rad der Revolution zurückzudrehen, das er selber ins Rollen gebracht hat. Mirabeaus Gedanke ist: Er will den Teufel durch Beelzebub austreiben, die Revolution vernichten durch die Anarchie. Das Volk auf geheime Weise aufreizen, daß es selber die Nationalversammlung zum Teufel schicke. Das Unrecht und den Unfrieden im Lande bis zur höchsten Erhitzung steigern und damit ein starkes Bedürfnis nach Ordnung, nach der alten Ordnung herausfordern, vor nichts zurückschrecken, auch nicht vor dem Bürgerkrieg. „Vier Feinde rücken im Eilschritt heran, die Steuern, der Bankerott, die Armee und der Winter; man muß einen Entschluß fassen und sich auf die Ereignisse vorbereiten, indem man sie in die Hand nimmt . . ."

Bei solchen verwegenen Ankündigungen zittert der Königin das Herz, und sie nennt diesen Plan „toll von einem Ende bis zum andern". Ihr Mißtrauen gegen den Immoralisten wird allmählich unüberwindbar. Man hört nicht auf ihn, und allmählich fühlt er eine gewisse Verachtung für das *royal bétail*, für diese königliche Schafsnatur, die geduldig wartet, bis der Schlächter kommt. Längst weiß er, daß er für diesen zur wirklichen Tat unfähigen Hof vergeblich kämpft. „Ich habe mich meinem eigenen Untergang ausgesetzt, um sie alle zu retten. Aber sie haben es nicht gewollt."

Bis zur letzten Stunde aber kämpft Mirabeau weiter. Mit verwüstetem Leib, mit fieberndem Blut schleppt er sich immer wieder in die Arena, dann, im März 1791 – acht Monate hat er gleichzeitig dem König und der Revolution gedient –, wirft sich der Tod über ihn. Mit ihm aber fällt der letzte Mann, der vielleicht hätte vermitteln können zwischen der Monarchie und dem Volk. Nun stehen sie Stirn an Stirn einander gegenüber, Marie Antoinette und die Revolution.

Die Flucht nach Varennes

WIEDER steht der Hof allein. Zwei Möglichkeiten bestehen: die Revolution zu bekämpfen oder vor ihr zu kapitulieren. Wie immer wählt der Hof zwischen zwei Entscheidungen den unglücklichsten, den mittleren Weg: die Flucht.

„Unsere Lage ist furchtbar", schreibt die Königin an Mercy nach Brüssel. „Es gibt nur noch eine Wahl für uns: entweder blind das zu tun, was die *factieux** verlangen, oder unter dem Schwert zugrunde zu gehen, das ständig über unseren Häuptern hängt. Aber wenn wir schon zugrunde gehen sollen, so möge es wenigstens mit Ruhm geschehen und indem wir alles getan haben, was unsere Pflicht gebietet . . . Ich glaube, daß die Provinz weniger verderbt ist als die Hauptstadt. Erst wenn sich der König frei in einer befestigten Stadt wird zeigen können, wird man erstaunt sein, wieviel Unzufriedene zum Vorschein kommen werden."

Die Königin vertraut die praktischen Vorbereitungen selbstverständlich jenem an, vor dem sie nichts zu verbergen hat: Fersen. Die Schwierigkeiten sind unermeßlich. Um aus dem von Nationalgardisten überwachten Palais hinauszukommen, wo fast jeder Diener ein Spion ist, um die feindselige Stadt zu durchschreiten, müssen vorsichtig Maßnahmen getroffen werden und für die Fahrt durch das Land selbst Vereinbarungen mit

---

* *Aufrührer*

dem einzigen verläßlichen Führer der Truppen, dem General Bouillé. Dieser soll, so ist es geplant, den halben Weg bis zur Festung Montmédy, also etwa bis Châlons, einzelne Abteilungen Kavallerie entgegensenden, damit im Falle eines Erkanntwerdens oder einer Verfolgung der Wagen des Königs mit der ganzen königlichen Familie sofort geschützt werden könne. Neue Schwierigkeit nun: Diese auffällige militärische Bewegung im Grenzgebiet zu rechtfertigen, muß von der österreichischen Regierung an der Grenze ein Armeekorps zusammengezogen werden, um dem General Bouillé Anlaß zu geben, seine Truppenbewegungen durchzuführen. Alles dies muß in unzähligen Korrespondenzen heimlich erörtert werden und mit äußerster Vorsicht. Außerdem – abermalige Schwierigkeit – erfordert diese Flucht größere Geldsummen, und der König und die Königin selbst sind vollkommen ohne Mittel.

Aber Fersen schöpft Kraft aus seiner Leidenschaft. Er führt die Korrespondenz mit den auswärtigen Fürsten, mit dem General Bouillé, er wählt die verläßlichsten Edelleute, die die Flucht begleiten sollen, und jene, welche die Briefe hin- und hertragen und wieder an die Grenze bringen. Er bestellt die Karosse auf seinen Namen, er besorgt die falschen Pässe, er schafft Geld, indem er auf sein eigenes Vermögen hin leiht und sogar sich schließlich dreitausend Livres von seinem eigenen Hausbesorger borgt. Er bringt Stück für Stück die notwendigen Verkleidungen in die Tuilerien und schmuggelt seinerseits wieder die Diamanten der Königin hinaus.

Jetzt fehlt nur noch eines: eine moralische Rückendeckung für diese Flucht. Irgend etwas muß noch gefunden werden, um vor der Welt sichtbar zu erweisen, daß der König und die Königin nicht aus bloßer Ängstlichkeit entwichen sind, sondern daß der Terror selber sie dazu gezwungen hat. Um sich diesen Vorwand zu schaffen, kündigt der König der Nationalversammlung an, er wolle die Osterwoche in Saint-Cloud verbringen. Und prompt hakt die jakobinische Presse ein, der Hof wolle nur nach Saint-Cloud, um von dort zu entfliehen. Am 19. April, als der König die Paradewagen besteigen will, stehen dort schon riesige Menschenmassen zusammengerottet, um die Abfahrt mit Gewalt zu verhindern. Gerade ein solcher öffentlicher Eklat ist es aber, den die Königin und ihre Berater herbeigesehnt haben. Augenfällig soll bewiesen werden, daß Ludwig XVI. als einziger in ganz Frankreich nicht mehr so viel Freiheit habe, mit seinem Wagen zehn Meilen weit fahren zu dürfen. Dieser Tumult bringt offenkundig den Beweis, daß völlige Anarchie in Frankreich herrscht, daß der Pöbel die königliche Familie ungestraft beleidigen darf und somit der König im moralischen Recht ist, wenn er entflieht.

Wäre noch in dieser Nacht dem Vorhaben die Tat gefolgt, Beleidigung und Entrüstung, Hieb und Gegenhieb hätten sich in unmittelbar logischem Ablauf ergänzt. Zwei einfache, leichte, unauffällige Wagen – und ohne Aufsehen hätte die königliche Familie die Grenze erreicht.

Aber selbst einen Fingerbreit zwischen Leben und Tod muß die unsterbliche Etikette mit. Erster Fehler: Man beschließt, daß die fünf Personen zusammen in einem Wagen fahren, also Vater, Mutter, Schwester und die beiden Kinder, genau so, wie man sie bis ins letzte Dorf von Frankreich von hundert Kupferstichen her kennt. Aber nicht genug damit: Die Erzieherin Madame de Tourzel muß, zweiter Fehler, als sechste Person mit. Durch diese unnötige Belastung wird natürlich das Tempo einer Fahrt verzögert, bei der vielleicht jede Minute entscheidet. Dritter Fehler: Es ist undenkbar, daß eine Königin sich persönlich bedient. Also müssen noch zwei Kammerfrauen mit in einem zweiten Wagen; ferner Vorreiter und Lakaien von Adel. Nach und nach wird, was ein heimliches Entweichen sein sollte, zu einer pompösen Expedition.

Der Fehler aller Fehler aber: Wenn einmal der König und die Königin vierundzwanzig Stunden fahren sollen, und selbst aus der Hölle, so müssen sie bequem reisen. Also einen neuen Wagen bestellt, besonders breit, besonders gut gefedert, eine Art kleines Kriegsschiff auf vier Rädern mit allen erdenklichen Bequemlichkeiten. Ein ganzer Weinkeller wird eingebaut, und um den Irrwitz noch zu vermehren, wird der Innenraum mit hellem Damast ausgeschlagen. Dieser ungeheuerliche Luxuswagen benötigt mindestens acht Pferde, das heißt: Während eine leichte Postchaise mit zwei Pferden in fünf Minuten umgespannt ist, fordert hier der Pferdewechsel regelmäßig eine halbe Stunde.

Nach endlosen Verzögerungen ist der 19. Juni zum Tag der

Flucht bestimmt. In letzter Stunde verschiebt Marie Antoinette nochmals die schon bis in jede Einzelheit festgesetzte Flucht. Eine ihrer Kammerfrauen, die ein Verhältnis mit einem Revolutionär hat, ist ihr dringend verdächtig. Nun ist es so eingerichtet, daß gerade am nächsten Morgen, am 20. Juni, diese Frau dienstfrei haben soll, und dieser Tag muß abgewartet werden. Also abermals vierundzwanzig Stunden verhängnisvoller Verzögerung. Kontreorder an den General. Absattlungsbefehl an die schon zum Ausrücken bereiten Husaren, neue Nervenspannung für den schon ganz abgehetzten Fersen.

Am Abend dieses 20. Juni 1791 könnte auch der mißtrauischste Beobachter nichts Verdächtiges in den Tuilerien feststellen: Wie immer stehen die Nationalgarden auf ihren Posten, wie immer haben sich die Kammerfrauen und Diener nach dem Abendessen zurückgezogen, und im großen Salon sitzen wie alltäglich der König, sein Bruder, der Graf von Provence, und die andern Mitglieder der Familie im gelassenen Gespräch. Ist es auffällig, daß sich die Königin etwa um zehn Uhr mitten im Gespräch erhebt und für einige Zeit entfernt? Marie Antoinette eilt hinauf zur Zimmertür ihrer Tochter und klopft leise. Die kleine Prinzessin wacht auf, ruft erschreckt nach der Gouvernante und wird rasch angezogen, unterdes hat die Königin auch den Dauphin geweckt. Schlaftrunken wird der kleine Prinz unter dem Vorwand, es ginge auf einen Maskenball, als Mädchen verkleidet. Beide Kinder werden ohne Geräusch die Treppe hinab ins Zimmer der Königin geführt. Alle schreiten jetzt rasch zum unbewachten Ausgang.

Die Königin öffnet persönlich die Tür und blickt hinaus: Ihre Sicherheit verläßt sie in solchen Entscheidungen nicht einen Augenblick. Und schon schleicht aus dem Schatten der Wagen ein Mann heran, als Kutscher verkleidet, und faßt ohne ein Wort die Hand des Dauphins: Fersen, er wagt sein Leben, indem er den Dauphin von Frankreich aus dem Palast des Königs führt.

Die Kinder gleiten ins Dunkel; unauffällig tritt die Königin, als hätte sie bloß einen Brief geholt, wieder in den Salon zurück und plaudert weiter in scheinbarer Gleichgültigkeit. Um elf Uhr beginnt dann die kritische Stunde. Der Graf von Provence und seine Frau, die ihrerseits gleichfalls heute fliehen werden, verlassen wie gewöhnlich das Schloß, die Königin und Madame Elisabeth begeben sich in ihre Zimmer. Um keinen Verdacht zu erwecken, läßt sich die Königin von ihrer Kammerfrau auskleiden, bestellt für den nächsten Morgen die Wagen für eine Ausfahrt.

Kaum aber hat sich die Tür hinter den Kammerfrauen geschlossen, so springt die Königin wieder auf, zieht sich rasch an, und zwar nimmt sie eine unauffällige Robe von grauer Seide, einen schwarzen Hut mit violettem Schleier, der ihr Gesicht unkenntlich macht. Jetzt noch leise die kleine Treppe hinunter zur Tür, über die dunkle Place du Carrousel, und sie ist bei dem Mietwagen, der enthält, was sie am meisten auf Erden liebt: Fersen und ihre Kinder.

Schwieriger ist das Entkommen für den König. Zunächst hat er noch den allabendlichen Besuch Lafayettes zu erdulden, der länger als gewöhnlich dauert. Endlich, um halb zwölf Uhr, empfiehlt sich der lästige Gast, überzeugt, daß alles wie immer herrlich in Ordnung sei. Ludwig XVI. begibt sich in sein Schlafzimmer, und hier beginnt der letzte Verzweiflungskampf mit der Etikette. Nach uraltem Brauch muß der Kammerdiener des Königs im gleichen Zimmer schlafen, eine Schnur um das Handgelenk gewickelt, so daß ein Handzug des Monarchen genügt, den Eingeschlafenen sofort zu wecken. Wenn also Ludwig XVI. jetzt entkommen will, so muß der Arme zunächst dem eigenen Kammerdiener entfliehen. Ludwig XVI. läßt sich also wie gewöhnlich ausziehen, legt sich ins Bett und senkt den Baldachin zu beiden Seiten herab, als wollte er schlafen. In Wahrheit wartet er nur die Minute ab, da der Diener sich ins Nachbarkabinett begibt, um sich auszukleiden, und nun, in diesem knappen Moment, schleicht der König rasch hinter dem Baldachin hervor, entwischt mit nackten Füßen im Nachtgewand durch die andere Tür in das verlassene Zimmer seines Sohnes, wo man ihm einen einfachen Anzug, eine grobe Perücke und – neue Schmach! – einen Lakaienhut bereitgelegt hat. In das Schlafzimmer tritt unterdessen ganz vorsichtig der getreue Diener zurück, um seinen König nicht zu wecken, und wickelt sich das Ende der Schnur um sein Handgelenk. Unkenntlich durch einen flaschengrünen Überrock und den Lakaienhut auf dem erlauchten

Haupt, schreitet der König durch den verödeten Hof seines Palastes; unerkannt lassen ihn die nicht sehr wacheifrigen Nationalgarden durch. Damit scheint das Schwerste geglückt, und um Mitternacht ist die Familie in dem Fiaker versammelt; Fersen, als Kutscher verkleidet, steigt auf den Bock und führt den König und seine Familie quer durch Paris.

Aber Fersen, der Edelmann, ist gewöhnt, sich von Kutschern führen zu lassen, nicht selbst zu kutschieren, er kennt nicht das unendliche Labyrinth der verwickelten Stadt. Erst um zwei Uhr, statt um Mitternacht, führt er die kostbare Fracht zum Stadttor hinaus – zwei Stunden, zwei unersetzliche Stunden sind verloren. Hinter der Zollschranke soll die Karosse warten; erste Überraschung: Sie ist nicht da. Wieder geht Zeit verloren, bis man sie endlich, mit abgeblendeten Lichtern, entdeckt. Halb drei Uhr morgens ist es, als die Pferde endlich anziehen. In einer halben Stunde sind sie in Bondy. Hier heißt es Abschied nehmen. Ungern sieht Marie Antoinette den einzigen Verläßlichen sie verlassen, aber ausdrücklich hat der König erklärt, er wünsche nicht, daß Fersen sie weiter begleite. Fersen reitet noch einmal an den Wagen heran und ruft mit Absicht laut, um die fremden Postillione zu täuschen: „Leben Sie wohl, Madame de Korff!"

In munterm Trab schaukelt die mächtige Karosse auf der Landstraße. Alles zeigt lustige Laune. Man spaßt über die falschen Namen, die man sich zulegt: Frau de Tourzel gilt als die vornehme Dame Madame de Korff, die Königin als Gouvernante der Kinder und heißt Madame Rochet, der König mit dem Lakaienhut ist ihr Haushofmeister Durand, Madame Elisabeth, die Schwester des Königs, ihre Kammerfrau. Eigentlich fühlt sich in dem bequemen Wagen die Familie freier beisammen als daheim in ihrem Schloß. Die üppigen Vorräte werden hervorgeholt, man speist reichlich auf silbernem Service. Die Kinder, vom Abenteuer entzückt, spielen im Wagen, die Königin plaudert mit allen, und der König holt die Landkarte heraus und verfolgt von Dorf zu Dorf den Fortschritt der Fahrt. Bei der ersten Umspannstelle fragt niemand nach den Pässen, jetzt nur glücklich durch Châlons, dann ist alles gewonnen.

Endlich Châlons. Es ist keineswegs Böswilligkeit, daß sich so viele Leute vor der Posthaltestelle versammeln. Wenn eine Postkutsche eintrifft, will man doch rasch das Neueste hören, man plaudert gern mit fremden Leuten. Fachmännisch mustern die Kenner die Karosse. Funkelnagelneu, konstatieren sie zunächst mit Ehrerbietung, gewiß sind das Adelige, wahrscheinlich Emigranten. Aber sonderbar: Warum bleiben denn alle sechs Personen an diesem warmen Tag nach einer so langen Fahrt hartnäckig in der Karosse sitzen, statt sich die eingeklemmten Beine ein bißchen weich zu gehen? Warum tun die galonierten Lakaien so unverschämt vornehm, als ob sie etwas Besonderes wären? Niemand weiß, wieso – nach einer halben Stunde schwätzt und redet die ganze Stadt, der König und die königliche Familie seien durch Châlons gefahren.

Die aber wissen und ahnen nichts, im Gegenteil, sie sind trotz aller Müdigkeit herzhaft vergnügt, denn in der nächsten Station erwartet sie ja schon der junge Herzog Choiseul mit seinen Husaren. Voll Ungeduld blickt Madame Elisabeth immer wieder aus dem Fenster, um sie als erste zu begrüßen. Endlich ein Reiter, aber nur ein einzelner, ein vorausgesprengter Gardeoffizier.

„Wo ist Choiseul?"

„Fort."

„Und die andern Husaren?"

„Kein Mann ist da."

Mit einem Mal stockt die gute Laune. Irgend etwas stimmt nicht. Und dazu: Es wird Nacht. Die Königin tröstet die andern. Fehlen hier die Husaren, so findet man Dragoner in Sainte-Ménehould, und das liegt nur noch zwei Stunden weit. Aber auch in Sainte-Ménehould keine Eskorte. Die Reiter haben lange gewartet, haben in den Wirtshäusern so arg gesoffen und gelärmt, daß die ganze Bevölkerung aufmerksam wurde. Schließlich hat der Kommandant, durch eine verworrene Mitteilung genarrt, es für klüger gehalten, sie aus der Stadt herauszuführen und weiter rückwärts warten zu lassen.

Endlich rollt pompös die Karosse heran, für die braven Kleinbürger ein geheimnisvolles Geschehnis. Der Postmeister Drouet, Mitglied des Jakobinerklubs und wilder Republikaner, blickt scharf hin. Das müssen hohe Aristokraten sein oder Emigranten, denkt er. Seinen Postillionen gibt er den Befehl, sie sollten sich nicht allzusehr beeilen, und schläfrig rattert die Karosse weiter.

Aber kaum ist sie zehn Minuten fort, da verbreitet sich – hat jemand die Nachricht aus Châlons herübergebracht? – plötzlich das Gerücht, die königliche Familie sei im Wagen gewesen. Alles lärmt, der Kommandant der Dragoner fühlt rasch die Gefahr und will seine Soldaten als Eskorte nachsprengen lassen. Aber schon ist es zu spät, die Volksmenge erhebt Einspruch, und die Dragoner, gut mit Wein geheizt, gehorchen nicht mehr. Während alles im Tumult durcheinanderstürmt, läßt sich der Postmeister Drouet ein Pferd satteln und galoppiert auf kürzestem Wege der schwerfälligen Karosse nach Varennes voraus. Wie schon tausendmal, verändert auch diesmal eine einzige energische Handlung eines energischen Menschen die Weltgeschichte.

Inzwischen rollt der riesige Wagen des Königs die gewundene Straße nach Varennes hinab. Unter dem Torbogen der Stadt springen ein paar junge Menschen den Vorreiter an und befehlen „Halt!“ Im Nu sind die beiden Wagen umringt und begleitet von einer Bande junger Burschen. Drouet, zehn Minuten früher angelangt, hat die ganze revolutionäre Jugend von Varennes aus den Betten oder Wirtshäusern geholt. „Die Pässe!“ gebietet jemand. „Wir haben Eile, wir müssen bald ankommen“, antwortet aus dem Wagen eine weibliche Stimme.

Es ist die der angeblichen „Madame Rochet“, in Wirklichkeit die der Königin, die als einzige in dem gefährlichen Augenblick Energie bewahrt. Aber der Widerstand hilft nichts, sie müssen bis zum nächsten Gasthaus, das – wie boshaft kann die Weltgeschichte sein! – „Zum großen Monarchen“ benannt ist, und dort steht schon der Bürgermeister, seines Zeichens ein Krämer, auf den wohlschmeckenden Namen „Sauce“ hörend, und will die Pässe sehen. Der kleine Krämer, voll Angst, in eine arge Affäre zu geraten, sieht die Pässe flüchtig durch und sagt: „In Ordnung.“

Aber dieser junge Drouet schlägt auf den Tisch und schreit laut: „Es ist der König und seine Familie, und wenn Sie ihn in fremdes Land lassen, so sind Sie des Hochverrates schuldig.“ So eine Drohung fährt einem braven Familienvater arg in die Knochen, und gleichzeitig donnert die von Drouets Kameraden gezogene Sturmglocke los. Der wackere Krämer-Bürgermeister schlägt vor, es sei immerhin schon zu spät für die Weiterreise;

Frau Baronin Korff und die Ihren möchten in seinem Haus übernachten. Bis morgen früh, denkt der Schlaue im stillen, muß sich alles geklärt haben.

Zögernd, es bleibt nichts Besseres, und dann, die Dragoner werden schon kommen, nimmt der König die Einladung an. In ein oder zwei Stunden muß Choiseul hier sein. So tritt Ludwig XVI. ruhig mit seiner falschen Perücke in das Haus, und seine erste Königstat ist, eine Flasche Wein und ein Stückchen Käse zu verlangen.

An diesem 21. Juni 1791 betritt Marie Antoinette, im sechsunddreißigsten Jahre ihres Lebens und im siebzehnten Königin von Frankreich, zum erstenmal das Haus eines französischen Bürgers. Der Weg geht zuerst durch die Butike des Krämers, die nach ranzigem Öl, nach Wurst und Gewürzen riecht. Eine knarrende Hühnerstiege hinauf schreiten der König und seine Begleitung in den oberen Stock; zwei Zimmer, ein Wohnzimmer und ein Schlafzimmer, niedrig, arm und schmutzig. Die Kinder, todmüde, werden in ein Bett gebracht und schlafen sofort ein. Die Königin hat sich auf einen Sessel gesetzt, der König schneidet mächtige Stücke Käse ab. Keiner spricht ein Wort. Endlich klappern Hufe auf der Straße, aber gleichzeitig erklingt auch der Schrei von Hunderten: „Die Husaren! Die Husaren!" Choiseul ist endlich gekommen. Hastig klirrt der Herzog von Choiseul die Treppen hinauf und macht seinen Vorschlag. Er ist bereit, sieben Pferde freizugeben. Der König, die Königin und das Gefolge sollen sie besteigen und inmitten seiner Truppe rasch aus dem Ort sprengen, bevor sich die Nationalgarde der Umgebung gesammelt habe. Stramm verbeugt sich der Offizier nach seinem Bericht: „Majestät, ich erwarte Ihre Order."

Aber rasche Entscheidungen zu treffen war niemals Sache Ludwigs XVI. Ob Choiseul sich verpflichten könne, daß bei diesem Durchbruch nicht eine Kugel seine Frau, seine Schwester, eines seiner Kinder treffen könne? In der kleinen düsteren Stube sitzt die alte Zeit und zögert und verhandelt. Aber die Revolution wartet nicht. Aus den Dörfern kommen, von den Sturmglocken wachgeschreckt, die Milizen heran, die Nationalgarde ist vollzählig versammelt, von den Wällen hat man die alte Kanone heruntergeholt und die Straßen verbarrikadiert. Die versprengten Soldaten wiederum, seit vierundzwanzig Stunden sinnlos im Sattel herumgejagt, lassen sich gern Wein reichen und verbrüdern sich mit der Bevölkerung. Immer mehr füllen sich die Straßen mit Menschen. Neuer Alarm dieser dramatischen Nacht: Ein Wagen ist aus der Richtung Paris gekommen, zwei der Kommissare, welche die Nationalversammlung in alle Richtungen des Landes ausgeschickt hat, um den König zu stellen. Grenzenloser Jubel begrüßt die Boten der gemeinsamen Macht. Im Triumphzug führt man die beiden Boten in das Haus des wackeren Krämers Sauce und die Treppe hinauf zum König.

Von den beiden Abgesandten ist einer, Romeuf, blaß, befangen und seines Auftrags wenig froh. Als Adjutant Lafayettes hat er oft den Wachdienst in den Tuilerien bei der Königin gehabt, oft hat sie und auch der König mit ihm fast freundschaftlich gesprochen; im innersten Herzen hat dieser Adjutant Lafayettes nur einen Wunsch: die beiden zu retten. Aber das Verhängnis will, daß man ihm auf seine Mission einen ehrgeizigen und durchaus revolutionstreuen Begleiter namens Bayon mitgegeben hat. So steht er jetzt errötend da, voller Furcht, der Königin das Dekret der Nationalversammlung zu überbringen, das befiehlt, die königliche Familie anzuhalten. Marie Antoinette kann ihre Überraschung nicht unterdrücken: „Was? Sie, mein Herr? Nein, das hätte ich nicht gedacht!" Die Königin wendet sich ab. Endlich verlangt der König das Dekret und liest, daß seine Rechte von der Nationalversammlung aufgehoben seien. Zum erstenmal bekundet mit diesem Dekret die Nationalversammlung, daß der König nicht frei ist.

Aber er wehrt sich nicht. „Es gibt keinen König von Frankreich mehr", sagt er mit seiner schläfrigen Stimme und legt zerstreut das Dekret auf das Bett, in dem die Kinder schlafen. Da aber reißt sich Marie Antoinette plötzlich auf. Sie zerknüllt das Dekret und schleudert es verächtlich zur Erde: „Ich will nicht, daß dieses Blatt meine Kinder beschmutzt."

Alle in diesem Zimmer sind gleich betroffen, der König über die Kühnheit seiner Frau, die beiden Abgesandten über ihre peinliche Stellung; bei allen ist die Stimmung unentschieden. Jetzt macht der König einen scheinbar verzichtenden, in Wirklichkeit hinterhältigen Vorschlag. Nur zwei, drei Stunden möchte man ihn hier ausruhen lassen, dann fahre er nach Paris zurück. Romeuf versteht sofort, was der König will. In zwei Stunden wird die ganze Kavallerie Bouillés hier sein, und hinter ihr Infanterie und Kanonen. Da er innerlich den König retten will, erhebt er keinen Einwand. Aber Bayon merkt schnell, was hier gespielt wird, und beschließt, Hinterhältigkeit mit Hinterhältigkeit zu erwidern. Er stimmt scheinbar zu, schlendert lässig die Treppe hinunter, und da ihn die Menge aufgeregt umringt, seufzt er scheinheilig: „Ach, sie wollen nicht abreisen ... Bouillé ist schon nahe, sie warten auf ihn." Diese paar Worte spritzen Öl ins schon lodernde Feuer. Das darf nicht sein! Nicht mehr sich betrügen lassen! „Nach Paris! Nach Paris!" Im Triumph wird der Wagen vor die Tür geschleppt und eingespannt, um jedes Zögern zu verhindern.

Und nun beginnt ein erniedrigendes Spiel: nur jetzt die Abreise verzögern. Immer wieder zögern der König und die Königin mit den unglücklichsten Ausflüchten herum, aber die Zeit rinnt und verrinnt, und die Husaren Bouillés zeigen sich nicht. Schon ist alles bereit, da erklärt Ludwig XVI., er wünsche noch etwas zu speisen. Kann man einem König eine kleine Mahlzeit verweigern? Nein, aber man beeilt sich, sie ihm zu bringen, nur um keine Verzögerung herbeizuführen. Der König seufzt und schreitet als erster die enge Hühnertreppe hinunter. Ihm folgt am Arme des Herzogs von Choiseul Marie Antoinette. Mitten in ihren eigenen Sorgen denkt sie noch an den Freund: „Meinen Sie, daß Fersen sich gerettet hat?"

Die königliche Familie steigt ein. Sechstausend Menschen umringen sie, ganz Varennes marschiert mit seiner Beute in lautem Triumph. Umbraust von den Liedern der Revolution, steuert das Unglücksschiff der Monarchie von der Klippe weg, an der es gestrandet war. Aber zwanzig Minuten nur, da jagt es schon vom andern Ende der Stadt in scharfem Galopp heran, Kavallerie, ganze Schwadronen. Endlich sind sie da, die Husaren Bouillés, die vergeblich ersehnten! Eine halbe Stunde lang, wenn der König sich noch gehalten hätte, und sie hätten ihn in die Mitte seiner Armee genommen, bestürzt wären heimgezogen, die jetzt jubeln. Aber als Bouillé hört, der König habe mutlos nachgegeben, zieht er die Truppen zurück.

Die Fahrt von Paris nach Varennes hatte die Karosse in zwanzig Stunden zurückgelegt; die Rückfahrt wird drei Tage dauern. Tropfen um Tropfen und bis zum untersten Grund müssen der König und die Königin den bitteren Kelch der Erniedrigung trinken. Höhnend umringt eine immer wachsende Eskorte die triste Heimkehr der Blamierten. Lieber also die Fenster schließen und im kochenden Dampf dieses rollenden Kessels schwelen, als sich von den Schimpfworten beleidigen zu lassen.

Rast, abends in Châlons. Man kann schlafen, die Kleider wechseln; aber am nächsten Morgen, abermals glüht feindselig die Sonne, müssen sie weiter den Weg ihrer Peinigung. Als die Königin einmal nach einer kurzen Rast die Stufen des Wagens zurücktritt, zischt hinter ihr die Stimme einer Frau: „Paß auf, meine Kleine, du wirst bald andere Stufen zu sehen bekommen."Ein Adeliger, der sie begrüßt, wird vom Pferd gerissen, mit Pistolen und Messern niedergeschlagen. Jetzt erst begreifen die Königin und der König, daß nicht Paris allein dem „Irrtum" der Revolution verfallen ist, sondern daß auf allen Äckern ihres Landes die neue Saat in üppigster Blüte steht. Matt sitzen sie im Wagen, schon gleichgültig gegen das Schicksal; endlich reiten Kuriere heran und melden, drei Mitglieder der Nationalversammlung kämen entgegen, um die Fahrt der königlichen Familie zu beschirmen.

Der Wagen hält auf offener Landstraße: Die drei Abgeordneten, Maubourg, ein Royalist, Barnave, der bürgerliche Advokat, Pétion, der Jakobiner, kommen ihnen entgegen. Die Königin öffnet persönlich den Wagenschlag: „Ach, meine Herren", sagt sie erregt und reicht den dreien rasch die Hand, „sehen Sie darauf, daß kein Unglück geschieht, daß die Leute, die uns begleitet haben, nicht aufgeopfert werden, sondern daß ihr Leben geachtet wird."

Ihr unfehlbares Taktgefühl in großen Augenblicken hat sofort das Richtige gefunden: Nicht für sich selber darf eine Königin um Schutz bitten. Die energische Haltung der Königin entwaffnet von Anfang an die gönnerhafte Haltung der Abgesandten. Zwei von den Abgesandten der Nationalversammlung nehmen im Wagen Platz, um durch ihre Gegenwart die königliche Familie vor allen Fährlichkeiten zu schützen. Acht Personen sitzen jetzt in dem Wagen, und man kann wohl sagen: Nie waren die königliche Familie und die Deputierten der Nationalversammlung einander so nahe wie in diesen Stunden.

Beide Parteien sind fest entschlossen, gegeneinander ihre Autorität straff zu bewahren. Dann lockert ein kleiner Zwischenfall die peinliche Stimmung. Der kleine Prinz ist vom Schoß seiner Mutter heruntergesprungen. Er faßt mit seinen winzigen Fingern einen Messingknopf am Staatskleid Barnaves und buchstabiert mühsam die Inschrift: Vivre libre ou mourir.* Das erheitert natürlich sehr die beiden Kommissare, daß der zukünftige König von Frankreich gerade auf diese Weise die Grundmaximen der Revolution kennenlernen muß. Allmählich entspinnt sich ein Gespräch. Beide Parteien beginnen, einander eigentlich viel netter zu finden, als sie von ferne vermuten konnten. Pétion muß berichten: „Die Königin nennt Madame Elisabeth ‚Meine kleine Schwester‘, Madame Elisabeth spricht den König mit ‚Mein Bruder‘ an." Diese „Tyrannen" sind doch eigentlich genau solche Menschen wie wir, erkennt erstaunt der grimme Revolutionär.

Und ebenso überrascht ist die Königin. Das sind doch eigentlich ganz nette, höfliche Menschen, diese *scélérats***, diese *monstres**** der Nationalversammlung! Noch sind sie keine drei Wagenstunden mitsammen gefahren, so beginnen beide Parteien umeinander zu werben. Die Königin bringt politische Probleme auf das Tapet, um den beiden Revolutionären zu beweisen, man sei in ihren Kreisen gar nicht so engstirnig und böswillig, wie das Volk, durch die schlechten Zeitungen verleitet, vermeinte. Die beiden Abgeordneten wieder bemühen sich, der Königin klarzumachen, sie solle die Ziele der Nationalversammlung nicht verwechseln mit dem wüsten Geschrei des Herrn Marat. Ganz jung, als neugebackener Advokat aus seiner Provinzstadt nach Paris gekommen, fühlt sich der idealistische Revolutionär Barnave ganz verzaubert, als die Königin von Frankreich sich bescheiden von ihm die Grundgedanken der Revolution erklären läßt. Der feurige Advokat spricht, und – er hätte es nie gedacht – diese

---

* *die Freiheit oder der Tod*
** *Schurken*
*** *Ungeheuer*

301

angeblich oberflächliche Frau hört voll Anteilnahme, voll Verständnis zu. Mit ihrer österreichischen Liebenswürdigkeit, mit ihrem scheinbar bereitwilligen Eingehen auf seine Anregungen zieht Marie Antoinette den naiv gläubigen Menschen ganz in ihren Bann. Wie hat man diese edle Frau doch ungerecht behandelt, wie ihr unrecht getan. Sie will doch nur das Beste, und wenn jemand da wäre, ihr die rechten Winke zu geben, so könnte alles gut werden in Frankreich. Die Königin läßt ihm keinen Zweifel, daß sie einen solchen Ratgeber suche. Ja, das wird seine Aufgabe sein, ihr die wahren Wünsche des Volkes zu übermitteln und seinerseits wieder die Nationalversammlung von der Reinheit ihrer demokratischen Gesinnung zu überzeugen. Mit Liebenswürdigkeiten erringt sie noch einen letzten Sieg für die königliche Sache.

Der dritte Tag der Reise wird zum heißesten und fürchterlichsten. Endlich hält der Zug vor den Toren von Paris. Kein Ruf erhebt sich auf dem ganzen Weg zu ihren Ehren, kein Wort auch der Beschimpfung, denn Plakate haben beides verboten. In den Tuilerien warten die Lakaien in feierlicher Reihe: Genau wie sonst ist der Tisch gedeckt, die Rangordnung gewahrt; die Heimgekehrten könnten glauben, nur geträumt zu haben. Doch in Wirklichkeit ist der König in diesen fünf Tagen eine Stufe tiefer hinabgeschritten, die Revolution eine Stufe empor.

Aber den ermüdeten Mann scheint das nicht sehr zu bewegen. Mit seiner unerschütterlichen Hand vermerkt er in sein Tagebuch nichts anderes als: „Abfahrt von Meaux um sechseinhalb Uhr. Ankunft in Paris um acht Uhr, ohne Aufenthalt."

Einer betrügt den andern

DIE FLUCHT nach Varennes eröffnet einen neuen Abschnitt in der Geschichte der Revolution; mit diesem Tage ist die republikanische Partei geboren. Schon drängt für die kommenden Wahlen der Nationalversammlung hinter dem dritten Stand, dem bürgerlichen, der vierte nach vorn, das Proletariat, vor dem das Bürgertum ebenso erschrickt, wie der König vor dem Bürgertum erschrocken war. Mit verspätetem Bedauern möchte die

Klasse der Besitzenden rasch mit einer Konstitution die Macht des Königs und jene des Volkes gegeneinander abgrenzen. Um dafür die Zustimmung Ludwigs XVI. zu gewinnen, tut es not, ihn persönlich zu schonen; so wird ihm wegen der Flucht nach Varennes keinerlei Vorwurf gemacht; sie machen heuchlerisch geltend, er sei „entführt" worden. Aber die Königin täuscht sich längst nicht mehr über den Wert solcher verspäteten Rettungsversuche. Zu oft hört sie vor ihren Fenstern: „Es lebe die Republik!" Und sie weiß, daß diese Republik nur erstehen kann, wenn zuvor sie, ihr Gatte und ihre Kinder untergehen.

Das eigentliche Verhängnis der Nacht von Varennes – auch dies erkennt die Königin bald – war das gleichzeitige Gelingen der Flucht von Ludwigs jüngerem Bruder, dem Grafen von Provence. Kaum in Brüssel angelangt, erklärt er sich als Regenten, als rechtmäßigen Vertreter des Königtums, solange der wirkliche König Ludwig XVI. Gefangener in Paris sei, und tut heimlich alles, um diese Frist möglichst zu verlängern. Jetzt kann er, der lange demütig im Troß seines Bruders reiten mußte, mit dem Säbel klirren und ohne Rücksicht zum Krieg herausfordern; gehen bei dieser Gelegenheit Ludwig XVI., Marie Antoinette und hoffentlich auch Ludwig XVII. zugrunde, um so besser, dann sind zwei Stufen zum Thron mit einem Satz übersprungen, dann endlich kann sich „Monsieur", der Graf von Provence, Ludwig XVIII. nennen. Verhängnisvollerweise schließen sich auch die auswärtigen Fürsten dieser Anschauung an, es sei für die monarchische Idee völlig gleichgültig, welcher Ludwig auf dem französischen Thron sitze: Die Hauptsache bleibe, daß das revolutionäre Gift in Europa ausgerottet werde.

Gegen diese doppelte Gefahr von innen und außen, gegen den Republikanismus im Lande und die Kriegstreiberei des Prinzen an der Grenze, soll nun Marie Antoinette gleichzeitig kämpfen. In dieser großen Not wendet sich die Königin an Barnave, der in der Versammlung das große Wort führt, sich aber von schmeichlerischen Worten, sobald sie eine Königin spricht, einfangen läßt. „Der Wunsch nach Recht möge uns in die Lage versetzen, unsere Wünsche gemeinsam zu verwirklichen", schreibt sie ihm. „Wenn er ein Mittel findet, mir seine Gedanken mitzuteilen, werde ich mit Offenheit antworten, was ich durchsetzen könnte.

Ich bin zu jedem Opfer bereit, wenn ich wirklich das allgemeine Wohl sehe."

Barnave zeigt diesen Brief seinen Freunden, die sich gleichzeitig freuen und fürchten, endlich aber beschließen, die geheime Beratung der Königin zu übernehmen. Als erstes verlangen sie von der Königin, sie solle den Prinzen veranlassen zurückzukehren und ihren Bruder, den Kaiser, bewegen, die französische Konstitution anzuerkennen. Scheinbar gefügig, sendet sie an ihren Bruder Briefe nach dem Diktat ihrer Ratgeber – die meinen, eine aufmerksame und dankbare Schülerin gefunden zu haben. In Wirklichkeit denkt Marie Antoinette nicht einen Augenblick daran, sich auszuliefern, diese ganzen Verhandlungen sollen nur wieder das Hinausziehen erleichtern, bis ihr Bruder jenen ersehnten „bewaffneten Kongreß" einberufen hat. Während sie die vordiktierten Briefe an ihren Bruder, den Kaiser Leopold – Joseph II. ist inzwischen gestorben –, absendet, läßt sie gleichzeitig Mercy wissen, „es sei wichtig, daß der Kaiser überzeugt sei, kein Wort in diesem Briefe sei von ihr und von ihrer Art, die Dinge zu sehen".

Es ist ein unheimliches Doppelspiel, das Marie Antoinette beginnt. Im letzten spürt sie deutlich die moralische Schuld, aber entschlossen schiebt sie die Verantwortung auf die Zeit, auf die Verhältnisse, die sie zu solch erbärmlicher Rolle gezwungen haben. „Manchmal", schreibt sie verzweifelt an den getreuen Fersen, „verstehe ich mich selber nicht mehr und bin genötigt nachzudenken, ob wirklich ich es bin, die spricht. Aber was wollen Sie? Alles das ist notwendig."

Aber es ist nicht die Königin allein, die betrügt. Die Konstitutionellen täuschen Marie Antoinette eine Macht vor, die sie längst nicht mehr besitzen. Leopold wiederum hält seine Schwester hin, denn er ist entschlossen, nicht einen Soldaten, nicht einen Taler für ihre Sache einzusetzen.

Unterdessen hat die Nationalversammlung endlich den Entwurf einer Verfassung fertiggestellt und ihn Ludwig XVI. zur Annahme vorgelegt. Während aber die Feder schon bereitgelegt ist, die Kapitulation zu unterzeichnen, teilt Marie Antoinette gleichzeitig ihren Vertrauten mit, daß der König im innersten Herzen gar nicht daran denke, sein Wort gegenüber dem Volke zu halten. „Mit Bezug auf die Annahme halte ich es für unmöglich, daß jedes denkende Wesen nicht etwa einsehe, daß alles, was wir tun, nur geschieht, weil wir nicht frei sind. Wichtig ist allein, daß wir jetzt keinen Verdacht bei den *monstres* erwecken, die uns umringen. Auf jeden Fall können uns nur die auswärtigen Mächte retten."

Durch diese Scheinannahme der Konstitution hat die königliche Familie einen Atemzug Zeit gewonnen. Noch einmal leuchtet trügerisch die Sonne der Volksgunst. Sofort nachdem der König am 13. September mitgeteilt hat, er werde die Verfassung beschwören, werden die Garden, die bisher das königliche Schloß bewachten, zurückgezogen, die Tuileriengärten dem Publikum freigegeben. Die Gefangenschaft ist zu Ende und – wie die meisten voreilig glauben – auch die Revolution. Zum erstenmal seit undenklichen Wochen und Monaten, aber auch zum letztenmal hört Marie Antoinette zehntausendstimmig den schon ganz verschollenen Ruf: „Es lebe der König! Es lebe die Königin!"

Einige Tage, einige Wochen trügerischen Wohlbefindens kommen, Wochen einer täuschenden Euphorie. Aber Marie Antoinette hat längst die Gläubigkeit ihrer Jugend verloren. Die neugewählte Nationalversammlung wird zur Enttäuschung, sie ist nach der Ansicht der Königin „tausendmal schlechter als die frühere", und gleich einer ihrer ersten Beschlüsse beraubt den König der Ansprache „Majestät". Nach wenigen Wochen ist die Führung an die Girondisten übergegangen, die ihre Sympathien für die Republik ganz offen bekunden. Abermals beginnt der Kampf.

Die schnelle Verschlechterung ihrer Lage haben der König und die Königin nicht der Revolution zuzuschreiben. Dem Grafen von Provence und dem Grafen von Artois dient es vortrefflich, daß der König in bitterer Not die Konstitution angenommen, sie lassen Marie Antoinette und Ludwig XVI. als Feiglinge durch bezahlte Journalisten verhöhnen und spielen sich selbst als die wahren Verteidiger des königlichen Gedankens auf. Vergebens fleht Marie Antoinette ihren Bruder, den Kaiser, an, er solle die Prinzen und die andern Franzosen, die sich außer Landes befinden, zurückhalten, aber der Graf von Provence stellt alle Befehle der Königin als „erzwungene" dar und findet bei den Kriegsparteien überall Zustimmung.

Was aber will und was wünscht Marie Antoinette selbst, das geschehen möge? Die Französische Revolution glaubt, daß Marie Antoinette, daß das *comité autrichien** in den Tuilerien einen Kreuzzug gegen das französische Volk ausarbeite, und manche Geschichtsschreiber haben es nachgesprochen. In Wirklichkeit hat Marie Antoinette, Diplomatin aus Verzweiflung, niemals eine klare Idee, einen wirklichen Plan gehabt. Ihr schwebt ungewiß ein bewaffneter Kongreß der Mächte vor, eine halbe Maßnahme. Aber das Wie und Wann ist ihr selbst unklar, sie denkt nicht logisch. Einmal erklärt sie: „Nur die bewaffnete Macht kann alles wiederherstellen", und im selben Atem: „Ein Angriff von außen brächte uns unter das Messer." Schließlich kennt sich niemand mehr wirklich in ihren Absichten aus. Selbst Fersen begreift schließlich nicht mehr, was die Königin wirklich wolle, ob Krieg, ob Frieden. Er beschließt, da sie beide sich im geschriebenen Wort nicht entscheidend verständigen können, Marie Antoinette in Paris aufzusuchen, in eben demselben Paris, wo seine Anwesenheit für ihn soviel wie sichern Tod bedeutet. Marie Antoinette erschrickt; ein solches heroisches Opfer will sie nicht. Aber: „Ich lebe nur, um Ihnen zu dienen." Am 11. Februar löst er dies Wort ein und macht sich auf zu einer der kühnsten Unternehmungen der ganzen Revolutionsgeschichte.

Fersen reist mit einem falschen Paß, in dem er verwegen die Unterschrift des Königs von Schweden fälscht, angeblich in diplomatischer Mission nach Lissabon, einzig von seinem Ordonnanzoffizier begleitet, als dessen Diener er gilt. Unbehelligt gelangt er nach Paris und begibt sich geradewegs vom Postwagen in die Tuilerien. Das Dunkel bricht früh ein, die geheime Tür ist – erstaunlicher Glücksfall – auch diesmal nicht bewacht. Nach acht Monaten grausamster Entfernung ist Fersen zum letztenmal bei Marie Antoinette. Er schreibt in sein Tagebuch: „Zu ihr gegangen; meinen gewöhnlichen Weg genommen. Besorgnis wegen der Nationalgarden." Über jene Stunden des Alleinseins

---

* *österreichisches Komitee*

schweigt Fersen, der immer wunderbar zu schweigen verstanden hat, selbst in seinem intimen Tagebuch.

Die erste Nacht gehört ganz den Liebenden, erst der nächste Abend der Politik. Jetzt betritt der diskrete Gatte das Zimmer der Königin, um mit dem heroischen Boten Zwiesprache zu halten. Den von Fersen vorgelegten Fluchtplan weist Ludwig XVI. zurück, erstlich, weil er ihn praktisch für unmöglich hält, und dann hat er der Nationalversammlung versprochen, in Paris zu bleiben.

„Ich weiß", sagt er, „daß man mich der Schwäche und Entschlußunfähigkeit beschuldigt, aber noch niemand hat sich jemals in einer Lage befunden wie der meinen. Ich weiß, daß ich den richtigen Augenblick versäumt habe, am 14. Juli, und seitdem habe ich ihn nicht wiedergefunden. Die ganze Welt hat mich im Stich gelassen."

Sowohl die Königin als der König haben keine Hoffnung mehr, sich selber zu retten. Die Rettung selbst müsse von außen kommen. Bis Mitternacht bleibt Fersen im Palast. Alles ist besprochen, was zu besprechen war. Dann kommt der Abschied. Beide wollen sie es nicht wahrhaben, beide ahnen sie untrüglich: Nie mehr! Um sie zu trösten, verspricht er wiederzukommen. Die Liebenden haben einander zum letztenmal gesehen.

Die Flucht in den Krieg

URALTES REZEPT: Wenn Regierungen innere Krisen nicht mehr zu bewältigen wissen, suchen sie die Spannung nach außen abzulenken; gemäß diesem ewigen Gesetz verlangen die Wortführer der Revolution, um dem fast unvermeidlichen Bürgerkrieg zu entgehen, seit Monaten den Krieg gegen Österreich. Die Partei der Girondisten will das Königtum beseitigen, und dazu gibt es kein besseres Mittel als einen Krieg, weil er unvermeidlich die königliche Familie in Konflikt mit der Nation bringen muß. Denn die Vorhut der ausländischen Armeen bilden ja die beiden lärmenden Brüder des Königs, und die feindlichen Generalstäbe unterstehen dem Bruder der Königin.

Marie Antoinette hat in unzähligen Briefen ihren Bruder

Leopold beschworen stillzuhalten, und dieser innerlich kriegs-
feindliche Herrscher hatte tatsächlich die säbelklirrenden Prinzen von sich abgeschüttelt und alles vermieden, was als Herausforderung gedeutet werden konnte. Aber am 1. März rafft eine
plötzliche Krankheit Leopold hinweg, und der Nachfolger Leo-
polds II. kümmert sich nicht um seine Blutsverwandte, sondern
erwägt ausschließlich seine eigenen Interessen. Frostig empfängt
Kaiser Franz Marie Antoinettes Briefe; ob ihr Leben durch seine
Maßnahmen gefährdet wird, kümmert ihn nicht. Er sieht nur die
gute Gelegenheit, seine Macht zu vergrößern, und lehnt alle
Wünsche und Forderungen der Nationalversammlung kalt und
aufreizend ab.

Nun haben die Girondisten glücklich Oberwasser. Am 20. April
wird Ludwig XVI. genötigt, nach langem Widerstand und – wie
man behauptet – mit Tränen in den Augen, dem „König von Ungarn" den Krieg zu erklären. Die Armeen setzen sich in Bewegung,
und das Schicksal nimmt seinen Lauf.

Auf welcher Seite steht die Königin mit ihrem Herzen in diesem Krieg? Bei ihrem alten oder bei ihrem neuen Vaterland?
Ihre Stellungnahme ist unverkennbar: Marie Antoinette ersehnt
mit ganzer Seele den Triumph der verbündeten Herrschertrup-
pen und die Niederlage der französischen. Sie tut sogar alles, um
die Niederlage Frankreichs zu beschleunigen. Vier Tage, ehe der
Krieg erklärt wird, übermittelt sie – oder deutlicher: verrät sie –
den Feldzugsplan der Revolutionsarmee, soweit sie ihn kannte,
dem österreichischen Botschafter. Doch darf man nicht vergessen, daß der Begriff des Nationalen und der Nation im achtzehnten Jahrhundert noch nicht entdeckt war; das Land gehört dem
König; wo der König steht, dort steht das Recht; wer gegen das
Königtum steht, der ist Rebell, auch wenn er das eigene Land
verteidigt.

Die völlige Unausgeformtheit des patriotischen Gedankens
ergibt überraschenderweise in diesem Krieg eine unvaterländi-
sche Einstellung des Gefühls auf der Gegenseite: Die besten
Deutschen, Klopstock, Schiller, Fichte, Hölderlin, ersehnen um
der Idee der Freiheit willen die Niederlage der deutschen Truppen, die eben noch nicht Volkstruppen sind, sondern die
Armeen der despotischen Sache. Hüben und drüben geht der

Krieg nicht um die Interessen des Landes, sondern um eine geistige Idee, diejenige der Souveränität oder jene der Freiheit.

Ohne äußeren Anhaltspunkt wittert das französische Volk den tatsächlich geschehenen militärischen Verrat Marie Antoinettes an seiner Armee und seiner Sache. Damit die Revolution die große Partie vor der Welt gewinnen kann, muß daheim der König in seinem Einfluß schachmatt gesetzt werden. Wieder marschieren die Zeitungen voran und fordern die Absetzung des Königs. In der Nationalversammlung werden mit Absicht Anträge gestellt, bei denen man hofft, daß der König von seinem verfassungsmäßigen Recht, ein Veto zu sprechen, Gebrauch machen müsse, vor allem jener, dem Ludwig XVI. als gläubiger Katholik niemals zustimmen kann, nämlich die Priester, die den Eid auf die Verfassung verweigern, auszuweisen. Tatsächlich rafft sich der König zum erstenmal zusammen und legt sein Veto ein. Dieser unselige Mann versucht im unseligsten Augenblick zum erstenmal Mut zu bezeigen. Dieses Veto soll das letzte Wort des Königs gegen und an sein Volk gewesen sein.

Um dem König und der hochmütigen Österreicherin eine gründliche Lektion zu erteilen, wählen die Jakobiner, die Stoßtruppe der Revolution, einen symbolischen Tag, den 20. Juni. An diesem Tage haben vor drei Jahren, 1789, sich im Ballsaal von Versailles zum erstenmal die Abgeordneten des Volkes zu feierlichem Eid zusammengetan; heute marschieren unter dem Geläut der Sturmglocken, von dem Brauer Santerre befehligt, fünfzehntausend Mann. Der Aufmarsch beginnt als bloßer Festzug vor der Nationalversammlung. Die fünfzehntausend Mann marschieren mit großen Plakaten „Nieder das Veto!" und „Die Freiheit oder der Tod!" im Takte des „Ça ira"*. Um halb vier Uhr scheint das große Schauspiel zu Ende. Aber jetzt erst setzt die eigentliche Kundgebung ein. Denn statt friedlich abzuziehen, wirft sich die ganze riesige Volksmasse gegen den Eingang des Palastes. Dort stehen zwar die Nationalgarden, aber die Soldaten leisten keinen Widerstand, und mit einem Guß strömen die Massen durch den engen Trichter der Türe. So stark ist der

---

* „Es wird schon gehen!" Refrain von Gassenhauern, die alle nach der gleichen Melodie gesungen wurden

Druck dieser Menge, daß er gleichsam von selbst die Treppe hinauf bis zum ersten Stock dringt. Die Türen werden eingedrückt, und ehe man irgendeine Schutzmaßnahme treffen kann, stehen die ersten Eindringlinge vor dem König, den nur unzulänglich eine Gruppe von Nationalgarden vor dem Ärgsten schützt. Nun muß Ludwig XVI. in seinem eigenen Hause die Parade des aufständischen Volkes abnehmen. Geduldig gibt er auf alle Herausforderungen höfliche Antworten, gehorsam setzt er die rote Mütze auf, die einer der Sansculotten* sich vom Kopf nimmt.

Gleichzeitig ist ein anderer Trupp der Insurgenten** in die Gemächer der Königin eingedrungen. Die Offiziere haben rasch Soldaten herbeigerufen, Marie Antoinette in eine Ecke gedrängt und zu ihrem Schutz einen großen Tisch vorgeschoben, außerdem stehen in dreifacher Reihe die Nationalgarden vor diesem Tische Wache. Die wild hereinstürmenden Frauen und Männer können Marie Antoinette nicht an den Leib, aber doch nahe genug heran, um ihr Opfer betrachten zu können. Kalt und stolz hält die Königin den feindseligen Blicken und den frechsten Ansprachen stand. Nur als man sie zwingen will, ihrem Kind die rote Mütze aufzusetzen, wendet sie sich ab und sagt zu den Offizieren: „Das ist zu viel, das geht über die menschliche Geduld." Aber sie hält stand, ohne eine Sekunde Angst oder Unsicherheit zu verraten. Erst nachdem sie von den Eindringlingen nicht mehr wirklich bedroht ist, erscheint der Bürgermeister Pétion und ersucht die Menge, nach Hause zu gehen. „Ich lebe noch, aber es ist ein Wunder", schreibt sie Fersen.

Sie will nur noch die Pflicht erfüllen, mit Haltung und erhobenem Haupt unterzugehen. Seit sie den Atem des Hasses bis ins Gesicht gespürt, weiß Marie Antoinette, daß sie und ihre Familie rettungslos verloren sind, wenn nicht rasch von außen Hilfe kommt. Sie verläßt das Haus nicht mehr, denn längst kann sie ihren eigenen Garten nicht mehr betreten, ohne zu hören, wie das Volk singt: „*Madame Veto avait promis de faire égorger*

---

* *Spottname für die Republikaner, weil sie nicht wie die Aristokraten kurze Kniehosen (Culotten) trugen, sondern lange Hosen*
** *Aufständische*

tout Paris."* Mit dem Schlaf in den Nächten ist es vorbei; immer wenn eine Glocke auf dem Turm anschlägt, so schauern sie schon im Schloß, es könnte die Alarmglocke für den längst geplanten endgültigen Sturm auf die Tuilerien sein. Durch Spione über die geheimen Klubs und Vorstadtsektionen fast stündlich unterrichtet, weiß der Hof, daß es nur noch um Tage geht, bis die Jakobiner ein gewaltsames Ende machen werden.

Das Entsetzen ungeduldigen Harrens spiegeln die Briefe der Königin an ihren getreuesten Freund. Eigentlich sind es wilde Schreie, die aus den Tuilerien geschmuggelt werden, in Schokoladepäckchen versteckt, unter Hutkrempen gerollt, mit sympathetischer Tinte und in Chiffren geschrieben. Der letzte Brief vom 1. August, der allerletzte, den Fersen von der Königin erhält, schildert mit der Hellsichtigkeit äußerster Verzweiflung die ganze Gefahr.

„Das Leben des Königs ist, ebenso wie das der Königin, tatsächlich seit langem bedroht. Die Ankunft von etwa sechshundert Marseillern und einer Reihe anderer aus allen Klubs der Jakobiner vermehrt unsere leider allzusehr begründete Unruhe. Seit langem bemühen sich die *factieux* gar nicht mehr, ihre Absicht, die königliche Familie beiseite zu schaffen, zu verbergen. In den beiden letzten nächtlichen Versammlungen war man nur über die Mittel der Ausführung noch nicht einig. Wenn man uns jetzt nicht zu Hilfe kommt, kann einzig die Vorsehung den König und die Königin retten."

Der Liebende empfängt diese Briefe der Geliebten in Brüssel; man kann sich denken, in welcher Verzweiflung. Er schreibt Briefe auf Briefe, macht Besuche auf Besuche, er drängt mit aller Kraft aufgepeitschter Ungeduld zu raschem Vormarsch, zu militärischer Aktion. Aber der Armeekommandant, der Herzog von Braunschweig, erklärt, vor Mitte August die Grenzen nicht überschreiten zu können, und lehnt es ab, von seinen Mobilmachungsplänen abzugehen.

Fersen weiß: So lange bleibt nicht mehr Zeit. Aber eben durch die Maßnahme, mit der er den Angriff auf die Tuilerien aufhalten will, beschleunigt er ihn. Seit langem hatte Marie Antoinette ein

---

* *Madame Veto hat sich verbürgt: Bald wird ganz Paris erwürgt*

Manifest von den Verbündeten gefordert. Vor allem hatte sie gewünscht, man solle sich in diesem Manifest nicht in die innern Verhältnisse Frankreichs einmengen und „vermeiden, zuviel vom König zu reden sowie allzusehr fühlen zu lassen, daß man ihn eigentlich stützen wolle". Sie träumte von einer Freundschaftserklärung für das französische Volk und gleichzeitig von einer Drohung gegen die Terroristen.

Aber der unglückselige Fersen, den Schrecken in der Seele, verlangt, daß jenes Manifest in allerhärtestem Ton abgefaßt werde; er schreibt selbst einen Entwurf, läßt ihn durch einen Freund übergeben, und verhängnisvollerweise gelangt gerade dieses Konzept zur Annahme! Es enthält alles, was die Königin vermeiden wollte. Ständig wird darin von der geheiligten Person des Allerchristlichsten Königs gesprochen, die französischen Soldaten werden aufgefordert, sich dem König, ihrem legitimen Monarchen, zu unterwerfen, und die Stadt Paris wird für den Fall, daß das Tuilerienschloß mit Gewalt erobert werden sollte, mit vollkommener Zerstörung bedroht.

Der Erfolg dieser papiernen Drohung ist furchtbar. Selbst die bisher loyal zum König gehalten haben, werden mit einem Schlage Republikaner, sobald sie erfahren, wie teuer ihr König den Feinden Frankreichs ist. Die Hand Fersens hat mit dieser törichten Drohung eine Bombe ins schwelende Feuer geworfen. Die Drohung der Verbündeten, Paris dem Erdboden gleichzumachen, wenn das Volk die Tuilerien angreife, wird vom Volk geradezu als Herausforderung zum Angriff betrachtet. Sofort werden Vorbereitungen getroffen, und wenn man nicht sofort einsetzt, so dies nur, weil man noch warten will, bis die Kerntruppe eintrifft, die sechshundert auserlesenen Republikaner aus Marseille. Am sechsten August marschieren sie heran, und zum Takt ihrer Schritte singen sie ein neues Lied, dessen Rhythmus in wenigen Wochen das ganze Land aufreißen wird, die Marseillaise. Jetzt ist alles zum letzten Stoß gegen die morsche Monarchie bereit. Der Angriff kann beginnen: „*Allons, enfants de la patrie* . . ."*

---

* „*Vorwärts, Kinder des Vaterlands!*" *Anfang der Marseillaise, der französischen Nationalhymne*

Die Nacht vom 9. zum 10. August kündigt einen heißen Tag an. Vollkommen still liegen die Straßen. Aber diese Stille täuscht niemanden. Die Revolution schläft nicht. In den Sektionen, in den Klubs sitzen die Führer beisammen. Die Generalstäbler des Aufstands, Danton, Robespierre und die Girondisten, rüsten die illegale Armee, das Volk von Paris, zum Angriff.

Aber auch im Schlosse schläft niemand. Man weiß: Nicht umsonst sind die Marseiller nach Paris gekommen. Die Fenster stehen offen in der erstickend heißen Sommernacht, die Königin und Madame Elisabeth lauschen hinaus. Endlich, um drei Viertel ein Uhr morgens eine Glocke, die fern in der Vorstadt Sturm läutet, jetzt eine zweite, eine dritte, eine vierte.

Im Schlosse ist alles vorbereitet. In letzter Stunde ist, neunhundert Mann stark, das verläßlichste Regiment der Krone eingerückt, die Schweizer. Die Galerien sind voll von Offizieren und bewaffneten Edelleuten. Seit sechs Uhr abends bewachen außerdem noch ausgewählte Bataillone der Nationalgarde und Kavallerie die Tuilerien. Für Disziplin sorgt Mandat, ein tapferer, energischer Offizier, entschlossen, vor keiner Drohung zurückzuweichen. Aber das wissen auch die Revolutionäre, und um vier Uhr morgens wird er plötzlich abberufen, er solle in das Rathaus kommen. Unsinnigerweise läßt ihn der König gehen, und Mandat folgt der Ladung. Zwei Stunden später ist er heimtückisch ermordet.

Der Führer ist den Schutztruppen genommen. Das Schweizer Regiment steht fest, aber die Nationalgarden fragen sich immer wieder: „Wird man kämpfen? Wird man nicht kämpfen?" Die in ihrem Stolz bebende Königin geht selbst zu ihnen hinunter, um ihnen Entschlossenheit von ihrer Entschlossenheit mitzuteilen. Aber sie weiß auch, daß in einer solchen Stunde eine Königin nicht den König vertreten darf. So beredet sie Ludwig XVI., noch eine letzte Parade vor dem Kampf abzuhalten und mit einer Ansprache den Wankelmut der Verteidiger zu brechen.

Der Gedanke war richtig. Ein Gelöbnis des Königs, mit seinen Soldaten zu sterben, und diese noch schwankenden Bataillone hätten sich zusammengeschlossen. Aber da stolpert, kurzsichtig und linkisch, ein schwerfälliger, unkriegerischer Mann, den Hut unter den Arm geschoben, die große Treppe hinunter und stammelt ein paar ungeschickte Worte: „Man sagt, sie kommen ... Meine Sache ist die aller guten Bürger ... nicht wahr, wir werden uns tapfer schlagen? ..." Verächtlich sehen die Nationalgarden diesen Schwächling sich mit unsicheren Schritten ihren Reihen nähern; statt der erwarteten Rufe: „Es lebe der König!" antwortet der Ruf: „Es lebe die Nation!", und als sich dann der König bis an das Gitter wagt, hört er offene Revolterufe: „Nieder das Veto! Nieder das dicke Schwein!" Die eigenen Anhänger und Minister umringen jetzt entsetzt den König und führen ihn in den Palast zurück. Marie Antoinette, die mit rot umränderten, von Tränen entzündeten Augen auf das jämmerliche Schauspiel niedergestarrt hat, wendet sich ab.

Unterdessen, es wird sieben Uhr früh, ist der Vortrab der Aufständischen herangerückt. Schon sammeln sich einzelne vor der Zugbrücke. Roederer, der Generalprokurator, hat dem König geraten, sich hinüber in die Nationalversammlung zu begeben und sich unter ihren Schutz zu stellen. Aber da war Marie Antoinette aufgefahren: „Mein Herr, wir haben hier Kräfte genug, und es ist endlich Zeit festzustellen, wer die Oberhand behalten soll, der König oder die Aufständischen, die Konstitution oder die Revolutionäre." Da kommt Roederer noch einmal. „Madame, ganz Paris ist im Anmarsch, jeder Widerstand ist unmöglich." Marie Antoinette kann ihre Erregung nicht mehr verhalten, das Blut strömt ihr in die Wangen. Aber in Gegenwart eines Königs von Frankreich darf eine Frau nicht den Befehl zum Kampf geben. So wartet sie auf die Entscheidung des ewig Unentschiedenen. Endlich seufzt er und sagt: „Gehen wir!"

Ludwig XVI. begibt sich aus dem Schlosse, das seine Urahnen gebaut haben und das er nie wieder betreten soll. Sie durchwandern den Garten, voran der König mit Roederer, hinter ihm die Königin, ihr Knabe an ihrer Seite. Sie eilen mit unwürdiger Hast zur gedeckten Reitschule, wo jetzt die Nationalversammlung stolz erlebt, daß ihr König bei ihr Schutz sucht! Es sind etwa zweihundert Schritte. Aber mit diesen zweihundert Schritten sind Marie Antoinette und Ludwig XVI. von ihrer Macht unwiederbringlich niedergestiegen. Das Königtum ist zu Ende.

In der Großmut der ersten Überraschung erklärt Vergniaud als Präsident: „Sie können, Sire, auf die Entschlossenheit der Nationalversammlung rechnen. Ihre Mitglieder haben geschworen, für die Wahrung der eingesetzten Autorität zu sterben." Und inmitten des Chaos tut die Nationalversammlung so, als ob noch gesetzliche Ordnung bestünde. Sie bezieht sich pedantisch auf den Paragraphen der Konstitution, der dem König während der Beratung der Nationalversammlung die Anwesenheit im Saal verbietet. Da man aber weiterberaten will, wird ihm die anstoßende Loge, in der sonst die Schnellnachschreiber sitzen, als Asyl bestimmt. Diese Loge ist ein niedriger Raum, so niedrig, daß man darin nicht aufrecht stehen kann, vorn ein paar Sessel, rückwärts eine Strohbank. In diesem Käfig, der zum Ersticken heiß ist, müssen jetzt Marie Antoinette und Ludwig XVI. achtzehn Stunden lang mit den Kindern verweilen, den Blicken der Versammlung ausgesetzt. Aber was ihre Erniedrigung noch grausamer macht, ist die völlige Gleichgültigkeit, mit der die Nationalversammlung die Gegenwart der königlichen Familie übersieht. Kein Abgeordneter steht auf und kommt, sie zu begrüßen. Man beachtet sie so wenig, als ob sie Türsteher wären.

Plötzlich geht eine Erregung durch die Versammlung. Schon hört man von den Tuilerien nebenan Flintenschüsse und jetzt, die Fenster beben vom dumpfen Schlag: Kanonendonner. Die Aufständischen sind beim Eindringen in das Schloß auf die Schweizer Garde gestoßen. In der Überstürztheit seiner Flucht hatte der König vergessen, einen Auftrag zu geben. Getreu dem Befehl, in der Abwehr zu bleiben, verteidigen die Schweizer Garden das leere Gehäuse des Königtums. Schon haben sie den Hof geräumt, die herbeigeschleppten Kanonen erbeutet und damit erwiesen, daß ein entschlossener Herrscher sich in der Mitte seiner Getreuen ehrenvoll hätte verteidigen können. Jetzt aber sendet der König Befehl an die Schweizer, jede Verteidigung des Schlosses einzustellen. Aber ewiges Schicksalswort seines Herrschertums: zu spät! Schon hat seine Entschlußlosigkeit oder Vergeßlichkeit mehr als tausend Menschen das Leben gekostet. Ungehindert bricht die erbitterte Masse in das Schloß, auf Piken werden die Häupter ermordeter Royalisten getragen.

In der dunstigen Loge zusammengedrängt, muß die königliche Familie, ohne ein Wort äußern zu dürfen, alles miterleben, was in dieser Versammlung geschieht. Erst sieht sie ihre getreuen

Schweizer, pulvergeschwärzt, blutüberströmt, hereinstürzen, hinter ihnen die siegreichen Aufständischen. Dann werden die aus dem Palast geraubten Gegenstände auf den Präsidententisch gelegt: Silberzeug, Schmuck, Briefe, Kassetten. Marie Antoinette muß mit verschlossenem Munde zuhören, wie die Führer des Aufstands belobt werden. Sie muß anhören, wehrlos, wortlos, wie jetzt die Abgeordneten der einzelnen Sektionen an die Schranken treten und mit heftigsten Worten die Absetzung des Königs fordern. Derselbe Vergniaud, der noch vor zwei Stunden im Namen der Versammlung versprochen, lieber zu sterben, als die Rechte der eingesetzten Autorität antasten zu lassen, kapituliert jetzt eilig und stellt den Antrag auf sofortige Ausschaltung des Trägers der ausübenden Macht, das heißt des Königs, und fordert die Übersiedlung der königlichen Familie in den Luxembourg-Palast „unter dem Schutz der Bürger und des Gesetzes", das heißt: Gefangenschaft.

Acht Stunden, zwölf Stunden, vierzehn Stunden dauert die Sitzung. Die Kinder, die nichts von alledem verstehen, sind müde eingeschlummert, dem König und der Königin dampft der Schweiß auf der Stirn. Die schweren Liddeckel fallen allmählich nieder, und mitten im Kampfe, der ihn seine Krone kostet, nickt Ludwig XVI. für ein Stündchen ein. Mit heißen Augen blickt Marie Antoinette weg, um ihre Erbitterung nicht zu verraten. Sie allein spürt alle Erniedrigung dieses Tages und all dessen, was noch kommen muß; aber nicht einen Augenblick verliert sie die Haltung. Endlich, nach achtzehn grausamen Stunden, dürfen der König und die Königin sich in das ehemalige Kloster der Feuillants begeben, wo ihnen in einer der verlassenen Zellen hastig eine Bettstatt hergerichtet wird.

Am nächsten Morgen und am übernächsten muß die königliche Familie abermals den Verhandlungen der Nationalversammlung in demselben fürchterlichen Pferch beiwohnen; von Stunde zu Stunde können sie spüren, wie ihre Macht in diesem feurigen Ofen schmilzt. Gestern sprach man noch vom König, heute redet Danton schon von den „Volksunterdrückern". Die Kommune, die neue revolutionäre Stadtverwaltung, die sich in der Nacht des zehnten August gebildet hat, verweigert ihre Zustimmung zum Luxembourg als zukünftiger Residenz. Nur im „Temple" könnte sie für die Sicherheit der *détenus** – immer nackter formt sich der Begriff für die Gefangenschaft – bürgen. Die Nationalversammlung, heimlich froh, die Entscheidung von sich abzuwälzen, übergibt die Sorge für den König der Kommune. Endlich, am 13. August, ist der Temple bereit. Unter der Führung Pétions wird die königliche Familie in den Temple gebracht – um sechs Uhr abends, ehe die Dämmerung hereinbricht, denn man will, daß das Volk seinen einstigen Herrn und vor allem sie, die hochmütige Königin, auf der Fahrt in den Kerker betrachten könne.

Am gleichen Abend aber, da der bisherige Herr von Frankreich sein Ahnenschloß mit einem Gefängnis tauscht, wechselt auch der neue Herr in Paris seinen Aufenthalt. In derselben Nacht wird die Guillotine aus dem Hof der Conciergerie geholt und drohend auf dem Carrouselplatz aufgestellt. Frankreich soll wissen: Seit dem 13. August gebietet nicht mehr Ludwig XVI. über Frankreich, sondern der Terror.

Der Temple

ES IST schon dunkel, als die königliche Familie vor dem Temple anlangt. Von den Tempelherren im Mittelalter als uneinnehmbare Burg aus schweren Quadern gebaut, erwecken die runden, spitz bedachten Festungstürme, grau und finster, mit ihren niedern Fenstern, ihren düster ummauerten Höfen, ähnlich der Bastille zuerst ein gespenstisches Schaudern.

Die nächsten Wochen gelten der Sicherung dieses weiträumigen Kerkers. Alle Bäume im Hof werden niedergelegt, um die Überwachung nach keiner Seite zu behindern, außerdem die beiden Höfe um die Türme durch eine Steinmauer von den andern Gebäuden abgeschlossen, so daß man erst drei Festungswälle durchschreiten muß, ehe man an die eigentliche Zitadelle heran kann. Wächterhäuschen werden bei allen Ausgängen errichtet. Jeden Tag überwachen vier Kommissare alle Räume und nehmen abends sämtliche Schlüssel aller Türen in Verwahrung. Außer ihnen und

* *Verhaftete*

317

den Stadträten darf den ganzen Festungsraum niemand ohne besondere Erlaubniskarte des Magistrats betreten.

Schwerer noch trifft eine andere Vorsichtsmaßregel die königliche Familie: Alle Personen, die nicht zu ihr gehören, sind abzuführen. Besonders schmerzlich wird der Königin der Abschied von Madame de Lamballe, die, schon in Sicherheit, noch einmal freiwillig aus London zurückgekommen war, um gerade in der Stunde der Gefahr ihre Freundschaft zu bewähren. Beide ahnen sie, daß sie einander nicht wiedersehen werden. Auch die Erzieherin, Madame de Tourzel, muß in ein anderes Gefängnis übersiedeln, ebenso die Begleiter des Königs, außer einem Kammerdiener. Damit ist der letzte Schein eines Hofstaates zerstört, und die königliche Familie – Ludwig XVI., Marie Antoinette, ihre beiden Kinder und Prinzessin Elisabeth – ist mit sich ganz allein. Die ersten Tage nach der Überführung in den Temple bemüht sich die Stadtverwaltung, den Gefangenen ihr Gefängnis möglichst annehmlich zu gestalten. Der große Turm wird neu tapeziert, mit Möbeln ausgestattet, ein ganzes Stockwerk mit vier Zimmern dem König, vier Zimmer der Königin, der Schwägerin der Königin, Madame Elisabeth, und den Kindern eingeräumt. Sie dürfen jederzeit im Garten spazierengehen, und vor allem sorgt die Kommune für das, was dem König für sein Wohlbehagen leider am wichtigsten ist. Nicht weniger als dreizehn Angestellte sind für seinen Tisch tätig, jeden Mittag gibt es mindestens drei Suppen, vier Vorspeisen, zwei Braten, vier leichte Speisen, Kompotte, Früchte, Malvasierwein, Bordeaux, Champagner. Ludwig XVI. erhält auf seinen Wunsch eine ganze Bibliothek von 257 Büchern – meist lateinischen Klassikern –, um sich die Zeit zu vertreiben. In dieser ersten, sehr kurzen Epoche hat die Festsetzung der königlichen Familie durchaus nicht den Charakter einer Bestrafung, und so könnten, abgesehen von der seelischen Bedrückung, der König und die Königin ein stillgemächliches Leben führen. Aber die Wachen sind da. Beim Mittagessen wird jedes Stück Brot von fremder Hand vorgeschnitten und untersucht, ob es nicht geheime Verständigung enthalte. Keinen Schritt können der König oder die Königin tun, ohne daß hinter ihnen, das geladene Gewehr im Arm, ein Wächter schattet, kein Gespräch führen ohne Zeugen, nichts Gedrucktes lesen ohne

Zensur. Nur in ihren abgesonderten Schlafzimmern kennen sie das Glück des Mit-sich-allein-Seins.

Hébert, dem die Obsorge über die königliche Familie anvertraut wird, ist die typischste und widerlichste Erscheinung der Revolutionäre aus Ressentiment. Offen der Unterschlagung beschuldigt, stellenlos und skrupellos, springt er in die Revolution wie ein gehetztes Wild in den Fluß. Je mehr sich die Republik mit Blut befleckt, um so röter wird seine Feder in dem von ihm geschriebenen *Père Duchesne*, dem niedrigsten Boulevardblatt der Revolution. Im ordinärsten Tone schmeichelt er dort den widerlichsten Instinkten der alleruntersten Klassen.

Ein solcher Mensch, als Herr und Wächter über die königliche Familie gesetzt, genießt selbstverständlich mit der ganzen Zufriedenheit einer kleinen Seele die Möglichkeit, eine Erzherzogin von Österreich, eine Königin von Frankreich ducken zu dürfen. Im persönlichen Verkehr mit Absicht kühl-höflich, entlädt Hébert mit gemeinen Beschimpfungen im *Père Duchesne* seinen Zorn, daß die Königin jedes Gespräch mit ihm ablehnt. Die Furcht vor Hébert wirkt selbstverständlich auf die Wachsoldaten. Sie hatten in seinem Blatt immer von dem „blutigen Tyrannen" gelesen und von der hurenhaften, verschwenderischen Österreicherin. Nun zum Wachdienst kommandiert, was sehen sie? Einen arglosen, dicken Kleinbürger, der, sein Söhnchen an der Hand, im Garten spazierengeht und mit ihm ausmißt, wieviel Quadratzoll der Hof umfaßt. Bald erkennen sie, daß dieser stumpfe, brave Hausvater keiner Fliege etwas zuleide tun kann. Mehr Abstand erzwingt natürlich die Königin. Marie Antoinette richtet nicht ein einziges Mal das Wort an einen der Aufseher, und wenn eine Kommission kommt, sie nach ihren etwaigen Wünschen und Beschwerden zu fragen, antwortet sie unentwegt, sie wünsche und begehre nichts. Aber gerade diese Hoheit im Unglück ergreift diese einfachen Menschen. Allmählich geraten die Wächter in eine gewisse Neigung zur königlichen Familie.

Aber die Zeit steht nicht still. Von den Grenzen kommen schlimme Nachrichten, endlich haben die Preußen, die Österreicher sich in Bewegung gesetzt und auf den ersten Stoß die revolutionären Truppen zersprengt. In der Vendée steht die Bauernschaft im Aufstand, der Bürgerkrieg beginnt: Die Lebensmittel werden knapp, das Volk wird unruhig. Das gefährlichste aller Worte, Verrat, springt wie nach jeder Niederlage tausendzüngig auf und verstört die ganze Stadt. In dieser Stunde ergreift Danton, der kräftigste und skrupelloseste Mann der Revolution, die blutige Fahne des Terrors und faßt den furchtbaren Entschluß, in drei Tagen und Nächten des September alle nur irgendwie Verdächtigen in den Gefängnissen hinschlachten zu lassen. Unter diese Zweitausend fällt auch die Freundin der Königin, die Prinzessin von Lamballe.

Die königliche Familie im Temple hört nur die Sturmglocken läuten und weiß schon, daß ein Unwetter losbricht. Erregt flüstern die Eingeschlossenen im Turme. Ist eine Revolution ausgebrochen gegen die Revolution? Unten aber am verschlossenen Eingang beratschlagen die Wächter in höchster Erregung: Sie wissen mehr. Vorausgestürmte Boten haben gemeldet, daß eine ungeheure Menge aus den Vorstädten anrückt, die auf einer Pike den fahlen Kopf der geschlachteten Prinzessin von Lamballe voranträgt und ihren nackten, verstümmelten Rumpf nachschleift; es ist kein Zweifel, daß diese entmenschte Mordbande, berauscht von Blut und Wein, sich jetzt den letzten kannibalischen Triumph gönnen will, Marie Antoinette ihre tote Freundin zu zeigen. Verzweifelt sendet die Wache zur Kommune um militärische Hilfe, denn sie selbst könne solchen rasenden Massen nicht standhalten; keine Verstärkung kommt, und schon tobt der Trupp mit seiner fürchterlichen Beute vor dem Haupttor. Um die Menge nicht noch rasender zu machen und einen Einbruch zu vermeiden, läßt der Kommandant die Rotte hinhalten.

Gewalt vermag gegen die Tobenden nichts auszurichten; so versucht es einer der Kommissare der Kommune mit List. Durch die amtliche Schärpe des Abgeordneten gekennzeichnet, fordert er Stille und hält eine Rede. Zuerst belobt er die Menge für ihre großartige Tat und schlägt vor, doch lieber den Kopf durch ganz Paris zu tragen, damit das gesamte Volk diese „Trophäe" als „ewiges Monument des Sieges" bewundern könne. Glücklicherweise verfängt die Schmeichelei, und mit wildem Grölen ziehen die Betrunkenen weiter durch die Straßen.

Inzwischen hören die im Turm Eingeschlossenen verworrene

Schreie einer wütenden Menge. Beunruhigt erkundigt sich der König bei einem der Nationalgardisten. „Nun, mein Herr", antwortet dieser heftig, „wenn Sie es schon wissen wollen: Man will Ihnen den Kopf der Madame de Lamballe zeigen." Bei diesem Wort hört man einen dumpfen Schrei: Marie Antoinette ist ohnmächtig zusammengesunken. „Es war der einzige Augenblick", sagt ihre Tochter in einem späteren Bericht, „da ihre Energie sie im Stiche ließ."

Drei Wochen später, am 21. September, dröhnen wiederum die Straßen. Aber diesmal murrt nicht der Zorn des Volkes, diesmal braust seine Freude; der Konvent hat die Abschaffung des Königtums beschlossen. Am nächsten Tage erscheinen die Abgeordneten, um dem König, der nicht mehr König ist, von seiner Absetzung Mitteilung zu machen. Ludwig der Letzte – so wird er von nun ab genannt, ehe man ihn verächtlich mit Louis Capet bezeichnet – nimmt diese Botschaft so gelassen hin wie Shakespeares König Richard II. Kein Wort des Widerspruchs findet auch Marie Antoinette; vielleicht fühlen sie sich sogar beide entlastet. Denn von jetzt an haben sie keine Verantwortung mehr. Am besten jetzt, sich an kleinen menschlichen Dingen zu freuen, der Tochter bei Näharbeiten oder am Clavecin* zu helfen, dem Knaben die Schulaufgaben zu verbessern, die er mit seiner großen, steifen, kindlichen Schrift schreibt (freilich, sie müssen jetzt immer rasch das Blatt zerreißen, wenn das Kind auf das Papier noch sein mühsam erlerntes „Louis Charles Dauphin" schreibt). Und vor allem: Man versucht zu vergessen, was unvermeidlich kommen muß.

Jetzt wäre, so scheint es, die Revolution am Ziel. Der König ist abgesetzt. Aber jede Revolution ist eine vorwärts rollende Kugel. Es gibt kein Stehenbleiben in einer fließenden Entwicklung. Das weiß jede Partei und fürchtet sich darum, hinter der andern zurückzubleiben. Aber abgesetzt und ohne Krone, ist dieser unglückselige König noch immer ein Symbol. So glauben die Führer, den politischen Tod Ludwigs XVI. noch körperlich vollziehen zu müssen, und für den Dezember wird der Prozeß gegen Louis Capet anberaumt.

---

* Cembalo

Im Temple erfährt man von diesem bedrohlichen Beschluß durch das Erscheinen einer Kommission, die „alle schneidenden Gegenstände", also Messer, Scheren und Gabeln, abverlangt. Ferner wird Ludwig XVI. von seiner Familie getrennt. In all diesen schicksalhaften Wochen kann die eigene Frau nicht mit ihrem Gatten sprechen, sie darf nicht erfahren, wie der Prozeß fortschreitet. Ein Stockwerk tiefer hört sie den schweren Schritt ihres Gatten. Und als am 20. Januar ein Munizipalbeamter bei Marie Antoinette erscheint und mit etwas bedrückter Stimme mitteilt, es sei ihr heute ausnahmsweise gestattet, sich mit ihrer Familie zu ihrem Gatten zu begeben, versteht sie sofort das Fürchterliche dieser Gnade: Ludwig XVI. ist zum Tode verurteilt, sie sehen ihn zum letztenmal.

Dieser Stunde des Abschiednehmens hat niemand beigewohnt. Daß dieser Abschied von dem Vater ihrer Kinder einer der schmerzlichsten Augenblicke im Leben Marie Antoinettes gewesen, wie dies bezweifeln? Ursprünglich nur aus politischer Staatsräson vereint, waren die beiden sich durch das Übermaß gemeinsam erlittenen Unglücks in diesen düsteren Stunden des Turms menschlich nähergekommen.

In dieser äußersten, in dieser letzten Stunde gibt seine Unerschütterlichkeit Ludwig XVI. eine gewisse moralische Größe. Er zeigt weder Furcht noch Erregung, die vier Kommissare im Nachbarzimmer hören ihn nicht ein einziges Mal laut und schluchzend die Stimme erheben. Bei diesem Abschied von den Seinen erweist dieser beklagenswert schwache Mann mehr Kraft und mehr Würde als jemals in seinem ganzen Leben. Ruhig wie an jedem andern Abend erhebt er sich um zehn Uhr und gibt damit der Familie das Zeichen, ihn zu verlassen.

Die Königin bleibt allein im oberen Gemach, es kommt eine Nacht, lange und ohne Schlaf. Endlich dämmert der Morgen, und mit ihm erwachen die fürchterlichen Geräusche der Vorbereitungen. Immer näher kommt die Stunde, die ihren Kindern den Vater und ihr selbst den ehrenwerten, rücksichtsvoll gütigen Gefährten vieler Jahre nimmt. In ihrem Zimmer gefangen, die unerbittlichen Wächter vor der Tür, darf die geprüfte Frau nicht die wenigen Stufen hinab. Dann wird es auf einmal im Stockwerk unter ihr entsetzlich still. Der König hat das Haus verlassen. Und eine

**Endgültiger Abschied:
König Ludwig durfte vor
seiner Hinrichtung ein
letztes Mal seine Frau
und seine Kinder sehen.**

**Marie Antoinette im Temple. Nach
der Hinrichtung ihres Mannes hieß
sie nur noch „Witwe Capet".**

**Das Ende der Monarchie: König
Ludwig XVI. vor dem Schafott**

Stunde später hat die Guillotine Marie Antoinette, einstmals Erzherzogin von Österreich, dann Dauphine und schließlich Königin von Frankreich, einen neuen Namen gegeben: Witwe Capet.

Marie Antoinette allein

KEIN EINZIGER unter den Abgeordneten denkt zunächst daran, auch Marie Antoinette anzuklagen. Die Überwachung lockert sich merklich, und wenn man die Habsburgerin überhaupt noch zurückbehält, so geschieht es in dem Gedanken, mit ihrer Person ein wertvolles Pfand in Händen zu haben, das Österreich fügsam machen soll.

Aber der französische Konvent überschätzt das habsburgische Familiengefühl ungeheuer. Kaiser Franz, gefühlsunfähig und habgierig, denkt nicht daran, auch nur einen einzigen Edelstein zu holen, um seine Blutsverwandte freizukaufen. Es hilft nichts, daß der alte Mercy, von Fersen immer wieder gedrängt, den Wiener Hof erinnert, Marie Antoinette sei dadurch, daß man ihr den Titel der Königin von Frankreich genommen habe, wieder Erzherzogin von Österreich geworden, der Kaiser habe also die moralische Pflicht, sie zurückzufordern. Aber wie belanglos ist eine gefangene Frau in einem Weltkrieg, ein lebendiger Mensch im zynischen Spiel der Politik!

Die ganze Welt hat Marie Antoinette verlassen. Aber noch ist der Lebenswille dieser Frau ungebrochen, und aus diesem Willen wächst die Entschlossenheit, sich selber zu helfen. Eines hat diese Frau sich bewahrt: die merkwürdige Macht, Menschen ihrer Umgebung zu gewinnen. Schon nach wenigen Wochen sind alle Sansculotten, die sie bewachen sollten, zu heimlichen Helfern geworden. Nachrichten werden aus dem Haus und in das Haus geschmuggelt. Eine Gebärdensprache wird erfunden, um, den wachsamen Kommissaren zum Trotz, die Königin die täglichen Geschehnisse der Politik und des Krieges wissen zu lassen. Von allen verlassen, wagt Marie Antoinette selbst entschlossen den Versuch ihrer Befreiung.

Gefahr ist ein Scheidewasser. Kühnheit und Feigheit sondern sich in dieser Probe. Die Mutlosen der alten Gesellschaft sind alle als Emigranten geflohen. Nur die wirklichen Getreuen sind geblieben, und jeder von den Nichtgeflüchteten darf als unbedingt verläßlich gelten. Zu diesen Tapferen gehört in erster Reihe der frühere General Jarjayes, dessen Frau Hofdame Marie Antoinettes gewesen war. Um der Königin jederzeit zur Seite zu stehen, ist er eigens aus dem sicheren Koblenz zurückgekommen und hat wissen lassen, er sei zu jedem Opfer bereit. Am 2. Februar 1793, vierzehn Tage nach der Hinrichtung des Königs, erscheint nun bei Jarjayes ein völlig fremder Mann und macht ihm den überraschenden Vorschlag, Marie Antoinette aus dem Temple zu befreien. Jarjayes wirft einen mißtrauischen Blick auf den Unbekannten, der aussieht wie ein echter und rechter Sansculotte. Sofort vermutet er einen Spitzel. Aber da überreicht ihm der Fremde ein winziges, unverkennbar von der Hand der Königin geschriebenes Zettelchen: „Sie können Zutrauen zu dem Manne haben, der Ihnen dies Billett übermittelt. Seine Gefühle sind mir bekannt . . ." Es ist Toulan, einer der ständigen Wächter des Temple. Als es galt, das Königtum zu zerschmettern, war er einer der ersten Freiwilligen bei dem Sturm auf die Tuilerien gewesen. Dieser offen bewiesenen republikanischen Gesinnung dankt es Toulan, daß ihm die Bewachung der Königin anvertraut wird. Aber aus Saulus wird ein Paulus; gerührt von dem Unglück der Frau, die er bewachen soll, wird Toulan der allerergebenste Freund. Marie Antoinette bezeichnet ihn in ihren geheimen Mitteilungen immer mit dem Decknamen *fidèle*, „der Getreue".

Jarjayes wird in den Temple geschmuggelt, um mit der Königin alles persönlich zu besprechen, und zwar auf eine Weise, die an eine Detektivkomödie erinnert. Jeden Abend kommt nämlich ein Laternenanzünder in das Geviert des Gefängnisses. Dem nun hat Toulan eingeredet, ein Freund von ihm möchte sich einmal den Temple zum Spaß ansehen, er solle ihm seine Kleider und seine Ausrüstung für einen Abend borgen. Der Laternenanzünder lacht und geht gern mit dem gegebenen Geld Wein trinken. So vermummt, gelangt Jarjayes glücklich bis zur Königin und vereinbart mit ihr einen kühnen Fluchtplan: Sie und Madame Elisabeth sollten, als Männer verkleidet, in Uniformen von Stadtverordneten und mit gestohlenen Legitimationen versehen, den Turm verlassen, als ob sie Magistratspersonen wären, die gerade eine Inspektion abgehalten hätten. Schwieriger hält es, die Kinder durchzubringen. Doch da will ein guter Zufall, daß jener Laternenanzünder sich oft auf seinem Gang von seinen halbwüchsigen Kindern begleiten läßt. Man wird also seine Rolle von einem entschlossenen Edelmann spielen lassen, der die beiden Kinder, als ob es die sonst mitgenommenen wären, in ärmlicher Tracht nach dem Lichtanzünden gemächlich durch die Sperre führt. In der Nähe sollen dann drei leichte Wagen warten, der eine für die Königin, ihren Sohn und Jarjayes, der zweite für ihre Tochter und den zweiten Verschworenen, Lepître, der dritte für Madame Elisabeth und Toulan.

Dieser zweite Verschworene, Lepître, spielt in dieser Verschwörung eine sonderbare Rolle. Ihn bestimmt nicht Menschlichkeit und noch weniger Abenteuerlust zur Teilnahme, sondern die große Summe, die ihm Jarjayes verspricht – leider ohne sie bereit zu haben. So wird Zeit verloren, weil man erst den früheren Bankier der Königin ins Vertrauen ziehen muß. Aber inzwischen hat Lepître, der als Mitglied des Stadtrats bereits die gewünschten falschen Pässe besorgt hatte, der Mut verlassen. Er verweigert seine Hilfe, und damit ist es unmöglich, alle vier Personen gleichzeitig aus dem Temple herauszubekommen. Einzig die Königin wäre zu retten. Jarjayes und Toulan suchen sie zu überreden. Aber lieber verzichten als ihre Kinder verlassen! Sie schreibt an Jarjayes: „Wir haben einen schönen Traum gehegt, das ist alles."

Noch einen Dienst vermag der Getreue der Königin zu erweisen: Durch ihn ergibt sich die sichere Möglichkeit, Fersen ein letztes Zeichen zu bringen. Um dem Geliebten ständig verbunden zu sein, hatte Marie Antoinette sich einen Ring anfertigen lassen, der das Wappen Fersens trug. Sie drückt das Wappen mit der Umschrift in heißes Wachs und sendet den Abdruck an Jarjayes. „Den Abdruck, den ich hier beischließe", schreibt sie, „wollen Sie, bitte, der bewußten Persönlichkeit übermitteln, die im vergangenen Winter aus Brüssel zu mir kam. Sagen Sie dem Betreffenden, daß diese Devise niemals gültiger war als jetzt."

Fünf italienische Wörter formen die Devise: *Tutto a te mi guida*, „Alles führt mich zu dir."

MARIE ANTOINETTE versucht nichts mehr. In der Stadt weiß sie, seit Jarjayes sie verlassen und der treue Toulan auf Befehl der Kommune entfernt ist, keine Retter mehr. War der Versuch einer Befreiung vordem schon gefahrvoll, nun wäre er unsinnig und selbstmörderisch.

Aber es gibt Naturen, welche gerade die Gefahr geheimnisvoll anzieht. Ein solcher Mann lebt damals in Paris, er heißt Baron de Batz. Solange das Königtum in Glanz und Ehren stand, hat sich dieser reiche Edelmann hochmütig im Hintergrunde gehalten. Erst, da alle den verurteilten König als verloren aufgeben, wirft sich dieser Don Quichotte der Königstreue unsinnig-heldisch in den Kampf, um ihn zu retten. Er opfert sein ganzes Vermögen für zahllose Unternehmungen, von denen bisher die tollste gewesen, daß er, als Ludwig XVI. zur Hinrichtung geführt wurde, plötzlich mitten unter den achtzigtausend bewaffneten Menschen vorspringt, den Säbel schwingt und laut ruft: „Zu mir, wer den König retten will!" Aber niemand schließt sich an. Und so taucht Baron de Batz, ehe sich die Wachen von ihrer Überraschung erholen können, wieder in der Menge unter. Aber dieser Mißerfolg hat ihn nicht mutlos gemacht, und er rüstet, seine eigene Tat zu übertreffen, indem er einen phantastischen Plan zur Rettung der Königin in Szene setzt.

Baron de Batz hat den schwachen Punkt der Revolution mit kundigem Blick erkannt, ihren innersten Giftkeim: die Korruption. An allen Staatsstellungen klebt Geld, dieses gefährliche Korrosiv, das sich an die Seelen setzt wie Rost an den Stahl. Kleine Leute, die nie mit größeren Beträgen zu tun hatten, haben jetzt plötzlich Riesensummen, und nicht allzu viele besitzen die katonische Strenge, dieser ungeheuren Versuchung standzuhalten. In diesen Karpfenteich der Korruptionisten wirft Baron de Batz entschlossen seinen Angelhaken, indem er ein magisches Wort flüstert: eine Million. Er arbeitet nicht wie Jarjayes mit subalternen Helfern, er kauft die Hauptorgane des Überwachungssystems, vor allem den wichtigsten Mann des Stadtrats, den früheren Limonadenhändler Michonis, dem die Inspektion aller Gefängnisse, also auch des Temple, untersteht. Ein zweiter Stein im Brett ist der militärische Leiter der ganzen Sektion, Cortey.

Dieser Meisterverschwörer läßt sich als gewöhnlicher Soldat in die Wachkompanie des Temple unter dem Namen Forguet einreihen. Das Gewehr in der Hand, in dem verlotterten Kleid eines Nationalgardisten, macht der millionenreiche Aristokrat mit all den andern Soldaten groben Kommißdienst vor den Türen der Königin. Es war für den eigentlichen Plan nicht nötig, zu Marie Antoinette selbst vorzudringen, denn Michonis, der seinen reichlichen Anteil an der Million haben soll, hat zweifellos selbst die Königin verständigt. Gleichzeitig werden dank dem erkauften Einverständnis Corteys unter die Mannschaft der Wachkompanien immer mehr Helfershelfer des Barons eingeschmuggelt. So ergibt sich schließlich eine der unwahrscheinlichsten Situationen der Weltgeschichte: An einem bestimmten Tage wird, 1793, mitten im revolutionären Paris, das ganze Gebiet des Temple, das kein Unberufener ohne Erlaubnis der Stadtverwaltung betreten darf, ausschließlich von einem Bataillon verkleideter Royalisten bewacht.

Endlich scheint Batz die Stunde reif für den entscheidenden Handstreich. Es wird Abend, es wird dunkel, alles ist bis ins einzelne vorbereitet. In den Hof marschiert Cortey mit seinem Detachement ein, mit ihm der Führer des Komplotts, Baron de Batz. Cortey verteilt die Mannschaften derart, daß gerade die entscheidenden Ausgänge sich ausschließlich in den Händen der angeworbenen Royalisten befinden. Gleichzeitig hat Michonis den Dienst in den Zimmern übernommen und bereits Marie Antoinette, Madame Elisabeth und die Tochter Marie Antoinettes mit Uniformmänteln versorgt. Um Mitternacht sollen diese drei, Militärmützen übergestülpt, das Gewehr über der Schulter, wie eine gewöhnliche Patrouille mit einigen andern der falschen Nationalgarden aus dem Temple hinausmarschieren, den kleinen Dauphin in ihrer Mitte. Für alles weitere hat Batz gesorgt, der unter falschem Namen ein eigenes Landhaus in der Nähe von Paris besitzt. Hier wird man zunächst die königliche Familie einige Wochen verstecken und sie bei erster Gelegenheit über die Grenze bringen.

Es ist gegen elf Uhr. Michonis wartet nur auf das Zeichen des Baron de Batz. Da plötzlich hämmert es hart an das Tor des Gefängnisses. Um jeden Verdacht zu vermeiden, läßt man den

Ankömmling sofort ein. Es ist der Schuster Simon, der ehrliche, unbestechliche Revolutionär, Mitglied der Stadtverwaltung, der aufgeregt hereinstürzt, um sich zu überzeugen, ob die Königin nicht schon entführt sei. Vor einigen Stunden hat ihm ein Gendarm einen Zettel überbracht, Michonis plane für diese Nacht Verrat, und sofort hatte er die wichtige Nachricht den Stadtverordneten übermittelt. Diese glauben nicht recht an seine so romantische Geschichte. Aber jedenfalls – was macht es aus? – beauftragen sie Simon, diese Nacht statt Michonis die Kontrolle über die Innenräume des Temple zu übernehmen. Sofort als Cortey ihn kommen sieht, weiß er, daß alles verloren ist. Glücklicherweise vermutet Simon in ihm nicht den Mithelfer und geht zu Michonis hinauf.

Baron de Batz überlegt eine Sekunde: Soll er Simon nicht noch rasch nacheilen und ihm mit einem Pistolenschuß rechtzeitig den Schädel zerschmettern? Aber das hätte wenig Sinn. Denn der Schuß müßte die ganze übrige Wachmannschaft herbeirufen. Die Königin ist nicht mehr zu retten: Jede Gewalttat würde ihr Leben unnötig gefährden. Jetzt heißt es, wenigstens jene heil aus dem Temple zu bringen, die sich verkleidet hineingeschlichen haben. Rasch formt Cortey, dem es gleichfalls arg schwül geworden ist, aus den Verschworenen eine Patrouille. Diese marschiert, unter ihnen Baron de Batz, ruhig auf die Straße hinaus.

Unterdessen hat Simon zornig Michonis zur Rede gestellt; er solle sofort zur Rechenschaft vor die Stadtverwaltung. Michonis, der die Verkleidung rasch beiseite geschafft hat, bleibt unerschütterlich. Ohne Widerspruch folgt er dem gefährlichen Mann vor das gefährliche Tribunal. Aber sonderbar, man fertigt Simon dort ziemlich kühl ab. Man lobt zwar seine Wachsamkeit, aber man gibt ihm deutlich zu verstehen, er habe Gespenster gesehen.

Anscheinend nimmt der Stadtrat die ganze Verschwörung nicht ernst. In Wirklichkeit haben die Stadtverordneten diesen Fluchtversuch sehr ernst genommen und sich nur gehütet, darüber etwas verlauten zu lassen. Der Stadtrat hatte Angst, die Welt wissen zu lassen, wie tief schon dic Korruption seine besten Leute vergiftet hatte.

Aber der Stadtrat beschließt, der verwegenen Frau, die, statt zu verzichten, mit dem Trotz ihres unbändigen Herzens immer wieder um ihre Freiheit kämpft, solche Versuche unmöglich zu machen. Zunächst wird Marie Antoinette wie eine Verbrecherin überwacht. Nachts um elf Uhr erscheint Hébert bei Marie Antoinette, die ahnungslos längst zu Bett gegangen ist, und macht von einem Befehl der Kommune, „nach Belieben" die Gemächer und Personen zu untersuchen, gründlichsten Gebrauch, immer aber ohne belastendes Ergebnis. Doch anderseits überzeugt, daß sie von ihren undurchsichtigen Bemühungen nicht abläßt, entschließt sich der Stadtrat, die Frau dort zu verwunden, wo sie am empfindlichsten ist: in ihrem Muttergefühl. Diesmal trifft der Schlag mitten in ihr Herz. Am 1. Juli, wenige Tage nach der Aufdeckung der Verschwörung, erläßt der Wohlfahrtsausschuß im Auftrage des Stadtrats den Beschluß, daß der junge Dauphin, Louis Capet, von seiner Mutter getrennt werden soll. Die Wahl des Erziehers wird dem Stadtrat vorbehalten, und dieser entscheidet sich, offenkundig aus Dankbarkeit für seine Wachsamkeit, für jenen Schuster Simon. Bewußt wird damit die Absicht kundgegeben, der junge Dauphin solle nicht zu einem kultivierten Menschen erzogen werden, sondern geistig in der untersten, ungebildetsten Volksklasse bleiben. Er soll völlig vergessen, woher er stammt, und es damit den andern leichter machen, ihn zu vergessen.

Von diesem Entschluß des Konvents ahnt Marie Antoinette nicht das geringste, als um halb zehn Uhr abends sechs städtische Abgesandte an den Toren des Temple pochen. Über die Szenen, die sich zwischen der verzweifelten Mutter und den Magistratsbeamten abspielten, haben wir keinen zuverlässigen Bericht. Aber eines ist nicht zu bezweifeln: Diese unnötig grausame Trennung von ihrem Sohn ist vielleicht der schwerste Augenblick im Leben Marie Antoinettes gewesen.

Obwohl der Dauphin auch weiterhin das Geviert des Temple bewohnen darf, erlaubt der Stadtrat der Mutter nicht, ein einziges Wort mit ihrem Kinde zu wechseln; selbst wenn er krank ist, verbietet man ihr den Besuch. Sogar mit Simon darf sie nicht sprechen, jede Auskunft über ihren Sohn wird ihr verweigert.

Endlich entdeckt Marie Antoinette, daß man durch ein winziges Treppenfenster des Turmes vom dritten Stock in jenen Teil des Hofes hinabspähen kann, in dem der Dauphin manchmal spielt. Und da steht nun stundenlang und unzählige Male vergeblich die geprüfte Frau und wartet, ob sie nicht ganz flüchtig den Umriß des geliebten hellen Schattens entdecken könnte. Der Knabe hat sich rasch in die neue Umwelt gefunden. Laut singt er die „Carmagnole"* und das „Ça ira", das ihm Simon und dessen Gefährten eingelernt haben; er trägt die rote Mütze der Sansculotten und findet das lustig, er spaßt mit den Soldaten, die seine Mutter bewachen. Was wird aus dem Armen werden? Etwas erlischt auch in diesen Wochen der äußersten Prüfung in dem Antlitz Marie Antoinettes. Die Königin hat abgedankt, die Frau hat verzichtet; nur eine müde, matte Matrone hebt einen blauen klaren Blick, den nichts mehr erstaunen und erschrecken kann.

Sie erschrickt auch nicht, Marie Antoinette, als wenige Tage später um zwei Uhr morgens wiederum ein harter Schlag an ihrer Türe pocht. Ruhig steht sie auf, kleidet sich an und läßt die Kommissare eintreten. Sie verlesen das Dekret des Konvents, das verlangt, die Witwe Capet solle, da Anklage gegen sie erhoben sei, in die Conciergerie** eingeliefert werden. Marie Antoinette hört ruhig zu und antwortet nicht. Sie weiß, daß Anklage des Revolutionstribunals gleichbedeutend ist mit Verurteilung und Conciergerie mit dem Totenhaus. Aber sie bittet nicht, sie ersucht nicht um Aufschub. Gleichmütig läßt sie ihre Kleider durchsuchen. Dann muß sie noch einmal Abschied nehmen, diesmal von ihrer Schwägerin und ihrer Tochter. Die Welt hat sie an das Abschiednehmen schon gewöhnt.

Aufrecht schreitet Marie Antoinette zur Tür des Wohngemachs und sehr rasch die Treppe hinab. Jede Hilfe weist sie zurück. Das Schwerste ist längst erduldet: Nichts mehr kann ärger sein als das Leben dieser letzten Monate. Jetzt kommt das Leichtere: das Sterben. Fast stürzt sie sich ihm entgegen. So hastig eilt sie fort aus diesem Turm der fürchterlichen Erinnerungen, daß sie sich bei der niedern Ausgangspforte zu bücken

---

* *revolutionäres Tanzlied*
** *Gefängnis beim Palais de Justice in Paris*

vergißt und mit der Stirn an den harten Balken stößt. Besorgt springen die Begleiter heran und fragen, ob sie sich wehe getan habe. „Nein", antwortet sie ruhig, „jetzt kann mir nichts mehr wehe tun."

Die Conciergerie

AUCH EINE andere Frau ist in dieser Nacht geweckt worden, Madame Richard, die Frau des Beschließers in der Conciergerie. Spät abends hat man ihr plötzlich Auftrag gebracht, für Marie Antoinette eine Zelle vorzubereiten. Madame Richard erschrickt. Denn noch immer schwingt für eine Frau aus dem Volk das Wort „Königin" Ehrfurcht ins Herz. Eine Königin, die Königin unter ihrem Dach! Sofort sucht Madame Richard aus ihrer Bettwäsche das feinste und weißeste Linnen.

Um drei Uhr morgens rattern einige Wagen heran. Zuerst treten Gendarmen mit Fackeln in den dunklen Korridor, dann erscheint – der Geschmeidige hat sich glücklich aus der Affäre Batz gerettet und sein Amt als Generalinspektor der Gefängnisse behalten – der Limonadenhändler Michonis, hinter ihm im flackernden Licht die Königin, gefolgt von ihrem kleinen Hund, der sie als einziges Lebewesen in den Kerker begleiten darf. Das Hausmädchen der Beschließerin, ein junges Ding vom Lande, Rosalie Lamorlière, schleicht der blassen Frau ganz erschüttert nach und bietet sich an, ihr beim Auskleiden behilflich zu sein. „Ich danke dir, mein Kind", antwortet die Königin, „seit ich niemanden mehr habe, bediene ich mich selbst." Erst hängt sie noch ihre Uhr an einen Nagel in der Wand, um die Zeit messen zu können, die kurze ihr zugeteilte und doch unendliche Zeit. Dann entkleidet sie sich und legt sich zu Bett. Ein Gendarm mit geladenem Gewehr tritt ein, dann schließt sich die Tür. Der letzte Akt der großen Tragödie hat begonnen.

Man weiß es in der Welt, daß die Einzeichnung eines Namens in das Aufnahmeregister der Conciergerie getrost als Totenschein gelten kann. In Wirklichkeit denkt der Konvent noch gar nicht daran, der Königin, dieser kostbaren Geisel, so voreilig den Prozeß zu machen. Noch drei Wochen nach jener Überführung, die selbstverständlich in allen ausländischen Journalen (und das wollte der Wohlfahrtsausschuß) mit einem Entsetzensschrei beantwortet wird, ist dem öffentlichen Ankläger des Revolutionstribunals noch kein einziges Aktenstück eingehändigt. Man hält nur sehr sichtbar das Schwert über ihr Haupt, weil man hofft, das Haus Habsburg zu erschrecken und endlich, endlich für Verhandlungen gefügig zu machen.

Verhängnisvollerweise erschreckt aber die Nachricht von der Überführung Marie Antoinettes in die Conciergerie ihre Blutsverwandten nicht im mindesten. Eine abgesetzte Königin, eine private, unglückliche Frau wird Ministern, Generalen, Kaisern völlig gleichgültig, Diplomatie kennt keine Sentimentalität. Einem einzigen nur, einem völlig Machtlosen fährt die Botschaft wie Feuer ins Herz: Fersen. Was vermag er anders zu tun, als seine Verzweiflung immer wieder in nutzlosen Bitten zu entladen, die Vorzimmer abzulaufen und die Militärs, die Staatsmänner, die Prinzen, die Emigranten einen nach dem andern zu beschwören. Graf Mercy, erinnert an das Versprechen, das er Maria Theresia gegeben hat, ihre Tochter bis zum letzten Augenblick zu schützen, hilft Fersen energisch. Aber alle Monarchen bleiben ruhig und gleichgültig. Keiner rührt einen Finger für Marie Antoinettes Rettung, und bitter sagt Mercy in plötzlich ausbrechendem Zorn: „Sie hätten sie auch dann nicht gerettet, wenn sie mit eigenen Augen sie die Guillotine hätten hinaufschreiten sehen." So versuchen Mercy und Fersen auf eigene Faust das letzte Mittel: Bestechung. Geld wird nach Paris geschickt: Niemand weiß, in welchen Händen es versickert. Jedenfalls sind die goldenen Kugeln zu spät abgeschossen worden. Denn während diese geschickten Freunde sie zu retten suchen, hat ein allzu ungeschickter Marie Antoinette bereits in den Abgrund gestoßen.

DIE CONCIERGERIE, dieses „Vorzimmer des Todes", hat unter allen Gefängnissen der Revolution die allerstrengsten Vorschriften. Doch schon nach einigen Tagen hat Marie Antoinette auch in der Conciergerie dank jener merkwürdigen Magie, die teils von ihrem Namen ausstrahlt, teils von der Hoheit ihrer Haltung, alle jene Menschen, die sie bewachen sollen, zu Freunden, zu Helfern, zu Dienern. Die Frau des Hausbesorgers kocht mit rührender Sorgfalt für die Königin die ausgesuchtesten Speisen; sie bietet ihr an, sie zu frisieren; sie läßt eigens aus einem andern Stadtteil täglich eine Flasche jenes Trinkwassers kommen, das Marie Antoinette bevorzugt. Und die strengen Gendarmen, die all das eigentlich verbieten sollten, was tun sie? Sie bringen – dies bezeugt das Protokoll eines Verhörs – der Königin jeden Tag frische Blumen, die sie auf dem Markt für ihr eigenes Geld kaufen, in ihr trostloses Zimmer. Gerade im niedern Volk, das dem Unglück benachbarter wohnt als die Bürgerlichen, lebt eine rührende Kraft der Teilnahme für die in ihren Glückstagen so verhaßte Fürstin. Gerade dort, wo der Tod am grausamsten herrscht, steigert sich, als unbewußte Gegenwehr, in den Menschen die Menschlichkeit.

Auch durch die dicken Quadern der Conciergerie lockt und flimmert das Irrlicht der Million des Barons de Batz, noch immer spielt Michonis seine verwegene Doppelrolle. Jeden Tag begibt er sich streng in das Zimmer der Königin, rüttelt an den Eisenstäben und prüft die Türen. Michonis wartet aber immer nur, bis die Gendarmen das Zimmer verlassen haben, um mit der Königin beinahe freundschaftlich zu plaudern, ihr die ersehnten Nachrichten von ihren Kindern aus dem Temple zu bringen; ab und zu schmuggelt er sogar, sei es aus Geldgier oder Gutmütigkeit, einen Neugierigen ein. Einmal einen unvereidigten Priester, der der Königin die letzte Beichte abgenommen haben soll, einmal jenen Maler, dem wir das Bild im Musée Carnevalet verdanken. Und schließlich verhängnisvollerweise auch den kühnen Narren, der mit seinem Übereifer all diese Freiheiten und Vergünstigungen mit einem Schlage zunichte macht.

Diese berüchtigte *affaire de l'œillet*, dieses „Nelken-Komplott", ist eine dunkle Geschichte. Glaubte man dem Stadtrat und Michonis, so wäre der ganze Vorfall eine völlig belanglose Episode gewesen. Er habe einmal bei einem Abendessen mit Freunden von der Königin erzählt. Da habe dieser fremde Herr, dessen Namen er nicht wisse, sich sehr neugierig gezeigt und gefragt, ob er ihn nicht einmal begleiten dürfe. In guter Laune habe er nicht weiter nachgeforscht und diesen Herrn einmal auf dem Inspektionsgang mitgenommen, selbstverständlich mit der Verpflichtung, kein Wort mit der Königin zu sprechen.

Hat aber Michonis, der Vertraute des Barons de Batz, sich nicht die Mühe genommen nachzufragen, wer dieser fremde Herr sei, den er in die Zelle der Königin einschmuggeln sollte? Er hätte dabei erfahren, daß dieser Mann ein guter Bekannter Marie Antoinettes ist, der Chevalier de Rougeville, einer jener Adeligen, die am 20. Juni die Königin mit Einsatz ihres Lebens verteidigt hatten. Allem Anschein nach war das Komplott viel weiter ausgereift, als heute die verwischten Spuren erkennen lassen. Jedenfalls, am 28. August klirrt der Schlüsselbund an der Tür der Gefängniszelle. Michonis tritt, diesmal begleitet von irgendeinem fremden Herrn, den die Gefangene gar nicht beachtet, ein. Marie Antoinette plaudert mit Michonis und erkundigt sich nach ihren Kindern: Immer gilt ihnen die erste und dringlichste Frage. Michonis antwortet freundlich, die Königin wird beinahe heiter.

Aber plötzlich wird Marie Antoinette totenblaß. Sie beginnt zu zittern. Sie hat Rougeville erkannt, den Mann, von dem sie weiß, daß ihm jede Verwegenheit zuzutrauen ist. Will man sie retten? Will man ihr etwas sagen? Sie wagt nicht, ihn zu auffallend anzublicken, und doch merkt sie, er macht ihr immer wieder Zeichen, die sie nicht versteht. Immer unruhiger wird die aufgestörte Frau, und immer mehr fürchtet sie, sich zu verraten. Vielleicht merkt Michonis etwas von dieser Verwirrung; jedenfalls, er erinnert sich, noch andere Gefängnisräume besichtigen zu müssen, erklärt aber ausdrücklich, noch einmal wiederkommen zu wollen.

Als sie noch einmal kommen, ist Marie Antoinette wieder ganz Herrin ihre Kraft. Gefaßter beobachtet sie Rougeville, während sie mit Michonis spricht, und merkt plötzlich an einem raschen Wink, daß Rougeville irgend etwas in die Ecke hinter den Ofen geworfen hat. Kaum daß Michonis und Rougeville das Zimmer verlassen haben, schickt sie ihnen geistesgegenwärtig unter einem Vorwand den Gendarmen nach. Diese eine unbewachte Minute benutzt sie, um mit einem Griff das Versteckte zu fassen. Wie? Nichts als eine Nelke? Aber nein, in der Nelke steckt eingefaltet ein Billett. Sie öffnet es und liest: „Meine

Gönnerin, ich werde Sie niemals vergessen, ich werde immer alle Mittel suchen, um Ihnen meinen Opferwillen zu beweisen. Wenn Sie drei- oder vierhundert Louisdor für Ihre Umgebung brauchen, bringe ich sie nächsten Freitag."

Man kann sich das Gefühl dieser unglückseligen Frau vergegenwärtigen, da sie dieses Wunder der Hoffnung erlebt. Mit einemmal hat diese schon ganz resignierte weißhaarige Frau wieder Mut und Willen zum Leben. Die dreihundert oder vierhundert Dukaten, das versteht sie sofort, sollen dazu dienen, den Gendarmen in ihrem Zimmer zu bestechen. In ihrem zu plötzlich entflammten Optimismus geht sie gleich ans Werk. Sie zerreißt das verräterische Billett in winzige Fetzen und bereitet selbst eine Antwort vor. Man hat ihr Feder, Bleistift, Tinte genommen, nur ein Stückchen Papier hat sie noch. Aber das nimmt sie und sticht – Not macht erfinderisch – die Lettern der Antwort in das kleine Briefblatt. Diesen Zettel übergibt sie mit dem Versprechen hoher Belohnung dem Gendarmen Gilbert, er solle ihn jenem Fremden, wenn er wiederkäme, übergeben.

Es scheint, daß Gilbert innerlich schwankte. Dreihundert Louisdor, vierhundert Louisdor blitzen verführerisch für so einen armen Teufel; aber auch das Beil der Guillotine hat ein unheimliches Blitzen und Blinken. Was tun? Den Auftrag ausführen hieße die Republik verraten, den Angeber zu machen, das Vertrauen dieser armen unglücklichen Frau mißbrauchen. So geht dieser brave Gendarm zunächst den Mittelweg, er vertraut sich der Frau des Hausbesorgers, der allmächtigen Madame Richard, an. Und siehe, Madame Richard teilt seine Verlegenheit. Schließlich tut Madame Richard dasselbe: Sie erstattet keine Anzeige, sie schiebt die Verantwortung weiter und teilt nur vertraulich die Geschichte mit dem geheimen Billett ihrem Vorgesetzten Michonis mit, der bei dieser Nachricht erblaßt. Wieder verdunkelt sich jetzt die Angelegenheit. Hat Michonis schon früher bemerkt, daß er in Rougeville einen Helfershelfer der Königin mitgebracht hat, oder hat er es erst in diesem Augenblick erfahren? Jedenfalls, es ist ihm unangenehm, auf einmal zwei Mitwisser zu haben. Mit dem Anschein großer Strenge nimmt er der guten Frau Richard das verdächtige Papier weg, steckt es in seine Tasche und befiehlt ihr, nicht darüber zu reden.

Aber verhängnisvollerweise läßt die Angelegenheit dem Gendarmen keine Ruhe. Eine Handvoll Goldstücke könnte ihn vielleicht stumm machen, aber Marie Antoinette hat kein Geld, und nach und nach wird ihm bange um seinen Kopf. Nachdem er tapfer fünf Tage lang vollkommen geschwiegen, erstattet er schließlich doch am 3. September Bericht an seine Vorgesetzten; zwei Stunden später stürmen die Kommissare des Stadtrates in die Conciergerie und fragen alle Beteiligten aus.

Die Königin leugnet zuerst. Auch Michonis stellt sich zunächst dumm und hofft auf das Schweigen der gleichfalls bestochenen Madame Richard. Aber die behauptet, ihm das Blatt gegeben zu haben, nun muß er es vorlegen (aber klugerweise hat er den Text durch neue Nadelstiche zuvor unleserlich gemacht). Bei dem zweiten Verhör am nächsten Tage gibt die Königin den Widerstand auf. Sie erklärt es für richtig, daß sie jenen Mann kenne und ein Billett in der Nelke von ihm empfangen und beantwortet habe. Aber sie schützt den Mann, der sich für sie aufopfern wollte, sie nennt nicht den Namen Rougevilles, sondern behauptet, sich nicht zu erinnern, wie dieser Gardeoffizier heiße; sie deckt großmütig Michonis und rettet ihm damit das Leben.

Diese Verschwörung, ungeschickt begonnen, beschleunigt unheimlich das Geschick der Königin. Die schonende Behandlung, die man ihr bisher stillschweigend zugebilligt hatte, hört mit einem Schlage auf. Alle ihre Habseligkeiten, die letzten Ringe werden ihr abgenommen, sogar die kleine Golduhr, die sie noch aus Österreich als letzte Erinnerung an ihre Mutter mitgebracht hatte, sowie das kleine Medaillon mit den zärtlich bewahrten Haaren ihrer Kinder. Das Licht am Abend wird ihr verboten, das Fenster wird bis zur halben Gitterhöhe vermauert. Man stellt den nachsichtigen Michonis außer Dienst, ebenso Madame Richard, die durch eine neue Aufseherin ersetzt wird.

Nun steht Marie Antoinette auf der letzten Stufe ihrer Einsamkeit. Die neuen Gefängniswärter, obwohl ihr freundlich gesinnt, wagen kein Wort mehr mit dieser gefährlichen Frau zu sprechen. Nichts hat man ihr gelassen als den kleinen Hund. In dieser völligen Verlassenheit besinnt sich Marie Antoinette des Trostes, den ihre Mutter ihr so oft empfohlen: Zum erstenmal in ihrem Leben verlangt sie Bücher; nicht genug kann man ihr holen. Keine Romane will sie, keine Theaterstücke, sie könnten zu sehr an vergangene Zeiten erinnern, nur ganz wilde Abenteuer, die Reisen des Kapitäns Cook, Geschichten von Schiffbrüchigen und verwegenen Fahrten, Bücher, über denen man die Zeit vergißt. Erfundene, erträumte Gestalten sind die einzigen Gefährten ihrer Einsamkeit. Niemand kommt mehr, sie zu besuchen.

Der Prozeß beginnt

DER WEG geht zu Ende. Je mehr der Sommer sinkt, desto mehr verschattet die düstere Zelle sich zum Sarg. Es riecht nach Moder und Fäulnis, es riecht immer heftiger nach Tod. Bis tief in die Knochen kriecht die nasse Kälte als beißender rheumatischer Schmerz. Tausend Jahre ist es her für ihr Gefühl, daß sie die lebenslustigste Frau Frankreichs gewesen.

In dieses bewohnte Grab inmitten von Paris dringt kein Laut von dem ungeheuren Sturm, der in jenem Herbst über die Welt fährt. Nie war die Französische Revolution mehr gefährdet als in diesem Augenblick. Zwei ihrer stärksten Festungen, Mainz und Valenciennes, sind gefallen, die Engländer haben sich des wichtigsten Kriegshafens bemächtigt, die zweitgrößte Stadt Frankreichs, Lyon, steht im Aufstand. Die Republik steht zwei Zoll vor dem Untergang, sie kann die Angst nur überwinden, wenn sie selber Angst einflößt. „Setzen wir den Terror auf die Tagesordnung" – dieses furchtbare Wort hallt durch den Saal des Konvents. Die Girondisten werden außerhalb des Gesetzes gestellt, der Herzog von Orléans dem Revolutionstribunal überwiesen. Das Beil ist schon im Schwunge, da erhebt sich Billaud-Varennes und fordert: „Der Konvent hat soeben ein großes Beispiel der Strenge gegenüber den Verrätern gegeben, die den Untergang ihres Landes vorbereiten. Aber ihm obliegt noch die Pflicht eines wichtigen Beschlusses. Eine Frau, die Schande der Menschheit und ihres Geschlechts, soll endlich ihre Verbrechen auf dem Schafott büßen."

Dieser Antrag wird widerspruchslos angenommen. Aber

merkwürdig: Fouquier-Tinville, der öffentliche Ankläger, zögert auch jetzt noch verdächtig. Nicht in dieser Woche, nicht in der nächsten, nicht in der übernächsten stellt er seinen Antrag gegen die Königin. Er schreibt an den Sicherheitsausschuß, man möge ihm Material schicken, und, merkwürdig, auch der Sicherheitsausschuß entwickelt seinerseits dieselbe auffällige Langsamkeit. Schließlich packt er ein paar unwichtige Papiere zusammen. Aber noch immer faßt Fouquier-Tinville nicht zu. Da wird ihm in letzter Stunde von Hébert, diesem erbittertsten, entschlossensten Feind der Königin, plötzlich ein Dokument in die Hand gedrückt, das furchtbarste und infamste der ganzen Französischen Revolution. Und dieser starke Anstoß entscheidet: Mit einem Ruck kommt der Prozeß in Gang.

Was war geschehen? Am 30. September empfängt Hébert einen Brief aus dem Temple von dem Schustermeister Simon, dem Erzieher des Dauphins. „Gruß! Komm rasch, mein Freund . . .“ Was Hébert hört, scheint sogar diesem Hartgesottenen dermaßen unheimlich, daß er persönlich nicht weiter eingreifen will, sondern eine Kommission des ganzen Stadtrats unter dem Vorsitz des Bürgermeisters beruft, die sich geschlossen in den Temple begibt, um dort das entscheidende Anklagematerial gegen die Königin aufzunehmen.

Nun nähern wir uns dem lange Zeit Unglaubhaften, dem Unfaßbaren jener Episode in der Geschichte Marie Antoinettes, die nur durch die unheimliche Überreizung der Zeit, durch die jahrelang geübte systematische Vergiftung der öffentlichen Meinung halbwegs begreiflich wird: Da entdeckt eines Tages Simon oder seine Frau, daß das frühreife Kind gewissen knabenlasterhaften Ungezogenheiten frönt. Das ertappte Kind kann nicht leugnen. Gedrängt von Simon, wer ihm diese üble Angewohnheit beigebracht, sagt oder läßt sich der unselige Junge einreden, seine Mutter, seine Tante hätten ihn zu dieser Unart verleitet. Simon, dem von dieser „Tigerin“ alles, auch das Teuflischste, glaubhaft scheint, fragt weiter und bringt den Knaben schließlich so weit zu behaupten, die beiden Frauen hätten ihn im Temple häufig zu sich ins Bett genommen und seine Mutter mit ihm Inzest getrieben.

Auf eine solche ungeheuerliche Aussage eines noch nicht

neunjährigen Kindes hätte selbstverständlich ein vernünftiger Mensch, eine normale Zeit nur mit äußerstem Mißtrauen geantwortet. Aber dank den unzähligen Verleumdungsbroschüren der Revolution erweckt sogar diese irrwitzige Beschuldigung bei Hébert und Simon keinerlei Zweifel. Jetzt gilt es nur, diese Schande der Königin protokollarisch schwarz auf weiß festzuhalten, damit ganz Frankreich diese äußerste Verworfenheit der schurkischen Österreicherin erfahre. So werden drei Verhöre abgehalten mit einem noch nicht neunjährigen Knaben, einem fünfzehnjährigen Mädchen und mit Madame Elisabeth – eine Szene, derart grauenhaft und schamlos, daß man sie für unwirklich halten könnte, lägen nicht noch heute, zwar vergilbt, diese Akten im Nationalarchiv.

Während dieser Verhöre bleibt der kleine Dauphin bei seiner Behauptung, die Fünfzehnjährige, eingeschüchtert von der Gegenwart der strengen Männer und verwirrt von diesem unziemlichen Fragen, flüchtet sich immer wieder hinter die Aussage, sie wisse nichts, sie habe von alledem nichts gesehen. Nun wird als dritte Zeugin Madame Elisabeth, die Schwester des Königs, gerufen; bei diesem neunundzwanzigjährigen energischen Mädchen haben es die Ausfrager nicht mehr so leicht. Denn kaum hat man ihr das mit dem Dauphin aufgenommene Protokoll vorgelegt, da fährt Röte in die Wangen des beleidigten Mädchens, verächtlich schleudert sie das Papier weg und sagt, eine solche Schändlichkeit stehe zu tief unter ihr, als daß sie darauf überhaupt antworte. Nun wird ihr der Knabe gegenübergestellt. „Ah, le monstre", ruft sie erbittert in ratloser Wut aus, da dieser Knirps sie solcher Schamlosigkeit bezichtigt. Aber Hébert stellt sich zur Verfügung, mit dieser Anklage als Zeuge gegen Marie Antoinette vor die Schranken des Tribunals zu treten.

Diese Aussage eines Kindes gegen seine eigene Mutter hat, weil vielleicht beispiellos in den Annalen der Geschichte, von jeher für die Biographen Marie Antoinettes zu den großen Rätseln gehört. Wie ist dies zu erklären? Nicht übermäßig schwer für unsere Generation, die über die Lügenhaftigkeit von Kinderaussagen in sexuellen Dingen viel gründlicher als frühere Zeiten wissenschaftlich und gerichtspsychologisch belehrt ist. Niemand anders als die eigene Mutter hatte schon über den Viereinhalb-jährigen Jahre vorher in jener Anleitung an die Gouvernante geschrieben: „Er ist schwatzhaft, wiederholt gern, was er sprechen gehört, und fügt oft, ohne lügen zu wollen, etwas hinzu, was seine Einbildungskraft ihn hat glauben machen. Das ist sein größter Fehler und der Punkt, in dem man ihn unbedingt bessern muß."

Durch diese Charakterzeichnung gibt Marie Antoinette den entscheidenden Wink zur Lösung des Rätsels. Und er ergänzt sich folgerichtig durch eine Mitteilung der Madame Elisabeth. Sie sagt nämlich aus, ihr Neffe habe wirklich diesem Knabenlaster seit langem gefrönt und sie erinnere sich genau, daß sowohl sie selber als seine Mutter ihn deshalb öfter heftig ausgezankt hätten. Das Kind war also schon früher von seiner Mutter, von seiner Tante ertappt und wahrscheinlich mehr oder minder streng bestraft worden.

Von Simon befragt, wer ihm diese schlechte Gewohnheit beigebracht, denkt es geradezu zwanghaft an diejenigen, die es dafür gezüchtigt haben. Unbewußt rächt es sich für die Strafe, und ohne die Weiterungen einer solchen Aussage zu ahnen, nennt es die Namen. Man weiß: Fast immer suchen Kinder, bei einer verbotenen Tat ertappt, die Schuld auf jemand anders abzulenken. Und nun verläuft die Bahn ganz klar. Einmal in die Lüge verwickelt, kann das Kind nicht mehr zurück; sobald es aber gar noch spürt, daß man ihm seine Behauptung willig, ja sogar freudig glaubt, fühlt es sich völlig in seiner Lüge gesichert und gibt weiterhin alles fröhlich zu, was die Kommissare fragen. Ein Augenzeuge schreibt: „Der junge Prinz, dessen Füße nicht bis zur Erde reichten, saß auf einem Lehnstuhl und schaukelte seine kleinen Beine hin und her. Über die bewußten Dinge befragt, antwortete er, sie seien richtig . . ." Das ganze Verhalten des Dauphins zeigt eher eine herausfordernde, spielerische Frechheit.

Marie Antoinette hat die Absperrung in der Conciergerie davor geschützt, sofort von dieser ungeheuerlichen Aussage ihres Kindes zu erfahren. Erst am vorletzten Tage ihres Lebens belehrt sie die Anklageschrift über diese äußerste Erniedrigung, sich von ihrem eigenen Kinde so fürchterlich verleumdet zu sehen.

Bis an die Schwelle des Todes begleitet sie dieser marternde Gedanke.

Am 12. Oktober wird Marie Antoinette zum ersten Verhör in den großen Beratungssaal gerufen. Ihr gegenüber sitzen Fouquier-Tinville, Herman, sein Beisitzer, und ein paar Schreiber, ihr zur Seite niemand. Kein Verteidiger, kein Helfer, nur der Gendarm, der sie bewacht.

Aber in den vielen Wochen des Alleinseins hat Marie Antoinette ihre Kraft gesammelt. Die Gefahr hat sie gelehrt, ihre Gedanken zusammenzufassen, gut zu sprechen und noch besser zu schweigen: Jede ihrer Antworten erweist sich als überraschend schlagkräftig und gleichzeitig vorsichtig und klug. Nicht einen Augenblick verläßt sie ihre Ruhe. Jetzt, in der letzten, allerletzten Minute, hat Marie Antoinette die Verantwortlichkeit ihres Namens begriffen; sie weiß: Hier, in diesem halbdunklen Verhörzimmer, muß sie die Königin werden, die sie in den Prunksälen von Versailles nicht genug gewesen. Nicht einem kleinen Advokaten antwortet sie hier, sondern dem einzig wirklichen und wahrhaften Richter: der Geschichte.

Auf die formelle Frage, wie sie heiße, antwortet sie laut und klar: „Marie Antoinette von Österreich-Lothringen, achtunddreißig Jahre alt, Witwe des Königs von Frankreich." Dann beginnen die eigentlichen Anklagen. Sie hätte vor der Revolution politische Beziehungen zum „König von Böhmen und Ungarn" unterhalten, in einer „fürchterlichen Weise" die Finanzen Frankreichs verschwendet, sie habe seit der Revolution gegen Frankreich konspiriert, mit fremden Agenten verhandelt, ihren Gemahl, den König, zum Veto veranlaßt. Alle diese Beschuldigungen lehnt Marie Antoinette sachlich und energisch ab.

Je mehr Herman spürt, daß sie aus ihrer vorsichtigen und sicheren Haltung sich nicht hervorlocken läßt, um so ingrimmiger häuft er die Anklagen: sie hätte die flandrischen Regimenter berauscht, mit auswärtigen Höfen korrespondiert, den Krieg verschuldet. Aber Marie Antoinette berichtigt, den Tatsachen entsprechend, der Nationalkonvent und nicht ihr Gemahl hätte den Krieg beschlossen, sie sei bei dem Bankett nur zweimal durch den Saal geschritten.

Die gefährlichsten Fragen aber hat sich Herman für den

Schluß aufgespart, diejenigen, bei denen die Königin entweder ihr eigenes Gefühl verleugnen oder sich in irgendeine Aussage gegen die Republik verfangen soll.

„Glauben Sie, daß die Könige nötig sind für das Glück des Volkes?"

„Eine einzelne Person kann nicht über solche Dinge entscheiden."

„Sie bedauern ohne Zweifel, daß Ihr Sohn einen Thron verloren hat, auf den er hätte steigen können, wenn das Volk, endlich über seine Rechte belehrt, nicht diesen Thron zertrümmert hätte?"

„Ich werde niemals etwas für meinen Sohn bedauern, wenn es seinem Land zum Vorteil gereichen wird."

Man sieht, der Untersuchungsrichter hat kein Glück. Marie Antoinette hätte sich nicht jesuitischer ausdrücken können, als indem sie sagt, sie bedaure nichts für ihren Sohn, wenn es „seinem Land zum Vorteil gereichen" würde, denn mit diesem einen besitzanzeigenden Wort „seinem" hat die Königin, ohne offen die Republik als unzuständig zu erklären, gesagt, daß sie Frankreich noch immer als „sein", als ihres Kindes rechtmäßiges Land und Eigentum betrachte, sie hat das ihr Heiligste, das Kronrecht ihres Sohnes, selbst in der Gefahr nicht preisgegeben.

Jetzt – der äußere Schein einer rechtlichen Untersuchung ist gewahrt – kann Fouquier-Tinville an die Arbeit gehen und das Anklagedekret verfassen. Seine Feder läuft rasch über das Papier: Wer jeden Tag Anklagen stapelweise zu fabrizieren hat, bekommt eine leichte Hand. Auch Héberts Anklage wird übernommen. Dieses Dokument, nicht gerade ein Meisterstück forensischer Kunst, wird noch tintenfeucht am 13. Oktober dem Verteidiger Chauveau-Lagarde übermittelt. Es ist ihm kaum möglich, einen solchen Wust von Anklagen in einer einzigen Nacht durchzuarbeiten. Am nächsten Morgen um acht beginnt der Prozeß, und jeder weiß im voraus, wie er enden wird.

DIE SIEBZIG Tage in der Conciergerie haben Marie Antoinette zu einer alten und kränklichen Frau gemacht. Oft und oft hat sie jetzt mit Müdigkeiten zu kämpfen, mehrmals mußte der Arzt ihr Herzstärkungsmittel verordnen. Aber sie weiß, heute beginnt ein

Marie Antoinette vor dem Revolutionsgericht

historischer Tag, heute darf sie nicht müde sein, niemand im Gerichtssaal soll die Schwäche einer Königin und Kaiserstochter bespötteln dürfen. Das Volk soll spüren, daß die Frau, die heute vor die Schranke tritt, eine Habsburgerin und, trotz aller Absetzungsdekrete, eine Königin ist. Sorgfältiger als sonst scheitelt sie ihr weiß gewordenes Haar. Sie setzt ein frisch gestärktes weißes Leinenhäubchen auf, von dem zu beiden Seiten der Trauerschleier niederfällt; als Witwe Ludwigs XVI., des letzten Königs von Frankreich, will Marie Antoinette vor dem Gericht der Revolution erscheinen.

Um acht Uhr versammeln sich in dem großen Saal die Richter und Geschworenen. Marie Antoinette tritt gelassen ein, nimmt ruhig Platz und wartet auf den Beginn der Verhandlung. Als erster erhebt sich Fouquier-Tinville und liest die Anklageschrift vor. Die Königin hört kaum zu. Gestern hat sie jeden Vorhalt mit ihrem Advokaten geprüft. Ihre Finger spielen gleichgültig auf der Armlehne des Sessels, „wie auf einem Klavier".

Dann beginnt der Aufmarsch der einundvierzig Zeugen. Die

meisten dieser Aussagen sind bedeutungslos, einige geradezu lächerlich, etwa jene des Dienstmädchens, das gehört zu haben behauptet, wie 1788 der Herzog von Coigny zu irgend jemandem sagte, die Königin habe ihrem Bruder zweihundert Millionen übersenden lassen, oder die noch törichtere, Marie Antoinette habe zwei Pistolen bei sich getragen, um den Herzog von Orléans zu ermorden. Kein einziges geschriebenes Blatt von Marie Antoinette ist zu erbringen. So sucht der Ankläger immer wieder auf die allgemeinen Beschuldigungen zurückzukommen.

„War es nicht im kleinen Trianon, wo Sie zum erstenmal Frau La Motte gesehen haben?"

„Ich habe sie niemals gesehen."

„War sie nicht Ihr Opfer in der Angelegenheit der berüchtigten Halsbandaffäre?"

„Sie konnte es nicht sein, weil ich sie nicht kannte."

Wenn überhaupt noch Hoffnung bestünde, so dürfte Marie Antoinette sich ihr hingeben, immer kräftiger wird ihre Gegenwehr. Bei den wirklich bedrohlichen Fragen deckt sie sich durch ein vorsichtiges: „Ich weiß es nicht, ich erinnere mich nicht." So kann sie Herman nicht ein einziges Mal triumphierend einer offenen Unwahrhaftigkeit oder eines Widerspruchs überführen, nicht einmal läßt sich während der langen Stunden die gespannt lauschende Zuhörerschaft zu einer gehässigen Regung oder zu patriotischem Applaus entfachen. Leer, langsam, mit vielen sandigen Stellen läuft die Verhandlung hin. Es ist Zeit, Schwung in die Anklage zu bringen. Diese Sensation meint endlich Hébert zu bringen mit der furchtbaren Beschuldigung des Inzests.

Entschlossen, überzeugt, mit laut vernehmbarer Stimme wiederholt er die ungeheuerliche Anschuldigung. Aber bald wird er gewahr, daß das Unglaubliche dieser Anklage unglaubhaft wirkt, daß niemand im ganzen Saal seinen Abscheu durch wütende Zwischenrufe kundgibt; stumm sitzt alles, blaß und betroffen. Marie Antoinette antwortet nicht und blickt an Hébert verächtlich vorbei. Auch der Präsident Herman tut so, als ob er die ganze Anschuldigung überhört hätte. Er vergißt absichtlich zu fragen, was die verleumdete Mutter zu erwidern habe. Da hat unglückseligerweise einer der Geschworenen den Vorwitz, den

Präsidenten zu erinnern: „Bürger Präsident, ich fordere Sie auf zu beachten, daß die Angeklagte in Hinsicht auf die Geschehnisse, von denen der Bürger Hébert behauptet, sie hätten sich zwischen ihr und ihrem Sohn abgespielt, sich nicht geäußert hat." Nun kann der Präsident nicht länger ausweichen. Er muß die Frage an die Angeklagte stellen. Marie Antoinette hebt stolz und mit einem Ruck das Haupt und erwidert laut und mit unsäglicher Verächtlichkeit: „Wenn ich nicht geantwortet habe, so geschah dies, weil die Natur sich weigert, auf eine solche Beschuldigung gegen eine Mutter etwas zu erwidern. Ich wende mich an alle Mütter, die sich hier befinden mögen."

Und tatsächlich, eine starke Bewegung geht durch den Saal. Die Frauen aus dem Volk halten den Atem an, sie fühlen in geheimnisvoller Verbundenheit: Man hat mit dieser einen Frau ihr ganzes Geschlecht beleidigt. Wortlos tritt Hébert von der Schranke zurück, nicht eben stolz auf seine Leistung. Alle spüren, seine Anschuldigung hat der Königin gerade in schwerster Stunde zu einem großen moralischen Triumph verholfen. Was sie erniedrigen sollte, hat sie erhöht.

Marie Antoinette hat ihren Triumph gespürt. Aber sie hat auch eine Stimme im Zuschauerraum aufstaunen gehört: „Siehst du, wie stolz sie ist!" Und so fragt sie ihren Verteidiger: „Habe ich nicht zu viel Würde in meine Antwort gelegt?" Aber der beruhigt sie: „Madame, bleiben Sie, die Sie sind, und Sie werden vortrefflich sein." Noch einen zweiten Tag hat Marie Antoinette zu kämpfen, mehr als zwölf Stunden sind schon vorüber, als sich endlich Fouquier-Tinville erhebt und die Anklage zusammenfassend begründet. Die beiden zugeteilten Verteidiger erwidern in ziemlich lauer Weise: Sie erinnern sich wahrscheinlich, daß der Verteidiger Ludwigs XVI., weil er zu energisch für ihn Partei nahm, für das Schafott angefordert wurde. Ehe der Präsident Herman nun seinerseits den Geschworenen die Schuldfrage vorlegt, wird Marie Antoinette aus dem Saal geführt. Jetzt wird nach allen Phrasen der Präsident klar und sachlich: Er faßt alle Fragen zu knapper Formel zusammen und stellt vier Fragen an die Geschworenen:

Erstens: Ist es erwiesen, daß es Machenschaften und Verständigungen mit den auswärtigen Mächten und Feinden der Republik gibt, um diesen Geldeshilfe zu vermitteln, ihnen Einlaß auf französischem Boden zu gewähren und den Sieg ihrer Waffen zu unterstützen?

Zweitens: Ist Marie Antoinette von Österreich, Witwe Capet, überführt, an solchen Machenschaften teilgenommen und derartige Verständigungen unterhalten zu haben?

Drittens: Ist es erwiesen, daß ein Komplott und eine Verschwörung bestanden haben, um den Bürgerkrieg im Innern des Landes anzufachen?

Viertens: Ist Marie Antoinette von Österreich, Witwe Ludwig Capets, überführt, an dieser Verschwörung teilgenommen zu haben?

Schweigend erheben sich die Geschworenen und ziehen sich in ein Nebenzimmer zurück.

Ist nun Marie Antoinette im rechtlichen Sinne dieses Verbrechens schuldig und überführt? Heute sind die Dokumente bekannt und gedruckt, die Marie Antoinette unzweideutig des Hochverrates gegen die Republik überführen; sie liegen im Staatsarchiv in Wien, im Nachlaß Fersens. Aber dieser Prozeß wurde am 16. Oktober 1793 in Paris geführt, und damals war kein einziges dieser Dokumente dem öffentlichen Ankläger zugänglich. Kein gültiges Zeugnis jenes begangenen Landesverrats konnte den Geschworenen im ganzen Prozeß vorgelegt werden. Die zwölf beraten in Wirklichkeit nur zum Schein, und wenn sie länger zu überlegen scheinen als eine Minute, so geschieht dies nur, um Beratung noch vorzutäuschen. Denn sie wissen, der Konvent fordert gar keinen gerechten Richtspruch.

Um vier Uhr morgens kehren die Geschworenen in den Saal zurück, Totenstille erwartet ihren Urteilsspruch. Einstimmig erklären sie Marie Antoinette der ihr zugeschriebenen Verbrechen für schuldig. Dann wird Marie Antoinette hereingeführt. Man liest ihr die Entschließung der Geschworenen vor. Fouquier-Tinville fordert die Todesstrafe; sie wird einstimmig bejaht.

Marie Antoinette hat ohne jede Bewegung, vollkommen ruhig den Spruch der Geschworenen und das Urteil angehört. Sie gibt nicht das kleinste Zeichen weder von Angst noch von Zorn, noch von Schwäche. Auf die Frage des Präsidenten, ob sie noch irgendeine Beschwerde erhebe, schüttelt sie nur verneinend das

Haupt. Ohne jemanden anzublicken, schreitet sie durch das allgemeine Schweigen aus dem Saal und die Stufen hinab.

Die arme, müde Frau ist ruhig und gelassen in ihr Gefängnis zurückgetreten. Jetzt zählt ihr Leben nur noch nach Stunden. Im kleinen Zimmer brennen auf dem Tisch zwei Kerzen. Der zum Tode Verurteilten hat man sie als letzte Gunst gewährt. Auch eine andere Bitte wagt der bisher übervorsichtige Gefängniswärter nicht mehr abzuschlagen: Marie Antoinette verlangt Papier und Tinte für einen Brief. Nie hat sie ihre Seele so mächtig und zu solcher entschlossenen Klarheit zusammengefaßt wie in diesem Abschiedsbrief an Madame Elisabeth, die Schwester ihres Gatten und nun auch Hüterin ihrer Kinder. Marie Antoinette schreibt:

> Dir, liebe Schwester, schreib ich zum letztenmal. Ich wurde soeben verurteilt, nicht zu einem schmachvollen Tod, der nur für Verbrecher gilt, sondern dazu, Deinen Bruder wiederzufinden. Unschuldig wie er, hoffe ich ihm in seinen letzten Augenblicken zu gleichen. Ich bin ruhig, wie man es ist, wenn das Gewissen dem Menschen keine Vorwürfe macht. Ich bedaure tief, meine armen Kinder zu verlassen . . . Durch das Plädoyer des Prozesses habe ich erfahren, daß meine Tochter von Dir getrennt worden ist. Ach, die arme Kleine! Ich wage es nicht, ihr zu schreiben. Empfange für sie beide hierdurch meinen Segen. Ich hoffe, daß sie später einmal, wenn sie größer sind, sich mit Dir vereinigen und ganz Deine zärtliche Sorgfalt werden genießen können. Mögen sie beide an das denken, was ich sie unablässig gelehrt habe: daß die Grundsätze und die genaue Befolgung der eigenen Pflichten das wichtigste Fundament des Lebens sind, daß die Freundschaft und das Vertrauen, das sie einander entgegenbringen werden, sie glücklich machen wird . . . Möge mein Sohn niemals die letzten Worte seines Vaters vergessen, die ich ihm mit Vorbedacht wiederhole: Möge er niemals danach trachten, unseren Tod zu rächen!
>
> Ich muß zu Dir von einer Sache sprechen, die meinem Herzen sehr wehe tut. Ich weiß, wie dieses Kind Dir Qual bereitet haben muß, verzeih ihm, liebe Schwester, denk an seine große Jugend und wie leicht es ist, ein Kind das sagen zu lassen, was man will, und sogar das, was es selber nicht versteht. Ich hoffe, ein Tag wird kommen, da es um so besser den Wert Deiner Liebe und Zärtlichkeit begreifen wird, die Du beiden entgegenbringst.
>
> Ich muß Dir noch meine letzten Gedanken anvertrauen . . . Ich sterbe im apostolischen, römisch-katholischen Glauben, der Reli-

gion meiner Väter . . . Da ich keinerlei geistliche Tröstung zu erwarten habe, bitte ich Gott von Herzen um Vergebung für alle meine Sünden, die ich begangen habe, seit ich lebe. Ich hoffe, daß er in seiner Güte meine letzten Gebete erhören wird sowie alle, die ich seit langem an ihn richte, damit meine Seele seines Erbarmens und seiner Güte teilhaftig werde.

Ich bitte alle, die ich kenne, und im besonderen Dich, liebe Schwester, um Verzeihung für jedes Leid, das ich ihnen unwissentlich etwa zugefügt habe. Ich verzeihe all meinen Feinden alles Böse, das ich durch sie erlitten habe. Ich sage hiermit den Tanten und all meinen Brüdern und Schwestern Lebewohl. Ich hatte Freunde. Der Gedanke, daß ich von ihnen für immer getrennt bin, und das Bewußtsein ihres Schmerzes gehören zu den größten Leiden, die ich sterbend mit mir nehme. Mögen sie wenigstens wissen, daß ich bis zu meinem letzten Augenblick an sie gedacht habe.

Leb wohl, gute, zärtliche Schwester! Möge dieser Brief Dich erreichen! Vergiß mich nicht! Ich umarme Dich von ganzem Herzen sowie die armen lieben Kinder! Mein Gott, wie herzzerreißend ist es doch, sie für immer zu verlassen! Leb wohl, leb wohl! . . .

Marie Antoinette übergibt ihn, kurz bevor der Henker eintritt, dem Kerkermeister zur Bestellung an ihre Schwägerin; aber er hat nicht Mut genug, dieses Vermächtnis ohne Erlaubnis zu bestellen. So händigt er den Brief der Königin ordnungsgemäß dem Untersuchungsrichter Fouquier-Tinville ein, der ihn aber gleichfalls nicht weiterbefördert. Erst einundzwanzig Jahre nachdem ihn die Königin abgesendet, tritt dieses wundervolle Abschiedsschreiben an das Licht. Aber zu spät! Fast alle, die Marie Antoinette aus ihrer Todesstunde grüßen wollte, sind ihr nachgefolgt. Madame Elisabeth auf der Guillotine, ihr Sohn ist entweder wirklich im Temple gestorben oder irrte damals (man weiß bis heute nicht die ganze Wahrheit) unter einem fremden Namen, unerkannt und mit seinem eigenen Schicksal unbekannt, durch die Welt. Und auch Fersen erreicht nicht mehr der liebende Gruß. Mit keinem Worte war er in jenem Brief genannt, und doch – wem als ihm galten jene bewegten Zeilen: „Ich hatte Freunde. Der Gedanke, daß ich von ihnen für immer getrennt bin, und das Bewußtsein ihres Schmerzes gehören zu den größten Leiden, die ich sterbend mit mir nehme." Und als ob er dies Verlangen fühlte, in letzter Stunde um ihn zu sein, antwortet,

wie magisch angerufen, sein Tagebuch beim Empfang der Todes-
nachricht, „es sei der furchtbarste Schmerz in seinen Schmerzen,
daß sie allein sein mußte in jenen letzten Augenblicken . . ."

Die letzte Fahrt

UM FÜNF Uhr morgens, während Marie Antoinette noch an
ihrem letzten Brief schreibt, werden bereits in allen achtundvierzig Sektionen von Paris die Trommeln gerührt. Um sieben Uhr steht die ganze bewaffnete Macht auf den Beinen – ein
unermeßliches Aufgebot von Soldaten gegen eine einzelne Frau,
die selbst nichts mehr will als das Ende.

Um sieben Uhr schleicht das Küchenmädchen des Gefange-
nenaufsehers leise in die Kerkerzelle und sieht, daß Marie Antoinette völlig angekleidet in ihrer schwarzen Witwenrobe auf
dem Bett liegt. Das kleine Landmädchen steht zitternd, von
Mitleid bewegt, vor der zum Tode Verurteilten, vor ihrer Königin. „Madame", nähert sie sich ergriffen, „Sie haben gestern
abend nichts zu sich genommen. Was wünschen Sie heute morgen?"

„Mein Kind, ich brauche nichts mehr, für mich ist alles zu
Ende", antwortet die Königin, ohne sich aufzurichten.

Aber da ihr das Mädchen noch einmal dringend eine Suppe
anbietet, die sie besonders für sie bereitet habe, sagt die
Erschöpfte: „Nun, Rosalie, bringen Sie mir die Bouillon." Sie
nimmt einige Löffel, dann beginnt das kleine Mädchen ihr beim
Umkleiden zu helfen. Man hat Marie Antoinette nahegelegt, sie
möge nicht in ihrem schwarzen Trauerkleid, das sie vor den
Richtern getragen, zum Schafott gehen, die auffallende Witwen-
tracht könnte das Volk aufreizen. Marie Antoinette – was gilt ihr
jetzt noch ein Kleid! – leistet keinen Widerstand und entschließt
sich, ein leichtes weißes Morgengewand zu nehmen.

Aber auch für diese letzte Mühe ist ihr noch eine letzte
Erniedrigung aufgespart. Aus dem Verlangen, körperlich rein
ihren letzten Weg zu gehen, will sie jetzt ein frisches Hemd anle-
gen und bittet den wachhabenden Gendarmerieoffizier, sich ein
wenig zurückzuziehen. Aber der Mann, der strengen Auftrag

hat, sie nicht eine Sekunde aus den Augen zu verlieren, erklärt, er dürfe seinen Posten nicht verlassen. So hockt sich die Königin in den schmalen Raum zwischen dem Bett und der Wand nieder, und während sie sich das Hemd überzieht, stellt sich das kleine Küchenmädchen vor sie, um ihre Blöße zu decken. Mit besonderer Sorgfalt kleidet sich dann die Königin an. Nicht weibliche Eitelkeit ist es mehr, die sie bestimmt, sondern Gefühl für die Würde der historischen Stunde. Sorgfältig streift sie ihr weißes Morgenkleid zurecht, umhüllt den Nacken mit einem Tuch von leichtem Musselin, wählt ihre besten Schuhe; das weiß gewordene Haar versteckt eine zweiflügelige Haube.

Um acht Uhr pocht es an der Tür. Nein, es ist noch nicht der Henker. Es ist nur sein Vorbote, der Priester, aber einer von jenen, die den republikanischen Eid geleistet haben. Die Königin weigert sich höflich, ihm zu beichten, sie erkenne nur unvereidigte Priester als Gottesdiener an, und auf seine Frage, ob er sie auf ihrem letzten Gang begleiten solle, antwortet sie gleichgültig: „Wie Sie wollen."

Diese scheinbare Gleichgültigkeit ist gewissermaßen die Schutzmauer, hinter der Marie Antoinette ihre innere Entschlossenheit für die letzte Fahrt vorbereitet. Als um zehn Uhr der Scharfrichter Samson, ein junger Mensch von riesenhaftem Wuchs, eintritt, um ihr die Haare zu schneiden, läßt sie sich ruhig, ohne Widerstand, die Hände auf den Rücken binden. Das Leben, sie weiß es, ist nicht mehr zu retten, einzig die Ehre.

Gegen elf Uhr werden die Türen der Conciergerie geöffnet. Draußen steht der Schinderkarren, eine Art Leiterwagen, dem ein mächtiges, schweres Pferd vorgespannt ist. Ludwig XVI., er war noch in seiner geschlossenen Hofkarosse feierlich und respektvoll zum Tode geführt worden, geschützt durch die gläserne Wand vor der gröbsten Neugierde, dem schmerzhaftesten Haß. Inzwischen ist die Republik weitergeschritten; sie verlangt Gleichheit auch für die Fahrt zur Guillotine. Ein Leiterwagen ist gut genug für die Witwe Capet. Als Sitz dient einzig ein Brett. Danton, Robespierre, Fouquier, Hébert, alle, die Marie Antoinette in den Tod schicken, werden auf dem gleichen harten Brett die letzte Fahrt machen; nur ein kurzes Stück Weges ist die Gerichtete ihren Richtern voraus.

Zuerst treten Offiziere aus dem düstern Gang der Conciergerie, hinter ihnen eine ganze Wachkompanie, die Hand am Gewehr, dann kommt ruhig und sicheren Schrittes Marie Antoinette. Der Henker Samson hält sie an dem langen Strick, mit dem man ihr die Hände auf den Rücken gebunden hat. Unwillkürlich sind die Umstehenden von dieser unvermuteten und unnötigen Erniedrigung überrascht. Ganz lautlos läßt man die Königin bis zum Karren schreiten. Dort bietet ihr Samson die Hand zum Aufstieg. Neben sie setzt sich der Priester Girard im bürgerlichen Gewande, aufrecht aber bleibt mit unbeweglichem Gesicht der Henker stehen, den Strick in der Hand. Aber diesmal halten sowohl er wie seine Gehilfen während der ganzen Fahrt den Dreispitz unter dem Arm, als wollten sie sich vor der wehrlosen Frau, die sie zum Schafott bringen, für ihr trauriges Amt entschuldigen.

Der erbärmliche Wagen rattert langsam über das Pflaster. Auf dem harten Sitz spürt die Königin jedes Holpern des groben Karrens, aber Marie Antoinette gibt kein Zeichen von Angst der enggereihten Neugier preis. Nichts macht sie irre, nicht, daß bei der Kirche Saint-Roch die angesammelten Weiber sie mit den üblichen Hohnrufen empfangen, nicht, daß der Schauspieler Grammont, um Stimmung in die düstere Szene zu bringen, in der Uniform eines Nationalgardisten vor dem Totenkarren einherreitet und, den Säbel schwenkend, ausruft: „Da ist sie, die infame Antoinette! Jetzt wird sie hin, meine Freunde." Sie scheint nichts zu hören, nichts zu sehen.

An der Ecke der Rue Saint-Honoré, an der Stelle des heutigen Café de la Régence, wartet, den Bleistift gezückt, ein Mann, ein Blatt Papier in der Hand. Es ist Louis David, eine der feigsten Seelen, einer der größten Künstler der Zeit. In einem Riß hält er auf flüchtigem Blatt das Antlitz der Königin unvergänglich fest, eine grauenhaft großartige Skizze, mit unheimlicher Kraft ganz heiß aus dem Leben geholt: eine gealterte Frau, nicht mehr schön, nur noch stolz. Den Mund hochmütig verschlossen, die Augen gleichgültig und fremd, sitzt sie mit ihren rückgeschnürten Händen so herausfordernd aufrecht auf ihrem Schinderkarren, als wäre er ein Thronsessel. Eine unsägliche Verächtlichkeit spricht aus jeder Linie des versteinerten Ge-

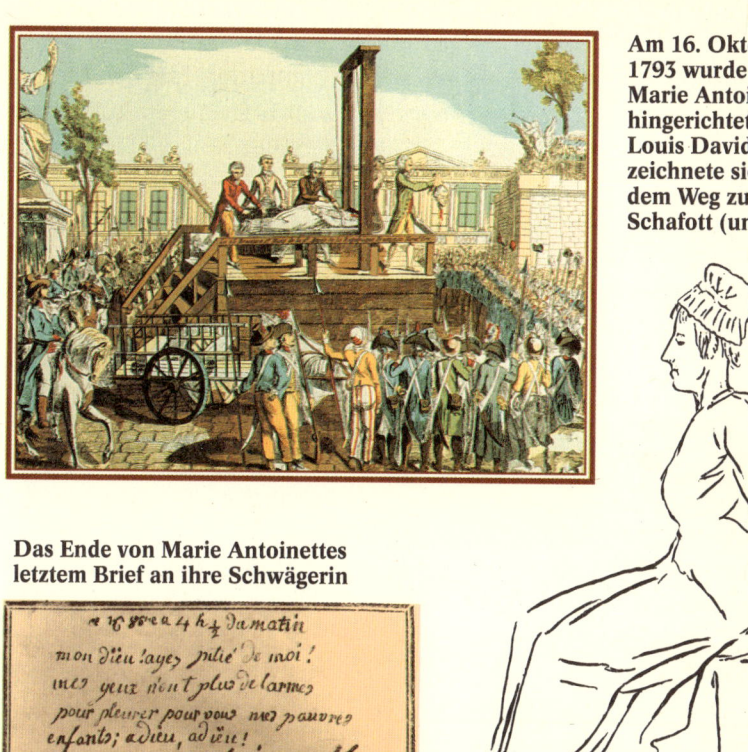

Das Ende von Marie Antoinettes letztem Brief an ihre Schwägerin

sichts. Dulden, das sich in Trotz verwandelt, Leiden, das innen zur Kraft geworden ist, gibt dieser gequälten Gestalt eine neue und furchtbare Majestät. Selbst der Haß kann auf diesem Blatte die Hoheit nicht leugnen, mit der Marie Antoinette die Schmach des Schinderkarrens durch ihre großartige Haltung bezwingt.

Der riesige Revolutionsplatz, die heutige Place de la Concorde, ist schwarz von Menschen. Zehntausende stehen seit frühmorgens auf den Beinen, um das einmalige Schauspiel nicht zu versäumen, wie eine Königin, nach dem groben Worte Héberts, „vom nationalen Rasiermesser balbiert wird". Stundenlang wartet schon die neugierige Menge. Die große Szene ist schon einige Geduld wert.

Über diesem neugierig wogenden schwarzen Gewühl erheben sich starr, das einzig Leblose im menschenbelebten Raum, zwei Silhouetten: die schlanke Linie der Guillotine, dieser hölzernen Brücke, die vom Diesseits ins Jenseits führt; von ihrem Stirnjoch blitzt in der trüben Oktobersonne der blanke Wegweiser, das frisch geschliffene Beil. Streng erhebt sich daneben, das Tor des Todes stolz überragend, das riesige Standbild der Freiheit auf dem Sockel, der früher das Denkmal Ludwigs XV. getragen. Still sitzt sie da, das Haupt gekrönt von der phrygischen Mütze, das Schwert in der Hand; sie sitzt da, steinern im Stein, die Göttin der Freiheit, und träumt vor sich hin. Ihre weißen Augen starren hinweg über die ewig unruhige Menge und weit hinaus über die nachbarliche Mordmaschine, irgend etwas Fernem und Unsichtbarem entgegen.

Plötzlich regt sich die Menge und wird mit einem Male stumm. In dieser Stille hört man jetzt wilde Rufe von der Rue Saint-Honoré her, man sieht die vorausrückende Kavallerie, und jetzt biegt um die Ecke der tragische Karren mit der gefesselten Frau, die einst Herrin von Frankreich war; hinter ihr steht Samson, der Henker. So still wird es, daß man das schwere Stapfen des Pferdes und das Ächzen der Räder vernimmt. Die Zehntausende sehen plötzlich beklommen mit einem gebannten Gefühl des Grauens auf die blasse gebundene Frau, die keinen von ihnen anblickt. Sie weiß: nur diese letzte Probe noch! Nur fünf Minuten Sterben noch und dann Unsterblichkeit.

Der Karren hält vor dem Schafott. Ruhig und ohne Hilfe, „mit einem noch steinerneren Gesicht als beim Verlassen des Gefängnisses", tritt die Königin, jede Hilfe zurückweisend, die bretternen Stufen des Schafotts empor; sie schreitet genauso leicht in ihren hochstöckeligen schwarzen Atlasschuhen diese letzten Stufen hinauf wie einst die marmornen Treppen von Versailles. Einen verlorenen Blick jetzt noch über das widrige Gewühl hinweg in den Himmel vor ihr! Und schon ist es vorbei. Die Henker fassen sie rücklings an, ein rascher Wurf auf das Brett, den Kopf unter die Schneide, ein Riß am Strang, ein Blitz des niedersausenden Messers, ein dumpfer Schlag, und schon packt Samson an den Haaren ein entblutetes Haupt und hebt es sichtbar empor über den Platz. Mit einem Stoß rettet sich jetzt das atemstockende Grauen der Zehntausende in einen wilden Schrei. „Es lebe die Republik!" Dann zerstreut sich beinahe hastig die Menge.

In einem kleinen Schubkarren fährt der Nachrichter die Leiche weg, den blutigen Kopf zwischen den Beinen. Ein paar Gendarmen bewachen noch das Schafott.

Nur die Göttin der Freiheit ist unbeweglich auf ihrem Platz geblieben und starrt weiter und weiter auf ihr unsichtbares Ziel. Sie hat nichts gesehen, nichts gehört. Streng blickt sie über das wilde und törichte Tun der Menschen hinweg in die ewige Ferne. Sie weiß nicht und will nicht wissen, was in ihrem Namen geschieht.

1755	2. November: Geburt Marie Antoinettes
1769	7. Juni: Schriftliche Brautwerbung durch Ludwig XV.
1770	19. April: Hochzeit „per procurationem" in Wien 16. Mai: Hochzeit in Versailles
1772	5. August: Teilung Polens
1773	8. Juni: Einzug der Dauphine in Paris
1774	10. Mai: Tod Ludwigs XV. Fersen zum erstenmal in Versailles
1777	April/Mai: Besuch Josephs II. in Versailles
1780	1. August: Erstes Auftreten Marie Antoinettes im Theater des Trianons 29. November: Tod Maria Theresias
1781	22. Oktober: Geburt des ersten Dauphins
1783	3. September: Frieden von Versailles, Anerkennung der Vereinigten Staaten durch Frankreich
1784	11. August: Begegnung zwischen Kardinal Rohan und der vermeintlichen Königin im Venusboskett
1785	29. Januar: Kardinal Rohan kauft das Halsband 27. März: Geburt des zweiten Dauphins 15. August: Verhaftung Rohans in Versailles
1786	31. Mai: Urteilsverkündung in der Halsbandaffäre
1788	Beginnende Intimität mit Fersen

1789	5. Mai: Eröffnung der Generalstände
	3. Juni: Tod des ersten Dauphins
	17. Juni: Der dritte Stand konstituiert sich als Nationalversammlung.
	20. Juni: Schwur im Ballhaus
	11. Juli: Ludwig XVI. entläßt Minister Jacques Necker.
	14. Juli: Erstürmung der Bastille
	5. Oktober: Zug des Pariser Volkes nach Versailles
	6. Oktober: Fahrt der königlichen Familie nach Paris
1790	20. Februar: Tod Josephs II.
	3. Juli: Begegnung Marie Antoinettes mit Mirabeau
1791	2. April: Tod Mirabeaus
	20.–25. Juni: Flucht nach Varennes
	14. September: Ludwig XVI. leistet Verfassungseid
1792	13./14. Februar: Fersen letztmalig in den Tuilerien
	20. April: Kriegserklärung Frankreichs an Österreich
	10. August: Erstürmung der Tuilerien
	13. August: Überführung der königlichen Familie in den Temple
	21. September: Abschaffung des Königtums, Ausrufung der Republik
	11. Dezember: Prozeßbeginn gegen Ludwig XVI.
1793	21. Januar: Hinrichtung Ludwigs XVI.
	10. März: Einführung des Revolutionstribunals
	3. Juli: Trennung des Dauphins von Marie Antoinette
	1. August: Überführung in die Conciergerie
	14. Oktober: Beginn der Verhandlung gegen Marie Antoinette
	16. Oktober: Hinrichtung der Königin

Hans Christian
ANDERSEN

Eine Kurzfassung des Buches von

Rumer Godden

Mit zeitgenössischen
Abbildungen und Fotos

Hans Christian Andersens bezaubernde Märchen, die sich durch subtilen Humor und Selbstironie auszeichnen, spiegeln die Erfahrungen aus seinem oft nicht einfachen Leben wider. Jeder kennt „Des Kaisers neue Kleider", „Die Prinzessin auf der Erbse" oder „Das häßliche junge Entlein". Sie wurden in mehr als achtzig Sprachen übersetzt und gehören heute zum unvergänglichen Märchenschatz der Weltliteratur.

Hans Christian Andersen war erst vierzehn Jahre alt, als er nach Kopenhagen ging, um berühmt zu werden, denn – wenn auch sonst niemand – er glaubte fest daran, daß er dies eines Tages sein würde. Als er merkte, daß er sein Ziel mit der Schauspielerei nicht wie erhofft erreichen konnte, wandte er sich der Schriftstellerei zu. Die Kindermärchen schrieb er nur so nebenher, und er war fast gekränkt, daß er ihnen und nicht den ambitionierteren Werken seinen Ruhm verdankte.

> „Das schönste Märchen schreibt das Leben selbst."
>
> H. C. Andersen:
> *Das Märchen meines Lebens ohne Dichtung*

Kapitel 1

HANS CHRISTIAN ANDERSENS Eltern lebten in Odense, auf der dänischen Insel Fünen. Sie waren so arm, daß sie fast alle Möbel für den gemeinsamen Hausstand selber zimmern mußten. So war das Bett aus einem Holzgestell entstanden, auf dem zuvor der Sarg eines Grafen aufgebahrt worden war – was sie mit Ehrfurcht erfüllte. Am 2. April 1805 lag darauf ein sehr lebendiges schreiendes Kind – Hans Christian Andersen.

Der Vater war selber noch ein halbes Kind, eben einundzwanzig Jahre alt, als sein Sohn geboren wurde. Er war ein Schuster, aber derart verträumt, daß er im Alltag schlecht zurechtkam. Als Schuster leistete er nichts Besonderes. Einmal fertigte er zur Probe ein Paar Schuhe für die Herrin eines großen Landsitzes an. Er hoffte, man würde ihn danach als Flickschuster auf dem Gut einstellen, denn dann erhielte er eine eigene kleine Hütte, eine Kuh, Hühner und ein Stückchen Gartenland. Man schickte ihm ein Stück Seide für die Schuhe, das Leder mußte er selber beisteuern. Auf diesen Schuhen ruhte die ganze Hoffnung der kleinen Familie. Hans Christian betete um den Erfolg, und nachdem die Schuhe, sauber in ein Tuch gewickelt, in das Herrenhaus gebracht worden waren, konnte er die gute Nachricht kaum erwarten.

Aber der Vater kam blaß und wütend heim. Die Dame habe die Schuhe nicht einmal anprobieren wollen und habe ihn beschuldigt, die Seide vergeudet zu haben. „Dann kann ich auch mein Leder vergeuden", hatte er erklärt, hatte ein Messer gezogen und die Schuhe in kleine Stücke zerschnitten.

Wahrscheinlich glaubte Andersen, daß er nie hätte Schuster werden dürfen. Einmal sah Hans Christian Tränen in den Augen des Vaters. Das war, als ein Junge aus der Lateinschule sich

Stiefel anmessen ließ und sich brüstete, was er alles lerne. Hans Christian bemerkte, wie sich sein Vater mit bewegter Miene abwendete: „Das ist der Weg, den ich gern gegangen wäre!"

Diese Ambitionen rührten von Hans Christians Großmutter her, einer alten Dame mit Stil und Manieren, was so gar nicht zu der Armut, in der sie lebte, passen wollte. Sie hatte eine flinke Zunge und erzählte endlose Geschichten über ihre adelige Abstammung. Erst als Hans Christian erwachsen war, erfuhr er, daß sie das alles erfunden hatte, aber schon als Kind spürte er, daß die Familie belastet war. Sein Großvater war geisteskrank, dabei aber harmlos, so daß man ihn nicht einsperren mußte. Das bedeutete aber auch, daß alle Welt darum wußte, weil man ihn täglich sah.

Vielleicht war das der Grund, warum Hans Christian ebenso wie sein Vater keine Freunde fand. Ane Marie, die Mutter, verstand sich stets gut mit den Nachbarn, aber sie hatte auch keine Allüren. Der junge Schuster war eher zurückhaltend. All seine Liebe und freie Zeit schenkte er dem Sohn. Manchmal sah es so aus, als sei er gar nicht viel älter als Hans Christian. Er las ihm endlos lange Geschichten aus „Tausendundeine Nacht" vor, bastelte ihm Spielzeug und ein Puppentheater. Die Begabung, Kinder zu unterhalten, sie mit Kleinigkeiten zu bezaubern, lag offenbar in der Familie. Als Hans Christian älter wurde, fand auch er Spaß daran, Puppentheater zu basteln und aus Papier kleine Kunstwerke, fein wie Spitzen, zu schneiden – Blumen, Bäume, Engel, Tänzerinnen, Zwerge und Schwäne.

Im Sommer zog der Vater sonntags mit Hans Christian stets hinaus in die Wälder, wo er dann träumend und sinnend im Gras lag, während der kleine Junge spielte. Einmal im Jahr, im Mai, begleitete sie die Mutter. Es war ihr einziger Ausflug im ganzen Jahr. Sie zog dann ihr bestes Kleid an, ein Baumwollgewand, in dem sie auch zum Abendmahl ging, und packte belegte Brote und einen Krug Bier ein. Am Abend vor dem Aufbruch pflückte sie frische Buchenzweige, die später hinter den blankgeputzten Herd gesteckt wurden, und Johanniskraut, das an den Deckenbalken aufgehängt wurde. Sie sah darin ein Omen – blieben sie frisch, würde es der Familie das Jahr über gutgehen.

Sie hatten nur einen einzigen Raum und eine winzige Küche, aber Ane Marie hatte es verstanden, ihr Heim gemütlich einzurichten und mit Liebe zu erfüllen. In seiner Autobiographie schrieb ihr Sohn später: „Unser einziges kleines Zimmer war vollgestellt mit der Schusterbank, dem Bett und dem zusammenlegbaren Kinderbettchen, in dem ich schlief. Die Wände waren voller Bilder, und über der Werkbank hing ein Regal mit Büchern und Liedern. In der kleinen Küche gab es eine Reihe blanker Zinnteller, und mir kam unser kleines Zuhause groß und vornehm vor. Die Landschaftsmalereien auf der Tür bedeuteten mir damals mehr als eine ganze Kunstgalerie."

Diese Malereien kehren in der Geschichte vom Sandmännchen wieder, das den Kindern Träume bringt und ihnen Sand in die Augen streut, damit sie schläfrig werden:

> Das Sandmännchen berührte das Bild mit seinem Zauberstrahl, und sofort fingen die Vögel an zu singen. Die Zweige der Bäume rauschten, und die Wolken zogen am Himmel dahin. Man konnte sehen, wie ihre Schatten über die Felder wanderten.
>
> Das Sandmännchen nahm den kleinen Hjalmar, hob ihn zum Bilderrahmen empor, und Hjalmar stellte seine Füße in das Bild, mitten ins hohe Gras. Da stand er nun, und die Sonne schien durch die Blätter der Bäume auf ihn hinab. Er lief hinunter zum Wasser und stieg in das kleine Boot, das dort lag. Es war rot und weiß gestrichen, und seine Segel leuchteten wie Silber . . .
>
> Ja, es war eine herrliche Segelfahrt. Eben noch fuhren sie durch dichte, dunkle Wälder, und plötzlich waren es herrliche Gärten voller Blumen und Sonnenschein. Dann erschienen prächtige Paläste aus Glas und Marmor, auf deren Balkonen Prinzessinnen standen, die alle so aussahen wie die kleinen Mädchen, die Hjalmar gut kannte, weil er mit ihnen gespielt hatte. Sie streckten ihm die Hände entgegen, in denen jede das schönste Marzipanschweinchen hielt, das man im Bonbonladen kaufen konnte.

Der kleine Hans Christian ging gern zu Bett, wenn auch nicht in sein eigenes, sondern lieber in das der Eltern mit den vier Pfosten. Wenn die Vorhänge zugezogen waren, fühlte er sich darin wie in einem eigenen kleinen Haus. Dennoch konnte er den Kerzenschimmer und das Licht des Herdfeuers sehen und hören, wie der Vater vorlas, ab und zu von der Mutter ungeduldig oder bewundernd unterbrochen.

Da lag Hans Christian dann, merkte sich die Worte im Halbschlaf, und der bescheidene kleine Raum war für ihn der sicherste und schönste Platz auf Erden.

Ane Marie achtete darauf, daß er immer ordentlich gekleidet und sauber gewaschen war und daß er auch selber auf sich achtgab. Das sollte ihm später einmal sehr nützlich sein. Sie zog ihn so gut an, wie sie es nur vermochte. Die alten Anzüge des Vaters wurden für ihn umgearbeitet, ein buntes Taschentuch um den Hals zur Schleife geknotet, und sein Haar war stets frisch gewaschen und gelockt.

Auf ihre einfache Art freute sich Ane Marie des Lebens. Trotz ihrer Armut brachte sie es immer fertig, an Feiertagen die traditionellen Gerichte auf den Tisch zu bringen: Milchreis, gebratene Gans und Apfelkuchen zu Weihnachten, Schinken und Weißkohl zu Ostern.

Gelegentlich sah sie Hans Christian streng an und erklärte ihm, wie verwöhnt er doch sei. Sie sei als Kind zum Betteln ausgeschickt worden. Und wenn sie sich damals auch schämte und oft weinend unter einer Brücke versteckte, hätte sie es nicht gewagt, ohne einen Pfennig nach Hause zu kommen. Jahre später machte Andersen dieses Kind in „Das kleine Mädchen mit den Schwefelhölzchen" unsterblich.

Überhaupt stecken in seinen Märchen viele Kindheitserinnerungen. Von der kleinen Küche der Andersens konnte man über eine Leiter auf den Dachboden gelangen, wo in der Dachrinne, zum Nachbarhaus hin, ein großer Kasten mit Erde stand, der einzige Garten der Mutter. Sie zog darin Küchenkräuter. Im Märchen „Die Schneekönigin" blüht der Garten noch immer.

> Drinnen in der großen Stadt, wo so viele Menschen und Häuser sind und nicht einmal Platz genug ist, daß alle Leute einen kleinen Garten haben können, und wo sich deshalb die meisten mit Blumen in Töpfen begnügen müssen, waren zwei arme Kinder, die einen etwas größeren Garten als einen Blumentopf besaßen. Ihre Eltern waren Nachbarn. Sie wohnten dicht beieinander in zwei Dachkammern; und wo das Dach des einen Hauses gegen das andere stieß und die Wasserrinne zwischen den Dächern entlanglief, war in jedem Haus ein kleines Fenster. Man brauchte nur über die Rinne zu steigen, um von dem einen Fenster zum anderen zu gelangen.

Draußen hatte jede Familie einen Holzkasten, in dem Küchenkräuter wuchsen und dazu je einen kleinen Rosenstock . . . Es sah
aus wie ein einziger blühender Vorhang. Die Erbsenranken hingen
über die Holzkästen, und die Rosen trieben lange Zweige, die sich
um die Fenster rankten und einander entgegenbogen, als wollten
sie das Ganze zu einem prangenden Triumphbogen aus Blättern
und Blüten fügen.

Hans Christian Andersen wuchs mit Blumen auf. „Ich bin
unter den Schriftstellern der dänischste", pflegte er zu sagen,
denn eine Nationaleigenschaft der Dänen ist ihre Liebe zu Blumen. Auf dem Lande findet man allerorten Baumschulen und
Gewächshäuser und Blumenmärkte, wo Pflanzen aller Art in
großer Vielfalt und zu günstigen Preisen zu haben sind. In jedem
Haus, in jeder Wohnung stehen Blumen im Fenster und werden
liebevoll gepflegt, fast so, als gehörten sie zur Familie. „Du
kannst der Meinung von Topfpflanzen nicht trauen", sagt der
Schmetterling in einem Märchen von Andersen. „Sie haben zu
häufig Umgang mit Menschen."

An jedem Sonntag kam Hans Christians Großmutter zu Besuch. Sie brachte immer Blumen mit, die Hans dann in einer Vase
arrangieren und auf das Regal stellen durfte. Es war beachtlich, wie
geschickt er mit seinen großen Händen Blumen ordnen konnte.

Seine Großmutter hatte den Auftrag, den Garten der Irrenanstalt zu pflegen, und manchmal durfte Hans Christian sie dorthin begleiten. Dabei ging es ihm nicht nur um Blumen. Die Zellen,
in denen die schwersten Fälle von Wahnsinn gehalten wurden,
übten eine unheimliche Anziehungskraft auf ihn aus. War seine
Neugier groß genug, um die Angst zu überwinden, spähte er hinein, obwohl es ihm verboten war, sich den Irren zu nähern.

Eines Tages, als er sich auf den Boden gelegt hatte, um durch
einen Spalt unter der Tür durchzusehen, beobachtete er eine
Frau auf einem Strohlager. Die wirren Haare hingen ihr ins Gesicht, und sie sang mit seltsam schriller Stimme, die ihn schaudern ließ, vor sich hin. Plötzlich sprang sie auf und warf sich mit
aller Gewalt gegen die Tür. Die Luke, durch die man ihr Nah-
rung reichte, sprang auf. Die Frau streckte die Hand hindurch
und berührte Hans Christian, der vor Angst wie gelähmt dalag
und zu schreien anfing.

Vielleicht fürchtete er sich aufgrund dieses Erlebnisses besonders stark vor seinem geisteskranken Großvater. Der alte Mann
war in Odense und Umgebung nur allzu bekannt. Die Hausfrauen gaben ihm zu essen, aber die Straßenjungen jagten ihn
häufig und warfen mit Steinen nach ihm. Einmal mußte Hans
Christian das mit ansehen. Er zitterte aus Mitleid und Angst und
versteckte sich schnell, schämte sich dessen aber sehr.

Manchmal wurde auch Hans Christian von den Straßenjungen gehänselt. Sie spotteten über sein Puppentheater und die
Geschichten, die er erzählte. Deshalb suchte er immer mehr die
Einsamkeit. Gern breitete er eine Schürze der Mutter im Hof
über den Stachelbeerstrauch und einen Besenstiel aus, setzte
sich dann unter dieses Dach und dachte sich Geschichten aus.
Er erzählte seine Geschichten weiter, trotz des Spotts der
Straßenjungen. Schließlich macht es ja keinen Spaß, sich Geschichten auszudenken, die keiner hört. Manchmal ging er deshalb zu einem Haus in der Nähe der Irrenanstalt, in dem arme
Frauen zum Spinnen zusammenkamen. Sie verhätschelten ihn,
mehr noch, sie hörten ihm zu und meinten, er sei zu klug für
diese Welt. Und das gefiel ihm natürlich sehr.

Er sah nicht gerade kräftig aus. Er war dünn und so hoch auf-
geschossen, daß seine langen Beine wie die von einem Storch
aussahen. Das war sein Lieblingsvogel, und ihm sollte er auch
ein Leben lang ähneln. Hans Christian war ziemlich blaß, weil er
soviel drinnen saß. Mit seinen kleinen Augen starrte er unter
seiner blonden Tolle hervor die Leute an.

Ihm kam es aber nicht in den Sinn, daß jemand finden
könnte, er sehe seltsam aus, und er nahm die Schmeicheleien
der Spinnerinnen genauso begeistert auf wie die Schauerge-
schichten, die sie von Hexen und Gespenstern erzählten und
von Menschen, die plötzlich tot umgefallen waren. Ane Marie
steckte ebenfalls voller bäuerlichen Aberglaubens und tat ihr
Bestes, um ihn an ihren Sohn weiterzugeben.

Als Hans Christian sechs Jahre alt war, zeigte sich der große
Komet von 1811 am Himmel. Die Mutter erklärte, er würde die
Erde in Stücke sprengen. Hans Christian zitterte vor Angst beim
Anblick des riesigen Feuerballs, bis sein Vater dazukam und ihm

ruhig erklärte, was ein Komet war. Ane Marie wollte ihm nicht glauben. Die Erklärungen ihres Mannes hatten meist etwas Erschreckendes für sie. So klappte er eines Tages die Bibel zu und sagte: „Christus war auch nur ein Mensch wie wir, aber ein ganz ungewöhnlicher Mann." Ane Marie war entsetzt über diese Gotteslästerung, und auch Hans Christian glaubte, nun würde ihnen sofort die Decke auf den Kopf fallen. Als nichts dergleichen geschah, merkte er sich die Worte des Vaters. Er vergaß auch nicht die anderen Aussprüche von ihm wie: „Der schlimmste Teufel steckt in uns selbst" und „Ich bin ein Freidenker". Wenn der Junge über sie nachdachte, gingen seine Gedanken in eine Richtung, die ihm nicht gefallen wollte. Aber niemand kann auf ewig am Schürzenzipfel der Mutter hängen. Auch Hans Christian mußte sich der Welt da draußen stellen, so groß und und erschreckend sie auch sein mochte.

AN EINEM denkwürdigen Tag durfte Hans Christian zum erstenmal ins Theater gehen, und von diesem Tag an war er dem Theater verfallen. Hatte er kein Geld, um die Vorstellung zu besuchen, pflegte er um Handzettel zu bitten und zu Hause darüber brütend ganze Dramen zu erfinden, allein aufgrund des Titels und der Darstellerlisten.

Dann beschloß der Vater, daß Hans Christian zur Schule gehen sollte. Ane Marie brachte ihn zu einer alten Lehrerin, die Privatunterricht gab, und verlangte, daß ihr Sohn nie geschlagen werden dürfe. Hans Christian lernte dort das ABC und „richtig zu lesen" – wie das genannt wurde; es bedeutete, so laut und schrill zu buchstabieren wie nur möglich. Er ging gern zum Unterricht, vor allem, weil es dort eine Uhr gab, aus der zu jeder vollen Stunde kleine Figuren heraussprangen. Er war meist so gebannt davon, daß er darüber das Buchstabieren vergaß. Als die Lehrerin ihm deswegen ein paar Stockschläge verabreichte, nahm er seine Bücher und ging nach Hause.

Danach kam er in eine jüdische Armenschule. Obwohl der Lehrer sehr freundlich zu ihm war, fühlte er sich dort nicht wohl. In der ersten Schule war er geschlagen worden. Aber was ihm hier widerfuhr, schmerzte noch mehr. Dabei hatte er sich das im Grunde selber zuzuschreiben. Er war recht geschickt im

Zeichnen und zeigte einer Mitschülerin einmal das Bild von einem Schloß, das er entworfen hatte. Weil er sie genauso beeindrucken wollte wie die alten Spinnerinnen, behauptete er, die Zeichnung zeige sein Zuhause und er sei von edler Abstammung. Als das Kind ihm nicht glauben wollte, gab er nicht auf, sondern versuchte ihm auf andere Weise zu imponieren. Er sagte ihr, daß Gottes Engel zu ihm redeten. Sie wich vor ihm zurück und sagte leise zu einem anderen Mitschüler: „Er ist genauso verrückt wie sein Großvater." Hans Christian fühlte sich daraufhin so elend wie damals, als er mit ansehen mußte, wie man seinen Großvater verspottete und mit Steinen bewarf. Ihm kam die ganze Welt außerhalb seines Elternhauses hart und grausam vor.

Zur Zeit der Napoleonischen Kriege war Napoleon jedermann gegenwärtig, und sein Bild hing auch in der kleinen Wohnung der Andersens. Hans Christian sollte nie vergessen, wie sehr sein Vater diesen Herrscher verehrte. Der Schuster redete sogar davon, daß er sich als Freiwilliger melden wollte. Ane Marie weinte deshalb. Sie wußte, daß ihr Mann sich schlecht zum Soldaten eignete, so unsicher und wenig kräftig, wie er war. Aber wenige Tage später war er bereits angeworben, und Hans Christian hörte, wie er fortging. Er konnte den Abmarsch der Soldaten nicht beobachten, weil er mit Masern in dem großen Bett lag, aber er hörte den Trommelschlag. Bis zu diesem Zeitpunkt hatte er wie alle anderen Jungen das Dröhnen der Trommeln aufregend gefunden, nun aber klangen sie grausam und furchterregend. Mit diesem Trommelschlag ging der Vater fort, und Hans Christians kleine Welt brach zusammen.

Als der Schuster nach einiger Zeit heimkehrte, war der letzte Funken Begeisterung in ihm erloschen. Er sprach nicht mehr von Hoffnungen und Träumen und war so abgemagert, daß sich die Wangenknochen in seinem Gesicht abzeichneten. Schließlich kam der Tag, an dem Ane Marie Hans Christian fortschickte, nicht um den Arzt, sondern um die weise Frau zu holen. Die weise Frau sagte ihre Beschwörungen auf, band einen Wollfaden um Andersens Handgelenk und gab ihm ein grünes Zweiglein in die Hand, das nach ihrer Aussage von dem Baum stammte, aus dessen Holz das heilige Kreuz gefertigt worden war. Aber drei Tage darauf starb der ausgemergelte Kranke. Sein Leichnam lag auf dem großen Bett hinter den Vorhängen. Hans Christian und seine Mutter teilten derweil das kleine Bett, blieben aber wach. Eine Grille zirpte die ganze Nacht lang.

„Du brauchst nicht mehr für ihn zu musizieren. Er ist tot", sagte Ane Marie zu der Grille. „Die Eisjungfrau hat ihn geholt."

Hans Christian wußte, was sie meinte. Im vergangenen Winter hatte sein Vater mit heißen Pfennigstücken Gucklöcher in die zugefrorenen Fensterscheiben gemacht. Als sie hindurchspähten, glaubten sie ein junges Mädchen mit ausgestreckten Armen zu sehen. „Sie ist gekommen, um mich zu holen", hatte der Vater gesagt und gelacht.

Nun war er tot, ein noch junger Mann mit einem müden alten Gesicht. Sein letzter Wunsch und Wille galt seinem Sohn. Er klang wie das Echo des eigenen unerfüllten Lebens. „Was auch immer der Junge werden will", hatte er zu Ane Marie gesagt, „selbst wenn es völlig unsinnig erscheint, laß ihm seinen Willen. Laß ihn tun, was er möchte!"

SOLANGE der Vater noch lebte, hatte Hans Christian jemanden gehabt, zu dem er aufsehen konnte. Andersen hatte seinen Sohn verstanden und konnte ihn auch zurechtweisen. Nun aber war Hans Christian ganz ungezügelt.

Seine Mutter erklärte allen, er sei der bemerkenswerteste Junge auf der ganzen Welt. Sie sprach gern von einem Vorkommnis auf den Feldern des nahe gelegenen großen Gutes, dessen Aufseher für seine Grobheit bekannt war. Sie war mit Hans Christian bei der Ährennachlese, als die beiden ihn von weitem kommen sahen, mit der Peitsche in der Hand. Ane Marie lief fort, aber Hans Christian hatte seine Holzpantinen verloren und konnte auf den Stoppeln nicht so schnell laufen. Schon stand der Aufseher vor ihm und hob wütend die Peitsche. Da sah der kleine Junge zu ihm auf und sagte: „Wie können Sie es wagen, mich zu schlagen, wo Gott es doch sehen kann?" Der Aufseher ließ die Peitsche sinken, strich Hans Christian über die Wange und gab ihm etwas Geld.

„Mein Hans Christian ist ein besonderes Kind", erklärte die

Mutter voller Stolz. Er sah schon sehr seltsam aus mit seinem langen Mantel und der Kappe mit zerbrochenem Schirm. Die Leute lachten über ihn, weil er so staksig und ungeschickt war, und viele dachten, mit seinen Augen stimme etwas nicht, weil er die Angewohnheit hatte, sie beim Nachdenken zu schließen. Er war außerordentlich gesprächig, aber es gab nur wenige, die sein Gerede verstanden, und so fühlte er sich sehr einsam. Seine Mutter arbeitete den ganzen Tag lang als Waschfrau, wobei sie bis zu den Knien in dem kalten Wasser des Flusses stehen mußte. Währenddessen spielte Hans Christian allein daheim mit seinem Puppentheater, nähte Puppenkleider und las Dramen – ein seltsamer kleiner Einzelgänger.

Die Mutter schickte ihn wieder zur Schule, diesmal in die städtische Armenschule für Jungen, aber er lernte im Grunde nichts. Er konnte es einfach nicht lassen, immer wieder erfundene Geschichten zu erzählen, und die Jungen hänselten ihn deshalb oft. Eines Tages jagte ihn die ganze Klasse durch die Straßen und johlte: „Da läuft der Stückeschreiber!" Das versetzte ihn in Angst und Schrecken. War er tatsächlich so verrückt wie sein Großvater, wie das kleine Mädchen einst behauptet hatte? Danach schloß er sich noch enger an seine wenigen echten Freunde an, die alle schon erwachsen waren.

In der Nähe der Schule stand ein Haus, das der Witwe und der Schwester eines Pfarrers gehörte, der auch ein Dichter gewesen war. Als Hans Christian eines Tages auf einem Botengang dorthin kam, sah er mehr Bücher in einem Raum, als er sich je hatte vorstellen können. Sein ehrfürchtiges Staunen erregte die Aufmerksamkeit der beiden Damen, und sie ließen ihn eintreten.

Bald war er ein willkommener Gast in ihrem Haus. Er kam gern, um sich vorlesen zu lassen und Bücher auszuleihen und weil er mit den beiden Damen reden konnte, ohne ausgelacht zu werden. Zum erstenmal hörte er Shakespeare und fing danach an, auf seiner Puppenbühne *Hamlet* zu spielen. Im Gegensatz zu den meisten Kindern hatte er es gern, wenn Menschen in einem Stück starben. Es war nicht nur der Inhalt, der ihn begeisterte; selbst in der Übersetzung nahm ihn die Poesie der Sprache gefangen. Allmählich fing er an zu begreifen, daß es etwas

Das Arbeitszimmer von
Hans Christian Andersen
in dem ihm gewidmeten
Museum in Odense

Andersens Geburtshaus,
in dem heute das Muse-
um untergebracht ist

Seltenes und Großartiges und Wunderbares war, ein Dichter zu
sein. Derart angeregt, fing Hans Christian an, selbst Stücke zu
schreiben.

Er war nie zu schüchtern, seine Werke vorzulesen, wenn
jemand sich die Zeit nahm, ihm zuzuhören. Er hatte auch eine
Vorliebe für Listen, und so machte er in dem alten Soldbuch seines Vaters eine Aufstellung von allen Stücken, die er eines Tages
verfassen wollte. Außerdem schrieb er Gedichte, aber die meiste
Zeit verbrachte er mit Träumen oder Lesen.

Dieses kleine Glück fand bald ein Ende. Ane Marie beschloß,
daß er arbeiten gehen sollte, und gab ihn zu einem Weber in die
Lehre. Seine Großmutter begleitete ihn am ersten Tag und sagte
verbittert, sie hätte nicht erwartet, daß sie es noch erleben
müßte, ihren Enkelsohn in Gesellschaft von zerlumpten Jungen
und ungebildeten Grobianen zu sehen.

371

Zunächst war es nicht so schlimm, wie Hans Christian befürchtet hatte. Die Tagelöhner waren nicht unfreundlich zu ihm; sie betrachteten ihn als Unikum, das sie belustigte. Als sie herausfanden, daß er gut singen und rezitieren konnte, hielten sie die Webstühle an und ließen sich von ihm unterhalten. Er war glücklich, bis die Tagelöhner ihn eines Tages neckten, er sei wohl ein Mädchen, weil er eine so hohe, klare Stimme habe. Hans Christian flüchtete sich nach Hause zu seiner Mutter und weigerte sich, je wieder dorthin zu gehen. Sie brachte ihn daraufhin in einer Tabakfabrik unter. Aber die Späße waren dort genauso rauh, und der Tabakstaub brachte ihn zum Husten und verursachte ihm Schmerzen in der Brust. Also nahm sie ihn auch dort wieder fort.

Ane Marie war nun seit zwei Jahren verwitwet und dabei eine kräftige, lebensfrohe Frau. Sie heiratete wieder, und Hans Christian mußte erleben, wie alles, was sein Vater geliebt hatte, nun in den Besitz eines anderen Mannes überging. Der neue Ehemann war ebenfalls Schuster, und so arbeitete er an der Werkbank, die Andersen gezimmert hatte, er schlief in seinem Bett und nannte Ane Marie seine Frau. Hans Christian mußte sich nun die Liebe und Fürsorge seiner Mutter mit diesem Fremden teilen. Die Familie des Stiefvaters war der Ansicht, ihr Sohn habe unter seinem Stand geheiratet, und gestattete weder Ane Marie noch deren Sohn, sie in ihren Häusern zu besuchen. Hans Christian empfand es als sehr bitter, daß er, das Wunderkind, nicht gut genug sein sollte, um in das Haus eines Arbeiters eingeladen zu werden. Stolz erklärte er, es mache ihm nichts aus. Er würde berühmt werden. Aber er sagte das fast verzweifelt.

Mit dem Stiefvater zogen sie um in ein neues Haus, dessen Garten bis zum Fluß hinunter reichte. Hans Christian pflegte sich dort auf einen der großen Steine zu stellen, die seine Mutter zum Waschen benutzte, und zu singen. Eine der alten Waschfrauen hatte ihm erzählt, daß China unter dem Odenseefluß läge, und so stellte er sich vor, daß ein chinesischer Prinz ihn hören könnte und dann so verzaubert von seinem Gesang wäre, daß er durch den Fluß aufsteigen würde, um ihn mit sich zu nehmen zu Ruhm und Reichtum auf der anderen Seite der Welt. Natürlich würde er ihn nach Odense zurückkehren lassen, wo er, Hans

Christian, ein großes Haus bauen würde, ganz wie der Palast des Prinzen in China. Dieser Palast entstand Jahre später in dem Märchen „Die Nachtigall".

> Des Kaisers Schloß war das prächtigste der ganzen Welt, ganz und gar aus feinem Porzellan ... Im Garten sah man die seltensten Blumen, und an die schönsten hatte man Silberglöckchen gebunden, die zart läuteten, damit keiner vorbeigehen möge, ohne diese Pracht zu bemerken. Ja, alles in des Kaisers Garten war sorgfältig bedacht. Und er erstreckte sich so weit, daß der Gärtner selbst nicht wußte, wo er enden mochte. Ging man weiter, gelangte man in einen herrlichen Wald mit hohen Bäumen und tiefdunklen Seen. Der Wald reichte bis an das Ufer des Meeres, das hier schon tief und blau war; große Schiffe konnten bis unter die Zweige der Bäume segeln.

Hans Christian sang aber nicht nur um des Prinzen willen, sondern aus durchaus praktischen Überlegungen. Auf der anderen Seite des Zaunes lag der Garten eines der reichsten Männer der Stadt. Hans Christian wußte, daß dieser Großbürger manchmal seine Gäste hinter dem Zaun durch den Gesang des armen Jungen unterhalten ließ. Weil er eine angenehme Stimme hatte, wurde er auch bald eingeladen, in die Häuser der Reichen zu kommen und vorzusingen. Unter ihnen war Oberst Höegh-Guldberg, ein Dragoneroffizier. Die Guldbergs waren feinsinnige, gebildete Menschen, und der Oberst spürte, daß mehr in dem frühreifen Jungen steckte, als andere mit Gesang zu unterhalten. Er beschloß, Hans Christian eine Audienz beim Kronprinzen, dem späteren König Christian VIII., zu verschaffen.

Das ist nicht so außergewöhnlich, wie es zunächst scheinen mag, denn in Dänemark geht die königliche Familie mit dem Volk offen und freundlich um. Für Hans Christian war es aber aufregend genug. Vor der Audienz erklärte ihm Oberst Guldberg, wenn er Gelegenheit dazu erhielte, sollte er den Kronprinzen bitten, ihn auf eine Lateinschule zu schicken. Das dämpfte Hans Christians Freude ein bißchen. Er war allmählich zu der Einstellung gelangt, Schulen an sich zu verachten. Ane Marie gab so sehr damit an, daß ihr Sohn nur einen Blick in die Schulbücher werfen müßte, um seine Lektionen zu lernen, daß er bald überhaupt nicht mehr hineinsah. Also hatte er nicht die Absicht,

diese wunderbare Gelegenheit damit zu verschenken, über die
Schule zu reden, und deshalb sagte er unbeirrt, als er endlich in
dem großen Saal des Palastes stand, daß er den Prinzen bitte,
ihm zu helfen, Schauspieler zu werden, und fing sofort an zu
rezitieren. Der Prinz entgegnete nur besonnen, daß Hans Christian zwar gut rezitieren könne, daß er aber kein Anzeichen von
Genie erkennen lasse. Es sei wohl besser für ihn, zu einem
Drechsler in die Lehre zu gehen; das sei ein achtbares Handwerk.

Kaum jemand hat in seinem Leben wohl mehr gute Ratschläge
erhalten als Hans Christian Andersen. Sein Leben lang erklärten
ihm so viele Menschen, was das beste für ihn wäre, daß es ein
Wunder ist, wie er trotzdem seinen Kopf durchsetzte. Es war keineswegs so, daß er sich jeder Kritik verschloß. Im Gegenteil, er
nahm sie viel zu ernst und konnte es meist nicht verhindern, daß
er deswegen in Tränen ausbrach, auch wenn er sich dieser Tränen sehr schämte. Aber er trug in sich eine Gewißheit, die stärker war als alle wohlgemeinten Ratschläge.

Es gelang ihm, im Palast die Fassung zu bewahren, sich höflich zu verneigen und den Raum zu verlassen, aber er war bitter
enttäuscht. Was ihn jedoch besonders traf, war, daß alle seine
Freunde, Oberst Guldberg, die Bürger, in deren Häusern er auf-
getreten war, ja sogar die Witwe des Pastors meinten, er solle den
Rat des Prinzen befolgen. Manche sagten ihm ganz offen, weshalb. Ein Junge, der ein so lächerlich langer Schlaks war, würde
als Schauspieler nie Erfolg haben können, und selbst wenn er
besser aussähe, hätte er wegen seiner Armut und – das sagten sie
vorsichtiger – wegen seiner Überdrehtheit wenig Chancen. Es
war ganz offensichtlich unmöglich, Schauspieler zu werden, und
als Hans Christian trotzdem nicht aufgeben wollte, fanden sie
ihn auf Dauer lästig und ließen ihn fallen, einer nach dem anderen.

ANE MARIE glaubte manchmal, daß Hans Christian selber alles
dazu tat, um sich ins Unglück zu stürzen. Zum Beispiel gab es in
jedem Jahr zwei Konfirmandenklassen in Odense, die des
Dekans und die des Kaplans. Angeblich hatte jedes Kind die
Wahl, aber ganz automatisch gingen die reichen und begabten

Kinder zum Dekan und die armen zum Kaplan. Als Hans Christian sich auf seine Konfirmation vorbereiten sollte, entschied er sich für den Dekan.

„Weshalb muß es denn beim Dekan sein?" wollte Ane Marie wissen. „Sie werden dich nur von oben herab behandeln." Hans Christian war aber der Meinung, es sei sein gutes Recht, bei den vornehmeren, gebildeten Kindern zu sein, und außerdem hatte er eine Todesangst vor den derben armen Jungen. So ging er in die Klasse des Dekans, aber er mußte dafür büßen. Der Dekan behandelte ihn mit eisiger Herablassung und fand alles falsch, was er tat oder sagte. Die anderen Kinder verspotteten ihn und ließen ihn fühlen, daß er sich aufgedrängt hatte und daß er nicht dazugehörte. Nur ein einziges kleines Mädchen sah ihn manchmal freundlich an und schenkte ihm einmal eine Rose. Für Hans Christian war dies ein ganz besonderes Geschenk, das ihn alle Kränkungen und unfreundlichen Bemerkungen vergessen ließ. Ein wahrer Poet freut sich über eine einzelne Rose eben mehr als über einen ganzen Strauß.

Dann kam der Tag der Konfirmation. Ane Marie und die Großmutter hatten sich schüchtern in die große Kathedrale begeben, um das Gelöbnis ihres Jungen zu hören. Hans Christian trug einen gewendeten Anzug seines Vaters, ein blütenweißes Hemd und zum erstenmal in seinem Leben ein Paar Stiefel. Damit alle sie sehen konnten, hatte er sie über die Hosen gezogen. Die Stiefel knarrten, und das machte ihn erst recht stolz, denn er glaubte, daß alle in der Gemeinde es hören und so wissen würden, daß sie neu waren. Plötzlich fiel ihm ein, daß er in diesem geheiligten Augenblick mehr an seine Stiefel dachte als an Gott. Ihm wurde klar, daß das schrecklich war, und er fing an, wie rasend zu beten, mußte aber feststellen, daß er wieder nur an seine Stiefel dachte. Wir begegnen diesen Stiefeln in dem Märchen „Die roten Schuhe" wieder, wo sich die kleine Karen, die sie dort trägt, genauso verhält wie er damals.

> Alle Menschen sahen auf ihre Füße. Und als sie durch das Seitenschiff auf die Kanzel zuging, kam es ihr vor, als richteten selbst die alten Bilder über den Gräbern, die Porträts der Pfarrer und ihrer Frauen . . . die Blicke auf ihre roten Schuhe. Und nur diesen galten ihre Gedanken, als der Pfarrer ihr segnend die Hand aufs Haupt

legte und von der heiligen Taufe sprach, vom Bunde mit Gott und ihren Pflichten als erwachsene Christin ... Und die Orgel spielte so schön ... und die Kinder sangen so herrlich, aber Karen konnte an nichts anderes als an ihre roten Schuhe denken.

DIE SPARBÜCHSE dänischer Kinder ist meist ein fettes Schweinchen aus Ton oder Porzellan mit einem Schlitz im Rücken. Auch Hans Christian besaß eine solche Sparbüchse. Sie enthielt alles, was er in vierzehn Jahren gespart hatte, einzelne Pfennige, die er geschenkt bekommen, Geld, das er durch Singen oder kleine Botengänge verdient hatte. Er hatte es nie angerührt, aber als seine Mutter nun ernsthaft davon sprach, daß er Schneider werden solle, glaubte er, daß nur eine Verzweiflungstat noch helfen könnte. Er mußte sein Sparschwein aufbrechen, sein Geld nehmen und nach Kopenhagen gehen.

Als er das Ersparte zählte, hatte er dreizehn Reichstaler in der Hand. Für Hans Christian war das ein Vermögen, und er bat seine Mutter, ihn nach Kopenhagen gehen zu lassen.

„Aber was wirst du dort machen?" fragte sie bestürzt.

Er gab die übliche Antwort: „Ich werde berühmt werden."

„Aber wie?" fragte Ane Marie.

Hans Christian wußte auch das schon. „Zunächst muß man Schlimmes erleiden. Aber dann wird man berühmt."

Er sprach so oft vom Berühmtwerden, als sei es durchaus logisch, daß es so kommen müsse. Schließlich glaubte ihm Ane Marie. Aber als bekannt wurde, daß sie die Erlaubnis gegeben hatte, daß er nach Kopenhagen ging, hörte sie nur Widerspruch und Vorwürfe. Die Nachbarn meinten, es sei unvernünftig, einem so jungen Burschen zu erlauben, in eine große Stadt zu gehen, wo er keinen Menschen kenne. „Sag ihm, er soll sich das aus dem Kopf schlagen", rieten sie Ane Marie. Das wollte er aber nicht, und er erinnerte die Mutter daran, daß der Vater gesagt hatte: „Selbst wenn es völlig unsinnig erscheint, laß ihm seinen Willen."

Ane Marie hatte es allmählich satt. Ihr neuer Ehemann war faul, und statt daß er für sie sorgte, mußte sie außer für Hans Christian auch noch für ihn und sich selbst Geld verdienen. Da sie den ganzen Tag lang beim Wäschewaschen im Fluß stand, hatte sie Rheumatismus bekommen und angefangen, sich ab und zu einen Schluck Branntwein zu genehmigen. Es sei das einzige Mittel gegen die Kälte, behauptete sie, aber es kostete Geld. Das ist besonders tragisch, wenn man bedenkt, daß dies das erste Mal war, daß sie Geld für sich selbst brauchte. Dabei wußte sie, daß sie es sich nicht leisten konnte, Hans Christian daheim herumbummeln zu lassen. Im Grunde glaubte sie auch nicht, daß er je nach Kopenhagen gelangen würde. „Er wird nicht weit kommen", sagte sie zu den Nachbarn. „Wenn er sieht, wie rauh es auf dem großen Meer ist, wird er heimkehren."

Aber Hans Christian schmiedete seine Pläne. In diesem Sommer waren einige der Sänger und Schauspieler des großen Königlichen Theaters nach Odense gekommen, und er hatte von dem Ballett gehört, in dem die Solotänzerin Madame Schall die beliebteste war. Sie hatte die Phantasie Hans Christians beflügelt. Jetzt ging er zu einem seiner Freunde, dem Drucker Iversen, und bat ihn um ein Empfehlungsschreiben an Madame Schall. „Aber ich kenne sie doch gar nicht!" meinte Iversen. Das spielte für Hans Christian nicht die geringste Rolle, und er bat eindringlich um dieses Schreiben. Der alte Mann riet ihm ernstlich, nicht nach Kopenhagen zu gehen und lieber ein Handwerk zu lernen. „Das wäre eine große Sünde!" entgegnete Hans Christian.

Wider seinen Willen von soviel Hartnäckigkeit beeindruckt, schrieb Iversen an Madame Schall. „Sie wird aber nichts für dich tun", meinte er und sagte zu Hans Christian, er solle sich lieber an einen Professor Rahbek, einen der Direktoren des Königlichen Theaters, wenden. Hans Christian hörte ihm kaum zu, so glücklich war er über den Brief.

Seine Mutter packte all seine Habseligkeiten in ein kleines Bündel. Sie hatte einen Handel mit dem Postkutscher abgeschlossen. Der wollte Hans Christian für drei Reichstaler mit nach Kopenhagen nehmen, wenn der Junge außerhalb von Odense zusteigen und kurz vor der Hauptstadt die Kutsche verlassen würde, damit er das Geld selber einstecken konnte.

Eines Nachmittags gingen Ane Marie und Hans Christian zum Stadttor. Er hatte seine schäbigen alten Sachen an, der Konfirmandenanzug war ihnen für die Reise zu schade. Aber er trug seine Stiefel und dazu einen Hut, der ihm viel zu groß war und immer wieder ins Gesicht rutschte. Seine geringe Barschaft hatte er in der Tasche. Das kleine Bündel hielt er in der Hand, und als Wegzehrung hatte er nichts als ein Brot. Er war eben vierzehn Jahre alt geworden.

Seine betagte Großmutter hatte den langen Weg zum Stadttor nicht gescheut, um ihm Lebewohl zu sagen. Als die Kutsche näher kam, schluchzte sie und konnte kein Wort herausbringen. Auch Hans Christian vermochte nichts zu sagen. Er küßte sie und Ane Marie wieder und wieder, schwang sich dann auf den Kutschbock, und der Posthalter stieß ins Horn. Es war ein herrlicher Nachmittag. Sonne und Tränen blendeten ihn, als er zurückblickte und die Gestalten von Mutter und Großmutter, die sich gegenseitig stützten, kleiner und kleiner werden sah, bis sie schließlich in der Ferne verschwanden. Hans Christian sollte seine Großmutter nie wiedersehen. Sie starb 1822.

Kapitel 2

ZUM ERSTENMAL erblickte Hans Christian Kopenhagen vom Frederiksberg aus, wo der Postkutscher ihn abgesetzt hatte. An diesem klaren Septembermorgen sah die Stadt wunderschön und verheißungsvoll aus mit ihren blaßgrünen Turmspitzen und Dächern, die allmählich aus dem Morgennebel hervortraten. Dahinter glitzerte in der Sonne das Wasser des Öresund, der Dänemark von Schweden trennt.

Zwei Tage und zwei Nächte lang waren sie durch Dänemark gereist, über Myriaden verstreuter kleiner Inseln und schmale Streifen blauer See, durch wildes Marschland, Wiesen und Heidcland. Die Bauernhäuser mit ihren tief heruntergezogenen Dächern sahen aus wie im Märchen und ebenso die Herrenhäuser, die sich in Seen widerspiegelten, auf denen Schwäne schwammen.

Wenn die Kutsche in den kleinen Städten hielt und die anderen Passagiere in die Gasthäuser gingen, mußte Hans Christian draußen bleiben und sich mit dem trockenen Brot begnügen, das Ane Marie ihm mitgegeben hatte. Er wagte es nicht, etwas von seinem Geld auszugeben.

Er hätte nicht sagen können, weshalb er nicht umgekehrt war. Mindestens ein dutzendmal hatte er daran gedacht. Am schlimmsten war die Überfahrt über den Großen Belt gewesen, die Wasserstraße zwischen der Insel Fünen und der Insel See- land, auf der Kopenhagen liegt. In der Abenddämmerung hatte das kleine Küstenfahrzeug abgelegt und war die Nacht hindurch gesegelt. Wie Ane Marie vorausgesagt hatte, war Hans Christian vor Angst erstarrt. Er hatte nicht schlafen können, weil er stän- dig befürchtete, sie würden im nächsten Augenblick auf dem Meeresgrund landen. Als sie in Seeland ankamen, fühlte er sich derart verloren und erschöpft, daß er sich am Hafendock hinter einem Schuppen hinkniete und Gott um Hilfe bat.

In der Postkutsche hatte sich eine Amme, die von Odense nach Kopenhagen zurückkehrte, sehr nett um Hans Christian gekümmert und hatte darauf bestanden, daß er sich ihre Adresse aufschrieb. An diesem herrlichen Morgen glaubte er nicht, daß er sie je brauchen würde, und stopfte sie nachlässig in seine Hosentasche. Dann wanderte er, mit seinem Bündel in der Hand, staunend durch einen großen Park, eine mit Lindenbäu- men gesäumte Allee entlang und stand schließlich am Westtor von Kopenhagen.

In jenen Tagen wurde die ummauerte Stadt an den Toren von Soldaten und Zollbeamten bewacht, die alle ankommenden Reisenden in Listen erfaßten. König Frederick VI. sah sich diese Listen gern an, und Hans Christian erschien es durchaus ange- bracht, daß der König von seiner Ankunft erfahren sollte. Es paßte zu diesem wunderbaren Tag, an dem er zum erstenmal durch die Straßen von Kopenhagen ging. Sie hatten Kopfstein- pflaster wie die von Odense, waren aber viel breiter; und man- che Häuser hatten sechs Stockwerke, was ungeheuer hoch schien nach den ein- und zweistöckigen Gebäuden daheim. Schon damals beeindruckte den Besucher von Kopenhagen die Anzahl der Buchgeschäfte und Blumenläden. Und damals waren wie heute noch auf den Straßen nur wenige Polizisten zu sehen, und die Mitglieder des Königshauses können auch heut- zutage dort spazierengehen, ohne wie Tiere im Zoo angestarrt zu werden. Die Ausgelassenheit, die in dem großen Vergnü- gungspark Tivoli herrscht, ist typisch für die Freuden des einfachen Volkes. Dessen Sinn für Spaß und Lebenslust ist ebenso erfrischend wie der Wind, der über die Inseln weht. Die Menschen sind offenbar stolz und glücklich, Dänen zu sein.

ZUERST war Hans Christian derart beeindruckt, daß er nur herumwandern und staunen konnte; und es verging eine gewisse Zeit, ehe er sich darauf besann, daß er etwas zu essen und eine Unterkunft brauchte. Er fand einen Gasthof dicht am Stadttor, vereinbarte, daß er sein Bündel dort lassen und am Abend zurückkommen könne, um in einer billigen Dachstube zu übernachten. Dann zog es ihn wieder hinaus auf die Straßen.

Sie kamen ihm selbst für eine Stadt unglaublich laut und voller Gewimmel vor. Der Lärm war unbeschreiblich. Das Geschrei wurde durch Johlen und Pfeifen noch verstärkt, hinzu kam das Klirren von zerbrochenem Glas; plötzlich teilten berittene Soldaten die schreiende Menge. Er befand sich mitten in einer Judenverfolgung. Nur eines hinderte Hans Christian daran, in die Herberge zurückzulaufen: er wollte unbedingt das Königliche Schauspielhaus finden.

Damals war das Theater in Kopenhagen Mittelpunkt des kulturellen und gesellschaftlichen Lebens von ganz Dänemark. Es wirkte sich auf das gesamte künstlerische Schaffen aus. Die besten Schriftsteller, Komponisten, Maler, Schauspieler, Sänger und Tänzer strebten in die Hauptstadt. Für Hans Christian bedeutete das Theater aber noch mehr: Er ging dorthin wie der Pilger zu einem Schrein. Als er es endlich gefunden hatte, schritt er drumherum, betrachtete andächtig den ganzen Bau und flehte zu Gott, er möge ihn hier zu einem Schauspieler werden lassen.

AM NÄCHSTEN Tag zog Hans Christian seinen Konfirmandenanzug an und setzte den Hut auf, der ihm wieder über die Ohren rutschte. Er kam sich äußerst fein vor. Dann sprach er ein Gebet, nahm den Empfehlungsbrief von Iversen an Madame Schall und machte sich auf den Weg zu der angegebenen Adresse. Nach längerer Suche fand er die richtige Tür, aber bevor er klingelte, kniete er nochmals nieder und betete, daß man ihm helfen möge.

Madame Schall, die gewöhnlich bis Mitternacht im Theater blieb, pflegte deshalb spät aufzustehen. Hans Christian in seinem Eifer war sehr früh gekommen. So mußte er warten. Die Stunden dehnten sich zu kleinen Ewigkeiten, wie er da auf dem Treppenabsatz hockte und zwischen Furcht und Hoffnung hin- und hergerissen war. Als man ihn schließlich in den Salon führte, ruhte Madame Schall auf dem Sofa, und er fühlte sich unbeholfen und linkisch, wie er sie in seiner ganzen Länge überragte.

Der Salon war äußerst elegant eingerichtet; vergoldete Stühle mit zierlichen Beinen und Seidenpolstern, Konsoltischchen und Spiegel im Stil der Zeit. Das muß auf den ungeschlachten Bauernjungen erschreckend zerbrechlich und blendend gewirkt haben. Da stand er nun zitternd und errötend vor Madame Schall.

Sie starrte ihn an, als sei er ein Ungeheuer. Da nahm er seinen ganzen Mut zusammen und sprach von seinen Hoffnungen und Plänen. Er schloß damit, wie sehr die Verwirklichung seines Plans, Schauspieler zu werden, von ihr abhinge. Würde sie ihm bitte helfen?

Sie fragte erstaunt, welche Rollen er wohl spielen zu können glaube. „Alle", entgegnete Hans prompt. „Ich kann es Ihnen beweisen. Ich werde Ihnen etwas aus ‚Aschenputtel' vorspielen. Darf ich meine Stiefel ausziehen?" fragte er ernstlich. „Wenn ich sie anhabe, bin ich zu schwer für die Rolle."

Während sie hilflos und ein bißchen verängstigt zusah, zog er die Stiefel aus, nahm den Hut ab, den er als Tamburin benutzte, und fing an zu tanzen und zu singen. Er hatte die Aufführung des Königlichen Theaters in Odense gesehen und glaubte, es würde Madame Schall gefallen, wenn er die Rolle der Heldin tanzte. Das tat er mit wilden Gesten und großen Sprüngen, die den ganzen Raum erschütterten.

Beifall erhielt er dafür nicht. Madame Schall gebot ihm Einhalt und verlangte streng, er solle sich anziehen und gehen. Tränen rollten ihm über die Wangen, als er die Stiefel anzog. Madame Schall bemerkte das, und es schien ihr leid zu tun. Etwas freundlicher sagte sie ihm, daß er demnächst kommen könne, um ein Abendessen zu sich zu nehmen. Viele dänische Haushalte pflegten damals etwas für arme Studenten zu tun. Hans Christian wollte aber so viel mehr als ein Abendessen. Stumm wandte er sich ab.

Draußen setzte er sich auf die Stufen und versuchte zu überlegen, was nun geschehen solle. Der alte Herr Iversen, fiel ihm ein, hatte ihm geraten, Professor Rahbek im Theater aufzusuchen. Hans Christian beschloß, das zu tun, und fing gleich wieder an, neue Hoffnung zu schöpfen.

Rahbek empfing ihn in seinem Büro. Aber er bedeutete ihm knapp, daß der Hauptspielleiter über die Rollen entscheide und Studenten aufnehme und daß es an diesem Tag für ein Gespräch zu spät sei. Dann hieß auch er ihn gehen. Hans Christian besaß Stolz genug, um in Gegenwart Rahbeks die Tränen zu unterdrücken, aber als er in seiner Dachstube in der Herberge wieder allein war, weinte er bitterlich.

DAS GESPRÄCH mit dem Spielleiter am nächsten Morgen dauerte nicht lange. Der große Mann erklärte kühl: „Sie sind viel zu dünn für die Bühne."

„Wenn Sie mich nehmen und mir hundert Reichstaler Gehalt zahlen, werde ich bald dicker sein", erklärte Hans Christian mit neuem Mut.

Der Direktor war es nicht gewohnt, daß man ihm Widerworte gab.

„Sie würden lächerlich wirken auf der Bühne", sagte er schneidend und fügte hinzu: „Das Theater nimmt nur gebildete junge Menschen auf."

Hans Christian erkundigte sich nun verzweifelt mit glühenden Wangen, ob er sich für das königliche Ballett bewerben könne. Der Direktor muß ihn anscheinend für verrückt gehalten haben, denn er erwiderte noch eisiger, daß das Ballett nur im Mai neue Schüler aufnehme. Dann läutete er, und Hans Christian wurde zum Ausgang geleitet.

Da stand er nun draußen auf dem Vorplatz: ein armer, verängstigter Junge. Er nahm sein Geld heraus; ihm waren nur wenige Münzen geblieben. Offenbar wollte ihm niemand helfen. Sein Selbstvertrauen war geschwunden. Er war allein im Septemberwind, ein verschrecktes, verlorenes Kind.

Zwischen den Münzen war er auf die Adresse der freundlichen Amme aus der Postkutsche gestoßen. Nun fragte er sich zu ihrem Haus durch, und als sie ihm öffnete, erzählte er ihr die ganze Geschichte und bat sie um Rat. „Nimm das erste Schiff zurück nach Odense", meinte sie. „Das ist das einzig Vernünftige." Offenbar waren alle vernünftig bis auf Hans Christian. „Eher würde ich sterben", erklärte er.

Er verabschiedete sich und ging zurück zum Theaterplatz. Nach Odense zurückkehren! Er konnte schon den Spott und das Gelächter hören: „Da geht der große Stückeschreiber! Er ist genauso verrückt wie sein Großvater." Aber was sollte er nur machen? Was er dann tat, konnte nur jemandem wie ihm einfallen. Er legte das Geld für die Unterkunft beiseite, nahm die verbleibenden Münzen, ging zum Theater und kaufte sich eine Karte.

Es wurde „Paul und Virginia" aufgeführt, und als sich der Vorhang hob, vergaß er alles, was ihm geschehen war, und durchlebte jede einzelne Szene des Dramas. Als die Liebenden auseinandergingen, brach er so stürmisch in Tränen aus, daß sich sämtliche Zuschauer auf den Stehplätzen nach ihm umdrehten. Einige Frauen versuchten ihn zu trösten, sagten, das sei doch alles nur ein Spiel, und andere teilten ihr Essen mit ihm. Hans Christian, der immer allen Menschen alles erzählte, sagte ihnen, er weine, weil er wie Paul sei und das Theater seine Virginia und daß sie nun für alle Zeiten voneinander getrennt wären. Sie fanden das sehr rührend und stopften ihn mit Obst und Kuchen voll. Schon bald ging es ihm überraschend besser.

Als er aber am nächsten Morgen seine Rechnung in der Herberge bezahlt hatte, blieb ihm nur ein einziger Reichstaler. Er beschloß, seinen Stolz zu unterdrücken und Arbeit bei einem Handwerker zu suchen. Vielleicht war es anders, in Kopenhagen ein Lehrling zu sein als in Odense. Die Amme nahm ihn auf und half ihm, als Lehrling bei einem Zimmermann unterzukommen. Aber als die anderen Lehrlinge und die Tagelöhner gemeine Witze rissen, beschloß er, daß er da nicht bleiben könne.

Und weil er meinte, nun auch nicht mehr zu der Amme zurückzukönnen, wanderte er ziellos durch die Straßen. Vielleicht ging er hinunter zum Hafen mit den vielen Schiffen und Kais, an den Zollhäusern vorbei zur Langelinie, der Hafenpromenade, wo heute auf einem einsamen Felsen die Statue seiner kleinen Meerjungfrau ins Wasser blickt. Er ist bestimmt zum Theater zurückgelaufen und hinunter zum Nyhavn, zu dem Viertel der Seeleute mit Läden und Kneipen. Vielleicht ging er zum *Gammel Strand,* wo noch heute am frühen Morgen die Fischweiber in grünen Röcken und weißen Häubchen sitzen, Fische verkaufen und Aale häuten. Vielleicht lockten ihn aber auch der zarte Duft und die Farbenpracht des Blumenmarktes zum kleinen Höjbroplatz. Dort stehen die Börse mit ihrem spiralförmig gedrehten Kupfertürmchen und die Holmenskirche, das Gotteshaus der Matrosen. Dahinter befindet sich die Königliche Bibliothek, wo heute Andersens Manuskripte wie Schätze gehütet werden.

VIELLEICHT träumte er ein bißchen, als er so herumlief, aber seine Füße müssen wund gewesen sein, sein Bündel schwer. Bald würde die Nacht hereinbrechen, und er war ohne Hoffnung und Bleibe. Da fiel ihm seine Stimme ein. Alle hatten stets seinen Gesang gelobt, und er hatte gehört, daß ein Italiener namens Siboni Direktor der Musikschule des Theaters war. Ob Siboni ihm wohl helfen würde? Er nahm all seinen Mut für einen neuen Anlauf zusammen.

Hans Christian hatte Glück. Siboni gab gerade ein Abendessen, bei dem der Komponist Professor Weyse, der Dichter Baggesen und andere berühmte Männer zugegen waren. Die Wirtschafterin kam an die Tür und wollte Hans Christian schon abweisen, als Hans Christian wie bei Madame Schall und der Amme damit herausplatzte, was ihm widerfahren war, wie er darunter gelitten hatte und daß er nun Sänger werden wolle. Die Wirtschafterin vergaß darüber, daß sie das Essen servieren sollte, und als sie schließlich doch das ungeduldige Läuten von Siboni hörte, bedeutete sie Hans Christian zu warten. Dann wirbelte sie ins Eßzimmer und wiederholte die ganze Geschichte so überzeugend, daß Siboni den Jungen hereinkommen ließ. Sein blasses Gesicht und die schäbige Kleidung sprachen für sich. Siboni forderte ihn auf zu singen, und Hans Christian ließ seine Stimme ertönen. Die Gäste hörten aufmerksam zu und vergaßen bald ihre Weingläser. Plötzlich besann sich Hans Christian darauf, wo er war und weshalb, und brach in Tränen aus.

Die Herren hatten gut gegessen und getrunken und waren deshalb leicht gerührt. Fast alle waren selber Künstler und spürten, daß dieser seltsame Junge Talent besaß. Siboni versprach, ihn als Schüler anzunehmen. Der Dichter Baggesen meinte es ganz ehrlich, als er erklärte: „Wir werden eines Tages noch von ihm hören." Und dann sagte er ernsthaft zu dem schäbig gekleideten, verweinten, zu hoch aufgeschossenen Kind: „Werde nicht eitel, wenn das Publikum dir applaudiert."

Als die Wirtschafterin Hans Christian später aus dem Haus ließ, war er fast außer sich vor Freude und Hoffnung. Er bat sie, ihm zu bestätigen, daß Siboni wirklich gemeint habe, was er sagte, und gestand ihr, daß er ein Gehalt brauche, weil er nur noch etwa sieben Pfennige besitze. Freundlich und mütterlich riet sie ihm, am Morgen Professor Weyse aufzusuchen.

Als Hans Christian sich am Morgen bei Professor Weyse meldete, stellte sich heraus, daß dieser verständnisvolle Mann, der selbst einst arm gewesen war, die wohlwollende Stimmung beim Abendessen genutzt hatte, um eine Sammlung zu veranstalten. Nun hatte er für Hans Christian über siebzig Reichstaler und dazu das feste Versprechen Sibonis, daß der Meister ihn in Gesang unterrichten würde und daß er täglich eine Mahlzeit in seinem Haus erhalten sollte. „Such dir eine ruhige, anständige Bleibe", sagte Weyse, „und du wirst jeden Monat zehn Reichstaler von mir erhalten."

Vor dem Haus des Komponisten drückte Hans Christian die Lippen auf seine Hand und hob diese voller Dankbarkeit zu Gott empor. Er war fast außer sich vor Freude und Erleichterung, aber er war nicht überrascht. Am Ende mußte der Held doch immer siegen. Als er bei der Amme ankam, zu der zurückzukehren er sich nun traute, schrieb er zum erstenmal an seine Mutter.

Ane Marie zeigte Hans Christians Brief allen Bekannten in Odense. „Seht ihr", meinte sie, „er ist noch keine Woche dort, und schon ist seine Zukunft gesichert!"

SIBONI war ein begabter Lehrer und äußerst großzügig. Aber der Winter war kalt und grausam. Der Junge besaß nur ein einziges Paar Schuhe, und als sie durchgelaufen waren, mußte er praktisch barfuß durch Eis und Schlamm gehen. Er zog sich eine schlimme Erkältung zu, und seine Stimme versagte. Freundlich bedeutete ihm Siboni, den Tatsachen ins Auge zu sehen. Er würde nie ein Sänger werden. Er solle lieber nach Odense zurückkehren und ein Handwerk lernen.

Odense. Ein Handwerk. Alle sagten ihm immer wieder dasselbe. Aber er glaubte fest an sich. Ihm fiel ein, daß Oberst Guldberg, der in Odense so freundlich zu ihm gewesen war, einen Bruder in Kopenhagen hatte, der Professor und Dichter war. Ein Dichter! Hans Christian setzte sich sofort hin, schrieb an Professor Frederick Guldberg und erhielt bald die Aufforderung, ihn zu besuchen.

Obwohl Hans Christian lange Zeit nur wenig Geld hatte, war er doch immer reich an Freunden. Es war, als übe er einen geheimen Zauber auf die Menschen aus. Der sehr beschäftigte, regelrecht überarbeitete Professor Guldberg bot ihm an, ihn in Latein, Deutsch und Dänisch zu unterrichten, da der Brief gezeigt hatte, daß Hans Christian nicht einmal die eigene Sprache korrekt schreiben konnte. Der Junge nahm dankbar an. Er ging auch zu Dahlén, einem Tänzer, der eine Schule mit gewissen Verbindungen zum Theater leitete, und bat um einen Platz.

Dahlén war zunächst belustigt – Hans Christian wirkte wie eine wackelnde Stehleiter, als er seine Künste vorführte –, aber schließlich zeigte er sich beeindruckt. Dahlén hatte dem Jungen ins Gesicht gesehen, das den kränklich-alten Ausdruck von Bettelkindern trug; er sah die zerschlissenen Stiefel mit Sohlen aus Papier und den zu engen alten Mantel. Das alles sprach für sich. Gerührt von Hans Christians Aufrichtigkeit und Eifer nahm er ihn auf.

Für Tanzschüler gab es kein Gehalt, aber schließlich mußte Hans Christian von etwas leben, während er lernte. Guldberg veranstaltete deshalb eine Sammlung, für die der Junge selbst den Aufruf schrieb. Er lautete: „Für eine gewisse Zeit zwingen mich die Umstände, mein Schicksal in die Hände edler Menschenfreunde zu legen, da ich mich der Kunst des Schauspielens tief verbunden fühle und einzig zum Dienst an Thalia geboren wurde . . . Ich hoffe, im Ballett zu verbleiben, bis ich Schauspieler werden kann . . . Ich bitte, mir monatlich eine kleine Summe zu gewähren, bis ich mich selbst ernähren kann. Ich verspreche, hart zu arbeiten, um diese Zeit so weit wie nur möglich abzukürzen."

Viele reagierten auf diese Bitte. Professor Weyse spendete auch etwas, was Hans Christian besonders freute, weil es zeigte, daß bedeutende Männer an ihn glaubten. Aber als die beiden Dienstmädchen von Siboni ihm einen Teil ihres Lohns anboten, war Hans Christian beschämt. Er fühlte sich ihnen allen gegenüber verpflichtet.

Während er mit Siboni arbeitete, hatte Hans Christian in einem alten, verfallenen Haus in einem übel beleumdeten Stadtviertel gelebt. Da lungerten überall Frauen am Fenster, die zu den seltsamsten Zeiten Besucher empfingen. Zunächst hatten ihn einige der Frauen angesprochen und damit in Verlegenheit gebracht, aber sie gewöhnten sich bald an ihn und ließen ihn in Ruhe. Hans Christian wohnte in einer ungenutzten Speisekammer neben der Küche, die kaum größer war als ein Schrank und kein Fenster hatte.

Als die Vermieterin von seinen neuen Reichtümern erfuhr – wahrscheinlich erzählte ihr Hans Christian in seiner Naivität selber davon –, wollte sie ihn unbedingt halten. Hans Christian geriet ins Stottern, da er von einer besseren Unterkunft geträumt und sich schon darauf gefreut hatte. „Es stimmt, daß es eng ist", sagte die Vermieterin, „aber ich werde dich außerdem beköstigen, und du darfst auch in der Küche sitzen. Hier bist du sicher." Und dann erzählte sie ihm gruselige Geschichten von betrügerischen Vermieterinnen in Kopenhagen. Bald hatte sie ihn so verängstigt, daß er sie anflehte, bleiben zu dürfen. Sie nutzte die Gelegenheit und erklärte, unter zwanzig Reichstalern pro Monat ließe sich das nicht machen. Hans Christian erklärte ganz geknickt, er könne nicht mehr als sechzehn zahlen, aber sie erwiderte, wenn er ihr nicht zwanzig Reichstaler im voraus zahlen würde, könne er gleich ausziehen, um sich bestehlen und ausrauben zu lassen, und dann verließ sie den Raum.

Hans Christian konnte die Tränen nicht zurückhalten, als er allein war. Aber nach einer Weile kam die Frau zurück und sagte, sie würde sich mit sechzehn Reichstalern zufriedengeben. Wahrscheinlich hatte sie nachgedacht und überlegt, daß aus dem Jungen nicht mehr herauszuholen war.

Hans Christian kniete nieder, küßte ihr die Hand und hielt sie lange Zeit für eine Wohltäterin. Trotz all der gemeinen und abgefeimten Menschen, die er traf, trotz all seines Elends verlor er nie seinen Kinderglauben an das Gute im Leben und in den Menschen. Er war wie seine eigene Erfindung „Das kleine Mädchen mit den Schwefelhölzchen", das draußen in der dunklen, kalten Straße ein Schwefelhölzchen anzündete und in der Flamme ein anderes Leben erblickte, so viel heller, schöner und lebenswerter als die eigene Misere.

Ach, nur ein einziges Schwefelhölzchen – das würde ihr guttun. Wenn sie es nur wagte, ein einziges aus dem Bund herauszuziehen, nur ein einziges, um es an der Wand zu entzünden und sich die Finger zu wärmen! Sie zog eins heraus – ritsch! – wie es sprühte und brannte! Es war eine warme, helle Flamme, wie die einer kleinen Kerze, als sie die Hände darüberhielt. Und was für einen wunderbaren Schein es gab! Das kleine Mädchen stellte sich vor, es säße vor einem großen eisernen Ofen . . ., das Feuer wärmte so angenehm . . . Es wollte gerade die Füße ausstrecken, um auch diese zu erwärmen – da erlosch die Flamme, und der Ofen verschwand. Und sie saß da mit dem verkohlten Rest des Schwefelhölzchens in der Hand.

Sie nahm ein neues. Es flammte hell auf, und wo sein Schein auf die Wand fiel, wurde diese durchsichtig wie ein Schleier. Sie konnte direkt in das Zimmer hineinsehen, wo der Tisch mit schimmerndem weißem Damast und feinem Porzellan festlich gedeckt war; in der Mitte verbreitete die mit Pflaumen und Äpfeln gefüllte Gans ihren verlockenden Duft. Und dann – es war kaum zu glauben – sprang die Gans mit Tranchiermesser und -gabel im Rücken von der Platte und wackelte geradewegs auf das arme kleine Mädchen zu . . ., aber da erlosch auch dieses Schwefelhölzchen . . .

. . . Im kalten Morgengrauen des nächsten Tages fand man das kleine Mädchen zwischen zwei Häusern . . . tot, erfroren in der letzten Nacht des alten Jahres.

Es war seine lebhafte Einbildungskraft, die Hans Christian schützte und ihn im Wesen unverändert zu Ruhm gelangen ließ. Genauso wie das arme kleine Mädchen mit den Schwefelhölzchen nahm auch er sein elendes Schicksal nicht wahr. „Sie hat versucht, sich zu wärmen", ließ Andersen die Leute in seinem Märchen sagen, als sie die abgebrannten Schwefelhölzchen sahen, und fügte hinzu: „Niemand weiß, welch wunderbare Dinge sie gesehen hat und in welchen Glanz sie eingegangen ist."

ER SELBST brauchte in den nächsten Monaten viele seiner Schwefelhölzchen. Seine Vermieterin empfing Männerbesuch in ihrer Küche, obwohl sie versprochen hatte, daß Hans Christian sich dort aufhalten könne. Oft sah er sich genötigt, bereits um sechs Uhr abends ins Bett zu gehen. Das machte ihm nichts aus, solange er nur eine Kerze, etwas zu essen und ein Buch hatte; und er vergnügte sich auch mit einem neuen Puppentheater, das er sich gebastelt hatte. Mit Pfennigen, die er von seiner Vermieterin manchmal für Botengänge erhielt, hatte er Püppchen gekauft, die er in von Modistinnen erbettelte Samt- und Seidenabfälle kleidete.

Geld für eigene Kleider oder Schuhe blieb ihm nicht. Professor Guldberg gab ihm zehn Reichstaler pro Monat, und Weyse half auch, aber das Geld wollte trotzdem nicht reichen. Hans Christian war gezwungen, von einem zum anderen zu gehen und die Hand aufzuhalten. Aber er war stets sehr bescheiden bei seiner Bettelei. Er nahm nur an, was er unbedingt brauchte, und keinen Pfennig mehr, und obwohl er all die Demütigungen der bitteren Armut kennenlernte, wurde er nie geizig. „Ein Dichter sollte sich nicht vollstopfen", schrieb er später, „aber er sollte auch nicht hungern."

Hans Christians Lesehunger war so groß wie nie zuvor, und er entlieh aus der Universitätsbücherei viele Bände. Dann entdeckte er die Romane von Sir Walter Scott, und damit erschloß sich seiner Phantasie eine neue Welt: Schottland. Im Leben selber schienen sich ihm auch allmählich Türen zu öffnen. Professor Guldberg überredete einen alten Schauspieler, Hans Christian zu unterrichten. Der nahm die Lektionen sehr ernst, doch sein Lehrer meinte: „Du hast gewiß viel Gespür, aber du wirst nie ein richtiger Schauspieler sein. Gott weiß, was aus dir werden soll."

Leider vertraten alle immer wieder diese Auffassung. Kopenhagen war damals noch eine kleine Stadt, und Hans Christian war bereits bekannt. Durch eine der Hofdamen war er der Kronprinzessin vorgestellt worden. Sie meinte, er solle den König um ein Stipendium bitten, denn dieser kümmerte sich persönlich um die Petitionen jedes seiner Untertanen, selbst des einfachsten. Die Eingabe wurde verfaßt, aber der König verlangte eine

Stellungnahme seiner Theaterdirektoren. Sie fiel nicht günstig aus. Hans Christian Andersen, so hieß es darin, sehe sehr unvorteilhaft aus, und sein Singen, Spielen und Tanzen sei hoffnungslos. Die Eingabe wurde abgelehnt.

Aber er schaffte es doch noch, auf die Bühne zu kommen, wenn auch nur in der Ballettschule. Eines Abends hieß es, alle Schüler sollten mit dem Chor auf die Bühne, darunter auch Hans Christian. Zum erstenmal machte er sich wirklich Sorgen um seine Kleidung. Sein Konfirmandenanzug war an vielen Stellen durchlöchert, und er konnte sich nicht zu voller Größe aufrichten, weil die Jacke zu kurz war und nicht bis zum Hosenbund reichte. Das konnte Hans Christian natürlich nicht daran hindern, auf die Bühne zu gehen, aber um nicht aufzufallen, hielt er sich ganz bewußt im Hintergrund. Plötzlich nahm ihn einer der Sänger, der dafür bekannt war, sich gern auf Kosten anderer lustig zu machen, bei der Hand und zog ihn nach vorn ins Rampenlicht. „Gestatte mir, dich dem dänischen Publikum vorzustellen!" rief er. Hans Christian rannte von der Bühne, Tränen liefen ihm übers Gesicht.

Der gutherzige Dahlén gab ihm dann einen winzigen Part in einem Ballett, das er geschrieben hatte. Er war nur ein Troll in einer Gruppe anderer Trolle, aber zumindest wurde sein Name gedruckt: Troll – Andersen. Er trug das Ballettprogramm stets bei sich, nahm es sogar mit ins Bett, wo er immer wieder bei Kerzenlicht seinen Namen las, seinen eigenen Namen gedruckt!

Obwohl sein Leben alles andere als leicht war, gab es in dieser Zeit immer wieder glückliche, unbeschwerte Momente. Er war jung, er war in Kopenhagen, er war auf dem Weg zum Ziel! Eines Tages spazierte er durch den Schloßpark. Zwei Jahre waren vergangen, seit er draußen auf dem Lande gewesen war, und der Frühlingsmorgen mit dem knospenden Grün und die rauschenden Bäche erfüllten ihn mit überschäumender Freude. Er fing an zu singen, warf die Arme um einen Baum und küßte dessen Rinde.

„Bist du verrückt?" fragte eine rauhe Stimme. Es war einer der königlichen Stallknechte, und Hans Christian war so erschrocken, daß er davonrannte. Das ekstatische Glücksgefühl dieses Frühlingsmorgens konnte ihm aber niemand nehmen.

Als Dahlén ihn zu seinem Bedauern aus der Ballettschule verweisen mußte, wandte Hans Christian sich an den Leiter der Gesangsschule, und es gelang ihm, einen Platz im Chor zu erhalten. Bald hatte er den einen oder anderen Gesangspart, obwohl sogar er sich eingestehen mußte, daß seine Erfolge nicht gerade glänzend waren.

Sein Talent, Freundschaften zu schließen, half ihm aber wieder einmal weiter. Er hatte die Aufmerksamkeit des bekannten Wissenschaftlers Örsted erregt, der einer seiner besten Freunde werden sollte. Außerdem hatte er die Rahbeks kennengelernt, die damals der Mittelpunkt der literarischen Welt Dänemarks waren. Frau Rahbek hörte sich mit geduldigem Wohlwollen Hans Christians Gedichte und Geschichten an, die er inzwischen niedergeschrieben hatte und die er unermüdlich laut vorzulesen pflegte. Eines Tages beauftragte sie ihn, einer Freundin Blumen zu bringen, und sagte liebenswürdig: „Es wird ihr gefallen, diesen Strauß aus der Hand eines Poeten entgegenzunehmen."

Hans Christian wurde es vor Glück ganz heiß. Zum erstenmal hatte ihn jemand einen Dichter genannt. Plötzlich wußte er, was ihm vorbestimmt war: Er mußte sich seinen Weg zum Ruhm mit der Feder erobern.

IN FIEBERHAFTER Eile fing er an, Stücke zu schreiben, und las eines davon voller Stolz Frau Rahbek vor.

„Aber du hast ja ganze Passagen von zwei der bekanntesten dänischen Dichter darin verwendet", protestierte sie.

„Ja, sind sie nicht herrlich?" entgegnete Hans Christian selbstzufrieden und las weiter.

Hans Christian war erst sechzehn. Das Schreiben berauschte ihn derart, daß er anfing, den Unterricht zu versäumen, und sich ausschließlich der Poesie und dem Theater widmete. Wer würde nicht auch lieber von Damen im Salon gelobt und bewundert werden und seine Abende im Theater verbringen, als in einem kleinen Raum über der Lateingrammatik zu schwitzen? Als Mitglied des königlichen Chors hatte Hans Christian Anspruch auf einen Freiplatz im Theater, und dieser Versuchung vermochte er nicht zu widerstehen. Bald verbrachte er alle Abende dort.

Er führte damals ein seltsam hektisches, ungewisses Dasein und mußte verzweifelte Anstrengungen unternehmen, damit nicht so auffiel, wie arm er war. An einem heißen Sommertag ging er einmal in einem blauen Mantel, den er geschenkt bekommen hatte, zu Freunden zu Besuch. Der Mantel war ihm viel zu weit, besonders über der Brust. Selbst wenn er ihn bis obenhin zuknöpfte, war er oben noch immer zu weit. Deshalb stopfte er sich alte Theaterprogramme darunter, was aussah, als hätte er einen riesigen Busen. In seiner Naivität glaubte er, daß das keiner merken würde. Unbekümmert ging er in den Salon, wo ihn bald alle fragten, was mit seinem Brustkorb los sei und weshalb er an einem so heißen Tag nicht den Mantel aufknöpfe.

Etwas wunderlich hatte er wegen seines seltsamen Betragens schon immer gewirkt, aber wie sollte man die außerordentlichen Verrenkungen erklären, die er vornehmen mußte, um einen ausgerissenen Ärmel oder einen geplatzten Schuh zu verbergen und Manschetten herunterzuzupfen, die sich von seinen knochigen Gelenken weit nach oben verzogen hatten?

HANS CHRISTIAN war genauso abergläubisch wie seine Mutter und fest davon überzeugt, daß es bestimmend für das ganze nächste Jahr sei, wo man sich am Neujahrstag aufhielt. Das Theater war an diesem Abend natürlich geschlossen, aber Hans Christian gelang es, einen Weg durch lange Gänge, über viele staubige Stufen, an gelagerten Kulissen vorbei auf die Bühne zu finden. Dort war es so unheimlich, wie eine leere Bühne nur sein kann. Er dachte an die Geister all der Menschen, die einst hier gewirkt hatten, längst vergessene Schauspieler, verstummte Sänger, deren Herzen einmal geschlagen hatten wie sein eigenes. Er glaubte, sie beobachteten ihn jetzt aus der Kulisse. Der Gedanke an sie brachte ihn vor Angst zum Zittern, aber da er nun einmal gekommen war, um auf der Bühne zu stehen und zu spielen, nahm er trotz der Gänsehaut eine Pose ein. Doch er konnte sich an keine einzige Zeile erinnern, und schließlich fiel er auf die Knie und sprach laut das Vaterunser. Als er das Theater verließ, war er überzeugt, daß er im kommenden Jahr auf der Bühne stehen würde. Er wollte Schauspieler werden, ganz gleich, was andere ihm rieten.

Inzwischen ärgerte sich Professor Guldberg darüber, daß Hans

Christian ständig den Unterricht versäumte. Er nahm auch an, daß sein Schüler nicht so fleißig lernte, wie er sollte. Der Professor hatte mehr Vertrauen in Hans Christian gesetzt als sonst jemand; er hatte alles menschenmögliche getan, um ihm zu helfen, und hatte seinetwegen andere Leute behelligt. Nun war er enttäuscht und empört über diese Undankbarkeit. Hans Christian bat um Verzeihung, aber der Professor wollte nicht einlenken. „Ich will nichts mehr von dir wissen", sagte er schließlich, schob Hans Christian aus der Tür und schloß sie sehr nachdrücklich hinter ihm.

Abend für Abend hatte Hans Christian Gott gefragt: „Wird es mir bald bessergehen?" Aber offenbar ging er nicht auf Gottes Wegen. Nun hatte er durch eigenes Verschulden seinen größten Beschützer verloren.

In drei Monaten waren die für ihn gesammelten Mittel aufgebraucht. Die Mitarbeit im Chor wurde schlecht bezahlt, und er selbst hätte kaum sagen können, wie er durch den Winter von 1822 kam. Mittags pflegte er auszugehen und sich auf eine Bank im Park zu setzen und vielleicht ein Stück Brot, das er sich aufgehoben hatte, zu essen. Von Zeit zu Zeit stand er auf und stampfte mit den eiskalten Füßen, mußte sich aber schnell wieder hinsetzen, weil er sich so schlapp fühlte. Aber obwohl er manchmal den ganzen Tag lang nichts zu essen hatte, versuchte er seinen jämmerlichen Zustand zu verbergen und gab nicht auf. Er schrieb sogar ein Stück mit dem Titel „Die Räuber von Vissenberg" nach einer Volkssage und bot es vor Hoffnung zitternd den Direktoren des Königlichen Theaters unter dem Pseudonym William Christian Walter an. William stand für Shakespeare, Christian für ihn selber und Walter für Sir Walter Scott. Das war keine Anmaßung, erklärte er später. Es geschah aus Liebe. Er liebte Shakespeare und Scott und sich selbst natürlich auch.

Das Stück kam mit einem Begleitschreiben zurück:

16. Juni 1822
An den Autor des Stückes!

Bei der Rücksendung der „Räuber von Vissenberg", einem Werk, das für die Bühne völlig ungeeignet ist, wollen die Direktoren den Autor wissen lassen, daß es aufgrund mangelnder Kenntnisse an elementarster Bildung, die sich auf jeder Seite dieses Machwerks zeigen, selbst dem größten Talent unmöglich wäre, etwas Derartiges einem kultivierten Publikum vorzusetzen. Sie würden es sehr begrüßen, wenn dieser Hinweis den jungen Mann dazu bewegen könnte, sich jenes Wissen anzueignen, ohne das eine Karriere, wie er sie so eifrig anstrebt, ihm für immer verschlossen bleiben muß.

Holstein, Rahbek, Olsen, Collin

Zunächst war Hans Christian zu verletzt, um die Bedeutung dieses Schreibens zu verstehen. Erst allmählich fielen ihm andere ähnliche Erfahrungen ein: wie Oberst Guldberg in Odense ihm aufgetragen hatte, darum zu bitten, in die Schule geschickt zu werden; dann der Generaldirektor mit seiner Bemerkung: „Das Theater nimmt nur gebildete junge Menschen auf"; Professor Guldberg mit seinen Dänischstunden. Hans Christian sah auf sich zukommen, was er so lange umgangen hatte: er mußte lernen.

Aber wie? Mit welchen Mitteln? Als sollte er zur Verzweiflung getrieben werden, wurde er auch noch aus dem Chor entlassen.

Man hat Hans Christian Andersen oft gefragt, woher er die Kraft genommen habe, trotz allem weiterzumachen. Er könnte geantwortet haben, daß er keine andere Wahl gehabt habe. Nun schrieb er aus Hunger und Verzweiflung eine andere Tragödie: „Alfsol" (Elfensonne).

Er schrieb das Stück schnell herunter. Wie schnell, zeigt eine Anekdote, die Kapitän Wulff, ein Marineoffizier und damals ein bedeutender Shakespeare-Übersetzer, gern erzählte: Hans Christian erschien wie ein Gespenst an seiner Haustür und sagte: „Sie haben Shakespeare übersetzt. Auch ich habe eine Tragödie geschrieben. Soll ich sie vorlesen?" Ohne auf Antwort zu warten, klappte er sein Manuskript auf und fing an zu lesen. Wulff war ebenso amüsiert wie verärgert und forderte den Jungen schließlich auf wiederzukommen. „Das werde ich, wenn ich eine neue Tragödie geschrieben habe", entgegnete Hans Christian. Wulff meinte daraufhin, das würde sicher einige Zeit dauern. „Ich denke, in vierzehn Tagen werde ich eine weitere beendet haben", erwiderte Hans Christian.

„Alfsol" zeigte eher als seine früheren Werke eine gewisse Qualität. Das Stück war plump, aber es war lebendig, und da er es allen, die ihm nur zuhörten, laut vorlas, waren einige Leute tatsächlich beeindruckt. Inzwischen hatte einer von Hans Christians Freunden eine Zeitung dazu gebracht, eine kurze Szene aus „Die Räuber von Vissenberg" zu veröffentlichen, und als er sich selber als Autor gedruckt sah, stieg ihm das noch mehr zu Kopf als damals sein Name auf dem Theaterzettel. Er lag die ganze Nacht wach, starrte auf die Druckzeilen und hörte sein Herz heftig schlagen. Er beschloß, seine Werke unter dem von ihm gewählten Pseudonym zu sammeln.

DURCH Vermittlung eines anderen Freundes wurde „Alfsol" den Theaterdirektoren vorgelegt. Gleichzeitig wurde Hans Christian bedeutet, er möge den mächtigsten aller Direktoren, den Staatsrat Jonas Collin, aufsuchen. So besserte Hans Christian seine alten Sachen notdürftig aus und machte sich bescheiden auf den Weg zu dem Haus, das ihm mehr als jedes andere zu einem Zuhause werden sollte.

Auf seinem Porträt wirkt Jonas Collin mit der hohen Stirn, den durchdringenden Augen und einem ungewöhnlich entschlossenen und resoluten, jedoch nicht unfreundlichen Zug um den Mund ernst und ruhig. Er schien sich nicht wie andere über die Lumpen Hans Christians zu belustigen; er sprach kaum über „Alfsol", und seine wenigen Kommentare klangen nicht sehr ermutigend. Anderen hatte doch das Stück so sehr gefallen, daß Hans Christian wenigstens etwas Anerkennung erwartet hatte. Er verabschiedete sich mit dem Eindruck, daß man ihm hier wenig Sympathie entgegenbrachte. Aber wenige Tage später erhielt er die Aufforderung, sich bei den Theaterdirektoren einzufinden.

Hans Christian hätte nicht zu sagen vermocht, was er erwartete; aber im innersten Herzen glaubte er, daß es möglich, wenigstens möglich sei, daß „Alfsol" aufgeführt werden würde. Weshalb sonst ließen die Direktoren ihn kommen? Vielleicht sollte er an das Theater verpflichtet werden wie einige wenige beliebte Stückeschreiber. Mit trockenem Mund und pochendem Herzen wartete er, daß Rahbek etwas sage, als er vor den Direktoren stand.

Man gab ihm „Alfsol" zurück. Das Stück, erklärte Rahbek freundlich, sei für die Bühne nicht geeignet. Vor Enttäuschung zitternd machte sich Hans Christian bereit zu vernehmen, was nun kommen mußte. Man würde ihn ernsthaft ermahnen, nach Odense zurückzugehen und ein Handwerk zu lernen. Aber was sagte Rahbek da?

Das Stück zeige eine gewisse Begabung, erklärte Rahbek, immerhin so viel, daß Hans Christian, wenn er mit vollem Eifer lernen wolle, eines Tages vielleicht etwas schreiben könne, das wert sei, auf dänischen Bühnen aufgeführt zu werden. Es war sehr still im Raum, als diese Worte ausgesprochen wurden. Ihre ernste Bedeutung schien Hans Christian zu bewegen wie nie etwas zuvor. In diesem Augenblick hatte er eine erste Vorstellung davon, was es bedeuten könnte, Schriftsteller zu sein.

In einem Brief an die anderen Direktoren hatte Rahbek geschrieben:

3. September 1822

Andersens „Alfsol"... ist eine Sammlung von Worten und Tiraden ohne Dramatik, ohne Plan, ohne echte Charaktere, ein Gemisch von Neugermanischem und Altisländischem in wirrem Durcheinander mit alltäglichen Aussagen in durchschnittlichen Versen... Bedenkt man aber, daß dieses Stück das Werk eines Menschen ist, der kaum einen zusammenhängenden Satz zu schreiben vermag, ... kann man nicht umhin, es für wünschenswert zu halten, auszuprobieren, was aus diesem seltsamen Hirn bei entsprechendem Unterricht herauskommen könnte...

An Hans Christian gewandt, fuhr Rahbek fort zu berichten, daß die Direktoren beschlossen hatten, ihn auf die Schule zu schicken.

Schule! Nach seinen kühnen Träumen, seinen großen Visionen war das wie ein Schlag ins Gesicht. Hans Christian starrte Rahbek wie benommen vor Überraschung an. Schule! Aber er war doch ein Stückeschreiber und bereits erwachsen; er war siebzehn. Schule – das bedeutete Kinder, Übungshefte, Klassenzimmer. Er fühlte sich beleidigt; immerhin hatte er doch fast drei Jahre lang ganz allein in dieser großen Stadt gelebt, war willkommen geheißen und aufgefordert worden, seine Verse in Kopenhagener Salons vorzulesen. Dann kam ihm aber plötzlich die Einsicht, daß dies alles keine Rolle spielte. Wirklich wichtig waren die Aussagen, die sich ihm tief ins Herz eingebrannt hatten: „Das

Theater nimmt nur gebildete junge Menschen auf" und „Bei einem derartigen Mangel an elementaren Kenntnissen und jeglicher Bildung könnte selbst der Begabteste nichts hervorbringen . . ."

Das war nicht unfreundlich, das war die Wahrheit, und er betrachtete die Direktoren mit neuer Dankbarkeit. Diese bedeutenden Männer wollten Geld für ihn ausgeben. Und was verlangten sie dafür?

Sehr viel. Er würde all die kleinen inzwischen erworbenen Privilegien aufgeben, seinen Dünkel vergessen und wieder von vorn anfangen müssen. Halb betäubt stimmte er dennoch zu.

Man bedeutete ihm, nun zu gehen und in einigen Tagen Jonas Collin aufzusuchen. Einen Augenblick später stand er draußen auf dem Theatervorplatz. Was, mochte sich Hans Christian wohl fragen, würde das Schicksal nun für ihn bereithalten?

Kapitel 3

IN DEN folgenden Tagen überkam Hans Christian ein ganz ungewohntes Gefühl der Erleichterung und des Friedens. Allmählich begriff er, daß er einige Jahre lang genug zu essen haben würde, daß er Bücher erhalten würde, anständige, passende Kleidung, wasserdichte Schuhe und sogar etwas, das er nie gehabt hatte – Taschengeld. All dies machte ihm Collin klar. Der König hatte ihm großzügig ein Stipendium aus öffentlichen Mitteln gewährt; von ihm, Collin, würde er zusätzlich etwas Geld erhalten, und er würde in der Lateinschule von Slagelse kostenlos unterrichtet werden. „Slagelse!" rief Hans Christian aus und wollte ein langes Gesicht ziehen, aber es wäre undankbar gewesen, die Enttäuschung zu zeigen.

Collin nahm Hans Christian zum Abendessen mit nach Hause, wo Frau Collin ihn herzlich willkommen hieß. Die Collinkinder schlossen nicht so leicht Freundschaften, aber diesen sonderbaren Jungen, den ihr Vater irgendwie adoptiert zu haben schien, nahmen sie auf wie einen Bruder. Und Hans Christian war zumute, als habe er in Collin einen neuen Vater gefunden. „Hab keine Angst, mir zu schreiben", sagte Collin. „Laß mich wissen, was du brauchst und wie du vorankommst."

Voller Hoffnung verließ Hans Christian Kopenhagen in einer Postkutsche, um nach Slagelse zu fahren. Doch das verschlafene Nest war kleiner als Odense. Sogar die Hauptstraße hatte schlechtes Pflaster, und die wenigen rotgedeckten Häuser standen innerhalb weiter grüner Felder und schlammiger Wege. Es kam dem Jungen sehr langweilig vor, und er sehnte sich nach der anregenden Schönheit Kopenhagens zurück. Dennoch, die Unterkunft, die er in Slagelse fand, war sauber und luftig, mit Blick auf einen Garten und Felder.

Er hatte sich eingeredet, es wäre romantisch, wieder zur Schule zu gehen, hatte triumphierend an seine Mutter geschrieben und sich gewünscht, sein Vater und seine Großmutter würden noch leben, um die Neuigkeit zu erfahren, die ihnen mehr als alles andere gefallen hätte. Aber bald mußte er einsehen, was er da auf sich genommen hatte. An der Lateinschule von Slagelse war nichts auch nur im entferntesten romantisch. Es war eintönig, und er war es weder gewohnt, in einer Schulbank zu sitzen, noch, beständig zu lernen oder zu tun, was man ihm sagte.

Und noch etwas hatten Hans Christian und wahrscheinlich auch die Direktoren des Königlichen Theaters nicht bedacht. Da er fast nichts wußte, kam er in die Anfängerklasse zu den ganz Kleinen. Sie reichten ihm kaum bis zum Ellbogen, und da saß er nun, stotternd und stammelnd bei den leichtesten Wörtern und Rechenaufgaben, die sie spielend bewältigten. Er war zu groß für die Schulbänke und Tische, und seine Ungeschicklichkeit, sein großer Kopf mit dem strohblonden Schopf, den kleinen Augen und der großen Nase machten ihn zur perfekten Zielscheibe von Spott und Schabernack. Und dennoch hänselten die Kinder ihn nicht so sehr, wie sie gekonnt hätten. Irgend etwas an ihm hielt sie zurück – vielleicht war es seine spürbare Güte und Ernsthaftigkeit. Hans Christian litt unter den Kindern weniger als unter den Lehrern.

Nach den ersten paar Wochen sahen sie in ihm nichts als ein Ärgernis. Überarbeitet und unterbezahlt, wie sie nun einmal waren, hatten sie etwas gegen diesen Jungen, der ein Staatsstipendium erhielt. In ihren Augen zeichnete er sich ausschließlich durch Größe und Unwissenheit aus.

„Ich wollte wirklich gern etwas lernen", schrieb er später, „aber damals ruderte ich verzweifelt umher, als habe man mich einfach ins Wasser geworfen. Eine Welle folgte der anderen, und ich konnte kaum Luft schnappen; Grammatik, Geographie, Mathematik." Hans Christian lernte noch lange, wenn die Schulstunden vorüber waren. Konnte er vor Müdigkeit nichts mehr aufnehmen, tauchte er seinen Kopf in kaltes Wasser oder lief in dem kleinen Schulgarten umher, um wieder wach zu werden. Er arbeitete fleißig, bemühte sich eifrig, und am Ende des ersten Quartals waren seine Noten gar nicht so übel.

Schüchtern schickte er das Zeugnis an Professor Guldberg, um zu beweisen, daß er nun wirklich arbeitete, und Guldberg antwortete ihm überaus freundlich. „Aber als Dein Freund", mahnte der Professor, „rate ich Dir: Schreibe keine Gedichte! Lerne!"

Diese Mahnung hörte er auch von Rektor Simon Meisling, dem Leiter der Schule. Nur war dieser viel weniger freundlich. Der dickliche, untersetzte kleine Mann mit roten Haaren und einem fleischigen Gesicht war Choleriker. Er hatte den Verstand eines Gelehrten, aber das Benehmen eines Stiers. Hans Christian in seiner Naivität hatte ihm und seiner dicken rotbäckigen Frau seine Aufwartung gemacht; wie üblich hatte er von seinen Hoffnungen, seinen geheimen Plänen gesprochen und ihnen Gedichte und Szenen aus seinen Stücken vorgelesen. Bald sollte er erfahren, wie dumm das gewesen war. Die einfache Frau Meisling war beeindruckt und bedachte ihn bald mit einer peinlichen Freundlichkeit, der Rektor jedoch, der ihn während seines Vortrags mit kalten Blicken gemustert hatte, fing an, bissige Bemerkungen zu machen.

Alle Schüler hatten Angst vor Meisling, und nun wurde Hans Christian zu seiner bevorzugten Zielscheibe. „Shakespeare mit den Vampiraugen"

Eine Karikatur des Schulrektors Simon Meisling, der den Schüler Andersen plagte

399

pflegte er ihn zu nennen, und wenn Hans Christian dann trotz verzweifelter Bemühungen die Tränen in die Augen schossen, pflegte Meisling einen Jungen nach einem Ziegelstein zu schicken, damit der große Dichter Andersen daran seine Augen trocknen möge, um selbst einen Ziegelstein in Poesie zu verwandeln. Das hört sich zwar nur wie ein dummer Witz an, aber in einer Klasse voller Jungen war das sehr demütigend.

Hans Christian konnte sich die Mißgunst des Rektors nicht erklären, denn er war noch nie in seinem Leben neidisch gewesen. Meisling aber hatte Grund, ihn zu beneiden, denn als Schützling der Direktoren des Königlichen Theaters wurde Hans Christian in Häuser wie das des Dichters Bernard Ingemann, der im nicht weit entfernten Sorö lehrte, eingeladen. Obwohl man Ingemann in ganz Dänemark kannte, war er so liebenswürdig und bescheiden, daß er den verspäteten Schuljungen wie seinesgleichen behandelte. Meisling hätte Ingemann selber gern besucht.

Auch Frau Meisling hätte diese Leute gern gekannt, aber sie hatte sich durch unpassendes Benehmen in Slagelse so unbeliebt gemacht, daß es nur wenige Häuser gab, in die sie noch eingeladen wurde. Als sie sah, daß man diesen Betteljungen dort empfing, beklagte sie sich bei ihrem Mann. Der bedeutete Hans Christian, er würde von der Schule verwiesen, wenn er weiter mit diesen Leuten verkehre. Der Rektor wagte es aber nicht, ihm auch die Besuche bei Ingemann zu untersagen. Am schlimmsten für Meisling war es, daß er seinen Schüler am Ende des ersten Jahres, als alle in den Weihnachtsferien nach Kopenhagen fuhren, in den Häusern von Collin, Rahbek und Kapitän Wulff verschwinden sah – Männer, die der schäbige kleine Schulmeister nie kennenlernen würde.

Hans Christian ahnte nichts von Meislings Neid. Für ihn war der Rektor fast so mächtig wie Gott. Er zitterte, wenn Meisling den Klassenraum betrat, und wenn er aufgefordert wurde, sein Pensum aufzusagen, spürten die kleineren Jungen, wie die ganze Bank bebte. Wie gut er seine Lektion auch gelernt hatte – und das hatte er immer –, in Gegenwart Meislings brachte Hans Christian kein Wort heraus, besonders wenn der ihn daraufhin anblaffte und einen hoffnungslosen Narren nannte. Hans Christian wurde so verzagt, daß er es kaum wagte, Collin bei seinem

Weihnachtsbesuch die Zeugnisse zu zeigen. Sie werden denken, ich vergeude ihr Geld, hatte er befürchtet und sich elend gefühlt. Zu seiner Überraschung zeigte sich Collin zufrieden. „Du hast Fleiß und Mut bewiesen", sagte er und lud Hans Christian zum Abendessen zu sich ein. Dort begegnete er den Collinkindern wieder: Ingeborg, Gottlieb, Edvard, Louise und Theodor.

TROTZ der Schwierigkeiten in der Schule gab es auch schöne Zeiten für Hans Christian. Dieser Besuch in der Hauptstadt war eine reine Freude, und im Frühling ließ ihm die Kronprinzessin Geld für einen Besuch in Odense zukommen. Als er heimkehrte zu den wohlbekannten Straßen, den einstöckigen Holzhäusern, zu den Nachbarn, die ihm plötzlich unglaublich zerlumpt und armselig vorkamen, konnte er ermessen, wieviel er in vier Jahren geschafft hatte. Er war gut angezogen, hatte Geld in der Tasche, und als seine Mutter ihm auf der Straße entgegenkam, hätte sie ihn fast nicht erkannt. Als der große Fremde sie ansprach, wollte sie zuerst knicksen.

Nun meinten die Leute, der Schustersohn sei vielleicht doch nicht so verrückt, wie es den Anschein gehabt hatte. Sie zeigten auf ihn und rühmten sich, ihn schon als Kind gekannt zu haben. Ane Marie sagte stolz, er werde geehrt, als sei er der Sohn eines Grafen.

Aber der kleine Triumph machte die Demütigungen in der Schule nach der Rückkehr nur noch schlimmer. Meisling hatte sich für ihn ausgedacht, daß er die Kinder hüten sollte. Seltsamerweise hatte Hans Christian Kinder nie besonders gern, und die kleinen Meislings dürften nicht gerade reizend gewesen sein. Er muß sich gefragt haben, ob man ihn nur dazu nach Slagelse geschickt hatte, daß er kleine Schreihälse voneinander trennte, die älteren Jungen und Mädchen unterhielt und das Kleinste in den Schlaf wiegte. Dennoch hätte er alles getan, um den Rektor bei Laune zu halten.

Wie sehr dieser Mann sein Denken beherrschte, ist einer Tagebuchnotiz zu entnehmen: „Der Rektor hat mir ‚gute Nacht' gesagt; oh, wenn er nur wüßte, wie sehr mich seine Freundlichkeit ermutigt . . ."

Aber auch den Lehrern gefiel er nicht. Er entsprach nicht ihrer Vorstellung von einem Schuljungen. Und jeder, der dieser

Vorstellung nicht entsprach, war im Unrecht. Sie nörgelten an Hans Christian herum und demütigten ihn ständig. Jahre später schrieb er in „Das häßliche junge Entlein" eine Szene, die auf diese Lehrer zurückzuführen sein könnte. Es ist die Stelle, wo das Entlein von einer Henne und einer Katze unterrichtet wird:

Sie pflegten immer zu sagen: „Wir und die Welt", denn sie glaubten, daß sie die eine Hälfte der Welt ausmachten – mehr noch, die bessere Hälfte natürlich. Das Entlein meinte, darüber könnte man verschiedener Ansicht sein, aber die Henne wollte nichts davon wissen.

„Kannst du Eier legen?" fragte sie.

„Nein."

„Nun, dann halte bitte den Mund!"

Und die Katze fragte: „Kannst du einen Buckel machen oder schnurren oder mit den Augen funkeln?"

„Nein."

„Nun, dann ist deine Meinung nicht gefragt, wenn vernünftige Leute miteinander reden."

Und das Entlein saß entmutigt in der Ecke. Plötzlich dachte es an die frische Luft und den Sonnenschein draußen und hatte eine so seltsame Sehnsucht, im Wasser zu schwimmen, daß es nicht anders konnte – es mußte es der Henne erzählen.

„Was ist nur mit dir los?" fragte diese. „Du hast nichts zu tun, deshalb kommst du auf so dumme Gedanken. Sie würden schnell verschwinden, wenn du nur Eier legen würdest oder zumindest schnurren."

„Aber es ist so herrlich, im Wasser zu schwimmen", sagte das Entlein. „So wunderbar, mit dem Kopf einzutauchen und hinunter bis zum Grund zu tauchen."

„Ganz wunderbar muß das sein", meinte die Henne. „Du hast wohl völlig den Verstand verloren. Frag nur die Katze. Ich kenne niemand, der so klug ist wie sie. Frage sie, ob sie gern schwimmt oder taucht! Was mich anbetrifft . . ."

„Du verstehst mich nicht", sagte das Entlein.

„Nun, wenn wir dich nicht verstehen, möchte ich gern wissen, wer es denn sollte . . . Mein Wort darauf – wenn ich dir etwas Unangenehmes sage, ist es nur zu deinem Besten. Daran kannst du sehen, wer es gut mit dir meint und wirklich dein Freund ist. Bemühe dich nur, Eier zu legen und zu lernen, wie man schnurrt und mit den Augen funkelt!"

„Ich denke, ich werde in die weite Welt hinausgehen", entgegnete das Entlein.

Aber Hans Christian konnte nicht einfach in die weite Welt hinausgehen. Er mußte in Slagelse in der Schule bleiben. Die Prüfungen standen bevor, und er hatte große Angst. Aber er schnitt gut ab, wurde in die nächste Klasse versetzt, und Meisling schrieb einen überraschend guten Bericht an Collin. Die Kronprinzessin schickte nochmals Geld. In seinen zweiten Weihnachtsferien konnte Hans Christian dann endlich den langersehnten Besuch in Kopenhagen machen, obwohl Meisling sagte, er dürfe nur eine Woche bleiben.

WENN Hans Christian glücklich war, setzte er zu gefährlichen Höhenflügen an, gefährlich, weil er in seiner Unschuld erzählte, was er vorhatte. Er war im siebten Himmel. Acht Tage lang war er weit weg vom Rektor, besuchte häufig die Collins, Rahbeks und Wulffs. Er konnte Gedichte lesen und träumen und ging in sein geliebtes Theater. Um die Vorstellung am letzten Sonnabend nicht zu versäumen, ließ er die Postkutsche abfahren und ging die ganze Nacht und den folgenden Tag hindurch zu Fuß nach Slagelse, um wie vereinbart am Montag morgen mit den Kindern des Rektors zu spielen.

Zu Beginn des neuen Jahres befahl ihm der Rektor, zu ihm ins Haus zu ziehen. Hans Christian war nun fast zwanzig. Frau Meisling hatte festgestellt, wie nützlich er war, und weshalb – so fragte sie ihren Mann – sollte die Vermieterin die jährlichen zweihundert Reichstaler einstreichen? Sie hatte noch andere Gründe.

Frau Meisling hatte Hans Christian immer geneckt. Am Sonntag spielte der Rektor manchmal mit seinen Kindern und einigen auserwählten Schülern. Dabei kam es zu lauten, rauhen und häufig fragwürdigen Späßen. So pflegte er Hans Christian in einem Kinderwagen umherzufahren, und dann mußte dieser Frau Meisling unter einer Decke küssen. Frau Meisling küßte hingebungsvoll, während Hans Christian zurückwich und errötete.

In dem lauten, nachlässig geführten Haushalt herrschte eine von Frauen geprägte Atmosphäre, mit raschelnden Röcken, Kichern und plumpen Vertraulichkeiten. Die Dienstmägde wußten, was ihre Herrin trieb, und taten, was sie wollten. Sie fanden es ebenfalls spaßig, Hans Christian in Verlegenheit zu bringen. So kamen sie in sein Zimmer, lehnten sich über ihn, störten ihn und sprachen mit ihm, bis Frau Meisling erschien, sie verjagte und ihre Stelle einnahm.

Man hatte ihm ein Zimmer mit separatem Eingang vom Hof her gegeben, aber nun mußte er feststellen, daß eine zweite Tür direkt ins Schlafzimmer der Hausfrau führte, und meist saß er mit brennenden Wangen und angstvoll klopfendem Herzen da und befürchtete, sie könnte hereinkommen.

Wahrscheinlich war das Betragen von Frau Meisling der Anlaß für die schlechte Laune und den beachtlichen Alkoholkonsum ihres Mannes. Wenn dieser eingeschlafen war, pflegte sie sich ein bäuerliches Gewand anzuziehen und auf Straßen und in Wäldern herumzustreifen, um zu sehen, wen sie auftreiben konnte. Ganz Slagelse wußte darum. Hans Christian versuchte, die Achtung vor ihr zu bewahren, aber es wollte ihm nicht gelingen. Wann immer sie ihm nahe kam, sträubte sich alles in ihm. Er war froh, als er ihr zu Weihnachten nach Kopenhagen entkommen konnte.

Er war eingeladen worden, bei den Wulffs zu wohnen. „Wissen sie, daß du ein Betteljunge bist?" zischte Meisling. Hans Christian antwortete freundlich, das wüßten sie. „Na, wunderbar", meinte der Rektor.

Es war fast zu wunderbar. Kapitän Wulff leitete die Marineakademie im Schloß Amalienborg, und Hans Christian, der von einem Bediensteten in sein Zimmer geleitet wurde, konnte auf die Wachposten hinuntersehen, die vor dem Königsschloß im Schnee umherstapften. Vor sechs Jahren bin ich auf diesem Platz herumgewandert, und kein Mensch kannte mich, dachte er. Heute bin ich Gast in einem Haus in der Nähe des Königs!

Die Großzügigkeit und Sauberkeit, die Ruhe und Würde wirkten Wunder und beruhigten Hans Christians überreizte Nerven. Collin war wiederum sehr zufrieden mit seinen Zeugnissen. Ingeborg scherzte mit ihm. Er verbrachte viel Zeit mit Edvard und las jedem ein neues Gedicht vor. Und dann erreichte ihn mitten in dieser sorglos-angenehmen Zeit ein Brief des Rektors, der schrieb, er habe gehört, Hans Christian mache sich lächerlich mit dem Vortragen seiner Gedichte, und er würde ihm einiges zu sagen haben, wenn sie sich wiedersähen! Hans Christian war schon auf der Heimreise krank vor Angst.

Der Rektor wurde nach Helsingör versetzt, und Hans Christian ging mit. Im nächsten halben Jahr sollten die Abschlußprüfungen stattfinden, und der Rektor hatte versprochen, ihn in Latein und Griechisch zu fördern.

An dem neuen Wohnort zeigten die Meislings zunächst mehr Selbstachtung. Der Rektor trug einen Gehrock, den er sauberhielt, und sah davon ab, Lehrer und Schüler herumzukommandieren. Die Damen von Helsingör entzückten Frau Meisling mit ihren Besuchen, aber die gute Nachbarschaft dauerte nicht lange. Gerüchte kamen schnell auf, und danach gab es keine Einladungen mehr. Frau Meisling verfiel in ihre alte Unsitte, und bald standen die Dinge um sie in dieser hübschen kleinen Stadt schlechter als je in Slagelse.

Der Rektor behandelte Hans Christian, als sei er ein Idiot. Wenn der Unterricht vorüber war, wurde die Haustür verschlossen, und Hans Christian mußte im Klassenzimmer bleiben, mit den Kindern spielen oder in sein Zimmer gehen, wo er sich vor Frau Meisling fürchtete. Obwohl er sein Leben lang arm gewesen war, hatte er doch nie im Schmutz gelebt. Das ganze Haus war verdreckt. Der Rektor sah aus, als schliefe er in seinen Kleidern, und die ungewaschenen Kinder stanken.

FÜR HANS CHRISTIAN waren diese Tage in Helsingör unbeschreiblich traurig. Er machte sich große Sorgen um seine Mutter und um sich selbst. Ane Marie hatte in einem Heim untergebracht werden müssen. Sie war durch ihren Rheumatismus verkrüppelt und trank ständig. Nur Branntwein, erklärte sie jammernd, könne die Kälte vertreiben. Sie gab jeden Pfennig, den man ihr schenkte, für den billigen Fusel aus, den man den Armen verkaufte, und mußte unter Aufsicht gestellt werden. Jedermann meinte, es sei eine Schande mit ihr. Hans Christian fühlte sich so einsam und elend, daß er am liebsten gestorben wäre.

Nach dem Unterricht konnten die anderen Jungen nach Hause gehen. Er mußte bleiben und sich um die Kinder kümmern. Der Haushalt verkam immer mehr. Er und ein anderer

Schüler, der Kostgänger war, mußten vom selben Teller essen. Das Leben in Helsingör war teuer, und nun fingen die Meislings an zu klagen, daß für den Unterhalt eines derartigen Riesentölpels, der so viel aß, zweihundert Reichstaler im Jahr nicht ausreichten. Hans Christian wagte es kaum, sich ein Stück Fleisch zu nehmen, und sah bald so verhungert aus wie zu seiner Anfangszeit in Kopenhagen. Sogar schlimmer noch, denn Frau Meisling ließ ihn nicht in Ruhe. Sie brachte ihm oft mitten in der Nacht Kaffee, und einmal erschreckte sie Hans Christian, als sie in ihrem Nachtgewand in seinem Zimmer erschien, wobei sie vorgab, nur die Butter holen zu wollen, die sie vor den Dienstmädchen versteckt hatte.

Sie trieb es schließlich so schlimm, daß Hans Christian an Collin schrieb und bat, fortgehen zu dürfen. Sein Brief klang hysterisch, aber er brachte es nicht über sich zu berichten, daß Frau Meisling ihm nachstellte. Deshalb konnte Collin, der wußte, daß der Rektor aufbrausend war, keinen anderen Grund für Hans Christians Panik vermuten und antwortete also, daß der Rektor es gut meine und Barschheit eben seine Art sei.

Der Brief stürzte Hans Christian noch mehr in Verzweiflung. Aber nun kam ein junger Hebräischlehrer zum Unterricht in Meislings Haus. Er sah, wie Hans Christian behandelt wurde, wie man ihm die Bissen in den Mund zählte und mißgönnte, und der junge Lehrer wollte zunächst seinen Augen nicht trauen, wie Frau Meisling Hans Christian bedrängte. In den Osterferien stattete dieser Lehrer Collin einen Besuch ab. Schockiert und empört veranlaßte Collin, daß Hans Christian sofort das Haus verließ.

Hans Christian ging zu Meisling, um sich zu verabschieden. Er streckte die Hand aus und sagte mit einer Falschheit, die wahrscheinlich durch seine Furcht zu erklären war: „Dank für alles Gute, das Sie für mich getan haben."

Der Rektor war ehrlicher. Er sagte, was er hoffte. „Aus dir wird nie ein Student!" brüllte er. „Deine Gedichte werden auf dem Dachboden eines Buchhändlers verrotten, und du wirst in einem Irrenhaus enden."

Es klang wie ein Fluch. Als Hans Christian das Haus verließ, dröhnte er noch in seinen Ohren.

Kapitel 4

DA NUR noch wenige Monate bis zum Examen blieben, beschloß Collin, es lohne sich nicht, den Besuch einer anderen Schule für Hans Christian zu arrangieren. Statt dessen fand er einen Privatlehrer, einen begabten jungen Mann namens Müller, der sehr freundlich war. Das war eine ganz neue Erfahrung für Hans Christian, und es war ein Segen für ihn, wieder in Kopenhagen zu sein.

Er hatte sich in einer winzigen Dachstube eingemietet, die er später in seinem „Bilderbuch ohne Bilder" beschrieben hat. Sie lag in einem Haus in einer der engsten Gassen, aber „es mangelt mir nicht an Licht, denn ich lebe hier ganz oben und habe einen herrlichen Blick über die Dächer". Wenn der Mond auf die Häuser schien, starrte er hinaus, bis die Schornsteine sich in Berge und das Glimmern des Kanals sich in einen weit in der Ferne sich windenden Fluß zu verwandeln schienen. Der Mond bescherte ihm eine ganze Welt und forderte ihn auf: „Schildere, was ich dir sage, und du wirst ein wunderbares Bilderbuch besitzen. Vergangene Nacht glitt ich durch die klare Atmosphäre Indiens und habe mich im Ganges gespiegelt . . . Gestern habe ich das Leben in Paris betrachtet. Ich bin den Eisvögeln und den schwimmenden Walen bis Grönland gefolgt. Ich werde dir schildern, wie es in Pompeji aussieht." Und der Mond schenkte ihm neue, tiefgründige Gedanken über den Tod und das Leben und die Trauer und die Liebe. All das wartete auf ihn. Aber erst mußte er noch diese strenge Prüfung bestehen, und so kehrte Hans Christian dem Mond den Rücken und ging an seinen Tisch, wo die Lateinaufgaben seiner harrten.

Um seine Ausgaben einzuschränken, ging er zum Abendessen täglich zu Freunden, aber als sein wahres Zuhause betrachtete er das Haus der Collins, und er dachte sehr viel über Edvard nach. Edvard verkörperte alles, was er, Hans Christian, nicht war: gutaussehend, besonnen, bescheiden. Hans Christian wäre gern so wie er gewesen. Was Edvard empfand, ist schwer zu sagen. Er war immer kühl, gelassen und zurückhaltend. Aber er war gutmütig. Er half Hans Christian bei den Lateinaufgaben und bei der Grammatik, die dieser immer noch furchtbar schwierig fand. Nach Edvard stand ihm Louise am nächsten. Als er sie kennengelernt hatte, war sie noch ein kleines Mädchen gewesen. Nun war sie fünfzehn und wirkte schon sehr weiblich. Während ihre Brüder und Schwestern anspruchsvoll waren und Hans Christian manchmal das Gefühl vermittelten, dumm und linkisch zu sein, war sie stets freundlich und geduldig.

Seinen Freunden in der Hauptstadt mußte es so vorkommen, als käme immer derselbe Hans Christian zurück. Er war nun über zweiundzwanzig, aber er schien genauso überschwenglich zu sein wie immer, in dem einen Augenblick plump vertraulich, im nächsten verzweifelt, stets den Tränen und dann wieder dem Lachen nahe, redselig wie eh und je. Er hatte immer noch die Taschen voller Gedichte und bestand immer noch darauf, sie laut vorzutragen. Die Leute dachten, es wäre Dünkel, der ihn dazu trieb. Das war es aber nicht. Es war für ihn ganz einfach notwendig. Ein Dichter kann die Wirkung seiner Reime erst beurteilen, wenn er sie gehört, ihre Wirkung auf die Zuhörer erlebt hat. Mit den Erzählungen ging es ihm später ebenso. Wenn er sie vorlas, hörte er genau hin, um festzustellen, wo sie Längen hatten. Danach ging er heim und korrigierte sie.

Allmählich sahen die Leute aber ein, daß Hans Christian sich verändert hatte. Mit den Jahren hatte er an Wissen und Urteilsvermögen gewonnen, und sein schweigendes Ertragen von Bosheiten hatte ihn reifen lassen – ein ungewolltes Verdienst von Meisling.

FRAU WULFF bemühte sich ständig, ihm klarzumachen, wer er war. Sie hatte ihm in der Schulzeit gutgemeinte Briefe geschrieben: „Lieber Andersen, wach auf, und träume nicht mehr davon, unsterblich zu werden, denn ich bin sicher, man wird Dich nur auslachen." Sie redete in Kopenhagen ebenso auf ihn ein, sprach von Bescheidenheit, Dankbarkeit, klarem Urteilsvermögen und davon, daß man seinen Platz in der Welt kennen müsse. Hans Christian versuchte auf sie zu hören, aber wenige Minuten später waren alle guten Vorsätze wieder vergessen.

Kapitän Wulff gab ihm oft das Gefühl, es sei schade um die

Zeit, wenn er ihn besuchte, aber Wulffs Tochter Henriette wurde eine echte Freundin. Sie war klein und bucklig, dabei fröhlich, intelligent und außerordentlich witzig, eine liebe Gefährtin, die seine Empfindsamkeit verstand. Sie teilte auch seine Geheimnisse. Eines Tages kam der Kapitän mit einem Exemplar der Zeitschrift *Die fliegenden Blätter* in den Salon. „Das mußt du dir unbedingt anhören", sagte er zu seiner Frau. „Zwei wirklich gute Gedichte. Sie sind nur mit H. unterzeichnet. Wahrscheinlich sind sie von Heiberg", meinte er und las sie vor. Es war Henriette, die anschließend erklärte: „Sie sind von Hans Christian."

Einen Augenblick lang herrschte überraschtes Schweigen. Hans Christian glühte vor Erwartung, aber der Kapitän legte die Zeitschrift hin und verließ das Zimmer, als sei er beleidigt. Auch Frau Wulff sagte nichts, und Hans Christian war so gekränkt, daß er unverzüglich nach Hause ging.

Frau Wulff hatte oft gesagt, wenn er in Kopenhagen sei, mache er zu viele Besuche und denke zuwenig an den Unterricht. Als er sich daran erinnerte, verstand Hans Christian, weshalb sie so wenig begeistert waren. Sie nahmen an, er hätte Gedichte geschrieben, anstatt zu lernen, und er mußte sich eingestehen, daß das teilweise stimmte. Der Tag der Prüfung stand bevor, und plötzlich glaubte Hans Christian zu wissen, daß er sie nicht bestehen würde. Collin hatte ihm bei der letzten Begegnung gesagt, wenn er durchfiele, könnten sie den König nicht mehr um weitere Unterstützung bitten. Hans Christian hatte seine Abhängigkeit nie stärker empfunden. Wenn andere Studenten versagten, enttäuschten sie nur ihre Eltern und Familien, aber an seinen Ergebnissen war ein ganzer Kreis von Wohltätern interessiert. Die Gedichte waren schnell vergessen, und er arbeitete wie besessen. Am Tag der Prüfung fiel er in Ohnmacht, aber er zwang sich zu schneller Erholung und bestand.

Zwar war in einem Jahr noch ein Examen zu absolvieren, um zum Studium zugelassen oder beim Theater aufgenommen zu werden, aber mit dieser Prüfung hatte er sich als seiner Gönner würdig erwiesen. Die plötzliche Erleichterung schien etwas in ihm ausgelöst zu haben. Noch ehe seine Gönner ihm raten konnten, was er nun tun solle, waren seine Gedanken – wie er sagte, „wie ein Bienenschwarm" – in seinem ersten Buch gelandet.

Henriette Wulff, Andersens
schwesterliche Freundin

Rechts: Jonas Collin,
Andersens Wohltäter
und väterlicher Freund.
Links: Louise Collin, Jonas
Collins jüngste Tochter und
Andersens zweite Jugendliebe

Es handelte sich dabei um die Geschichte eines Spaziergangs. Sein Privatlehrer Müller lebte in einem anderen Teil der Stadt, und während der langen Wege zum und vom Unterricht hatte Hans Christian im Geiste alle Beobachtungen festgehalten, so wie er es vor langer Zeit unter der Schürze seiner Mutter und dem Stachelbeerstrauch getan hatte.

„Ein Spaziergang vom Holmenskanal bis zur Ostspitze von Amager", ein Gemisch aller erdenklichen Gedanken und Assoziationen, die einem in den Sinn kommen, wenn man spazierengeht, ist vielleicht einer der ersten Versuche, freien Gedankenfluß schriftlich festzuhalten. Es ist außerdem ein stilistisches Durcheinander. Neben humorvollen Versen enthält es viele gestelzte Ausdrucksweisen, die Hans Christian damals bewunderte. Gelegentlich verfällt er in einen anderen Stil, erzählt lebhaft, fast in Umgangssprache, mit ersten Ansätzen des späteren Andersenstils. Das kleine Werk wirkte frisch, fröhlich und unbeschreiblich jung. Jeder war entzückt davon.

Er mußte es selbst publizieren, weil die Verleger ihm so schlechte Bedingungen boten. Das war nur durch Subskriptionen möglich, und nachdem fast die ganze Auflage im voraus verkauft war, machte ihm ein Verleger ein günstiges Angebot für eine zweite. Das brachte Geld ein, das Collin für ihn verwahren konnte, aber Hans Christian war noch glücklicher darüber, daß die Kritiken wohlwollend ausfielen.

IN DIESEM Jahr schien das Glück ihm hold zu sein. Als sei Erfolg ansteckend, kam es am Königlichen Theater zu mehreren Aufführungen seines kleinen Singspiels, einer Parodie jener alten Tragödien, die ihm einst so nachahmenswert erschienen waren. Auf ebendieser Bühne hatte er in der Neujahrsnacht auf Knien gelegen und um Erfolg gebetet. Nun war er wieder dort, nicht als Schauspieler, sondern als Stückeschreiber. Angst, Verantwortungsgefühl, Freude und Dankbarkeit brachten ihn fast um.

Frau Collin war allein zu Hause, als Hans Christian hereinstürmte und sich schluchzend in einen Sessel warf. Sie glaubte zu wissen, was passiert war. „Tsch! Tsch!" versuchte sie ihn zu beruhigen. „Berühmte Autoren werden oft ausgebuht."

„Aber sie haben nicht gebuht", rief Hans Christian ganz außer sich, „sie haben applaudiert und gerufen: ‚Andersen lebe hoch!' Sie haben geklatscht!" Es war hauptsächlich eine Studentenclaque gewesen, aber das konnte seine Freude nicht trüben.

Das ganze Frühjahr und der Sommer verliefen glänzend. Er wurde in Landhäuser eingeladen, nahm an Picknicks, Gartenfesten und Scharaden teil. „Die schlechten Zeiten sind für mich vorbei", meinte er. Es schien, daß er zu seinem Glück nichts anderes tun mußte, als zu schreiben und ein bißchen Geld zu verdienen. Schreiben an sich machte ihn schon glücklich.

In einem Brief warnte der Dichter Ingemann Hans Christian vor Leichtfertigkeit. Ingemann wußte, daß Geselligkeit für jeden Künstler tödlich ist, und bat Hans Christian, dieses Leben aufzugeben und sich nicht soviel um die Meinung anderer Leute zu kümmern. Hans Christian war verwirrt. Was meinte Ingemann? Was war falsch am angenehmen Leben? Nichts, wenn es einem nicht das Gefühl für wahre Werte nahm. Hans Christian sollte das schließlich nur allzu genau erfahren. In „Der Schweinehirt" schrieb er eine ironische Anklage auf die Gesellschaft, in der ein armer Prinz um eine reiche Prinzessin wirbt, indem er ihr seinen kostbarsten Besitz schickt.

Auf dem Grab seines Vaters wuchs ein Rosenstock – oh, ein so wunderschöner Rosenstock. Er blühte nur einmal in fünf Jahren und trieb auch dann nur eine einzige Blüte. Aber diese Rose duftete so süß, daß man all seine Sorgen und Nöte vergaß. Der Prinz besaß auch eine Nachtigall, die so herrlich singen konnte, als seien die schönsten Melodien in ihrer kleinen Kehle eingeschlossen. Die Prinzessin solle sowohl die Rose wie die Nachtigall bekommen, sagte er. Und so wurden sie in silberne Körbchen verpackt und zu ihr gesandt. Der Kaiser ließ sie in die große Empfangshalle bringen . . ., hervor kam die herrliche Rose.

„Oh, ist sie nicht wunderhübsch!" riefen alle Hofdamen. „Sie ist mehr als hübsch", meinte der Kaiser. „Sie ist wunderschön."

Aber als die Prinzessin sie berührte, brach sie fast in Tränen aus. „O pfui, Papa!" rief sie. „Sie ist kein Kunstwerk, sie ist natürlich!"

„Pfui, pfui!" echoten alle Hofdamen. „Sie ist natürlich!"

„Komm, laß uns erst sehen, was in dem anderen Korb ist, ehe wir böse werden", schlug der Kaiser vor. Und dann kam die Nachtigall heraus. Ihr Gesang war so lieblich, daß man nichts dagegen sagen konnte.

„Superbe! Charmant!" riefen die Ehrenjungfrauen aus, denn sie sprachen alle französisch, eine schlechter als die andere. „Wie sehr erinnert mich der Vogel doch an die Spieldose der verstorbenen Kaiserin!" . . .

„Trotzdem will ich nicht glauben, daß es ein echter Vogel ist", sagte die Prinzessin.

„O doch, er ist echt. Es ist ein lebender Vogel", sagte der Bote.

„Dann laßt ihn fliegen", sagte die Prinzessin und wollte nichts davon wissen, dem Prinzen zu erlauben, ihr seine Aufwartung zu machen.

KURZ vor dem ersten Universitätsexamen hatte Hans Christian bei einem Abendessen einen jungen Mann kennengelernt, der so still und schüchtern war, daß Hans Christian annahm, er komme vom Land und sei zum erstenmal in Gesellschaft. „Sind Sie zur Prüfung an der Universität gekommen?" hatte Hans Christian leicht gönnerhaft gefragt.

Der junge Mann hatte lächelnd bejaht. Hans Christian sprach ihm Mut zu und gab auch ein bißchen an. Aber als der Prüfungstag herankam, konnte er den jungen Mann nirgends unter den anderen Studenten entdecken. Schließlich traf er ihn im Prüfungsraum wieder. Er war der Professor, der ihn in Mathematik prüfen würde.

Die Bescheidenheit des jungen Professors brachte Hans Christian zum Erröten. Sie waren fast im gleichen Alter, der andere ein gelehrter Professor, er selbst ein grober, großmäuliger Student. Hans Christian schwor sich, alles zu tun, um mit dem Lernen aufzuholen, und nie wieder großspurig anzugeben oder zu faulenzen. Er machte sich an die Arbeit und bestand das Examen. Seine Freunde waren erstaunt, daß er nichts über seine Zensuren verlauten ließ, obwohl sie sehr gut waren.

ALS DAS letzte Examen hinter ihm lag, fühlte sich Hans Christian nicht länger als dummer Junge, sondern als Andersen, ein anerkannter Schriftsteller. Jetzt war keine Zeit mehr für Träumereien im Mondlicht. Das vom König gewährte Stipendium war abgelaufen. Er mußte seinen Lebensunterhalt nun selbst verdienen, und für einen Künstler ist es immer schwer, das rechte Gleichgewicht zwischen Träumen und den Anforderungen des Lebens zu finden.

Zu Weihnachten brachte er seine erste Gedichtsammlung heraus; in ihr sind erste Anzeichen seiner Märchen zu erkennen. Frau Ingemann, deren dunkle Augen weiter sahen als die der meisten, schrieb ihm über eines der Gedichte: „Die kleinen Elfen unserer Kindheit scheinen mir letztlich Ihre guten Geister zu sein, und wenn sie im Herzen und in der Phantasie leben, dann, so scheint mir, ist nicht zu befürchten, daß der Erzählfluß sich zwischen glitzernden Kieseln verliert." Auch Molbech, der wichtigste Kritiker jener Tage, lobte die Gedichte, aber einige andere Kritiker hielten nichts von ihnen.

Für einen Schriftsteller ist es unklug, seine Kritiker herauszufordern, aber einem sehr jungen Mann fällt es oft schwer, klug zu sein. Andersen wehrte sich heftig, obwohl Collin meinte, das sei nur verletzte Eitelkeit und er solle sich hüten, sich diesen Ruf zu erwerben. Andersen wollte nicht auf ihn hören. Er hatte neue Freunde gefunden, die ihn rückhaltlos lobten. Von ihren Schmeicheleien angefeuert, beschloß er, einen historischen Roman zu schreiben. Im Sommer 1830 zog er deshalb zur Witwe von Drucker Iversen, aber er brachte kein Wort zu Papier.

Frau Iversen hatte ihre Enkelinnen bei sich, eine ganze Schar junger Mädchen voller Unschuld und Frische, junge Schönheiten mit sanften Augen. Sie spielten in dem alten Garten Versteck, und plötzlich schienen überall Mädchen zu sein, die hinter den Büschen hervorlugten oder sich hinter den Sonnenuhren verbargen, die immer nur sonnige Stunden anzeigten.

Auf den Steinplatten im Garten besagten Inschriften, was man an diesem Ort zu denken und zu fühlen habe, aber Andersen stellte fest, daß er überhaupt nichts fühlte. Was war nur los mit ihm? War er nicht fähig zu lieben?

In einem alten Schloß fand er das Bildnis einer Dame, und als er das Gemälde näher betrachtete, schmerzte sein Herz wie nie zuvor. Diese Frau könnte er lieben, wenn sie nur am Leben wäre! Aber sie war ja nur ein Bild auf Leinwand. Plötzlich erschien ihm alles albern und bedeutungslos. Er glaubte, er sei kein richtiger Mann.

Schließlich verließ er Frau Iversen und besuchte einige Tage lang einen Studienfreund, Christian Voigt.

Porträtgemälde Hans Christian Andersens als junger Mann

Die Voigts lebten in Fåborg, einer kleinen Stadt am Meer, im schönen Süden der Insel Fünen. Es waren reiche Kaufleute, und Andersen war beeindruckt von dem prächtigen Familiensitz. In diesem geschäftigen Wohlstand mit Dienern und Tagelöhnern, Käufern und Verkäufern und all ihrem lebhaften Treiben schien es keinen Platz für einen armen Poeten zu geben. Aber Christian Voigt hieß ihn willkommen und stellte ihn seiner ältesten Schwester Riborg vor, und schon gewann Andersen die alte Sicherheit wieder.

Es war an einem Sommermorgen, das stille, sonnige Zimmer voller Bücher und Blumen; die herrschende Ruhe wirkte auf ihn wie Balsam. Riborg bewirtete ihn mit Kaffee, und Andersen stellte fest, daß sie mit viel Verständnis über seine Gedichte sprechen konnte. Er nahm an, daß sie mit ihrem breiten Mund und ihren dunklen braunen Haaren als nicht gerade hübsch galt. Auch ihre Augen waren braun, aber sie hellten sich auf, wenn sie lachte.

Die beiden jungen Männer verbrachten den ganzen Tag mit ihr. Sie gingen segeln und picknickten auf einer der bewaldeten Inseln. Natürlich rezitierte Andersen wieder seine Gedichte, und Riborg wand einen Kranz aus Eichenlaub, aber sie war zu schüchtern, um ihn Andersen selber anzubieten. Sie bat ihren Bruder, ihn dem Freund zu geben. Am nächsten Tag folgten ein weiteres Picknick und ein Tanzabend. Andersen, der nicht tanzen konnte, stand wie ein langer Schatten an der Wand, bis Riborg zu ihm kam und sie sich gemeinsam hinsetzten. Sie sprachen den ganzen Abend lang miteinander. Und es war nicht wie mit anderen Mädchen. Sie redeten über Poesie, Musik, Philosophie und andere kluge Dinge. Dennoch besaß sie genau die Weiblichkeit, die er so verehrte. An diesem Abend waren seine Gedanken in Aufruhr, als er schlafen ging.

Am nächsten Tag erzählte ihm Christian Voigt, der erriet, was mit seinem Freund geschehen war, daß Riborg mit dem Sohn des Apothekers am Ort verlobt sei. Wenn es nach ihr ginge, wäre sie auch schon verheiratet, aber die Eltern wollten ihre Zustimmung nicht geben. Nach einem kurzen Schweigen erklärte Andersen, er fahre wohl besser nach Odense zurück.

Ehe er aufbrach, spazierte er mit Riborg durch den Garten und sagte ihr, er würde die Heldin seines noch ungeschriebenen Romans Riborg nennen. Er pflückte ihr einen Blumenstrauß und verabschiedete sich. Als er nach Odense zurückkam, war er so zerstreut und verträumt, daß die Mädchen ihn anlachten und meinten: „Endlich verliebt!"

„Unsinn!" entgegnete er ärgerlich.

Das mußte Unsinn sein, was hatte er schon zu bieten? Er hatte keinen Beruf, kein Geld für eine entsprechende Ausbildung. Er konnte nichts anderes als schreiben. Und Riborg war mit einem anderen Mann verlobt.

ALS ER wieder in Kopenhagen war, arbeitete er an dem angekündigten Roman, unterbrach die Arbeit, um ein Opernlibretto anzufangen, und danach stellte er seine neuesten Gedichte zusammen. Einem Freund in Odense schrieb er: „Die Leute wundern sich über meine neuesten Gedichte, die nur Phantasie sind. Sie glauben, ich sei verliebt, alle denken das." Das war nicht weiter überraschend. Die Gedichte hatte er für Riborg geschrieben, darunter „Zwei braune Augen" und Verse wie:

> Du liebst mich. Ich las es in deinen Augen.
> Vergiß mich nun, es ist deine schmerzliche Pflicht.

Bald erfuhr er, daß Riborg nach Kopenhagen gekommen war, und gleich beeilte er sich, ihr einen Besuch zu machen. Danach ging er täglich zu ihr, hing an ihren Lippen und sah sie so eindringlich an, daß sie errötete, wenn sie ihn anschaute. Eines

Abends küßte er beim Abschied ihre Hand. Da sie nicht böse wurde, schloß er daraus, daß sie ihn liebe. Trunken vor Freude, ging er nach Hause. Er war bereit, seine Schriftstellerei aufzugeben und ein Handwerk zu erlernen, oder wollte vielleicht beides gleichzeitig tun, schreiben und als Handwerker arbeiten. Er wußte nicht, wie er das bewerkstelligen sollte, aber er wußte, daß er Riborg seine Liebe gestehen mußte.

Doch er konnte es nicht über sich bringen, es ihr zu sagen. Statt dessen schrieb er ihr einen Brief, in dem er sie bat, sich im Angesicht Gottes zu prüfen, ob sie den anderen Mann wirklich liebe. Ihr Bruder brachte Andersen die Antwort. Sie schrieb ihm, daß sie den anderen Mann nicht enttäuschen könne, sie hätten zu lange gewartet und einander vertraut. Andersen möge bitte versuchen, das zu verstehen.

Was hatte ihre Meinung geändert? In Fåborg hatte sie ihn wunderbar gefunden, aber in Kopenhagen hatte sie gehört, wie man über ihren Dichter spottete, ihn „Laternenpfahl" und „Storch" nannte, und das hatte sie verunsichert.

Hans Christian Andersen sollte sich noch mehrmals verlieben, und jede Liebe fand später ihren Niederschlag in einem seiner Märchen. Was er für Riborg schrieb, „Der Kreisel und der Ball", ist herb und ziemlich verbittert.

Der Ball hält sich für etwas Besseres und sagt zum Kreisel: „Du scheinst nicht zu wissen, daß mein Vater und meine Mutter Lederpantoffeln waren und daß mein Inneres aus Kork besteht." Der Ball kann in die Höhe springen und ist mit einer Schwalbe verlobt. Lange Zeit danach wird der inzwischen vergoldete Kreisel versehentlich in einen Müllkasten geworfen. Dort findet er ein verschrumpeltes altes Ding vor. Das ist alles, was von dem Ball geblieben ist. Ein Dienstmädchen kommt und fischt den Kreisel wieder heraus. Der Ball bleibt drin. „Der Kreisel wurde viel bewundert, aber vom Ball war nicht mehr die Rede, und der Kreisel erwähnte seine alte Liebe nie mehr. Liebe muß natürlich vergehen, wenn die Liebste fünf Jahre im Rinnstein verbracht hat. Man kann nicht erwarten, sie wiederzuerkennen, wenn man ihr in einem Müllkasten begegnet."

Jahre später, als Riborg längst glücklich verheiratet war, traf er sie noch einmal. „Erinnerungen sind wie Bernsteinkugeln", schrieb er nach dieser Begegnung. „Wenn man sie reibt, bringen sie den vertrauten Duft zurück."

Als Andersen starb, fand man bei ihm einen kleinen waschledernen Brustbeutel mit einem Brief von Riborg. Vielleicht war es ebender Brief, in dem sie seine Liebe zurückgewiesen hatte. Man wird es nie wissen, denn der junge Jonas Collin, der Enkel des alten Collin, hat den Brief ungelesen verbrannt. Der Brustbeutel befindet sich heute im Museum von Odense zusammen mit Abschriften der Liebesgedichte, Riborgs Porträt und einem kleinen Blumenstrauß, der inzwischen so verwelkt ist, daß die Blüten die Farbe verloren haben. Sie liegen auf einem Zettel, auf den Riborg „von Andersen" geschrieben hatte. Es sind die Blumen, die er ihr einst in Fåborg im Garten gepflückt hatte.

Andersen hatte Riborg nur kurze Zeit gekannt, aber als er sie verloren hatte, wollte er verzweifeln. Vielleicht sagte Edvard Collin, der besser als alle anderen wußte, was geschehen war, seinem Vater, daß Andersen eine Veränderung brauche. In seinem stillen, ihm so vertrauten Arbeitszimmer führte Collin ein Gespräch mit Andersen, in dem er ihm nach einiger Überlegung riet, von einem Teil seiner Ersparnisse eine Auslandsreise zu finanzieren.

ANDERSEN hatte immer von anderen Ländern geträumt. Er liebte die Zugvögel, besonders die Schwalben und die Störche. Wie die Frau des Wikingers in „Die Tochter des Moorkönigs" war auch er vom Rauschen der Schwingen geweckt worden. „Storch neben Storch saß auf Dächern und Vorsprüngen . . ., ganze Scharen von ihnen kreisten in großen Runden. Dann plötzlich hoben sie alle gemeinsam ab und flogen davon."

„Ich spüre ein Kribbeln in meinen Schwingen", sagt Mutter Storch in diesem Märchen. Andersen kannte dieses Kribbeln nun auch. Er würde in die weite Welt hinausgehen, wo keiner ihn kannte und niemand seine Vergangenheit noch seine Fehler gegen ihn ausspielen konnte.

Auf seiner ersten Reise wagte er sich nicht weiter als bis nach Deutschland. Aber wie ein Storch konnte er nun seine Schwingen ausbreiten. Er sah zum erstenmal die Berge, hörte fremde

Sprachen und wanderte in den großen gotischen Kathedralen umher. Er war ein vorbildlicher Reisender. Aufgeschlossen und mit aufmerksamen Augen beobachtete er Gespräche und kleine Szenen. Mit dem Eifer, mit dem er sich Shakespeare und Scott gewidmet hatte, stürzte er sich nun auf Goethe und Schiller, und er fand auch einige Märchen der Gebrüder Grimm.

Als er nach Kopenhagen zurückkehrte, schrieb er ein Reisebuch mit dem Titel „Schattenbilder einer Reise in den Harz und die Sächsische Schweiz". „Man muß schon ein Andersen sein, um nach nur sechs Wochen Aufenthalt ein Reisebuch zu schreiben!" meinten die Kritiker und weigerten sich, etwas Gutes daran zu finden. Was immer er auch tat, ihnen wollte jetzt nichts mehr gefallen. Andersen blieb jedoch unerschütterlich. Er hielt seine eigenen Werke für großartig und glaubte von ganzem Herzen daran.

Es ist aber nicht zu leugnen, daß Andersens Arbeiten zu jener Zeit häufig schlecht und unsorgfältig geschrieben waren. Er wollte nicht einsehen, daß Grammatik und Rechtschreibung wichtig waren, und hielt es nicht der Mühe wert nachzuschlagen, was ein Wort wirklich bedeutete. Die Stücke, mit denen er das Königliche Theater bombardierte, wurden ihm einfach zurückgeschickt, und eine neue Gedichtsammlung fand auch keine Beachtung. Er schrieb zu hastig in dem verzweifelten Versuch, die Stellung zurückzugewinnen, die er verloren hatte.

Wieder einmal durchlebte Andersen harte Zeiten. Er erhielt die Nachricht, daß seine Mutter völlig außer Kontrolle geraten war. Niemand hatte sie mehr vom Trinken abhalten können, und nun war sie so gewalttätig, daß sie eingesperrt werden mußte. Andersen fuhr nach Odense, aber die kläglichen Überreste dieser Frau hatten mit seiner Mutter nichts mehr gemein. Sie erkannte ihn kaum noch. Er erzählte niemand in Kopenhagen von dieser neuen Schmach, aber er sparte sich das Geld vom Munde ab, damit er Ane Marie welches schicken konnte.

Nun schrieb er nicht nur gegen die Armut an, sondern gegen das drohende Versagen. Noch hatte er nicht bewiesen, daß er ein Genie war, aber wenn ihm das nicht gelang, würde man ihn für einen Tagträumer wie seinen Vater halten oder gar für einen Verrückten wie seinen Großvater. Stunde um Stunde saß er in seinem Zimmer, den Kopf in die Hände gestützt, und starrte auf das leere Papier oder das wirre, unreife Geschreibsel, die mißglückten Versuche, wie Walter Scott zu schreiben . . . und noch immer nicht wie Andersen.

Kapitel 5

VON HANS CHRISTIAN ANDERSEN wird behauptet, er habe nie zu sagen vermocht, welche Farbe die Augen einer Frau hätten. „Er wollte immer nur die Seele der Dinge erkennen", beschwerte sich ein Freund. Aber 1832 schrieb er ein Gedicht über „Die braunen und die blauen Augen". Die braunen Augen waren die Riborg Voigts, die blauen die Louise Collins. Andersen hatte festgestellt, daß er mit ihr über das ihm widerfahrene Unglück reden konnte, sogar über Riborg.

Alle Collins hatten ansprechende Gesichter mit mandelförmigen blauen Augen, einer langen vornehmen Nase und einem überraschend sinnlichen Mund. Bei Louise kamen noch langes, seidiges braunes Haar und zarte, sehr helle Haut dazu. „Sie ist so weiß, meine Herzliebste", schrieb Andersen bald in einem neuen Gedicht.

Daß er sie tatsächlich liebte, ist schwer zu glauben. Auf einem Porträt aus späteren Jahren sieht sie derart bieder und bürgerlich aus, daß sie fast etwas spießig wirkt. Aber Andersen war von Riborg gekränkt worden, und Louises Liebenswürdigkeit brachte ihn bald auf den Gedanken, daß er nicht länger über eine vergangene Liebe, sondern besser über eine neue sprechen sollte.

Obwohl Andersen es niemals über sich gebracht hätte, einem Mitglied der Familie Collin gegenüber das Wort Liebe auch nur zu erwähnen, traute er sich, seinen Gefühlen schriftlich Ausdruck zu verleihen. Und so fing er an, Louise Briefe und Gedichte zu schicken, die in jedem Vers zeigten, was er empfand: „Mein ganzes Leben kommt mir vor wie ein Gedicht, und Sie beginnen, eine wichtige Rolle darin zu spielen. Sie sind mir deswegen doch nicht etwa böse?" – „Oh, meine Liebe, man muß nur das Herz sprechen lassen, um ein guter Poet zu sein!" Er schickte ihr „Die braunen und die blauen Augen", und all seine Gedichte sagten überdeutlich: „Herzallerliebste!"

Louise wußte nicht, was sie tun sollte. Sie war ein braves, stilles Mädchen und freute sich darauf, einen soliden Durchschnittsmann zu heiraten; einen stürmischen Dichter wollte sie gewiß nicht haben. Als sie einsah, in welche Lage sie durch ihre Anteilnahme geraten war, war sie vernünftig genug, sich ratsuchend an Ingeborg zu wenden, die inzwischen mit Adolph Drewsen verheiratet war. Um Andersens Gefühle nicht zu verletzen, erzählte ihm Ingeborg, daß Louise ihr alle Briefe, die sie empfing, vorlegen müsse. Das war 1832 bei einem jungen Mädchen durchaus üblich. Damit wurde der Flut der Briefe und Gedichte Einhalt geboten – Andersen wollte seine Gefühle nicht in Briefen offenbaren, die die spottlustige, stets vergnügte Ingeborg lesen würde. Aber er kam immer noch ins Haus und versuchte, Louise allein zu sprechen. Nur schien Louise nie mehr allein zu sein. Sie blickte ihn aus ihren blauen Augen mitleidig an, und manchmal sah es so aus, als wolle sie ihm etwas sagen. Aber dann schwieg sie doch. Bald wurde ihre Verlobung mit Herrn Lind bekanntgegeben, einem Anwalt, der ebenso brav und ehrbar wie sie war.

Die Verlobung kränkte Andersen. Es lag nicht nur an der unerwiderten Liebe; er war auch verletzt, weil man ihm nichts gesagt hatte, ehe alle Welt es erfuhr, und er fühlte sich ausgeschlossen. Ich gehöre eben nicht richtig dazu, dachte er und befürchtete, immer Außenseiter zu bleiben. Über Herrn Lind sagte er: „Das kleine Dänemark hat ihm mehr gegeben, als das große Europa diesem Dichter zu geben vermag."

„Unsichtbare Messer schnitten beim Laufen in die Sohlen der kleinen Meerjungfrau", sollte Andersen später schreiben. Sie würde immer anders sein als die Menschen um sie, auch wenn diese sie liebten. „Eine Meerjungfrau hat keine Tränen", erklärte Hans Christian Andersen in dem Märchen. „Und deshalb leidet sie um so mehr." Heute befindet sich ihr Denkmal am Uferkai der Langelinie, eine kleine Bronzefigur auf einem Felsen. Sie blickt ins Wasser, den Kopf abgewendet von dem Menschengewimmel an Land. Sie sieht unaussprechlich einsam und traurig aus, ganz so, wie es Andersen oft ums Herz war.

ANDERSEN sah nur eine Möglichkeit, seinen Kummer zu verbergen: weit fortzugehen bis ans Ende der Welt. Man riet ihm, eins seiner Bücher dem König zu schenken und ihn bei dieser Gelegenheit um ein Reisestipendium zu bitten. Andersen fand das unerhört: „Was, ich soll ein Buch verschenken und gleichzeitig eine Gunst erbitten?"

„Der König ist ein vielbeschäftigter Mann", erklärte Collin vorsichtig. „Es ist ihm gewiß lieber, wenn du beides zugleich tust, als wenn du seine Zeit noch einmal für das Vorbringen deines Anliegens beanspruchst."

Also tat Andersen, wie ihm geraten wurde.

„Nun, wo ist Ihre Petition?" fragte der König lakonisch, als er das Buch entgegengenommen hatte.

„Ich habe sie hier", sagte Andersen, der sich schämte. „Es ist mir sehr unangenehm, sie gleichzeitig mit dem Buch zu überreichen. Man hat mir zwar gesagt, das sei die einzige Möglichkeit, aber das ist nicht meine Art."

Die Miene des Königs hellte sich auf. Er nahm lachend die Petition entgegen, und Andersen erhielt ein Stipendium für zwei Jahre – anstatt wie sonst üblich für eins –, obwohl er noch gar keine Vorstellung davon hatte, was er damit anfangen wollte.

Er war noch immer gekränkt und verletzt, aber bald erhielt er von den Collins neue Beweise der Freundschaft. Sie fanden, daß er an einen Punkt gelangt war, wo er wieder neu beginnen mußte. Er war erst achtundzwanzig, hatte zwei unglückliche Lieben hinter sich und hatte es mit allen Kritikern verdorben. Es wäre besser, meinten die Collins, das alles in Vergessenheit geraten zu lassen und nach einer gewissen Zeit einen neuen Anfang zu versuchen.

Andersen selbst hatte das Gefühl, kaum noch weiterleben zu können. „Ich betete darum, weit von Dänemark entfernt sterben zu dürfen", schrieb er, und dann mit einem kurzen Aufflackern seines alten Selbstbewußtseins, „oder gestärkt zurückzukehren, um für mich und meine Freunde erneut Ruhm und Ehre zu gewinnen."

Alle Collins kamen zum Hafen, um ihn zu verabschieden. Als Kopenhagen am Horizont verschwunden war, brachte ihm der Schiffskapitän einen Brief.

Er war von Edvard und offenbarte mehr, als der kühle, beherrschte Edvard sich je direkt zu sagen getraut hätte:

> Montag mittag, den 22. April 1833
>
> Lieber Freund,
>
> . . . Glaub mir, ich bin wirklich betrübt, daß Du nun fortgehst. Ich werde Dich sehr vermissen . . . Es wird mir fehlen, daß Du nicht mehr mit uns am Tisch sitzt. Und dennoch, das weiß ich, wird Dir noch mehr fehlen, denn Du bist allein. Aber . . ., es ist ein Trost, wenn man von Freunden daheim nicht vergessen wird . . . Diesen Trost hast Du gewiß, denn wir werden stets liebevoll an Dich denken. Leb wohl, mein lieber, lieber Freund! Möge Gott uns in zwei Jahren froh und glücklich wieder zusammenführen.

DIE KÖNIGLICHE BIBLIOTHEK in Kopenhagen besitzt ein Buch von besonderem Wert, das Tagebuch von Hans Christian Andersen. Er schrieb darüber: „Es hat mich auf all meinen Reisen begleitet, ist immer dicker geworden und hat großen Wert für mich gewonnen."

In Paris führte Andersen nicht nur Tagebuch, sondern skizzierte auch mit Tinte und Feder die Orte, die er besuchte: Versailles, Napoleons Schlafzimmer, die Opéra und die Theater; jede kleine Zeichnung war so lebendig wie seine Schilderungen.

Er erlebte das stolze, quirlige Paris der Restauration. Napoleons Militärherrschaft war vorbei. Der Adel mit seinem erlesenen Geschmack und all seiner Eleganz war wieder an der Macht, die Künste blühten auf. Das Leben war aufregend, extravagant, heiter. Auf Andersen, der aus dem zurückhaltenden, schlichten Dänemark kam, muß es berauschend gewirkt haben. Aber bald konnte ihn all die Fröhlichkeit, die anregende Gesellschaft und auch das Theater nicht mehr halten. Er war ein Schriftsteller und wollte dringend etwas zu Papier bringen. Dazu brauchte er Ruhe, und so ging er nach Le Locle, einer kleinen Stadt hoch oben in den Schweizer Bergen, wo es sogar im August schneien kann.

Als auf der Reise nach Le Locle der Nebel aufriß und zum erstenmal die Alpen vor ihm auftauchten, kamen sie ihm vor, als schwebten sie in den Lüften. Und was er zuerst für dichten

423

Rauch gehalten hatte, stieg plötzlich an der Postkutsche hoch – es war eine Wolke. „Durch eine Lücke zwischen den Bergen sahen wir tief unten ein sattes liebliches Grün, ein Land, wie man es wohl in Träumen erblickt; es war Genf mit einem See, so klar wie der azurblaue Himmel . . . Und weit am Horizont erhoben sich darüber die Berge wie Gebilde aus violettem Glas, gekrönt mit duftig-hellem Schaum." Es hätte das Reich der Schneekönigin sein können.

Er fand die Schweizer in dem kleinen Uhrmacherort gastlich und freundlich. Die Kinder der französischen Familie, bei der er wohnte, gewannen ihn so lieb, daß sie ihm in ihrem Dialekt in die Ohren schrien. Sie wollten einfach nicht glauben, daß ein so netter Mann sie nicht verstehen konnte.

Unter den dunklen Pinien herrschten Stille und Ruhe. Im zarten Grün des Grases blühten Krokusse in kräftigen Farben. Andersen genoß die Schönheit und den Frieden. Hier konnte er das lange poetische Drama schreiben, das er in Paris begonnen hatte.

Das Thema von „Agnete und der Meermann" stammte aus einem alten dänischen Volkslied. Die Geschichte aus den beiden Welten über und unter Wasser hatte Hans Christian Andersen schon als Kind fasziniert. Später wurde daraus natürlich das Märchen „Die kleine Meerjungfrau", aber zunächst versuchte sich Andersen in anderer Form an diesem Thema.

Er schickte das Werk nach Hause, ehe er Le Locle verließ, um nach Italien weiterzureisen. „Agnete ist dänisch in ihrem ganzen Wesen", schrieb er im Vorwort. „Ich schicke mein Kind nach Hause, wo es hingehört. Bitte, meine Freunde, nehmt es freundlich auf!"

„Agnete und der Meermann" ist wohl Andersens bestes dramatisches Werk, eine nicht gerade unwürdige Schwester der „Kleinen Meerjungfrau", aber keiner wollte es haben. „Schreibt er wieder?" sagten die Verleger. „Wir haben ihn doch schon längst satt." Schließlich gelang es Edvard doch, das Werk drucken zu lassen, aber er ließ Andersen ziemlich unverblümt wissen, er möge endlich das alberne Geschreibsel aufgeben. Andersen überstand die Angriffe auf „Agnete und der Meermann", weil er schon wieder etwas Neues schrieb.

424

WENN Deutschland das Land des Gemüts und Frankreich das der Räson ist, dann ist Italien das Land der Phantasie. Hier empfand Andersen eine nie zuvor gekannte Unbeschwertheit und Glückseligkeit. In ihm war eine Eigenschaft, die der Norden eingefroren und zum Schweigen gebracht hatte, freigesetzt worden, und bald erschien ihm einfach alles größer, wärmer, freier.

Er reiste nach Mailand und Genua, aber erst in Florenz gingen ihm die Augen auf. Angesichts der Skulpturen Michelangelos schrieb er: „Der Marmor ist in meine Seele gedrungen." Nun begriff er, was er zuvor nicht hatte einsehen wollen – die Bedeutung der Form. Er sah ein, wie blind er gewesen war, und schrieb nach Hause: „Ich wünschte, ich wäre noch einmal siebzehn und hätte die gleichen Gedanken und Gefühle wie jetzt. Dann würde aus mir ganz bestimmt etwas werden. Jetzt sehe ich ein, daß ich nichts weiß, und das Leben ist so kurz. Wie soll ich nur so unendlich viel lernen?"

Aber er machte Fortschritte, lernte mehr, als er ahnte, und was in Florenz begonnen hatte, wurde in Rom vollendet. Niemand, der die ungeheure Größe Roms einmal erfahren hat, kann in seinem Denken wieder kleinlich werden. Andersen lebte dort vier Monate. Als er nach Neapel weiterreiste, fühlte er sich wie neugeboren und voller Leben, fast zu voll.

Überall stieß er auf diese entspannte, sorglose, verführerische Schönheit. „Von Ciceros Villa", schrieb er in sein Tagebuch, „sahen wir den Garten der Hesperiden. Ich schlenderte in der lauen Luft unter Zitronen- und Orangenbäumen umher und warf die gelben Früchte ins blaue Meer." Nachts erblickte er den Vesuv gegen den mondhellen Himmel, während Düfte aus unbekannten Gärten die Nachtluft schwängerten. In dieser neuen, anregenden Umgebung begann er seinen ersten Roman zu schreiben.

In seiner Studienzeit hatte Andersen über dem Schreiben und Dichten den Kontakt mit den einfachen Leuten verloren, die er als Kind gekannt hatte. Auf seinen Reisen begegneten sie ihm nun wieder. Er schien in das Leben von Ehemännern und ihren Frauen, von Matrosen, Kneipenwirten und Bettlern förmlich hineinzuschlüpfen. Und er dachte oft an sein Elternhaus.

Eines Tages bekam er einen Brief von Collin mit der Nachricht,

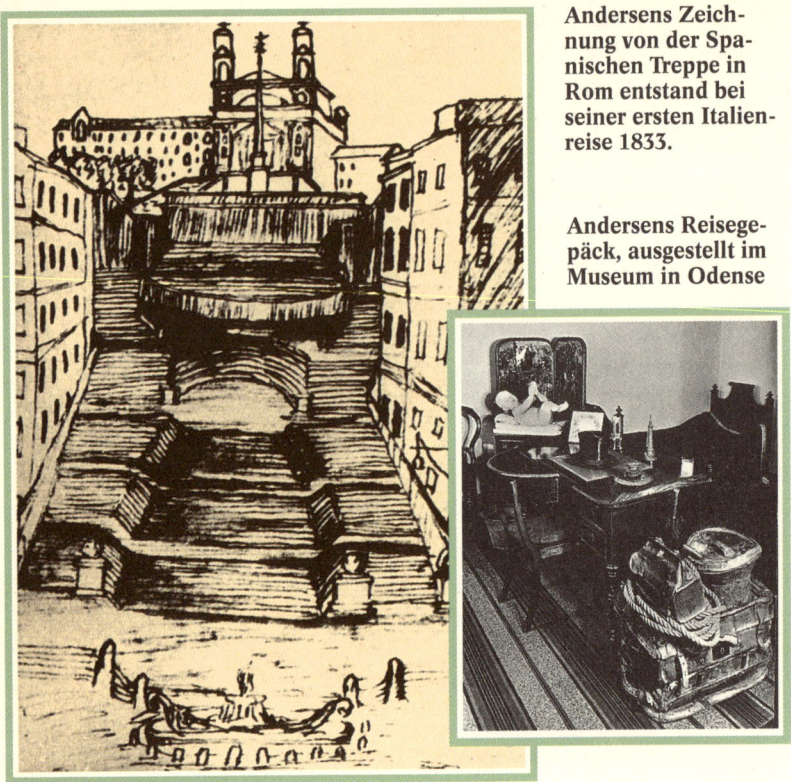

Andersens Zeichnung von der Spanischen Treppe in Rom entstand bei seiner ersten Italienreise 1833.

Andersens Reisegepäck, ausgestellt im Museum in Odense

daß Ane Marie gestorben war. Andersens erste Reaktion war: Gott, ich danke dir. Jetzt ist ihr Elend zu Ende. Aber dann fühlte er sich völlig allein. Nun gab es keinen Menschen mehr, der zu ihm gehörte. Alle um ihn herum hatten jemanden, eine Mutter, einen Vater, Kinder, eine Frau. Er schrieb in sein Tagebuch: „Glücklich, wer verheiratet oder verlobt ist!"

Das war es, was sich Andersen wirklich wünschte – eine Frau. Sein Körper sehnte sich nach einer Frau, aber er war wählerisch. Wie andere häßliche Männer auch, hätte er durchaus eine Frau finden können, aber nicht von jener Schönheit und Zartheit, die ihn anzog. Die Art von Frauen, die ihm gefiel, wie zum Beispiel Louise Collin, betrachtete ihn kaum als Mann; sie liebten das Kind in ihm. Das war der Preis, den er für seine Begabung zahlen mußte. Die Reinheit des Gefühls und seine Unschuld prägen Andersens ganzes Werk und machen es einmalig.

426

Über Wien und München reiste er langsam nach Dänemark zurück. Er wollte nicht heimkehren, er glaubte zu wissen, was ihn dort erwartete – Kritik, Feindseligkeit und die ewigen guten Ratschläge. Aber er mußte sich dem stellen, denn sein letztes Geld war ausgegeben. „Also werde ich morgen nach Norden reisen. Mich beherrscht eine seltsame Angst. Im Norden, wo die mir liebsten Menschen in Nebel und Schnee leben, wartet auf mich der eiserne Ring, den man mir um den Knöchel schmieden wird."

ETWAS gab ihm jedoch noch ein wenig Hoffnung: der Roman, den er in Italien angefangen hatte. Er arbeitete daran weiter in Kopenhagen, wo er eine Wohnung in Nyhavn auf der sonnenlosen Seite bezogen hatte, weil es dort billiger war. „Ein kalter Schatten liegt über meinem Arbeitszimmer", schrieb er an Henriette Wulff, die sich in Italien aufhielt, in das er sich zurücksehnte, „aber draußen steht eine hohe Pappel mit vielen Blättern. Im Mondlicht sieht sie fast schwarz aus. Dann fallen mir wieder die dunklen Zypressen ein und all die schönen Dinge, von denen ich neulich geträumt habe. Ja, ich habe so deutlich geträumt, wie es im letzten Jahr in Italien war, nun muß ich meine italienische Geschichte schreiben und all das ausdrücken, was ich sah und träumte."

Bald hatte er sein Buch beendet und mit folgender Widmung versehen: „Dem Ratsherrn Collin und seiner edlen Frau, die für mich wie Eltern sind, deren Kinder mir lieb sind wie Geschwister, deren Haus mir zum Heim geworden ist, gebe ich das Beste, das ich habe." Es war nicht nur das Beste. Zu diesem Zeitpunkt war es das einzige, das er auf der Welt sein eigen nennen konnte.

Edvard brachte den Roman zu einem Verleger und verhandelte für seinen Freund. Mehr als zwanzig Pfund wollte der Verleger nicht zahlen und auch die nur in Raten, aber Andersen akzeptierte. Er mußte es ganz einfach – die Miete war fällig, und er besaß keine anständige Kleidung mehr.

Weil er so knapp bei Kasse war, schrieb er vier Kindermärchen, während er auf die Veröffentlichung von *Der Improvisator* wartete – so hatte er den Roman genannt.

DIESE ersten Märchen waren „Das Feuerzeug", „Der große Klaus und der kleine Klaus", „Die Blumen der kleinen Ida" und „Die Prinzessin auf der Erbse". Drei gingen auf Volksmärchen zurück, aber alle waren auf Andersens besondere Art erzählt. Er schickte sie an Henriette Wulff – „Die Prinzessin auf der Erbse" war eigentlich auf sie gemünzt, die in unbedeutenden Dingen so eigen war. „Örsted meint, wenn ‚Der Improvisator' mich berühmt macht, werden die Märchen mich unsterblich machen, aber das glaube ich natürlich nicht", schrieb er ihr dazu.

Er setzte all seine Hoffnungen in den Roman. *Der Improvisator* ist die Geschichte eines armen Jungen, der Gedichte und Geschichten erfindet, also Andersen selbst. Aber der Junge heißt im Roman Antonio und lebt nicht in Dänemark, sondern in Italien. Die Verlagerung der Geschichte in das sonnige Land scheint etwas in ihm ausgelöst zu haben, denn er schrieb diesen autobiographischen Roman viel aufrichtiger und tiefempfundener als *Das Märchen meines Lebens*. Es war lebenswichtig für ihn.

Ohne diesen Roman hätte er nie ganz den armen, dummen, tölpelhaften Jungen in sich überwinden und Hans Christian Andersen werden können. *Der Improvisator* war in Form und Erzähltempo neu. Er löste eine Revolution in der Geschichte des dänischen Romans aus, und er wurde zum Wendepunkt in Andersens Leben.

Voller Ungeduld wartete er auf das Erscheinen des Buches, aber er hatte nichts zu befürchten. Die Kritiken konnten nur günstig sein. Da lag etwas Neues in der Luft – eine Anerkennung, die Andersen lange Zeit nicht mehr erhalten hatte. Und zum Teil kam diese Anerkennung auch noch von Menschen, an deren Urteil ihm besonders viel lag. Selbst Kapitän Wulff, der vor langer Zeit so undankbar mit Schweigen auf das Gedicht in den *Fliegenden Blättern* reagiert hatte, sagte nun allen Leuten: „Ich konnte das Buch nicht aus der Hand legen!"

Es erzielte mehrere Auflagen, wurde ins Schwedische, Deutsche und Englische übersetzt. Noch ehe das Jahr um war, hatte Andersen einen weiteren Roman, *OT,* beendet und arbeitete bereits am nächsten. „Ich möchte der erste Romanschreiber Dänemarks werden!" erklärte er.

„Bescheiden wie immer!" stöhnten die Collins.

Aber das Leben erfüllt oft Wünsche auf so seltsame Weise, daß man es nicht bemerkt. „Ich werde berühmt sein", hatte Andersen schon früh verkündet, aber nun, wo der Ruhm sich einstellte, bemerkte er es kaum. Er war zu sehr mit seinen Romanen beschäftigt.

OT war ein armseliges, hastig verfertigtes Machwerk, aber da er sich mit *Der Improvisator* einen Namen gemacht hatte, wurde das neue Buch nicht unfreundlich aufgenommen. Es verkaufte sich jedoch nicht besonders gut, und da alle Kinder, die er traf, sein erstes Märchenbuch zu kennen schienen und da dieses sich auch gut verkaufte, schrieb er ein zweites. Unter den Geschichten war die von Däumelinchen. Wie „Die Prinzessin auf der Erbse" war sie für die zierliche, witzige Henriette Wulff geschrieben, aber Andersen meinte: „Ich sollte diese Lappalien lassen und mich auf mein wahres Werk konzentrieren." Er hatte noch immer keine Ahnung, was das war, aber allmählich wurde ihm bewußt, daß die Leute sich auf der Straße nach ihm umdrehten und auf ihn wiesen. Und wenn er auch für viele der Autor dieses wunderbaren italienischen Romans war, so war er für noch viel mehr Leute der Mann, der die schönen Märchen geschrieben hatte. Kindern wurde von ihren Müttern und Kinderschwestern gesagt: „Seht nur, da ist euer Hans Christian Andersen!"

Er war leicht zu erkennen. Von dem Tag an, wo seine Freunde ihm ihre abgelegten Sachen gaben, hatte er sich immer gern gut angezogen. Nun trug er einen Anzug mit Samtaufschlägen, einen steifen Hut und ließ seine Haare beim Friseur locken. Es war zum Teil naive Eitelkeit, andererseits aber auch das Bemühen, soweit wie möglich die Holzpantinen, die geflickten Sachen und die verzweifelten Versuche, sich ordentlich zu kleiden, hinter sich zu lassen und zu vergessen, wie er einst einen zu weiten Mantel mit Programmen ausgestopft hatte.

Elith Reumert, der eine liebevolle Studie mit dem Titel *Der Mann Hans Andersen* schrieb, schildert, wie er einst als Junge Andersen in Kopenhagen erlebt hat:

> Ich war vierzehn, als ich eines Tages . . . auf dem Schulweg eine merkwürdige, große Gestalt um die Ecke kommen sah . . ., die ich sogleich von vielen Fotos, die ich gesehen hatte, als den Dichter Hans Andersen erkannte . . . Als er an mir vorüberging, stand ich

stramm und zog höchst ehrerbietig die Mütze. Zu meiner Überraschung erwiderte er meinen Gruß mit so ausgesuchter Höflichkeit, daß ich fast eingeschüchtert wurde. Er lächelte mir freundlich und wohlwollend zu, und als er langsam rückwärts weiterging, hatte ich Angst, er würde über die eigenen Füße stolpern. Er schwang immer noch seinen Hut in meine Richtung, nickte und lächelte, bis er verschwunden war.

Ich blieb stehen, und mir war, als hätte ich geträumt . . ., um die Wahrheit zu gestehen, war ich mir nicht ganz sicher, ob er sich nicht über mich lustig gemacht hatte.

Heute weiß ich es besser. Er konnte durch ein freundliches Wort glücklich werden, und ein unwirsches deprimierte ihn. Er, der der Welt mit erstaunlicher Aufrichtigkeit gestanden hatte, daß er nur zufrieden war, wenn alle ihn bewunderten . . ., war auf der Straße einem kleinen Jungen begegnet, der ihm seine kindliche Huldigung aus tiefer Verehrung und Dankbarkeit dargebracht hatte, und er hatte mit seinem Kindergemüt diese Huldigung genossen . . .

MANCHMAL hat man den Eindruck, als verständigten sich Kinder auf eigene Weise, ohne große Worte; ohne erkennbare Absprache setzt sich eine neue Mode durch. So verbreitete sich auch die Vorliebe für Andersens Märchen schnell, zunächst über ganz Dänemark, dann über Deutschland, Schweden, England und schließlich über die ganze Welt. Und bald waren sie auf den Büchertischen der Erwachsenen ebenso zu finden wie in den Kinderzimmern.

„Wenn mir etwas einfällt, erzähle ich den Kindern eine Geschichte", sagte Andersen, „und die ganze Zeit denke ich daran, daß Vater und Mutter zuhören und auch etwas davon haben sollten." Das Ergebnis übertraf alle Erwartungen. Als er die dritte Märchensammlung herausbrachte und die anspruchsvollsten Kritiker „Die kleine Meerjungfrau" und „Des Kaisers neue Kleider" zum Besten erklärten, was er je geschrieben habe, war Andersen völlig verstört. „Die kleine Meerjungfrau" sollte besser sein als „Agnete und der Meermann?" Wenn es auch zutraf, daß ihn beim Schreiben nichts so sehr bewegte wie ein Märchen, so war das doch in wenigen Tagen erledigt, während die lange dramatische Dichtung monatelange Arbeit erfordert hatte. Er war nicht nur verstört, er war auch ein bißchen verärgert.

Wer Andersens Märchen nicht kennt, mag sich genau wie er

**Deutsche Ausgabe von 1895
von Andersens Märchen**

**Holzstichillustration des Dänen Vilhelm Pedersen
zu „Des Kaisers neue Kleider", um 1860**

**Illustration von Edmond Dulac zu dem
Märchen „Die Prinzessin auf der Erbse"**

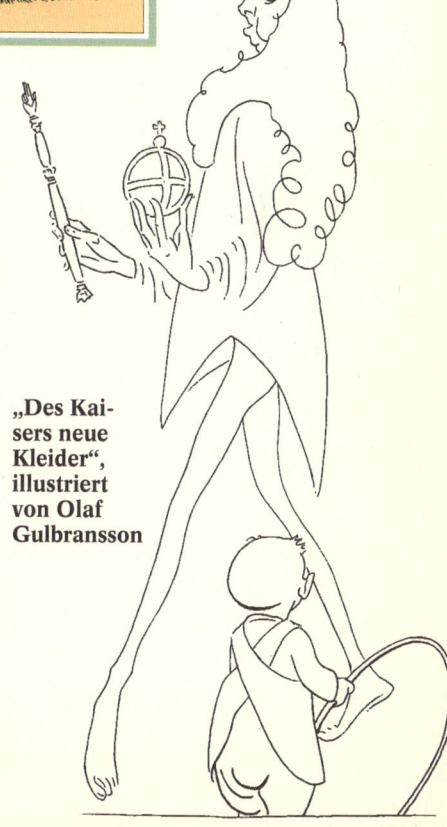

„Des Kaisers neue Kleider", illustriert von Olaf Gulbransson

fragen, was wohl an ihnen ist, daß sie so bekannt und beliebt geworden sind. Was unterscheidet sie so sehr von denen der Gebrüder Grimm?

Zunächst enthält jede Geschichte das, was ein Gedicht ausmacht: Es ist das Ausarbeiten von Inhalt und Gedanken in einer bestimmten Form, so ausgesucht und vollendet, so ausgewogen im Erzählrhythmus, daß ein Wort am falschen Platz oder ein Wort zuviel das Ganze in Frage stellen würde. Genau das gibt den Märchen ihr ungewöhnliches Tempo. Sie sind schon zu Ende, noch ehe wir richtig Zeit hatten, sie ganz aufzunehmen. Ebendas vermittelt uns das magische Gefühl, etwas im Fluge zu erleben. Die Kinder, hatte er bemerkt, hatten die Münder noch immer halb geöffnet, wenn er zum Schluß seiner Geschichte gekommen war. Aber auch uns geht es nicht viel anders.

Und dennoch schrieb er diese Geschichten nicht einfach nieder, wie viele sich das vorstellten. Hinter ihnen steckt mehr als nur der glückliche Zufall.

In den Originalmanuskripten ist zu sehen, wie viele Streichungen und Umarbeitungen Andersen mit seiner kleinen, spitzen Handschrift zwischen dem ersten und letzten Entwurf einer Geschichte vorgenommen hat. Sie lassen erkennen, wie jedes einzelne Wort abgewogen wurde, wieviel Disziplin hinter dem Ganzen steckt. Und selbst seine Disziplin war meisterhaft. Andersen ließ nie zu, daß sein lebhafter Erzählstil darunter litt.

Diese Lebendigkeit ist sein Gütezeichen. Ein Satz aus einem Märchen von Hans Christian Andersen ist so ganz anders als ein Satz irgendeines anderen Autors. „Die Kinder stiegen in die Kutsche und reisten ab", hätte ein Grimm zum Beispiel geschrieben. Bei Andersen heißt es statt dessen: „‚Auf, auf in die Kutsche! Lebe wohl, Mama. Leb wohl, Papa.‘ Die Peitsche knallte flickflack, und los ging es. Schneller und schneller, ho ho!"

„Er schreibt nicht, er spricht", erklärte der Kritiker Molbech irritiert. Doch ein ernstzunehmender Literaturkritiker nach dem anderen sah gerade darin eine Quelle neuer Inspiration. „Von diesem Augenblick an", meinte einer der bedeutenderen, „hat die dänische Literatur eine neue Prosa erhalten; die Sprache wurde farbig, frisch und anmutig mit aller Ursprünglichkeit der Einfachheit."

Für uns ist das schwer nachzuvollziehen, denn in Übersetzungen geht das meist verloren. Kaum ein anderer Autor ist in seinen Übersetzungen mehr verstümmelt worden. Andersens Stil ist sparsam im Ausdruck und sehr einfach, dabei witzig, ironisch, humorvoll und manchmal sehr poetisch, aber immer frisch und lebendig. In vielen Übersetzungen klingt er sentimental und schwerfällig. Manchmal wurde sogar das Ende des Märchens verändert, so daß es ein wahres Wunder ist, wenn das Wesen der Geschichte erhalten blieb.

HANS CHRISTIAN ANDERSEN war ein Philosoph. Seine Märchen sind Parabeln und haben einen Sinn, der weiterwirkt, wenn das letzte Wort verklungen ist. Er war ein Poet. Er kannte die ganze Skala der Gefühle von der Ekstase bis zur schwarzen Melancholie und dem Entsetzen. Er war ein Kind. Und Kinder haben die göttliche Gabe, den Dingen Leben und Eigenschaften zu verleihen, die diese gar nicht besitzen. Sie beleben Stöcke und Steine, Kohlköpfe, Treppenpfosten und Fußschemel. Diese Begabung erlischt meist, wenn die Menschen älter werden, Andersen hat sie jedoch nie verloren. „Mir kommt es oft so vor", schrieb er einmal, „als ob jede . . . kleine Blume zu mir sagt: ‚Sieh mich an, nur einen Augenblick, und dann kennst du meine ganze Geschichte.'" Das ist der Schlüssel. Das Gänseblümchen, die Straßenlaterne, der Käfer haben plötzlich ein eigenes Leben.

Es war einmal ein Bündel Zündhölzer. Sie waren unmäßig stolz auf ihre feine Herkunft. Ihr Stammbaum war eine hohe Tanne, von der alle Zündhölzer abstammen. Bei ihnen war es ein großer alter Baum gewesen, der mitten im Wald stand. Und nun lagen die Zündhölzer auf dem Küchenregal neben einem Feuerzeug und einem alten gußeisernen Kochtopf und sprachen über ihre Jugendzeit. „Ach ja", seufzten sie, „damals waren wir wirklich auf Samt und Seide gebettet mit dem samtenen Moos zu unseren Füßen. Morgens und abends tranken wir Diamantentee, das war Tau. Und den ganzen Tag lang schien die Sonne . . . Aber dann kamen eines Tages die Holzfäller, und unsere ganze Familie wurde aufgesplittert. Unser Gründer und Oberhaupt wurde zum Hauptmast an Bord eines herrlichen Schiffes, das um die ganze Welt segelte; die großen Zweige gingen an andere Orte, und wir, wir wurden dazu bestimmt, das Herdfeuer zu entzünden. So konnte es geschehen, daß jemand von so edler Abstammung wie wir in die Küche gelangt."

„Nun, bei mir ist die Sache ganz anders", sagte der Kochtopf, der neben den Zündhölzern stand. „Seit ich auf die Welt gekommen bin, wurde ich immer wieder gescheuert und zum Kochen gebracht. Ich habe Sinn für das Praktische, und im Grunde genommen bin ich die Nummer eins in diesem Haus. Für mich gibt es nichts Schöneres, als nach dem Abendessen sauber und ordentlich im Regal zu stehen und mich mit meinen Freunden gemütlich zu unterhalten. Bis auf den Wassereimer, der ja ab und zu auf den Hof hinauskommt, verbringen wir alle die Zeit hier drinnen. Die einzigen Neuigkeiten bringt uns der Marktkorb, aber der hat eine Vorliebe für Klatsch über die Leute und die Regierung. Stellt euch nur vor, neulich hat sich ein älterer Tonkrug derart über das dumme Gerede des Marktkorbs aufgeregt, daß er heruntergefallen und in tausend Stücke zersprungen ist. Dieser Marktkorb ist ein echter Radikalinski, glaubt mir nur!"

Die Küche gewinnt plötzlich ein Eigenleben. Wenn man das gelesen hat, wird eine Küche nie wieder so sein wie zuvor. Man hat fast Angst, den Einkaufskorb in die Hand zu nehmen, weil man nicht weiß, was er wohl denkt. Und dabei ist die Geschichte mit so wenigen Worten erzählt. Alle Andersen-Märchen haben diese sparsamen Mittel, diese überraschend schnelle Wirkung. Keine der Geschichten bis auf „Die Schneekönigin", die schon fast ein Roman ist, ist lang. In seinen Romanen und seiner Autobiographie erzählt Andersen wortreich und ermüdend, aber seine Märchen sind Dichtungen, denn das war er wirklich – ein Dichter.

Doch nicht alle zollten ihm Beifall. Es gab auch einige schlechte Kritiken. „Obwohl der Rezensent nichts gegen gute Märchen für Erwachsene hat", hieß es in einer, „kann er diese Form der Literatur nur äußerst ungeeignet für Kinder finden. Andersens Geschichten – weit davon entfernt, den Geist zu bilden – können sogar einen schädlichen Einfluß auf sie haben. Kann irgend jemand behaupten, daß ein Kind lernt, was sich gehört, wenn es erfährt, daß eine schlafende Prinzessin auf dem Rücken eines Hundes zu einem Soldaten reitet, um sich küssen zu lassen? Und ‚Die Prinzessin auf der Erbse' ist nicht nur unziemlich, sondern auch unakzeptabel, denn ein Kind könnte auf die Idee kommen, eine echte Dame müsse unbeschreiblich empfindlich sein . . ."

Wir lächeln über solche Argumente, aber es gibt auch welche, die Andersen ernstlich schaden könnten; wie zum Beispiel, daß Kinder nur heitere und erfreuliche Geschichten hören sollten und keine dunklen oder gar bedrückenden. Vielleicht sind die sogenannten heiteren Kinderbücher deshalb so langweilig, weil ihnen die Schattenseiten fehlen. Die dunklen Seiten waren Andersen aber nur zu bekannt. Er hatte als Kind viele Ängste ausgestanden. Er hatte sich vor dem Großvater gefürchtet; die Geschichten von Ane Marie und den Spinnerinnen hatten ihn als kleinen Jungen das Gruseln gelehrt; und die Sitten und Gebräuche seiner Zeit hatten ihn geängstigt. Man darf nicht vergessen, daß er in der ersten Hälfte des 19. Jahrhunderts gelebt und seine Kindheit unter unwissenden, stumpfen und abergläubischen Menschen verbracht hat. Vielleicht sollte man so traurige Geschichten wie „Das Mädchen, das auf das Brot trat" oder „Der Schatten" Kindern nicht erzählen. Aber Teile davon auszulassen oder sie anders zu erzählen, bedeutet, sie zu zerstören. Andersens Geschichte von der „Kleinen Meerjungfrau" ist gewiß eine der traurigsten, die es gibt, aber sie ist auch eine der beliebtesten.

Bilder und andere Darstellungen zeigen Andersen gern umringt von kleinen Kindern, die ihm zuhören. Das ist sentimentaler Unsinn. Die Märchen waren nicht für kleine Kinder bestimmt. Zu Andersens Zeiten hatten kleine Kinder im Kinderzimmer zu bleiben, wenn Gäste kamen. Erst wenn sie mindestens acht oder neun Jahre alt waren, wurde ihnen gestattet, in den Salon zu kommen, um Herrn Andersen zu begrüßen und vielleicht seinen Geschichten zuzuhören. Auch dann haben sie sie nicht immer ganz verstanden. Das sollten sie auch gar nicht. Andersen wollte nur, daß sie ihnen gefielen. Wenn sie älter wurden, würden sie sie schon verstehen. Er war der Ansicht, innezuhalten und zu erklären – wie es Mütter manchmal zu tun pflegen – hieße, den ganzen Zauber zu zerstören. Mochten die Kinder sich ruhig wundern – es sind Wundergeschichten.

Andersen verstand Kinder gut und wußte, was ihnen gefallen

würde. „Es ist ganz einfach", sagte er einmal übers Märchenschreiben. „Es ist, als rede man mit einem Kind. Das kann jeder." Mit der Zeit ist sehr deutlich geworden, daß es keiner so kann wie Hans Christian Andersen.

Kapitel 6

SCHRIFTSTELLER zu sein macht nicht glücklich. Phantasie ist die größte Gabe eines Autors, aber im Alltag kann sie zur Tortur werden. Ein Dichter weiß nie, wann oder wie ihn ein jähes Glücksgefühl oder Melancholie überfallen wird. Dieselben Menschen, dieselben Orte, dieselben Dinge können ihn heute mit Freude, morgen mit Trauer erfüllen.

„Noch nie ist ein Winter so ruhig und glücklich wie dieser vergangen", schrieb Andersen einem Freund. „‚Der Improvisator' hat mir die Achtung der Besten und Vornehmsten eingebracht... Ich muß mich Gott sei Dank nicht mehr um das tägliche Brot sorgen, und seit kurzem ist es mir möglich, das Leben nach Kräften zu genießen ... Ich sitze da im Schlafrock mit lustig-bunten Pantoffeln, die Beine auf dem Sofa, das Feuer brennt im Ofen, der Samowar summt auf dem Tisch ... Und dann denke ich an den armen Jungen in Odense, der Holzpantinen trug, mir wird warm ums Herz, und ich danke Gott." Und dann jammerte er wieder: „O Gott, was bin ich nur für eine armselige Kreatur! ... Oft wünsche ich mir, nie geboren worden zu sein oder nicht diesen Hang zum Unberechenbaren zu haben, der mich so unglücklich macht."

So, wie die meisten Menschen keine Aufwallungen von jähem Glücksgefühl kennen, das sie dazu bewegt, Bäume zu umarmen und zu küssen, werden sie auch nicht plötzlich von finsterer Melancholie überfallen. Andersen muß sich beim Anblick seiner gleichmütigen, vernünftigen Freunde, die jene stille Heiterkeit besaßen, die im Norden am ehesten gedeiht, oft gewünscht haben, an ihrer Stelle zu sein.

Hätte er eine Frau gehabt, wäre es vielleicht leichter für ihn gewesen, aber wie konnte er heiraten? Das bißchen Vermögen, das ihm *Der Improvisator* eingebracht hatte, hielt nicht lange

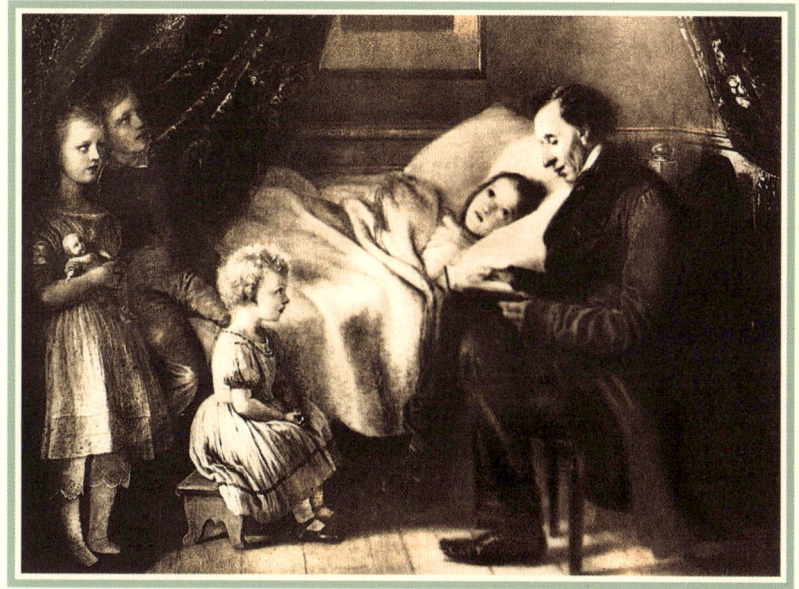

**Es gibt viele Darstellungen wie diese, auf denen Andersen kleinen Kindern
etwas vorliest, dabei tat er das nur ungern und deshalb höchst selten.**

vor. Und wenn ihm auch die Märchen ein festes Einkommen
verschafften, so war das zunächst noch gering. Manchmal wußte
Andersen nicht, wie er seine Miete zahlen oder sich anständig
kleiden sollte. Und ehe er an eine Heirat denken konnte, würde
er ein Einkommen von mindestens zweitausend Reichstalern im
Jahr brauchen.

Edvard Collin hatte ein attraktives Mädchen mit dunklen
Augen geheiratet, und das brachte Andersen dazu, sich doch
noch einmal unter den ihm bekannten jungen Mädchen umzuse-
hen. Aber welche war die Richtige für ihn?

Eines Tages saß er grübelnd in seinem kleinen Zimmer, als
jemand klopfte. Es war Graf Konrad Rantzau-Breitenburg, ein
Mitglied des Ministerrats. Er hatte *Der Improvisator* gelesen
und war davon beeindruckt. In jedem anderen Land hätte ein
Minister einen armen Autor zu sich rufen lassen. In Dänemark
bemühte er sich selbst die steile Treppe zur Wohnung des Autors
empor. Andersen hatte wieder einmal Glück. Während der Unterhaltung sah der Graf sich um, bemerkte, wie kärglich das

Zimmer eingerichtet war, und fragte sogleich freundlich, ob er irgend etwas für Andersen tun könne.

Neben Stipendien für Theater und Schulen und Reisestipendien wird in Dänemark auch eine Unterhaltssumme für jene Schriftsteller, Maler und Komponisten ausgesetzt, die keine staatliche Anstellung haben, deren Arbeiten aber anerkannt sind. Andersen wußte, daß fast alle bedeutenden Dichter Pensionen erhielten, aber sie waren meist älter und hoch angesehen. Selbst nach dem Erfolg von *Der Improvisator* konnte Andersen nicht von sich behaupten, daß er anerkannt war – die Märchen zählten für ihn nicht. Aber obwohl er meinte, seine Ansprüche seien nicht gerechtfertigt, brachte er es über sich, den Minister um eine kleine staatliche Unterstützung zu bitten. Sein Glück dauerte an. Bald erfuhr er, daß man ihm eine Pension von vierhundert Reichstalern pro Jahr bewilligt hatte.

Das war nicht viel, aber das Leben in Kopenhagen war einfach, und Andersen brauchte nicht viel für sich; für ihn bedeutete diese Zuwendung, daß er nicht mehr gezwungen war, für den Broterwerb schreiben zu müssen, und damit auch die Hoffnung auf eine Ehe. Außerdem war die staatliche Pension mehr als nur Geld. Sie war eine Anerkennung. „Nun kannst du dich nicht mehr beklagen", sagte sein Freund Örsted. „Jetzt weißt du, daß man dich schätzt. Du bist ein gemachter Mann."

Selbst ein so unsicherer Mensch wie Andersen mußte das allmählich spüren. Im Sommer zuvor war er nach Schweden gereist. Als er nun zum zweitenmal in die Universitätsstadt Lund kam, brachten ihm Hunderte von Studenten eine begeisterte Ovation. Sie rissen sich ihre blauen Mützen vom Kopf und standen barhäuptig vor ihm.

In diesen Jahren erhielt er noch eine weitere Anerkennung, die mehr für ihn bedeutete, als ein Außenstehender ermessen konnte. Er war modisch gekleidet auf dem Weg zu einem Abendessen, als er seinen alten Rektor Meisling traf. Unter diesem Mann hatte er mehr gelitten als unter irgend einem anderen Menschen. Nun sah er auf diesen schäbigen, dicken kleinen Mann mit roter Schnapsnase herunter. Und ihm klangen wieder die Worte in den Ohren: „Deine Gedichte werden auf dem Dachboden eines Buchhändlers verrotten, und du wirst in einem Irrenhaus enden."

Meisling streckte ihm zitternd die Hand entgegen. „Ich . . . muß dir . . . sagen", stammelte er, „daß ich weiß, wie sehr ich mich geirrt habe." Er konnte die Worte kaum herausbringen, aber sie waren ganz offensichtlich aufrichtig gemeint. Andersen ergriff die Hand seines alten Lehrers, und alles, was er dabei empfand, war Freude, daß der seltsame, ihm so unerklärliche Haß nun verschwunden war.

ENDLICH stand Hans Christian Andersen auf sicherem Boden – eine noch fremde Vorstellung für ihn. Er gab seine Wohnung am Kanal auf und zog in ein schönes Haus gegenüber dem von ihm so geliebten Königlichen Theater. Er kaufte sich modische Anzüge und ging „fein gekleidet zu eleganten Diners". Henriette Wulff neckte ihn, indem sie sagte, er sei nun ein feiner Herr, aber selbst in diesen sorgenfreien Tagen war er trübsinnig und melancholisch.

Zu dieser Zeit wurde nämlich die Hochzeit von Louise Collin bekanntgegeben. Andersen hatte gewußt, daß sie eines Tages Herrn Lind heiraten würde, aber es tat ihm noch immer weh. Wieder stand ein glückliches Paar vor ihm, das er beglückwünschen, beobachten, beneiden konnte. Ein weiteres behagliches kleines Heim, das er besuchen durfte, bevor er dann in seine leere Wohnung zurückkehrte. „Ich habe mir so vieles gewünscht und hatte doch so wenig", sollte er später sagen.

Wieder und wieder taucht dieses Thema des Übergangenwerdens, des Ausgeschlossenseins in seinem Werk auf. Wir finden es in den Märchen „Die kleine Meerjungfrau", „Das häßliche junge Entlein" und „Das kleine Mädchen mit den Schwefelhölzchen". In einer kleinen Geschichte mit dem Titel „Herzeleid" greift er das Thema noch einmal auf:

Die Frau eines Gerbers hatte einmal einen Mops, der starb. Ihre Enkelkinder begruben ihn in einem so schönen Grab . . ., daß es höchst angenehm gewesen sein mußte, darin zu liegen. Es war mit Topfscherben eingefaßt, mit Sand bestreut, und am Kopfende war eine zerbrochene Bierflasche mit dem Hals nach unten hineingesteckt. Es war so schön, daß alle Jungen und Mädchen eingeladen wurden, es zu besichtigen. Der Eintrittspreis war ein Hosenknopf, also etwas, das jeder Junge besaß und geben konnte . . .

So kamen alle Kinder aus dieser Straße und auch aus den hinteren Gassen und zahlten mit ihren Knöpfen . . ., und es war die Ausgabe durchaus wert. Doch draußen vor dem Gerberhof, direkt vor dem Eingang, stand ein zerlumptes, aber sehr anmutiges kleines Mädchen mit wunderhübschen Locken und klaren blauen Augen. Sie sagte kein Wort und weinte auch nicht, aber immer, wenn das Tor sich öffnete, versuchte sie hineinzusehen, so weit sie nur konnte. Sie hatte keinen Knopf, sie konnte nicht bezahlen, und deshalb mußte sie draußen bleiben. Traurig blieb sie stehen, bis alle anderen sich das Grab angesehen hatten und wieder gegangen waren. Dann erst setzte sie sich nieder, hielt ihre kleinen braunen Hände vor das Gesicht und brach in Tränen aus. Sie hatte als einzige das Hundegrab nicht gesehen. Das war Herzeleid, so bitter für sie, wie es ein Erwachsener manchmal empfinden mag.

Andersen trieb die Einsamkeit erneut auf Reisen. Er würde nun immer wieder wegfahren, Jahr für Jahr, für den Rest seines Lebens. Ein Blick in Andersens Tagebuch zeigt, daß er nicht nur in Dänemark, sondern in der ganzen Welt heimisch war. Es enthält Beiträge aus allen Nationen; so finden sich darin ein paar Noten von Liszt, Schumann und Weber sowie Briefe von Dickens, Mendelssohn und Jenny Lind. Neben Porträts von Balzac, Victor Hugo, Dumas und George Sand gibt es Notizen und Bilder von Heine und Schiller und einen Teil des Manuskripts von Wilhelm Tell.

Andersens vierte Reise war länger und erlebnisreicher als alle vorhergehenden. Dieses Mal reiste er mit der Eisenbahn und gestand ein Gefühl, das er „Eisenbahnfieber" nannte: „Zuerst war mir zumute, als zöge ein Kind einen kleinen Wagen. Das Tempo nimmt ganz unmerklich zu . . . Man sieht aus dem Fenster und entdeckt plötzlich, daß man fortgetragen wird wie von Pferden in vollem Galopp; . . . man scheint zu fliegen . . ., und plötzlich sind wir unter einem Dach, wo der Zug hält. Es ist Leipzig. Wir haben siebzig Meilen in der Stunde zurückgelegt!"

Mit einem Reisestipendium des Königs unternimmt Andersen eine Schiffsreise von Italien nach Griechenland und dann weiter in die Türkei. Er bringt ein neues Reisebuch mit nach Hause: „Eines Dichters Basar". Aber wichtiger waren zwei Bücher, die vor seiner Abreise veröffentlicht worden waren: „Ein Bilderbuch ohne Bilder" und eine vierte Märchensammlung, in der „Die

wilden Schwäne", „Das Gänseblümchen" und „Der standhafte
Zinnsoldat" enthalten sind.

In all seinen Märchen steckt ein Teil von Hans Christian Andersen, in einigen so offensichtlich wie seine Trauer in „Herzeleid",
die erlittenen Demütigungen in „Das häßliche junge Entlein" oder
sein Ehrgeiz in „Der Tannenbaum". In „Der standhafte Zinnsoldat" zeigt sich eine Eigenschaft, die man als das innerste Wesen
von Andersen bezeichnen könnte. Die Erzählung ist so phanta-
sievoll, so frisch und fröhlich, daß man darüber fast die Standhaftigkeit vergessen könnte, die doch das eigentliche Wesen der Geschichte ausmacht. Es war Standhaftigkeit, die den einbeinigen
Zinnsoldaten schließlich in ein glühendes Zinnherz verwandelte,
und Standhaftigkeit ließ den in sich zerrissenen, komplizierten
Andersen allmählich zum Dichter werden.

IN SEINEN mittleren Jahren pflegte Andersen im Sommer
Kopenhagen zu verlassen und in den großen Herrenhäusern auf
dem Lande zu wohnen. Diese breiteten sich wie ganze Dörfer
mit Höfen und Werkstätten über zwei bis drei Morgen Land aus,
das Herrenhaus selber schmückte sich mit Giebeln und Türm-
chen. Wo Ane Marie sich einst glücklich geschätzt hätte, beim
Waschen aushelfen zu dürfen, wo Vater Andersen damals nicht
gut genug gewesen war, als Flickschuster zu arbeiten, wurde der
Sohn nun als Ehrengast willkommen geheißen.

„In den Häusern der sogenannten besten Familien des Landes
traf ich einige freundliche, warmherzige Menschen, die mich
schätzten, mich in ihren Kreis aufnahmen und mich teilnehmen
ließen . . . an ihrem sorglosen Sommerleben; ich konnte mich
dort ganz der Natur . . . und dem Leben in einem Herrenhaus
hingeben; dort schrieb ich die meisten meiner Märchen. In dieser Welt der verträumten Seen, der Wälder und der grünen Felder . . . wies mir die Natur um mich und in mir meinen Weg."

Nun folgte ein Märchenbuch dem anderen. „Das häßliche
junge Entlein", „Der Kreisel und der Ball", „Der Tannenbaum",
„Die Schneekönigin", „Der Schneemann", „Die Eisjungfrau",
„Der Rosenelf" – insgesamt waren es einhundertachtundsechzig
Märchen, von denen einhundertfünfundsechzig zu Andersens
Lebzeiten veröffentlicht wurden.

Jedes Jahr brachte ihm neuen Ruhm. Bald war er zu Gast in Palästen. Er fuhr nach Weimar, wo Goethe gelebt hatte, und begegnete dort einem hübschen jungen Mann mit blauen Augen – Großherzog Carl Alexander von Weimar. Sie wurden sofort Freunde.

Der Herzog und die junge Herzogin lehrten Andersen einiges über den Hochadel, das er nie geahnt hätte und das vielleicht dazu beitrug, seine eigenen Könige und Prinzessinnen so menschlich zu machen. Er muß über sich selbst geschmunzelt haben,

Diese Fotografie zeigt Hans Christian Andersen in mittlerem Alter.

wenn er daran dachte, was für gestelzte Worte er ihnen einst in den Mund gelegt hatte. Die Großherzogin picknickte mit ihren Kindern im Wald, und sie, der kleine Prinz Carl August sowie seine Brüder und Schwestern umringten Andersen und wollten Geschichten hören, gerade als seien sie die kleinen Collins oder Drewsens oder die Tochter seiner Vermieterin daheim.

Er war auf diese fürstliche Freundschaft auf naive Weise stolz. „Schließlich", läßt er die Nachtigall über den Kaiser sagen, „ist doch etwas Heiliges um die Krone." Aber seinen Freunden, besonders den vernünftigen Collins, kam es versnobt und extravagant vor. Sie konnten sich nicht vorstellen, daß etwas, das für sie oder auch für ihr Findelkind Andersen extravagant gewesen wäre, dem Dichter Andersen ganz selbstverständlich vorkam. Bis zu ihrem Lebensende lernten die Collins nicht die ganze Persönlichkeit Andersens kennen. Sie waren trotz aller Freundschaft zu selbstzufrieden, und das machte sie beschränkt. Andersen, der ihnen treu ergeben blieb, solange er lebte, war über sie hinausgewachsen.

Einst war er vielleicht eingeladen worden, um die Menschen mit seinem sonderbaren Wesen zu amüsieren. Doch jetzt kam er als Gleichgestellter. Seine Studien, seine Reisen, seine Begegnungen mit begabten, kultivierten Männern und Frauen hatten ihn verändert. Er war nicht mehr roh und ungebildet.

Selbst sein Aussehen hatte sich verändert. Seine Häßlichkeit war einer auffallenden Würde und Vornehmheit gewichen. Er war gefragt, nicht nur wegen seiner Märchen, sondern auch um seiner selbst willen. Er schien jetzt mit sich im reinen zu sein. Er war gereift.

Aber tief in seinem Innern quälte ihn weiter ein ungestilltes, ruheloses Verlangen. Die erholsamen Tage in den alten Herrenhäusern und Palästen, die Picknicks und Konzerte, die nackten Schultern und Spitzen, die glitzernden Diamanten in duftendem Haar hatten es wieder in ihm geweckt. Wie in dem Garten der Iversens und in jenen warmen neapolitanischen Nächten trieben ihn seine Gefühle um. Schließlich war er noch nicht vierzig und kannte nur unerfüllte Liebe. „Wofür lebe ich eigentlich?" fragte er sich manchmal. „Bin ich denn kein Mann?"

Es scheint Bestimmung zu sein, daß Andersen zu dieser Zeit bei einer kleinen Feier, die der Direktor des Königlichen Balletts gab, eine ernste, schüchterne junge Frau treffen sollte. Ihr Gesicht schien nicht besonders anziehend zu sein. Aber wenn sie sprach, wurde sie auf überraschende Weise fast schön.

„Achte auf eine Frau, die schön und häßlich sein kann", rät die Volksweisheit, „das ist selten." Hans Andersen ertappte sich an diesem Abend dabei, daß er auf diese junge Frau besonders achtete. Sie sang, und er war derart bewegt davon, daß er nicht im Zimmer bleiben konnte. Wenige Abende später hörte er sie im Königlichen Theater. Als sie sang, erhob sich das gesetzte Kopenhagener Publikum und jubelte ihr derart zu, daß Andersen, der dazwischen stand, wie berauscht, ja fast betäubt war. An diesem Abend tranken sie sich mit Champagner zu, und er wußte, daß er sich nicht nur wieder einmal verliebt hatte, sondern daß er sie liebte, daß dies etwas ganz Neues und Kostbares war.

Die Mädchen, in die er sich bis dahin verliebt hatte, waren ganz normale, brave dänische Töchter aus gutem Hause gewesen, dazu erzogen, ehrbare Hausfrauen zu werden. So etwas wie diese junge Frau hatte er noch nie kennengelernt. Sie war einzigartig, eine wahre Entdeckung. Obwohl sie erst dreiundzwanzig war, verfügte sie neben ihrer großen Begabung für das Singen auch über ungewöhnliches Wissen und Erfahrung. In Dänemark nannte man sie die schwedische Nachtigall. Ihr Name war Jenny Lind.

Sie war groß, schlank und anmutig. In Andersens Tagebuch gibt es ein Bild von ihr in einem weit ausgeschnittenen Kleid mit Spitzenkragen. Das kastanienbraune Haar rieselt in einer wahren Lockenflut herab, und sie hält den Kopf auf einem ungewöhnlich langen Hals anmutig geneigt. Die Leute behaupteten, daß sich die Farbe ihrer grauen Augen beim Singen bemerkenswert veränderte.

Das Ungewöhnliche an Jenny Linds Karriere war, daß sie keine Rückschläge kannte. Als Kind pflegte sie am Fenster der großmütterlichen Wohnung in Stockholm zu sitzen und der Katze vorzusingen. Vorübergehende blieben oft auf der Straße stehen und hörten erstaunt zu; unter ihnen war auch die Zofe einer der Tänzerinnen der Königlichen Oper. „Sie schwärmen von Ihren Opernsängerinnen", sagte sie später zu ihrer Herrin. „Sie sollten einmal das kleine Mädchen mit der Katze hören!"

Die Tänzerin hörte sich das kleine Mädchen tatsächlich an und schickte sofort nach dem Gesangsdirektor. Von diesem Tag an kümmerte man sich in der Königlichen Oper in Stockholm um Jenny Lind. Sie wurde ausgebildet, weitergeschult und schließlich ins Ausland geschickt, wo man sich in Kopenhagen, Berlin, Paris, Mailand, London und New York vor Begeisterung förmlich überschlug.

Sie und Andersen paßten gut zusammen. Eines Tages, als sie auf einem ihrer Streifzüge durch Kopenhagen hungrig wurden, gingen sie in eine Bäckerei, aßen heiße Wecken und tranken Milch dazu. Der Bäcker erkannte sie und weigerte sich, Geld von ihnen anzunehmen. Er sagte, er fühle sich geehrt durch den Besuch von zwei derartigen Berühmtheiten. Aber Jenny bestand darauf, die Rechnung zu begleichen. Am Ladentisch des kleinen

Die schwedische Sopranistin Jenny Lind, in die Andersen unglücklich verliebt war

Geschäfts sang sie eines ihrer berühmten Volkslieder für den Bäcker und ging dann weiter mit Andersen spazieren.

Von Anfang an wußte Andersen, daß es nur wenig Hoffnung für ihn gab. Als Jenny an Bord des Schiffes ging, das sie ihm zum erstenmal entführen sollte, drückte er ihr einen Brief in die Hand, „einen Brief, den sie einfach verstehen muß". Sie verstand so gut, daß sie es für besser hielt, ihn nicht zu beantworten. Ein oder zwei Jahre später versuchte er nochmals sein Glück. Als sie auf dem Lande weilten, trennte er sie auf einem Spaziergang umsichtig von den anderen und wollte um sie anhalten, aber noch ehe er etwas sagen konnte, meinte sie schnell: „Komm, Andersen, wir wollen nicht zurückbleiben" und lief davon.

Im Dezember 1845 reiste er nach Berlin, wo sie auftrat. Er hoffte, Weihnachten mit ihr feiern zu können. Doch obwohl sie wußte, daß er in der Stadt war, schickte sie nicht nach ihm. Er saß allein im Hotel und schrieb traurig in sein Tagebuch: „Sie nimmt von mir, der ich doch eigens um ihretwillen nach Berlin gekommen bin, so wenig Notiz. Es ist Heiligabend. Wie glücklich das Haus, in dem ein Mann sein Heim gegründet hat! Die Lichter am Weihnachtsbaum brennen, die Frau steht mit dem Kleinsten auf dem Arm dabei . . ." Als sie ihn endlich kommen ließ und beide gemeinsam Silvester feierten, wußte er, daß es keinen Sinn hatte. Zum erstenmal waren sie allein. Sie hatte die Kerzen am Weihnachtsbaum angezündet und sang mit ihrer lieblichen Stimme Frieden und Glückseligkeit in sein Herz, aber sie machte es ganz deutlich, daß sie ihm nicht mehr zu geben hatte.

Andersen schrieb für Jenny Lind viele Märchen wie „Der Engel" und „Unter dem Weidenbaum", aber in keinem verrät er so sehr, was sie ihm bedeutete, wie in „Die Nachtigall".

Es handelt von der Nachtigall, die in den Wäldern singt, und davon, wie der Kaiser lernt, den einfachen kleinen braunen Vogel mit dem lebendigen Gesang in der Kehle mehr zu schätzen als den mit glitzernden Juwelen besetzten in seiner Spieldose. „Ich kann nicht im Palast wohnen", sagt die Nachtigall, „aber laß mich kommen, wenn ich es will. Dann werde ich auf dem Ast vor dem Fenster einen Abend lang singen, und mein Gesang wird dich froh und nachdenklich zugleich machen. Ich werde von Glück und Leid singen, von dem Guten und Bösen, das dich hier erwartet."

Andersen hat Jenny Lind häufig wiedergesehen, aber sie heiratete schließlich den Pianisten Otto Goldschmidt. Zu dieser Zeit hatte Andersen sich damit abgefunden, daß er allein bleiben würde.

Kapitel 7

IM SOMMER 1847 schlug Andersen eine neue Richtung bei seinen Reisen ein – er fuhr nach England. „London ist die Stadt der Städte", schrieb er. „Es ist wie Paris, aber mächtiger; lebendig wie Neapel, aber ohne das Durcheinander." Durcheinander wäre für Londons Verkehr, der Andersen ängstigte, eine Untertreibung gewesen, Tollhaus paßte besser. „Ein Omnibus nach dem anderen fährt vorbei . . . Gespanne, Karren, Droschken und elegante Karossen . . ." Andersen fand die Stadt anstrengend, aber die Menschen stets höflich und freundlich.

Er hatte keine Empfehlungsschreiben mitgebracht, und der dänische Botschafter, Graf Reventlow, den er am ersten Vormittag aufsuchte, erklärte ihm, er brauche auch keine. „Jeder kennt Sie", sagte der Graf.

Das schien zu stimmen. Vom ersten Abend an wurde Andersen mit Einladungen überhäuft. Die Saison war in vollem Gange, und er wurde täglich zum Mittagessen oder für den Abend eingeladen und danach noch zu Bällen. Er war so gefragt, daß er sich gezwungen sah, auch Einladungen zum Frühstück anzunehmen – was damals in England durchaus üblich war –, und überall waren ganze Menschenmengen versammelt.

Die englische Lebensart kam Andersen aufwendig und kompliziert vor. Er mochte die einfachen Leute, und der riesige Gegensatz zwischen Arm und Reich erschreckte ihn. Nie zuvor hatte er so viele hungernde Männer und Frauen gesehen. „Sie gleiten vorüber wie Schatten", berichtete er nach Hause, „stellen sich vor dich hin und starren dich mit einem traurigen, hungrigen Ausdruck auf ihren schmalen bleichen Gesichtern an." Und gleichzeitig hatte er nie einen derartigen Aufwand bei Garderobe und Einrichtung wie bei den Reichen in London erlebt. „Die Hauptfiguren sind fast überall die gleichen", schrieb er, „sie unterscheiden sich nur darin, ob die Ausstattung aus Gold, Seide, Spitzen oder Blumen besteht."

Die Sehnsucht nach Frische und Duft überwältigte ihn bald, und so flüchtete er, um Jenny Lind zu besuchen. „Das Gesprächsthema des Tages in London war Jenny und nichts als Jenny", schrieb er. In dem Versuch, sich ein ungestörtes Privatleben zu sichern, hatte sie ein kleines Haus gemietet, das von einer Hecke umgeben war, die es vor Blicken von der Straße abschirmte. Aber er fand heraus, wo es sich befand, und fuhr hin. Draußen standen Leute, die versuchten, einen Blick auf Jenny Lind zu erhaschen, und an diesem Tag hatten sie Glück. Sie hatte Andersen vom Fenster aus gesehen, war ungeachtet der Gaffer hinausgelaufen und hatte ihn an beiden Händen gefaßt. „Wir eilten ins Haus, das hübsch und komfortabel eingerichtet war", berichtete Andersen. „Elegant gebundene Bücher lagen auf dem Tisch. Sie zeigte mir mein ‚Märchen meines Lebens'." Sie sprachen über daheim, und als sie sah, wie erschöpft und müde Andersen aussah, sagte sie: „Nun weißt du, wie es ist, ständig gefeiert zu werden", seufzte und schwieg.

Wenige Jahre später, auf der Höhe ihres Ruhms und ihrer Karriere, zog Jenny Lind sich plötzlich zurück. Niemand konnte es verstehen außer Andersen, der sie liebte. In „Die Nachtigall" hatte er beschrieben, wie der wunderbare kleine Vogel nach seinem Triumph verurteilt wurde, „am Hof zu bleiben und in einem eigenen Käfig zu wohnen, mit der Erlaubnis, zweimal am Tage und einmal nachts auszugehen. Er hatte zwölf Diener, die ihn alle an seidenen Bändern festhielten, die um sein Bein gewunden waren. Damit zu laufen machte wirklich keinen Spaß."

Jenny hatte immer eine nachhaltige Wirkung auf Andersen gehabt. Nachdem er bei ihr gewesen war, konnte er beurteilen, was unter alldem Glanz und der Üppigkeit echt und wertvoll war, und sich darauf besinnen, weshalb er eigentlich nach England gekommen war. Jahrelang hatte er sich gewünscht, Dickens kennenzulernen. Ein weiterer Traum war eine Reise nach Schottland, das für Andersen nur eines bedeutete: „Die Heimat von Walter Scott."

An König Christian VIII. schrieb er: „Mein Aufenthalt in England und Schottland ist wie ein Tagtraum voller Freude und Sonnenschein."

Er endete mit einem Besuch in Dickens' Refugium in Broadstairs. Hans Christian Andersen liebte und bewunderte den englischen Autor zu sehr, um irgendwelche Fehler an ihm zu entdecken. Aber daß Dickens seinen dänischen Freund nicht gleichermaßen rückhaltlos bewunderte, zeigte sich nur zu deutlich. Andersen war kein einfacher Gast. Zunächst einmal war er schon deshalb der Schrecken aller Gastgeberinnen, weil man ihn nicht allein lassen konnte. Glücklicherweise hatten die Kinder nichts dagegen, zur Gästebetreuung eingesetzt zu werden. „Und Kinder haben wir genug", meinte Dickens. Außerdem war Andersen so übertrieben empfindlich. Eines Tages fand ihn Frau Dickens lang ausgestreckt im Gras liegend, eine Zeitung in der Hand, herzzerreißend schluchzend. „Ist ein Freund von Ihnen gestorben?" fragte Frau Dickens besorgt. Aber nichts dergleichen war geschehen. Andersen hatte nur eine „ausgesprochen gemeine Kritik" zu einem seiner Romane gelesen. Dann gab es Sprachschwierigkeiten. Er konnte nicht lernen, Englisch zu sprechen. Die Dickensmädchen meinten, er sei „ein schrecklicher Langweiler", und schließlich kümmerte sich nur noch die nette Frau Dickens um ihn. Als er abgereist war, steckte Dickens ein Kärtchen mit folgendem Vermerk in den Ankleidespiegel: „Hans Christian Andersen schlief in diesem Zimmer fünf Wochen lang. Der Familie Dickens kam es vor, als sei es eine Ewigkeit gewesen."

Doch ihm selbst kam es keineswegs so vor. Er hatte den Aufenthalt bei den Dickens idyllisch gefunden. „Die ganze Landschaft ist wie ein Garten", berichtete er nach Hause. „Es duftet nach Nelken, der Holunder blüht, und die wilden Rosen riechen nach frischen Äpfeln." Er badete im Dickensschen Familienleben. Sowohl sein Gastgeber wie dessen Frau verkörperten für ihn den „Geist echter Liebenswürdigkeit". Voller Vertrauen fügte er Dickens der langen und wachsenden Liste seiner berühmten Freunde hinzu.

ABER der Freunde daheim war sich Andersen keineswegs so sicher, und er hatte auch einigen Grund zu der Annahme, daß man ihn im eigenen Land nicht fair behandelte. Die dänische Presse hatte sich unerklärlicherweise geweigert, auch nur einen der Artikel oder Bilder zu veröffentlichen, die über ihn im Ausland erschienen waren, und als er aus England zurückkehrte, hörte er, wie jemand auf der Straße sagte: „Sieh nur, unser Orang-Utan, der im Ausland so berühmt ist, ist wieder da!"

1845 hatte ihn sein Freund Hauch aus Neid und Mißgunst in einem Roman mit dem Titel „Das Schloß am Rhein" dem Spott der Leser ausgesetzt. Er beschreibt darin einen unmäßig eitlen Dichter, der sich allen Menschen aufdrängt, sich ungefragt vorstellt, ständig laut aus seinen Werken vorliest und Eltern veranlaßt, ihm ihre Kinder zu bringen, damit er ihnen Geschichten erzählen kann. Dieser Dichter reist ins Ausland, nur um dort Anerkennung zu finden. Am Ende wird er wahnsinnig, und als der johlende Mob ihn auf einen Karren lädt und ins Irrenhaus bringt, glaubt er immer noch voller Stolz, sie huldigten ihm als größtem Dichter der Welt.

Es war ein grausames Porträt. Vieles daran war zutreffend. „Die Leute in Kopenhagen fragen mich dauernd: ‚Was haben Sie Hauch getan?'" schrieb Andersen an Ingemann. „Und ich habe darauf geantwortet, daß Hauch nicht mich damit gemeint hat, daß er von Natur aus nobel und großzügig ist und mir mit Freundschaft und Freundlichkeit begegnet." Aber damals hatte Andersen das Buch noch nicht gelesen. Ganz Kopenhagen wartete darauf, was geschehen würde, wenn er es gelesen hatte. Man erwartete einen Ausbruch, aber Andersen schrieb einen weiteren Brief an Ingemann, der so voller Würde war, daß Ingemann sich veranlaßt sah, damit zu Hauch zu gehen.

Kopenhagen, den 16. September 1845

. . . Ich kenne jetzt diese Figur (des Dichters); Sie haben recht zu sagen: „Es ist Andersen!" Hier werden all meine Schwächen aufgezählt! Ich hoffe und denke, daß diese Periode hinter mir liegt. Aber alles, was dieser Dichter tut und sagt, könnte ich getan und gesagt haben. Ich war entsetzt und beeindruckt von diesem rüden Porträt, das mich in meinem ganzen Elend zeigt. Dennoch glaube ich noch immer, daß . . . Hauch . . . das schätzt, was gut in mir ist. Ich setze das größte Vertrauen in ihn, mag ihn noch immer und werde ihm diese Zuneigung auch bewahren. Was mich betroffen hat und meine Gedanken umtreibt . . . ist das Ende des unglückseligen Poeten. Mein eigener Großvater war irrsinnig, auch mein Vater war kurz vor seinem Tode geistig verwirrt. Ich vermag weder etwas zu tun noch etwas zu sagen. Es ist eine Sturzwelle, die ich über mich hinweggehen lassen muß. Das Bitterste daran ist, daß ich, da ich etwas feinfühliger bin als meine Karikatur, nun versuchen muß, weniger offen zu sein. Aber das soll ja gut und klug sein. Bitte empfehlen Sie mich Hauch herzlich.

Stets Ihr sehr ergebener H. C. Andersen

Die ihm eigene Großzügigkeit hat sich Andersen über die Jahre hinweg bewahrt. Kritiken schmerzten ihn genauso wie zuvor, aber nun konnte er ihnen mit Würde begegnen. Und als bei seinem nächsten Englandbesuch Dickens dem Gast manchmal auszuweichen schien, tat Andersen, als bemerkte er es nicht. Er wußte, daß er anstrengend war, und wußte ebenso, daß man ihn trotzdem liebte.

ANDERSEN erfuhr eine für ihn ganz neue Art der Liebe. Er, der so viele junge Mädchen verehrt hatte, wurde nun seinerseits verehrt und, was noch überraschender war, von einer Collin: Ingeborgs Tochter Jonna Drewsen. Als er die Drewsens besucht hatte, war sie ein dünnes, storchbeiniges kleines Mädchen mit großen dunklen Augen gewesen. Sie hatte ständig an Andersens Lippen gehangen. Zunächst glaubte er, es handele sich um kindliche Zuneigung, aber sie wurde ebenso schnell erwachsen wie einst ihre Tante Louise. Ihre Verehrung für ihn empfand er als ein Geschenk, aber er liebte Jonna genug, um sie zu ermutigen, einen anderen zu heiraten: Henrik Stampe, den Sohn der Baronin von Nysö.

Der junge Baron hatte Jonna zum erstenmal in der Loge gesehen, über die Collin als Direktor im Theater verfügte. Es war Andersen, der sie miteinander bekannt machte, der ihre Briefe beförderte und die zunächst ablehnende Baronin überredete, ihre Zustimmung zu geben. Alle drei erscheinen später in „Die Schäferin und der kleine Schornsteinfeger". Jonna ist die kleine Schäferin aus Porzellan.

> . . . Sie trug goldene Schuhe und hatte ihr Kleid modisch mit einer roten Rose gerafft. Ihr Hut war aus Gold, sogar ihr Stab war aus Gold. Sie war einfach entzückend. Ihr Verehrer war ein Schornsteinfeger aus feinstem Porzellan. . . Wenn die Porzellanhersteller gewollt hätten, hätten sie ihn genauso leicht zu einem Prinzen machen können, denn er hatte eine flotte Art, die Leiter zu halten . . . Der Schornsteinfeger und die Schäferin standen nah beieinander auf einem Tisch und verlobten sich, weil sie beide so gut zueinander paßten . . .

Für Andersen verkörperte Jonna Idealismus und Intelligenz zu einer Zeit, in der ihm die Welt voller Dummheit und Häßlichkeit zu sein schien. Zum zweitenmal innerhalb von zwanzig Jahren befand sich Dänemark im Krieg mit Preußen. Das brachte Andersen die besonderen Sorgen und Nöte eines Menschen, der Freunde auf beiden Seiten hat. Es war bekannt, daß Hans Christian Andersen ein Bewunderer Deutschlands war. Man nannte ihn unpatriotisch, was ihn verletzte, aber wie konnte man von ihm, der sich international gebildet hatte, den gleichen blinden Patriotismus erwarten wie von denen, die nur Dänemark kannten? Die Deutschen hassen? Er meinte, daß sie auf schlimme, verheerende Weise unrecht hatten, aber er konnte keine Männer und Frauen hassen, in deren Häusern er

451

ein willkommener Gast gewesen war, keine Kinder, denen er
seine Märchen erzählt hatte. „Du findest mich als Patriot nicht
eifrig genug, liebe Jonna", schrieb er, denn sogar Jonna hatte
sich auf die andere Seite geschlagen. „Vielleicht ist das darauf
zurückzuführen, daß ich zu jedermann gerecht sein will. Ist das
ein Verbrechen?"

Und wenn er sich auch weigerte, haßerfüllt Partei zu ergrei-
fen, schlug sein Herz doch für sein kleines Land. Fast täglich
zogen junge Rekruten in den Krieg, und für sie schrieb er das
Lied „Ich kann nicht bleiben, ich finde keine Ruhe". Es wurde
ein beliebtes Kriegslied. Seine aufrichtigsten Gefühle äußerte er
in der „Hymne für Dänemark", deren letzte Strophe lautet:

O Land, in dem ich geboren wurde, mir so vertraut,
wo meine Wurzeln sind, aus dem all mein Wesen fließt,
dessen Worte meine Mutter sprach, sanft und heimelig,
keine Musik hat je mein Herz mehr bewegt.
   Du lächelndes dänisches Gestade, wo Schwäne nisten,
grüne Inseln, auf denen mein Herz seine Ruhe findet,
du bist es, das ich liebe – Dänemark, mein Heimatland!

Einer seiner Freunde schrieb ihm in einem Brief von der
Front, daß in einer Stadt, in der alle Häuser durch Kanonen und
Gewehrkugeln beschädigt worden waren, auf einem Dach ein
Storch sein Nest gebaut hatte und daß eine neue Storchenfamilie
darin lebte. Das hielt Andersen für ein gutes Omen. Die nisten-
den Störche ließen ihn hoffen, daß in Dänemark wieder Frieden
einkehren würde.

MIT DER Zeit schienen die Dänen Andersen immer mehr mit
seinen Märchen zu identifizieren. Die Romane und Reisebücher
erreichten zwar einige Auflagen, traten jedoch mehr und mehr in
den Hintergrund. Andersen schmerzte das noch immer, aber er
fing an, die Tatsache zu akzeptieren, und betrachtete die Märchen als sein Lebenswerk.

Die Niederlage von 1864, als Dänemark Schleswig-Holstein
den Preußen überlassen mußte, war für jeden Dänen bitter, aber
Andersens Märchen waren in deutschen Kinderzimmern bereits
so bekannt wie in dänischen. Kriege konnten daran nichts än-

dern, die Märchen übersprangen Grenzen. Die Kinder in England und Amerika kannten sie ebenso wie die Kinder in Frankreich.

Bereits zu Andersens Lebzeiten waren Erstausgaben der Märchenbücher selten. Sie waren durch so viele Kinderhände gegangen, daß die Bücher fast zerfallen waren. In Paris verlangte ein Buchhändler von Andersen das Doppelte des Originalpreises für eine zerfetzte Ausgabe von *Ein Bilderbuch ohne Bilder* und zeigte sich überwältigt, als er erfuhr, wer sein Kunde war.

Am Schluß von „Das häßliche junge Entlein" wird beschrieben, wie aus dem unbeholfenen, häßlichen grauen Vogel ein stolzer Schwan wird.

> Es fühlte sich überaus glücklich, so viel Not und Härten erduldet zu haben; es half ihm, all das Glück und die Herrlichkeit zu genießen, die es erwarteten. Die großen Schwäne umrundeten es und streichelten es mit ihren Schnäbeln.
>
> Einige kleine Kinder kamen in den Garten, warfen Brotkrumen ins Wasser, und das kleinste rief: „Da ist ein neuer Schwan!" . . . Und sie klatschten vor Entzücken in die Hände . . ., und alle sagten: „Der neue ist der schönste", und die alten Schwäne verneigten sich vor ihm.
>
> Das brachte ihn in Verlegenheit, und er steckte seinen Kopf unter den Flügel . . . Er war nur allzu glücklich, aber nicht ein bißchen stolz, denn ein gutes Herz kennt keinen Stolz . . . Und der Flieder ließ die Zweige zu ihm ins Wasser herunterhängen, und die Sonne schien so warm und freundlich.
>
> Da glättete er die Federn an seinem Hals und freute sich von ganzem Herzen. „Nie hätte ich von solchem Glück geträumt, als ich noch ein häßliches Entlein war."

ANDERSEN lebte jetzt in bescheidenem Wohlstand. Als Anerkennung für sein Werk war seine Pension erhöht worden, und später erhielt er den Titel eines Professors. Sein Leben erscheint nun wie ein Kaleidoskop, in dem die Bilder so schnell kommen und gehen, daß es kaum noch möglich ist zu sagen, was in den einzelnen Jahren geschah. Er hatte sich nach Ruhm gesehnt, und er hatte ihn in überreichem Maße geerntet. Er wurde mit Huldigungen empfangen, wo immer er sich sehen ließ.

Aber es gab auch dunkle Tage voller Trauer. Andersen und der junge Jonas Collin waren zusammen in Luzern, als sie die Nachricht erreichte, daß der alte Staatsrat Collin im Sterben lag. Sie kamen noch gerade rechtzeitig zum Begräbnis nach Kopenhagen. In einem solchen Augenblick als zur Familie gehörig betrachtet zu werden rührte Andersen sehr und erfüllte ihn mit Dankbarkeit. Er würde es nie vergessen. Mit den Gefühlen eines Sohnes blickte er zum letztenmal in das vertraute stille Gesicht seines Wohltäters, und wie ein Sohn trauerte er um ihn.

Es gab noch weitere Verluste. Ingemann starb, und Andersen ging nach Sorö, um seiner Witwe beizustehen. Auch Örsted starb. Am schlimmsten aber war, daß sich 1858 seine alte Freundin Henriette Wulff im Dampfschiff *Austria* auf dem Weg nach Amerika befand, als es mitten im Atlantik Feuer fing und sank. Andersen schreibt darüber in seinem Tagebuch. Er hatte Henriettes letzten Brief an deren Schwester gelesen, in dem sie schrieb, daß sie so großes Unbehagen beim Gedanken an die Reise empfand – was seltsam für jemand war, der die See so leidenschaftlich liebte und den Atlantik schon überquert hatte –, daß sie am liebsten umgekehrt wäre, sich ihrer Schwäche aber schämte und dennoch auf die Reise ging. Es gab Schilderungen von schrecklichen Szenen durch die wenigen Geretteten, aber die zarte kleine Henriette war nicht unter ihnen. Man hatte gesehen, daß sie in ihre Kabine gegangen war, und nahm an, daß sie durch den Rauch erstickt war.

Diese Nachrichten quälten Andersen; er trauerte um seine heitere kleine Freundin und trug später aus Angst vor Feuer stets einen Strick bei sich, wenn er reiste. Durch Henriettes Tod hatte sich seine ohnehin bestehende Angst vor dem Meer noch vergrößert.

Schon lange waren Briefe voller Dank und Anerkennung und viele Einladungen aus Amerika gekommen. Dickens war nach Amerika gefahren und Jenny Lind auch. Henriette Wulff hatte Andersen immer wieder gedrängt zu kommen. „Zwischen uns liegt der weite Ozean", hatte er geantwortet, „vierzehn Tage weiter, wütender See, wo ich tagelang seekrank sein werde, und dafür soll ich auch noch Geld ausgeben." Er hatte auch Angst vor Amerika an sich. „Ich wüßte nicht, wie selbst eine Fee sich dort anständig benehmen sollte", meinte er.

Er fuhr nie hin. Henriettes Tod hatte ihn stark erschüttert, und er hatte das Gefühl, wegen seiner Reisen und der Pflege wichtiger Beziehungen seine alten Freunde vernachlässigt zu haben. Nun, da sich ihre Reihen gelichtet hatten, schienen sie ihm lieber denn je zu sein, und er hing immer noch an ihnen. Er nahm die Collin-Enkel mit auf Reisen, Viggo Drewsen, der Ingeborgs Sohn und Jonnas Bruder war, und den jungen Jonas, den Sohn von Edvard. Nichts bereitete ihm mehr Vergnügen, als diese jungen Männer zu fördern, konnte er auf diese Weise doch einen Teil dessen zurückgeben, was er empfangen hatte.

Die Königinmutter forderte ihn auf, bei ihr im Schloß zu wohnen. Ein neuer König – Hans Christian erlebte vier Thronfolgen – ernannte ihn zum Staatsrat. Das war derselbe Titel, den der alte Collin, Jonas' Großvater, getragen hatte.

AM 6. DEZEMBER 1867 war Andersen in Odense eingeladen, um die Ehrenbürgerschaft der Stadt zu empfangen. Bei seiner Ankunft am Tag zuvor war er vom Bischof empfangen und in dessen Palais geleitet worden. Die ganze Stadt war zu seinen Ehren festlich geschmückt, und die Kinder hatten schulfrei. Es war ein öffentlicher Feiertag.

Im großen Saal des Rathauses fand ein festliches Bankett zu Andersens Ehren statt. Nun war der letzte Toast ausgebracht, die letzte Rede gehalten worden, und man bat ihn, ans Fenster zu treten. Das Rathaus stand an einem großen gepflasterten Platz, dem Marktplatz, der an drei Seiten von schönen alten Häusern umgeben war. Auf der vierten Seite überragte die Kathedrale des heiligen Knud alle anderen Gebäude.

An diesem Abend war der Platz hell erleuchtet. In allen Fenstern brannten Kerzen, an den Hauseingängen hingen Laternen, und in der Mitte des Marktplatzes brannte ein großes Freudenfeuer. Die Vertreter der Gilden waren mit Fahnen und Fackeln aufmarschiert und hatten sich im Kreis aufgestellt. Und dann kamen die Kinder und sangen: „In Dänemark bin ich geboren . . .", das Lied, das der Ehrengast für sein Land geschrieben hatte. Die jungen, hellen Stimmen klangen durch die

Nacht, als hätten sich alle Kinder der Welt zum Ständchen eingefunden.

Im Leben Andersens gab es so manchen Triumph und viele glückliche Tage. Aber nichts muß ihn glücklicher gemacht haben als das Fest mit der großen Illumination von Odense. Dies war die Stadt, in der er geboren worden war. Hier war er in klobigen Holzpantinen und zerlumpten Kleidern über das Pflaster des Marktplatzes gewandert und hatte sehnsüchtig in die Fenster der Häuser voller Wärme und Geborgenheit geblickt. Als Armenkind war er in der Kathedrale des heiligen Knud konfirmiert worden. Fast hätte er eine Schneiderlehre bei einem der Gildemeister, die jetzt unten mit Fackeln paradierten, antreten müssen. Und unweit des Fensters, an dem er jetzt umjubelt und mit Ehren überhäuft stand, befand sich die karge kleine Kammer, in der er lange gewohnt hatte, in einem der schmalen Häuser der ärmsten Gegend.

Nun stand er am Rathausfenster und sah hinaus. Die Hochrufe klangen in seinen Ohren. Die Flammen des Freudenfeuers und die Fackeln loderten. Bedeutende Männer drängten sich in seine Nähe, an seiner Brust funkelten hohe Orden, man hatte ihm gerade den hohen Titel eines dänischen Staatsrats verliehen, und in der Hand hielt er ein Glückwunschtelegramm des Königs.

„Er wird ein Zugvogel werden, der hoch aufsteigt . . . Eines Tages wird man ganz Odense für ihn illuminieren", hatte die weise Frau einst prophezeit. Nun hatte sich ihre Vorhersage erfüllt.

Kapitel 8

MIT ZWEIUNDSECHZIG war Andersen ein müder alter Mann. Das schwere Leben, die Armut und Unterernährung in seiner Kindheit, die ständige Anspannung, unter der er stand, hatten ihn vorzeitig erschöpft.

Er war ein nervöses Wrack. Er hatte Angst vor dem Meer. Deshalb kam ein weiterer Englandbesuch nicht in Frage. Er hatte Angst vor dem Feuer. Die Furcht, er könne Kerzen nicht ge-

Diese Fotografie von Hans Christian Andersen entstand um 1870.

löscht haben, ließ ihn immer wieder in ein Zimmer zurückgehen, das er verlassen hatte. Und er hatte Angst vor dem Tod. Manchmal fürchtete er sich, weil die Cholera in der Stadt ausgebrochen war, manchmal aber auch, weil ihn eine Mücke gestochen hatte. Er fürchtete ständig, den Zug zu versäumen. Auf Reisen brachte er den jungen Jonas fast zur Verzweiflung, weil er darauf bestand, Stunden vor Abfahrt des Zuges zum Bahnhof zu gehen.

Er reiste immer noch mit seinem Strick im abgeschabten Gepäck. Einiges von seinem exzentrischen Gebaren legte sich nie. Er hatte neue Freunde gefunden. Er besuchte Elizabeth Barrett Browning in Italien und traf auch Jenny Lind wieder. „Ich hörte ihren Gesang, und darin lag dieselbe Seele, dieselbe echte Musikalität wie im Zwitschern eines jubilierenden Singvogels. Keine Nachtigall kann singen wie sie, keine Lerche so tirilieren." Aber Andersen ließ sich nicht beirren. „Sie hat die Bühne verlassen, und das ist ein Unrecht", schrieb er, „es bedeutet, ihre Mission aufzugeben, die Gabe, die Gott ihr geschenkt hat, nicht zu nutzen."

Andersens Verhältnis zu Gott war immer einfach, direkt und frei von Zweifeln. In einer seiner seltsamsten und schönsten Geschichten, „Die Tochter des Moorkönigs", gibt er dafür ein Beispiel. Weil die kleine Helga, die Heldin der Geschichte, stolz und nachlässig geworden ist, läßt er ihr von den Störchen die Legende vom Straußenvogel erzählen:

Alle Straußenvögel waren einst unbeschreiblich schön und hatten große starke Flügel. Da sagte eines Abends der größte Vogel im Wald zum Strauß: „Bruder, sollten wir nicht, wenn Gott es will, morgen zum Fluß fliegen und trinken?" Und der Strauß entgegnete: „Ja, das will ich!" So flogen sie in der Morgendämmerung los. Zuerst erhoben sie sich hoch in die Lüfte, der Sonne, dem Auge Gottes entgegen, immer höher und höher, und der Strauß flog allen weit voraus. Stolz flog er ins Licht, nur seiner eigenen Kraft vertrauend und nicht demjenigen, der sie ihm geschenkt hatte. Der Strauß hätte nicht gesagt, „wenn Gott es will". Da zog der Racheengel den schützenden Schleier von der sengenden Sonne, so daß die Flügel des Vogels in Flammen aufgingen und er elend zur Erde niedersank. Seit jener Zeit kann sich kein Strauß mehr in die Lüfte erheben. Er rennt in wilder Panik herum, kann aber nie mehr den Boden verlassen. Es sollte uns allen zur Warnung dienen, was immer wir auch tun oder denken mögen, nie zu vergessen, daß alles nur geht, „wenn Gott es will".

Genau wie die klugen Störche vergaß Hans Christian Andersen Gott niemals.

WENN Andersen in Kopenhagen war, ließ er sich gern, wie damals in den geldknappen Zeiten, zum Abendessen einladen. „Der Montag gehört meinen langjährigen Freunden Staatsrat Edvard Collin und seiner Familie; am Dienstag gehe ich zu den Drewsens, wo Ingeborg mir immer noch wie eine Schwester ist; am Mittwoch zu den Örsteds. Wenn er selber auch von uns gegangen ist, seine Witwe und seine jüngste Tochter Mathilde sind noch da." Andersen hatte auch zwei neue Familien kennengelernt, die kultiviert, großzügig und freundlich waren: die Henriques und die Melchiors. Beide Familien nahmen ihn in ihren engeren Familienkreis auf.

Die Collins hätten die Nase gerümpft, wenn sie von der ungeteilten Aufmerksamkeit gewußt hätten, die Andersen bei den Henriques und Melchiors zuteil wurde. Er mußte bei Tisch zuerst bedient werden, oder er war beleidigt. Diese übertriebene Fürsorge bekam ihm nicht gut. Als er mit den gestrengen Collins verkehrte, hatte er seine besten Werke geschrieben. Unter dem Einfluß der Henriques und Melchiors wurden seine Erzählungen schwächer. Sie waren noch immer reizend, hatten aber nicht mehr die Frische

<u>Rechts:</u> **Andersen-Denkmal im Königlichen Garten von Kopenhagen**

Rechts: Andersen-Denkmal im Königlichen Garten von Kopenhagen

Statue der kleinen Meerjungfrau in Kopenhagen

und Ursprünglichkeit der älteren. Er fertigte jedoch noch immer Scherenschnitte und Bilderalben für die Kinder an, arrangierte Blumen und las ihnen endlos lange seine Geschichten vor.

Im Königlichen Garten von Kopenhagen, dem Park, der das romantische Schloß Rosenborg umgibt, zeigt ein Denkmal Hans Christian Andersen, wie er Kindern vorliest. Es ist so überzeugend, daß man glaubt, Andersen sprechen zu hören. Unten am Sockel befindet sich eine Szene aus „Das häßliche junge Entlein". Sie zeigt den Augenblick, in dem der nun zu voller Größe herangewachsene Vogel ins Wasser sieht und erkennt, daß er ein Schwan ist.

Die Melchiors hatten eine Sammlung veranstaltet, damit dieses Denkmal aufgestellt werden konnte, und Andersen gebeten, die Ausführung selber zu bestimmen. Aber die meisten der ihm vorgelegten Entwürfe mißfielen ihm, weil sie so sentimental und außerdem falsch waren. „Ich könnte es nicht ertragen, daß Kinder an mir hochklettern oder daß sie sich mir auf den Schoß setzen, wenn ich vorlese", sagte er. Bei ihm mußten sie stehen oder sitzen, alles mußte seine Ordnung haben.

Es wirkt auf Kinder wie eine besondere Zeremonie, wenn man von ihnen verlangt, sich brav hinzusetzen und zuzuhören. Das erhöht ganz automatisch ihre Aufmerksamkeit, und das Geschichtenerzählen wird noch spannender. Andersen wußte das sehr gut, und wohin auch immer er kam, umringten ihn Kinder, brachten ihm Blumen und Kränze, umarmten ihn und schrieben ihm Briefchen. Als er eines Tages mit einem Komponisten im Scherz überlegte, welchen Trauermarsch man wohl für ihn schreiben sollte, meinte er: „Hinter meinem Sarg werden vor allem Kinder hergehen. Wähle den Takt so, daß die kleinen Füße Schritt halten können."

IN DEN letzten Jahren häuften sich die Feiern und Ehrungen. Zum 50. Jahrestag der Ankunft Andersens in Kopenhagen fand ein öffentliches Bankett statt, und zu Ehren seines siebzigsten Geburtstags gaben die Melchiors in ihrem Haus ein privates Festessen.

„Mein Geburtstag war voller Sonnenschein und Segen", schrieb Andersen dem Redakteur der *New York Tribune*, die ihm ein Buchgeschenk im Namen der amerikanischen Kinder geschickt hatte. „Aus jedem Teil meines geliebten Vaterlandes und von weit her über die Grenzen hinaus kamen wunderschöne Geschenke, Briefe und Telegramme. Für welch unbeschreibliches Ausmaß von Güte muß ich dankbar sein!" Aber in seinem Brief an den Großherzog von Weimar schrieb er, es sei zwar ein großartiger, herrlicher Tag gewesen, aber er sei sehr krank und habe kaum all die Abordnungen und Besucher empfangen können. „So Gott will", fügte er hinzu, „werde ich bald die Stadt verlassen. Nur ländliche Stille und sommerliche Wärme können mir jetzt helfen."

Die Melchiors nahmen ihn mit in ihr Sommerhaus Rolighed, was soviel wie Stille bedeutet. Von dort aus hatte man einen herrlichen Blick über die blauen Wasser des Sunds, und der Garten reichte hinunter bis ans Meer. Zuerst konnte Andersen noch herumlaufen und in der Sonne sitzen, doch bald mußte er das Bett hüten.

Seine letzte Arbeit galt einem Kind. Obwohl er schon sehr schwach war, diktierte er Frau Melchior ein Gedicht für ihre kleine Tochter Charlotte. Danach sprach er nicht mehr, lächelte nur noch denjenigen zu, die ihm behilflich waren oder an sein Bett kamen. Einmal, als Frau Melchior ihm eine weiße Rose brachte, küßte er ihr die Hand.

Am 4. August 1875 schickte Melchior ein Telegramm an Edvard: „Heute vormittag um elf Uhr ist unser geliebter gemeinsamer Freund friedlich entschlafen."

In Dänemark werden bei Begräbnissen in der Kirche Blumen wie bei einer Hochzeit gestreut, als sei es ein neuer Anfang.

Hans Christian Andersen wurde in Kopenhagen begraben, aber die Leute besuchen sein Grab nicht oft. Sie gehen lieber zu seinem Denkmal im Königlichen Garten oder zur kleinen Meerjungfrau an der Langelinie. Dort liegen oft frische Blumen.

Sein Geburtshaus in Odense wurde zum Museum, und so viele Besucher fragten nach dem Weg zu *Andersens Hus,* daß die Stadt extra Hinweisschilder dafür aufgestellt hat.

In „Der letzte Traum des Eichenbaums" sprechen die Eiche und die Eintagsfliege über den Tod, über die Zeit, wenn das Leben vergangen ist.

„Vergangen, was heißt vergangen?" fragte die kleine Fliege. „Wird alle Schönheit der Welt vergehen, wenn du stirbst?" fragte sie die Eiche.

„Sie wird länger anhalten, viel länger, als ich es mir vorstellen kann", sagte der große Eichenbaum.

1805	Hans Christian Andersen wird am 2. April in Odense als Sohn eines Schusters geboren.
1819	Andersen geht als Vierzehnjähriger allein nach Kopenhagen, um Schauspieler zu werden.
1821	Er lernt Familie Rahbek kennen und entdeckt seine Bestimmung als Dichter.
1822	Andersen besucht in Slagelse die Lateinschule.
1829	Er legt das philologische Staatsexamen ab, und zu Weihnachten erscheint seine erste Gedichtsammlung.
1832	Reise nach Deutschland, anschließend Veröffentlichung eines Reiseberichts
1833	Der König gewährt Andersen ein zweijähriges Stipendium. Andersen reist nach Paris, in die Schweiz, nach Italien und Deutschland.
1835	Es erscheinen Andersens erster Roman *Der Improvisator* und seine erste Märchensammlung, die die Märchen „Das Feuerzeug", „Der große und der kleine Klaus", „Die Prinzessin auf der Erbse" und „Die Blumen der kleinen Ida" enthält. Bis 1842 werden sechs Hefte mit Märchen veröffentlicht.
1836	Er schreibt den Roman *OT* (Abkürzung für Odenser Zuchthaus).
1837	Der Roman *Nur ein Geiger* entsteht.

1838	Nachdem Andersens erste Werke gute Aufnahme finden, erhält er ein staatliches Gehalt, durch das er finanziell unabhängig wird und viele Reisen ins Ausland machen kann.
1840	*Der Mulatte*, eines seiner vielen Bühnenstücke, behauptet sich einige Zeit auf dem Spielplan.
1843–48	In fünf Heften erscheinen neue Märchen.
1847	Andersen verfaßt eine Autobiographie mit dem Titel *Das Märchen meines Lebens ohne Dichtung*.
1848	Andersen schreibt den Roman *Die zwei Baroninnen*.
1858–66	Neue Märchen kommen in acht Heften heraus.
1867	Am 6. Dezember wird im Rathaus von Odense ein Bankett zu Ehren Andersens gegeben, bei dem ihm der Titel eines dänischen Staatsrats verliehen wird.
1869	Drei neue Märchen erscheinen.
1872	Es erscheinen noch zwei weitere Hefte mit neuen Märchen.
1875	Hans Christian Andersen stirbt am 4. August im Sommerhaus von Freunden.